债务之疫

企业债务融资及其风险传染

张小茜　著

ZHEJIANG UNIVERSITY PRESS
浙江大学出版社
·杭州·

图书在版编目(CIP)数据

债务之疫：企业债务融资及其风险传染 / 张小茜著
. — 杭州：浙江大学出版社，2022.8
ISBN 978-7-308-22922-7

Ⅰ.①债⋯ Ⅱ.①张⋯ Ⅲ.①民营企业－企业债务－
企业融资－风险管理－研究－中国 Ⅳ.①F279.245

中国版本图书馆 CIP 数据核字(2022)第 149076 号

债务之疫:企业债务融资及其风险传染

ZHAIWU ZHI YI：QIYE ZHAIWU RONGZI JI QI FENGXIAN CHUANRAN

张小茜　著

策划编辑	吴伟伟
责任编辑	陈逸行
责任校对	郭琳琳
封面设计	周　灵
出版发行	浙江大学出版社
	（杭州市天目山路 148 号　邮政编码 310007）
	（网址：http://www.zjupress.com）
排　版	杭州星云光电图文制作有限公司
印　刷	杭州高腾印务有限公司
开　本	710mm×1000mm　1/16
印　张	21.5
字　数	386 千
版 印 次	2022 年 8 月第 1 版　2022 年 8 月第 1 次印刷
书　号	ISBN 978-7-308-22922-7
定　价	78.00 元

前　言

2020 年是新冠肺炎疫情对全球经济产生巨大冲击的一年,这一年我刚刚搬进新的办公室,科研条件大大改善。回想浙江大学玉泉校区那个我从读书到留校任教到成长的绿茵之地,青春的热血和激情挥洒在那里。

2020 年美国经济学年会(AEA annual meeting)前夕,深秋的清冷中我收拾完所有青春回忆搬入新办公室,搬家的夜晚在新办公室阅读和学习入选论文,但不敢弄到太晚,保安跟我说不用害怕,有他保护,这一句话奠定了我在新大楼安心研究的基调,黄先海副校长(时任经济学院院长)非常肯定我"以院为家"的不懈努力。

2020 年上半年我的效率特别高,每天一早来办公室,午饭、晚饭去食堂打菜回家给娃送饭,中午或下午还能和娃骑车逛逛校园。每天晚上工作完再开车回家,空旷的校园偶尔能碰到第二辆车——校园巡逻车。在新办公室,科研工作开展得特别顺利,在此基础上形成了本书的相关成果,如今汇聚成集加以更新并做一个系统整理,记录下近两年对企业债务冲击的一些思考,也期望能够学以致用,对企业债务中存在的问题有所洞见。

本书集合了近几年对企业债务问题的思考,也是 2021 年《扩张之壑:民营企业并购与风险传染》的姊妹篇,要特别感谢国家社科基金项目(21BJY015)、国家发展改革委财金司、浙江大学经济学院、浙江大学金融研究院、浙江大学民营经济研究中心对研究的大力支持。感谢我的博士生和硕士生朱佳雪、黄彬、王志伟、余晓妍、黄金龙、钱学敏、陶馨莹、吕诗娴的资料搜集和研究工作。当然,由于时间、精力有限,本书肯定还存在一定的局限,敬请学术界和实务界同仁提出宝贵建议。

中国经济在过去 40 余年间走上繁荣之路,作为改革开放的同龄人,深刻感受到生活的日益美好、国力的不断强大。林毅夫教授在最新的著作《中国与西方》中回顾了中国经济 40 余年间的转型之路,认为中国经验在于务实的双轨制转型战略。本书尚不能涵盖这么长的时间跨度,也尚未展开国际层面的比较,这是目前心存的遗憾。

炎炎夏日中,收到林毅夫教授寄来的签名版新书《解惑集:中国经济专题答疑录》,这是林老师在北京大学给本科生开设的著名课程"中国经济专题"20 余年的课堂实录,上课地点是北京大学最大的教室,500 多人的座位经常会有六七百人来听讲,还有拖堂、停电等趣事发生。我也曾经去听课,脱下高跟鞋赤脚站在最后一排,课后心情无比激动,骑车行驶在空旷的马路上犹如鸟之自由翱翔,真想飞歌起舞,极度畅快。

多年前,林老师的经典著作《解读中国经济》和《从西潮到东风》曾经给予我巨大的正能量,引我思考中国经济的特征、富国强民的途径,陪伴我在父亲病重、先生为盾构装备及自动化掘进系统攻坚、孩子还小的最困难时期。此后,我终于在王能老师帮助下去哥伦比亚大学学习,有幸聆听斯蒂格利茨(Stiglitz)、博尔顿(Bolton)、姜纬、王能教授的博士生课程,参加高级别的学术活动。回国后重启学术道路,参加新结构经济学学习和研究,聚焦债务风险传染问题。

林老师新书的绿色扉页上有一行:"学问之道,讲其所未明,习其所未熟。"中国经济仍有诸多未明之问题需要我辈去钻研,新科技仍有许多未熟之技术需要我们去使用,学一生、努力一生!

张小茜

2022 年 6 月于浙江大学紫金港校区

目　　录

第四篇　案例分析和浙江实践

绪 论

债务问题一直是公司金融、宏观金融、经济发展领域的核心问题,其学术史可以概括为以下三个阶段。

第一,初期阶段(1958—1984 年)。Modigliani 和 Miller(1958,1963)提出了资本结构和著名的米勒—莫迪利安尼定理(MM 定理),虽然 Merton(1977)建立了债务和税的动态决策模型,但是因为 MM 定理的存在,并没有形成对债务研究的完整体系。

第二,独立成子领域并快速发展阶段(1985—2007 年)。随着 Diamond (1984)、Gale 和 Hellwig(1985)这两篇奠基性文章的发表,债务开始形成一个系统的研究领域,学者们引入金融中介的视角并开始从债务合约的角度进行分析,讨论金融机构的委托代理、税盾、代理问题(Diamond,1984;Stulz,1990;Hart and Moore,1998)。这一阶段的研究不再局限于企业单一视角,开始结合宏观政策(Holmstrom and Tirole,1997;Bolton and Freixas,2006)。

第三,深入阶段(2008 年至今)。随着全球金融危机的爆发,流动性紧缺、破产倒闭开始大量涌现,研究前沿突破以往企业正常运营的基本假设,Von Thadden 等(2010)提出公司破产下的公司债务结构,这一阶段开始关注抵押品(Campello and Larrain,2016)、制度冲击(Calomiris et al.,2017)和居民债务问题(DiMaggio and Kermani,2017;Breza et al.,2018)。债务问题目前已经成为微观与宏观研究的结合点,Rajan 和 Zingales(1998)提出的金融与增长关系(finance-growth nexus)一直以来都是金融学和经济学的研究重点。Zingales (2015)汇总了这方面海量的文献,认为金融部门通过债务管理风险、提供价格信号、监督企业从而对经济发展具有正向作用。

国际前沿动态表现出两个新趋势:一个是关注债务风险。开源文献来自Almeida 和 Philippon(2007)对财务困境的研究,随着金融危机后杠杆率不断攀升,学术前沿又开始关注这一重要问题并将其放到破产这个新背景下来讨论,包括所有权结构(Fan et al.,2013)、衍生品使用和战略违约(Bolton and Oehmke,2015),风险通过债务挤兑传导到金融机构(He and Xiong,2012)。

另一个新趋势是对政府债务的担忧。近几年,美国经济学会(AEA)和美国金融学会(AFA)主席发言均指向该问题,Bolton(2016)呼吁学界关注主权融资、建立国家资本结构理论模型(Bolton and Huang,2018),Blanchard(2019)提出关注公共债务成本,低利率和财政政策成为新冠肺炎疫情期间各国普遍采取的应对措施。这两次重要发言也是 *AER*(《美国经济评论》)、*JF*(《金融学期刊》)当年最重磅的文章。在此倡导下,政府债务特别是中国政府债务开始吸引国际前沿研究。中国债券市场迅速增长(Amstad and He,2020),经济刺激政策鼓励了城投平台的产生和大量发债(Cong et al.,2019;Chen et al.,2020),地方政府债务挤出民营企业投资(Huang et al.,2020)。虽然国务院印发的《关于加强地方政府性债务管理的意见》要求规范地方政府举债,但市场仍然追逐具有政府隐性担保的城投债(Zhang and Wang,2020)。

国内研究正在赶超国际前沿,并且出现了一批既有学术思想又有实践指导意义的原创性论文,开始探究中国企业债务结构(钟宁桦等,2016),关注制度和机构的影响,包括抵押品法律改革(钱雪松和方胜,2017)、银行分支机构空间分布(李志生等,2020)。随着 2017 年降杠杆政策的实施以及近两年债券市场的迅猛增长,学者们基于翔实的中国特色数据发现:微观层面过度杠杆化会增加企业破产风险(张小茜和孙璐佳,2017),这不仅导致宏观杠杆率攀升而且导致银行股价崩盘风险增加,政府部门已由金融资金的净供给者变为净需求者(易纲,2020),宏观金融脆弱性上升对经济增长产生显著的负影响(张晓晶和刘磊,2020)。

本书尝试从四篇共九章内容考察债务及其风险的新趋势。第一篇考察企业债务风险;第二篇从公司金融视角深入分析企业债务风险传染的最直接导火索——关联关系与企业投资、产品市场威胁与公司流动性;第三篇从产业政策和新技术视角考察产业政策与公司拖欠、担保网络与僵尸企业;第四篇回到产业链风险案例和浙江实践并提出对策建议。

第一篇考察企业债务风险。第一章分析企业债务融资现状。根据国际货币基金组织(IMF)最新报告,总结世界各国对新冠肺炎疫情的反应和经济刺激政策,特别是中小企业扶持措施。可以看到,这些政策主要是从财政和货币工具两个方面对企业进行援助。世界各国目前面临的共同经济问题都是债务,企业债务、个人债务、政府债务是一个债务循环,有一环解决不好都会引起新的风险传染,目前各国普遍采取政府担保作为暂时缓解难点、堵点的疏通剂,特别是美国中小企业局(SBA)的提供贷款、运用有效风险对冲工具、实施反欺诈监督等措施,可以作为参考。本章总结了当前经济形势新特点,提示中国经济在"三重压力"下要重视系统性金融风险、债务攀升、供应链中断等新挑战。从债务结构、交易信贷、质押和担保等角度分析我国企业债务风险。新冠肺炎疫情加速中小民营企业分化,存在区域化、链群化、备份化趋势。本书认为,新冠肺炎疫情后世界经济和产业格局将发生巨大变化,中国经济基于内循环的自我增长力是解决债务问题的最好突破口。

第二章从企业拖欠、担保链、公司债券角度具体分析当前企业债务风险中的关键新问题。近年来企业平均信用期限不断延长,逾期付款120天的企业比例增至37%。根据本书测算的融资脆性指标,各行业中渔业最高,近一半的负债是短期借款。担保链本身的金融脆性、企业问题、银行抽贷、政策因素、法律与监管、外界影响都会诱发担保链风险的传染和扩散。我国债券市场蓬勃发展,违约债券出现在综合类、建筑与工程、食品加工与肉类、电力行业,民营企业、非上市公司发行的债券更容易出现违约情况。

第三章是企业债务风险扫描。基于笔者2020—2021年收集整理的30多万字的案例分析,本章摘取了最具典型性的四个案例,包括房地产行业的恒大、纺织服饰类的森马、颠倒的融资金字塔——獐子岛、破产重整的海航集团,发现盲目扩张、投资房地产、股权质押、受到新冠肺炎疫情冲击是这四家企业产生债务危机共同的直接原因。这四个风险案例来自四个典型行业,分别是房地产业、服装业、水产养殖业、航空运输业。这四个行业均受到新冠肺炎疫情的巨大冲击,其自身在债务风险上的严重问题也导致企业进入危机或破产,值得企业引以为戒。

第二篇从公司层面进行理论分析。第四章考察关联关系与企业投资。本章研究被担保企业的融资—风险权衡,发现表面"锦上添花"实则关联驱动的担保贷款是一个"紧箍咒"。本章首先考察什么类型的公司会进行担保,发现担保贷款公司在利润率、市场表现、规模上显著好于非担保贷款公司,担保贷款表面上"锦上添花"而非"雪中送炭",实际上关联关系才是担保贷款形成的最重要因素,其影响远远大于贷款额度、企业基本面和产业政策。担保贷款确实能够缓解民营企业融资约束,其他类型贷款则无法缓解。担保贷款也放大了企业贷款后的风险。担保贷款后投资扩张的企业少于投资收缩的企业,关联关系能够起到监督投资的积极作用,也会导致投资资本化不足。融资和风险权衡显示:扩张和收缩的投资调整均来自融资而非风险,关联关系对两种投资变化都有显著影响，都表现出监督作用。担保贷款在缓解民营企业融资约束的同时，带来了破产风险、后续投资上的新问题。

第五章考察担保物权制度改革的双重冲击。基于产品市场威胁这一来源于企业年报中的商业描述文本信息，本章发现，企业为预防产品市场威胁会增加现金持有。实证结果表明：①可移动固定资产指数越高，企业现金持有越低；②产品市场威胁程度的提高使企业增加现金持有；③2010年担保物权制度的进一步改革使企业现金持有显著下降；④担保物权制度改革与产品市场威胁交互影响，但担保物权制度改革占据主导地位；⑤担保物权制度改革对重点投资、城乡区域发展和体制改革概念股等行业缓解融资约束均有显著促进作用，产品市场威胁导致企业现金持有增加的不利影响在产业升级概念股中十分显著，担保物权制度改革和产品市场威胁对企业现金持有对服务业创新概念股的影响均强于传统制造业。

第三篇从产业政策和新技术视角对理论研究进行深化。第六章考察产业政策、政商关系对公司融资脆性的影响。中国产业政策是国家促进经济发展和调整产业结构的重要手段，贸易信贷和新冠肺炎疫情是本章考察的新视角。基于2006—2019年非金融类上市公司样本，本章考察产业政策对公司的影响，发现省级产业政策显著放大了公司的融资脆性，造成了"十二五"期间的融资扭曲，"十三五"时期融资扭曲得到有效缓解。进一步考察产业政策的影响渠道可以发现，产业政策是通过应收账款和应付账款影响公司融资脆性的，而不是通过政府补助和实际税率的直接政府干预。通过引入政商关系指数，考察政治环境的影响，发现在政商关系更为正面的地区，产业政策对公司融资脆性具有更显著的影响；考察省委书记任期对公司的影响，结果显示，官员任期对公司应收账款和政府补助存在周期性影响。最后，本章发现，医疗卫生财政支出较高的地区在产业政策支持下，叠加公司融资脆性，会造成公司破产风险上升；使用工具变量法，发现若医疗卫生支出较高的地区发生较严重的疫情，则会放大公司融资脆性。

第七章考察企业融资方面的担保网络与僵尸企业。"三去一降一补"的要着是清理僵尸企业，然而僵尸企业由于存在着错综复杂的担保网络而长期寄生和存在着。本章利用FN-CHK法对2008—2017年的僵尸企业进行识别，并根据上市公司担保网络的结构特点，考察了企业间的担保网络对形成僵尸企业的影响，分析其作用机理是风险分担效应还是风险传染效应。实证结果支持风险传染效应假设，担保网络越严重的企业越可能成为僵尸企业。这一结论对于民营、低杠杆、高外部融资依赖、竞争性行业的企业作用更强，测算和实证结果也为清理僵尸企业提供了金融网络方面的解决思路。

第四篇是案例分析和浙江实践。第八章是产业链风险案例分析。消费端存在盈利低、更容易进入财务困境的风险。通过分析笔者发现，白色家电的龙头企业美的、海尔和小米，其成功有两个共同特征：线上销量赋能、产业链供应链的数字化和智能化。本章还对涉及衣食住的其他居民消费品行业进行了案例分析，包括居民消费品中的"最贵饮料"茅台、休闲零食品牌良品铺子、日化老品牌上海家化、家纺龙头罗莱生活、建筑装饰业的金螳螂，发现这些居民消费品企业虽然接触的都是人们的衣食住细节，但是也都在进行供应链融资层面的创新和尝试。

第九章是浙江实践及对策建议。本章提出解决企业债务风险传染问题的四个视角：①债券违约视角。浙江省债券发行规模位于全国第五位，民营企业债券违约风险燃点低。浙江省对盾安案例的有效处置引起全国的关注和点赞。居安思危，浙江民营企业仍然存在激进投资、金融化、融资结构集中，甚至是财务造假等债务违约隐患。当前应采取"一心、一工程＋外资＋保险"，并强调通过监管有效防范化解民企债务风险。②上市公司股权质押风险视角。自2013年以来，我国股权质押市场快速发展，总市值于2017年达到6.15万亿元的顶峰，但风险也随着规模的扩张不断累积。2018年A股市场大量股权质押爆仓事件引起全国的关注。居安思危，当前上市公司股权质押仍存在大量风险，2019年8月甚至达到了一天一爆仓的频率。当前应凝聚信心，疏通融资渠道，质权方和出质方齐发力，并强调政府部门合理监管，有效防范化解股权质押市场风险。③长三角一体化过程中如何利用交易型开放式指数基金（ETF）产品降低企业债务风险。有必要全面客观地研判长三角一体化过程中可能面临的风险互联一体。ETF基金作为金融衍生工具的重大创新之一，对缓解上市公司股权质押风险、助力数字经济发展、对冲区域风险具有重要作用，应有效利用资本市场特别是ETF产品对冲风险助力长三角一体化。④从城投债着手化解地方政府隐性债务，释放财政政策有效空间。2020年面对新冠肺炎疫情冲击，各国采取低利率、政府担保的纾困措施，债务特别是政府债务成为各国着手处理的关键问题。IMF最新报告显示，中国政府负债率远低于美国和世界平均水平，我国实施积极财政政策的空间很大。本书提出完善信息披露、将隐性债务转为显性债务，重视区县级城投平台、关注新型城镇化建设及带动效应，寻求政府担保的低风险替代工具，鼓励中欧班列建设等交通运输类的城投债，推广纾困专项债券的浙江经验，为财政政策有效实施释放更多空间。

参考文献

[1]李志生,金凌,孔东民.分支机构空间分布、银行竞争与企业债务决策[J].经济研究,2020(10):141-158.

[2]钱雪松,方胜.担保物权制度改革影响了民营企业负债融资吗?:来自中国《物权法》自然实验的经验证据[J].经济研究,2017(5):146-160.

[3]易纲.再论中国金融资产结构及政策含义[J].经济研究,2020(3):4-17.

[4]张小茜,孙璐佳.抵押品清单扩大、过度杠杆化与企业破产风险:动产抵押法律改革的"双刃剑"效应[J].中国工业经济,2017(7):175-192.

[5]张晓晶,刘磊.宏观分析新范式下的金融风险与经济增长:兼论新型冠状病毒肺炎疫情冲击与在险增长[J].经济研究,2020(6):4-21.

[6]钟宁桦,刘志阔,何嘉鑫,等.我国企业债务的结构性问题[J].经济研究,2016(7):102-117.

[7]Almeida H,Philippon T. The risk-adjusted cost of financial distress[J]. The Journal of Finance,2007,62:2557-2586.

[8]Amstad M,He Z. Chinese bond markets and interbank market[M]//The Handbook of China's Financial System. Princeton:Princeton University Press,2020:105-148.

[9]Blanchard O. Public debt and low interest rates[J]. American Economic Review,2019,109(4):1197-1229.

[10]Bolton P,Freixas X. Corporate finance and the monetary transmission mechanism[J]. The Review of Financial Studies,2006,19(3):829-870.

[11]Bolton P,Huang H. The capital structure of nations[J]. Review of Finance,2018,22(1):45-82.

[12]Bolton P,Oehmke M. Should derivatives be privileged in bankruptcy [J]. The Journal of Finance,2015,70(6):2353-2394.

[13]Bolton P. Debt and money:Financial constraints and sovereign finance [J]. The Journal of Finance,2016(4):1483-1509.

[14]Breza E,Kaur S,Shamdasani Y. The morale effects of pay inequality [J]. The Quarterly Journal of Economics,2018,133(2):611-663.

[15]Calomiris C W,Larrain M,Liberti J,et al. How collateral laws shape lending and sectoral activity[J]. Journal of Financial Economics,2017,123(1):163-188.

[16]Campello M,Larrain M. Enlarging the contracting space:Collateral

menus, access to credit, and economic activity[J]. The Review of Financial Studies,2016,29(2):349-383.

[17]Chen Z, He Z, Liu C. The financing of local government in China: Stimulus loan wanes and shadow banking waxes[J]. Journal of Financial Economics,2020,137(1):42-71.

[18]Cong L W, Gao H, Ponticelli J, et al. Credit allocation under economic stimulus: Evidence from China[J]. The Review of Financial Studies, 2019,32(9):3412-3460.

[19]Diamond D W. Financial intermediation and delegated monitoring[J]. The Review of Economic Studies,1984,51(3):393-414.

[20]DiMaggio M, Kermani A. Credit-induced boom and bust[J]. The Review of Financial Studies,2017,30(11):3711-3758.

[21]Fan J P H, Huang J, Zhu N. Institutions, ownership structures, and distress resolution in China[J]. Journal of Corporate Finance,2013,23: 71-87.

[22]Gale D, Hellwig M. Incentive-compatible debt contracts: The one-period problem[J]. The Review of Economic Studies,1985,52(4):647-663.

[23]Hart O D, Moore J. Default and renegotiation: A dynamic model of debt [J]. Quarterly Journal of Economics,1998,113:1-41.

[24]He Z, Xiong W. Rollover risk and credit risk[J]. The Journal of Finance,2012,67(2):391-430.

[25]Holmstrom B, Tirole J. Financial intermediation, loanable funds, and the real sector[J]. The Quarterly Journal of Economics,1997,112(3): 663-691.

[26]Huang Y, Pagano M, Panizza U. Local crowding-out in China[J]. The Journal of Finance,2020,75(6):2855-2898.

[27]Merton R C. On the pricing of contingent claims and the Modigliani-Miller theorem[J]. Journal of Financial Economics,1977,5(2):241-249.

[28]Modigliani F, Miller M H. Corporate income taxes and the cost of capital: A correction[J]. The American Economic Review,1963,53(3):433-443.

[29]Modigliani F, Miller M H. The cost of capital, corporation finance and the theory of investment[J]. The American Economic Review,1958,48

(3):261-297.

[30]Rajan R G, Zingales L. Power in a theory of the firm[J]. The Quarterly Journal of Economics,1998,113(2):387-432.

[31]Stulz R. Managerial discretion and optimal financing policies[J]. Journal of Financial Economics,1990,26(1):3-27.

[32]VonThadden E L, Berglöf E, Roland G. The design of corporate debt structure and bankruptcy[J]. The Review of Financial Studies,2010,23(7):2648-2679.

[33]Zhang X, Wang Z. Marketization vs. market chase: Insights from implicit government guarantees[J]. International Review of Economics & Finance,2020,69:435-455.

[34]Zingales L. Does finance benefit society[J]. Journal of Finance,2015,70:1327-1363.

第一篇
企业债务风险

第一章　企业债务融资现状

2020 年以来,债务成为世界面临的关键问题,各国纷纷从财政政策、货币和宏观政策上出台经济刺激措施对企业进行援助,特别是中小企业扶持措施。目前世界各国面临的共同经济问题都是债务,企业债务、个人债务、政府债务是一个债务循环,有一环解决不好都会引起新的风险传染。本章总结当前经济新特点,中国经济在"三重压力"①下要重视系统性金融风险、债务攀升、供应链中断等新挑战。从债务结构、交易信贷、质押和担保等角度分析我国企业债务风险,疫情加速中小民营企业分化,存在区域化、链群化、备份化趋势。本章认为新冠肺炎疫情后世界经济和产业格局将发生巨大变化,中国经济基于内循环的自我增长力是解决债务问题的最好突破口。

第一节　世界经济的新挑战

一、债务成为世界面临的关键问题

新冠肺炎疫情出现后,全球产业链、供应链双双受到重创。国际货币基金组织(IMF)发布的 2020 年年报将 2020 年称为前所未有之年(A Year Like No Other),全球经济前景存在巨大不确定性。IMF 认为,此次经济崩溃的程度和速度是前所未有的:资本市场遭受重创,2020 年 3 月中旬标准普尔 500 指数

---

① 2021 年底,中央经济工作会议指出,我国经济发展面临需求收缩、供给冲击、预期转弱的"三重压力"。

(S&P500)多次熔断,石油价格遭受重创。各国政府使用财政政策挽救经济。美国国会通过 2.2 万亿美元的经济刺激计划,但是失业率仍一路飙升,4 月有 2100 万人失业,失业率高达 14.7%。

新冠肺炎(COVID-19)疫情直接导致行业结构性变化,航空和旅游业遭受最大亏损。国际旅游业产值在 2020 年 1—8 月下降 70%,造成了 7300 亿美元损失。据国际航协 2021 年 10 月报告,2020 年全球航空业净亏损预期为 1377 亿美元(此前预期亏损 1264 亿美元),即便有政府纾困措施,预计 2020—2022 年全球航空业累积亏损将高达 2010 亿美元,电影行业也由于疫情损失巨大,有些直接进入流媒体。疫情冲击一消退,股市就攀升到新纪录,部分原因是科技公司股价飙升。然而,许多受疫情提振的公司面临抛售,如视频会议公司 Zoom、杂货快递公司奥卡多(Ocado)、健身自行车制造商 Peloton 等。重建全球运输和航空业的 1130 万个工作岗位以及与旅行和旅游业相关的 3.5 万亿美元 GDP 应该是政府的优先事项。

IMF2020 年年报强调了新冠肺炎疫情带来的新问题,低利率和高债务将影响未来数年。报告指出,财政措施支持经济复苏,同时管理高企的政府债务,这两者之间需要实现平衡。一方面,金融危机后十多年的低利率导致全球金融风险不断累积,并使大多数国家的政府和私人部门债务攀升至历史高位。在新冠肺炎疫情下,债务脆弱性显著增加,债务和赤字已超过全球金融危机时的水平。另一方面,疫情给许多脆弱的低收入国家造成沉重打击,其中 50% 的国家面临陷入债务困境的较高风险。全球疫情蔓延等事件带来的经济冲击可能导致这些国家经济出现停滞,资金流动发生逆转,从而进一步削弱其管理债务的能力。

新冠肺炎疫情表现出与以往历史上的其他传染病冲击事件不同的特征。根据国际著名金融数据机构路孚特(Refinitiv)的 2020 年研究报告,表 1.1 总结了历史上的长期市场调整。

表 1.1　历史上的长期市场调整

下跌峰值时间	跌幅/%	时长/月	实际利率/%
1961 年 10 月	−23	18	1.20
1965 年 9 月	−18	4	2.63
1972 年 12 月	−46	21	2.50
1976 年 12 月	−19	14	−1.93
1980 年 11 月	−24	20	6.46

续表

下跌峰值时间	跌幅/%	时长/月	实际利率/%
1987 年 8 月	-30	3	2.75
1987 年 11 月	-33	19	0.90
1990 年 5 月	-16	5	3.43
2000 年 8 月	-46	25	4.05
2007 年 11 月	-53	16	2.40
2020 年 2 月	-19	1	-0.72

资料来源：Refinitiv 报告，https://www. refinitiv. com/perspectives/market-insights/market-voice-the-covid-19-market-correction/。

美国国家经济研究局（NBER）的经济学家在线发表了大量研究，其中Chetty 等（2020）基于非上市公司数据的研究显示，COVID-19 疫情导致美国高收入人群在 2020 年 3 月大幅减少消费，小企业收入迅速下降，从而影响到就业，高收入工人在几周内经历了 V 形衰退，低收入工人遭受更大的职业损失并且这种损失持续数月。美国的"经济重启"计划对消费和就业影响很小，对低收入家庭的刺激支出大幅增加了消费支出，但这些增加的支出很少流向受经济危机影响最严重的企业。工资保护计划贷款只增加了小企业 2% 的就业，这意味着每个工作岗位节省的成本为 37.7 万美元。这些结果表明，当消费者支出受到健康问题的限制时，传统的宏观经济工具——刺激总需求或向企业提供流动性——恢复就业的能力有所减弱，疫情期间通过社会保险减轻经济困难可能更为有效。

二、世界各国和重要经济组织的应对及主要经济刺激政策

根据 IMF 总结世界各国对 COVID-19 疫情的反应[①]，本书通过详细考察世界部分国家和重要经济组织的经济刺激政策，总结了美国、欧盟、日本、德国、英国的主要经济刺激政策，特别是中小企业扶持措施（见表 1.2），可以看到这些政策主要从财政和货币工具两个方面对企业进行援助，但是尚未提供风险管理的有效监督和安排。

---

① 详见 IMF 网站，https://www. imf. org/en/Topics/imf-and-covid19/Policy-Responses-to-COVID-19。

表 1.2 部分国家和重要经济组织经济刺激政策（截至 2021 年 1 月）

国家或国际组织	政策要点		汇率与国际收支	资金投入	
	财政政策	货币和宏观金融政策		规模/美元	占 GDP 比重
美国	多轮救济和政府资助计划。除失业救济金之外，对小企业管理局（SBA）提供贷款和担保来帮助小企业	（1）降息，3 月降息 150 个基点到接近零利率，无限量购买财政债券和政府机构债券。（2）引进多种工具支持流向家庭和企业，如重启"定期资产担保证券贷款机制"（TALF）。发行小企业管理局（SBA）担保杠杆贷款等。（3）监管举措，降低商业银行对借款人提供抵押杠杆。（4）房利美和房地美对 12 个月的抵押贷款延期期限，免除相关的滞纳金，暂停向信用局报告与延期期限有关的违约行为，暂停出售贷款止赎房屋和驱逐借款人 60 天，并提供贷款修改选项	无措施	3.86 万亿	18.4%
欧盟	（1）提供赠款或贷款，为每个欧元区国家提供高达 2019 年 GDP 2% 以上的支持，受到疫情重创的高负债欧元区国家（如意大利、西班牙）和东欧国家是最大净受益者；（2）向欧洲投资银行（EIB）提供 250 亿欧元的政府担保，以支持高达 2000 亿欧元的公司融资，重点放在中小企业之前加了之前为 EIB 贷款活动商定的 400 亿欧元担保）；（3）创建一个高达 1000 亿欧元的临时贷款工具（SURE），以保护工人和就业，并由欧盟成员国提供担保	欧洲央行：（1）1200 亿欧元的额外资产购买工具（APP）；（2）新增低利率流动性（PELTRO）；（3）7500 亿欧元的私人和公共部门证券资产购买计划（PEPP）；（4）一系列针对欧洲体系信贷业务的抵押品宽松措施，也包括对中小企业、个体经营者和家庭的公共门槛贷款	无措施	1.58 万亿	欧盟 27 国的 GDP 的 9.6%

续表

国家或国际组织	政策要点			资金投入	
	财政政策	货币和宏观金融政策	汇率与国际收支	规模/美元	占GDP比重
日本	进行多轮紧急经济一揽子计划，分别为2020年4月、5月总额的117.1万亿日元（占2019年国内生产总值的20.9%）和12月的73.6万亿日元的关键措施，包括对每个人的个人和社会保障措施，以及从公共和私人金融机构获得资金投资数字化和绿色技术，以及延长正在进行的COVID-19应对措施，如向受影响企业提供优惠贷款	主要是维持金融市场稳定和支持信贷，日本央行购买交易所交易基金（ETF）和日本房地产投资信托基金（J-REITs），通过买入债券支持证券，公司票据机构在日本央行持有相应的未偿的利率。对提供的未偿金额适用0.1%的正利率。推出了一项新的融资余额拨备措施，以支持金融职能注资的期限从2022年3月31日延长至2026年3月31日，担保正资，通过银行申请注资的期限额12万亿日元	汇率已被允许进行灵活调整	2.96万亿	54.9%
德国	联邦政府通过两项补充预算：3月的1560亿欧元（占GDP的4.9%）和6月的1300亿欧元（占GDP的4%）。当局一揽子计划2020年发行2185亿欧元公共债务，为这些一揽子提供的资金。向受COVID-19疫情严重影响的小企业主和自营职业者提供500亿欧元的补助金，推迟免息税收，将短期工作津贴的最长期限从12个月延长到24个月。政府通过新设立的经济稳定基金（WSF）和公共开发银行（KfW），扩大各种规模和信用期限公司和非营利机构的可用担保数量有资格获得公共担保的机会，其中一些提高了总共至少7570亿欧元（占GDP的24%）的担保。州多地地方政府（州和市）也宣布了自己的经济支持措施，直接支持金额达1410亿欧元一级的贷款担保约为700亿欧元	（1）释放银行的逆周期资本缓冲，从0.25%降至零；（2）额外提供1000亿欧元，通过公共开发银行（KfW），与商业银行合作，为公司扩大的短期融资；（3）按照之前的金融稳定基金的结构，在社保影响较大的公司的股权1000亿欧元，直接收购基金较大的到COVID-19疫情经济影响的家庭。在2020年3月15日之前被批准的消费贷款延期到2020年6月30日的还款期限按批准发放的贷款以及必须计算公共的自有资金要求，杠杆率以及大额风险敞口限额	无措施	1.53万亿	37.2%

续表

国家或国际组织	政策要点		汇率与国际收支	资金投入	
	财政政策	货币和宏观金融政策		规模/美元	占GDP比重
英国	在卫生紧急状态下对家庭的税收和支出措施：(1)为国民保健系统(NHS)、公共服务和慈善机构提供额外资金（485亿英镑），包括财政部和英国央行账户的透支额外资金（290亿英镑）；(2)支持企业和受病假期最严重影响的重要部门的产权假期，为小企业提供直接补助，以及病假补偿；(3)通过企业增加普遍信贷计划下的支付以及扩大其他福利，加强社会安全网，以支持弱势群体(80亿英镑)。为从事贸易但因新冠肺炎疫情面临需求减少的个体经营户收入支持计划。将旅游和酒店业15%的临时增值税（从20%降至5%）减免延长至2021年3月底	(1)利率下调65个基点至0.1%；(2)将央行持有的英国政府债务和非金融公司债券的规模扩大4500亿英镑；(3)推出新的定期融资计划，加强降息的传导，向实体经济、特别是中小企业提供额外的贷款激励；(4)英国财政部和英国央行同意临时延长政府在英国央行账户的透支额外使用期限，以便在需要时向政府提供额外的短期流动性的短期来源；(5)启动英国财政部和英国银行联合实施的针对COVID-19的公司融资机制，连同冠状病毒业务中断贷款计划，为企业提供3300亿英镑的贷款和担保（占GDP的15%）；(6)启动有的英镑定期回购贷款，以补充现有的英镑流动性；(7)与加拿大、日本、欧元区、美国和瑞士的央行一起，通过加强美元流动性互换额度安排，进一步加强长期美元流动性供应；(8)到2020年12月，将英国逆周期缓冲率从原来的2%降至0%，并指导其在至少12个月内保持在0%	无措施	0.83万亿	29.6%

美国的公共卫生应对政策存在很多缺陷,但是其经济刺激政策中仍有一些值得借鉴的有效工具,例如美国小企业局(SBA)提供的贷款、有效风险对冲工具、反欺诈监督措施。在美国经济刺激政策中,SBA 的回报保护计划(payback protection program,简称 PPP)担保贷款由合格的贷款人提供给小型企业,这些企业就可以保持工人的就业。回报保护计划流动性工具(payback protection program liquidity facility,简称 PPPLF)以 PPP 贷款为抵押,向提供 PPP 贷款的金融机构提供信贷,以支持 PPP。PPPLF 的额外流动性增加了金融机构提供额外 PPP 贷款的能力。根据 SBA 的多期报告,发现他们对 PPP 计划进行了很好的利用和追踪。

SBA 还有效地确保了超过 22.4 万个贷款借款人在《CARES 法案》(Coronavirus Aid,Relief and Economic Security Act)实施的前 3 个月获得了 26 亿美元的债务减免。额外资金向全美受疫情影响的小型企业提供经济伤害灾难贷款(Economic Injury Disaster Loans,EIDL)。根据《小企业法》第 7(a)条款创建了 PPP,而 PPP 提供了 3490 亿美元的完全担保 SBA 贷款,这些贷款如果根据法案使用可以被免除。

2020 年 4 月 3 日 SBA 启动 PPP 计划,仅 14 天后 PPP 贷款人批准了 166.1 万笔贷款,总额近 3423 亿美元。2020 年 4 月 24 日,美国总统特朗普签署了《薪酬保护计划和医疗保健加强法》(Paycheck Protection Program and Health Care Enhancement Act),向 PPP 提供额外 3100 亿美元。SBA 于 2020 年 4 月 27 日启动这一轮额外融资。截至 2020 年 5 月 6 日,PPP 贷款人批准了 2441369 笔额外贷款,总计约 1835 亿美元。《薪酬保护计划和医疗保健加强法》为较小的贷方预留了一部分额外资金份额,但对 PPP 的要求与《CARES 法案》相比没有重大差异。SBA 实施 PPP 的临时最终规则和 SBA 的常见问题简答与法案规定基本一致,同时确定了与法案规定没有完全符合的领域:①优先考虑服务不足和农村地区;②符合豁免条件的贷款受益;③贷款延期指南;④贷款登记。

SBA 还发布了对于响应 COVID-19 疫情的美国经济伤害灾难贷款(Economic Injury Disaster Loans,EIDL)程序中的潜在欺诈的关注及相关报告,监察长办公室收到了接受经济损失贷款存款的金融机构提出的 5000 多起涉嫌欺诈的投诉。在报告的涉嫌欺诈案件中,将近 3800 起仅来自 6 个金融机构,其他金融机构还提供了 1220 份涉嫌欺诈交易的报告,9 家金融机构报告了涉嫌欺诈性交易的总额为 1.873 亿美元。

根据以上对 IMF、SBA 的报告跟踪,可以看到在 COVID-19 疫情的新挑战下世界各国面临的共同经济问题都是债务，企业债务、个人债务、政府债务是一个债务循环，有一环解决不好都会引起新的风险传染。虽然美国、英国在处置COVID-19公共卫生问题时存在诸多缺陷，但是在经济刺激和工具应用方面还是有可以借鉴之处的。世界各国普遍采取的政府担保是目前能够暂时缓解难点、堵点的疏通剂，美国SBA提出的许多贷款工具、跟踪和反欺诈措施值得进一步跟踪和观察。但是，COVID-19疫情后世界经济格局将发生巨大变化，中国经济基于内循环的自我增长力是解决债务问题的最好突破口。

三、2022年经济新特点

2022年，局部地缘政治风险严重影响全球疫后经济复苏。IMF 2022年4月的《世界经济展望》(World Economic Outlook)报告预测，局部地缘冲突损失将导致2022年全球经济增速显著放缓并推升通胀。燃料和粮食价格快速上涨，低收入国家的弱势群体受到的打击最大。全球经济增速预计将从2021年6.1%的估计值下降至2022年和2023年的3.6%。2022年和2023年的经济增速预测值分别较1月预测值下调了0.8个和0.2个百分点。2023年之后，全球经济增速预计将放缓，并在中期回落至3.3%左右。俄乌局势导致大宗商品价格上涨、价格压力不断增大，2022年发达经济体的通胀率预计为5.7%，新兴市场和发展中经济体的通胀率预计为8.7%，两者较1月的预测值分别高出1.8个和2.8个百分点。防止经济进一步割裂，维持全球流动性，管理债务危机、应对气候变化并结束新冠肺炎疫情，这些工作依然至关重要。疫后经济特别是中国经济存在以下新挑战：

第一，要重视系统性金融风险对经济的影响。在疫情叠加俄乌局势影响下，疫后经济复苏乏力，全球金融状况不断趋紧。金融状况趋紧将使主权和企业借款人的债务脆弱性成为严峻焦点，有可能引发大范围的债务危机。发达经济体的央行正在实行加息政策，这会收紧新兴市场和发展中经济体的外部金融环境，让新兴市场和发展中经济体更容易受到这一次加息的影响。2022年4月的全球金融稳定报告强调了金融脆弱性风险，如果全球特别是美国货币紧缩步伐进一步加快，或者金融市场开始更积极地重新定价，那么更多新兴市场经济体可能面临更大压力，这将进一步拖累全球经济前景。新兴市场经济发展压力将变得更大。对中国经济而言，外部金融状况收紧可能导致中国经济暴露出一些结构性弱点，比如地方政府债务高企、房地产开发商杠杆率、家庭债务和银行体系的脆弱性。商业银行系统性金融风险不断累积，从经济长期增长、平稳性、平衡性三重视角看,商业银行系统性金融风险对经济增长和发展质量均存在显著负面影响。系统性金融风险累积不仅降低经济增长速度,还会增加经济增长波动性,不利于中国经济高质量发展和转型,政府应加强对稳定金融系统性风险的重视。

第二,疫情期间政府救助导致非金融类公司和家庭部门债务攀升。疫情期间,政府纾困(government baiout)避免了经济更严重的衰退,但也导致私人部门杠杆高企,并因此拖累经济复苏进程。政府的救助措施除了前文提到的对家庭和企业的直接财政支持(如 SAB 的诸多举措),还包括央行的宽松政策和临时的金融监管变化,比如延期还款和债务担保,为许多企业和家庭提供了生命线。但伴随而来的是私人部门债务的空前增长,这可能导致经济复苏进程放缓,尤其对新兴经济体而言。IMF 2022 年 4 月的报告显示:平均来看,发达经济体未来三年对 GDP 增长的拖累估计为 0.9%,新兴市场为 1.3%。杠杆集中在脆弱性公司和低收入家庭、破产程序低效率、公共部门和私人部门同时去杠杆、货币政策迅速收紧,经济复苏可能在以上这些国家更加缓慢。为减弱私人部门高杠杆对国家经济复苏的拖累效应,政府应根据国情调整财政整合的步伐,在复苏进展顺利、资产负债表状况良好的地方,可以更快减少财政支持,防止债务的无序扩张,以最大限度降低疫情带来的破坏和创伤。

第三,中国在疫后经济中逐渐暴露出政府债务高企的结构性风险。中国在疫情防控上始终坚持动态清零政策,由此可能导致较高的政府支出,具体体现在疫苗接种费用、扶持中小企业等方面。以上海为例,2022 年 3 月底上海疫情形势逐渐严峻,为全力支持受疫情影响行业和企业克服困难、恢复发展,上海出台了《上海市全力抗疫情助企业促发展的金融支持举措》(以下简称《支持举措》)。《支持举措》共有五个方面 17 条内容,包括降低各类企业融资担保费率、对困难企业新增贷款给予贴息支持、加大对小微企业信贷支持等。近十年来我国地方政府债务不断攀升,仅计算地方政府债和城投债,2021 年地方政府债务就已将近 45 万亿元,动态清零政策带来的巨大财政支出可能导致政府债务成为后续亟待处理的焦点问题,并且政府隐性债务风险与各地区商业银行系统性金融风险高度相关,一旦爆发就会对企业生产、经济发展产生巨大冲击。鉴于此,建议政府应将金融和财政两力结合,采取精准界定、主动化解、科学处置三步走对策,降低公共债务攀升对中国经济的不利影响。

第四,供应链中断的国际溢出效应在逐渐减弱,但 2022 年 3 月底的上海疫情导致供应链断裂危机即将显现。IMF 2022 年 4 月的报告指出,疫情期间供给和需求的双重冲击导致贸易的急剧崩溃,这主要体现在服务贸易的持续疲软上,而货物贸易却在以惊人速度反弹。疫情导致一些国家的供应链中断,由此产生的国际溢出效应是疫情早期贸易下降的主要驱动因素。由于全球价值链具有的适应性和复原力,这些溢出效应在随后的疫情浪潮中已开始逐渐减弱。不同国家和地区的适应性和复原力不同,相较之下,那些国内投入来源多样化、使投入来源有更大替代性的国家和地区可以更好地建立供应链抵御冲击的能力。提高供应链弹性非常重要。对此,政府部门应该通过填补供应链中的信息缺口、健全投资贸易和数字基础设施、降低贸易成本和最小化政策不确定性发挥有益作用。

第五,数字经济和绿色转型对经济会产生巨大影响。如何为未来经济做好准备,IMF 经济顾问兼研究主任皮埃尔-奥利维尔・古林查斯(Pierre-Olivier Gourinchas)指出,各国政府应尽可能利用积极的结构变革拥抱数字转型,对工人进行重组和再培训以迎接挑战。碳定价和化石燃料补贴改革也有助于向更清洁的生产模式过渡,减少对化石燃料价格的影响——鉴于战争对全球能源市场的影响,这一点比以往任何时候都重要。绿色能源转型还将导致劳动力市场在职业和部门之间的重新配置。加大绿色基础设施投入、实行碳价、推出收入所得税抵免以及提供就业培训在内的一揽子政策,可以助力包容性转型,使经济在 2050 年之前实现净零排放的目标。

第二节　我国企业债务风险现状

一、债务结构

(一)企业债务结构

1. 企业债务结构总趋势

本节对我国所有上市公司 2003—2021 年年报数据进行汇总。图 1.1 显示企业杠杆率从 2006 年开始持续走低,2011 年开始下降势头趋缓,随着 2017 年降杠杆政策的实施资产负债率有所下降,但总体还是国有企业杠杆率高于民营企业。2021 年国有企业资产负债率为 50.9%,民营企业为 33.5%,并没有出现所谓的"国有企业加杠杆、民营企业降杠杆"现象。

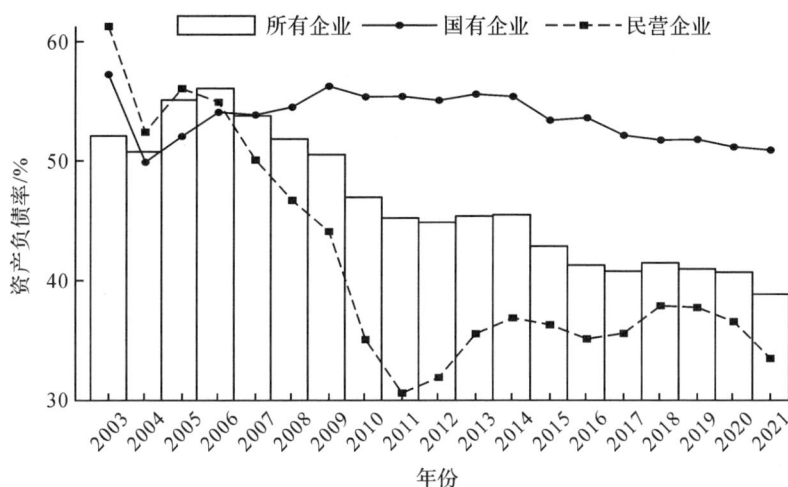

图 1.1 2003—2021 年上市公司资产负债率(中位数)

2. 带息债务

图 1.2 为企业债务中的带息债务比例。2021 年我国上市公司带息债务占 27.9%,国有企业为 34.3%,民营企业为 25%,国有企业在银行贷款等带息债务融资上强于民营企业。

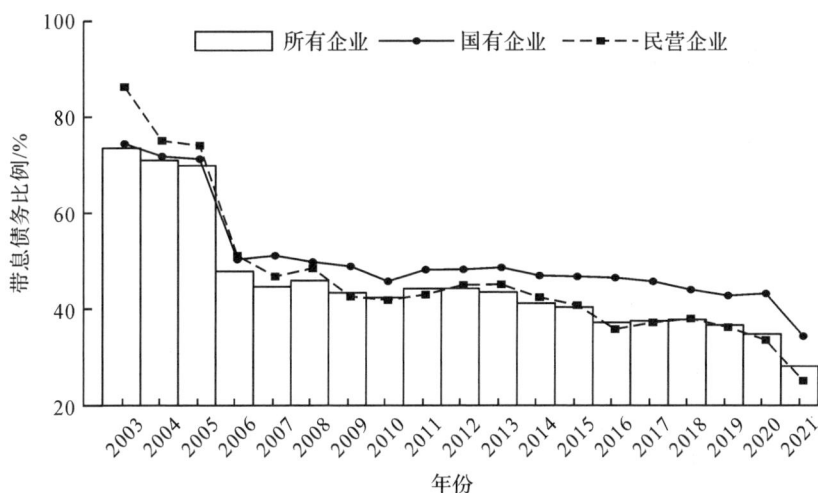

图 1.2 2003—2021 年上市公司带息债务比例(中位数)

3. 长期债务

图 1.3 为企业债务中的长期债务比例。民营企业长期负债占比从 2005 年

到 2013 年有明显上升趋势,此后变化较为平稳,2021 年民营企业长期债务占
总负债的 13.6%。国有企业一直高于民营企业,2021 年国有企业长期债务占
比 16.2%。数据显示,民营企业的长期债务难问题有一定缓解,但是国有企业
和民营企业的长期债务比例均低于 20%,短期债务到期引起的流动性压力很
大,因此增加长期债务比例来进行债务的久期调节可能是一个有效的解决
方式。

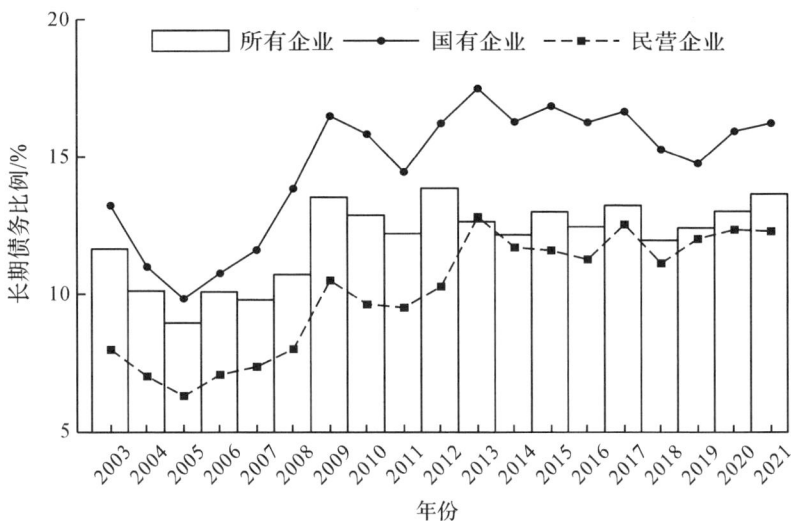

图 1.3 2003—2021 年上市公司长期债务比例(中位数)

综合以上数据,本书发现企业债务比率随着降杠杆政策在下降,带息债务
仍是企业债务的主要形式(40% 左右),国有企业比民营企业更容易获得有息债
务和长期债务,民营企业债务的流动性压力依然比较大。目前有息债务、长期
债务仍然有一定空间,但是关键要关注违约风险,在违约可能性较低的前提下
可以提高有息债务和长期债务比例。

(二)盈利和偿债能力

1.偿债能力

表 1.3 显示 2021 年不同行业上市公司的偿债能力,流动比率和速动比率
反映短期偿债能力,已获利息倍数、经营活动现金净流量比率反映长期偿债能
力。可以看到,2021 年信息技术、医疗保健、电信服务的偿债能力相比 2020 年
有很大好转,日常消费、房地产、材料行业的偿债能力堪忧。

表1.3　不同行业上市公司偿债能力

行业名称	资产负债率/%		流动比率		速动比率		已获利息倍数（EBIT/利息费用）		经营活动现金净流量/负债		转好指标个数
	本期	上年同期	本期	上年同期	本期	上年同期	本期	上年同期	本期	上年同期	
信息技术	31.40	32.38	2.58	2.48	2.09	2.07	10.82	8.27	0.14	0.19	4
医疗保健	25.36	26.18	2.96	2.56	2.47	2.06	14.50	10.44	0.31	0.40	4
电信服务	25.22	29.44	1.87	1.82	1.85	1.80	105.09	32.22	0.43	0.44	4
公用事业	58.44	58.98	0.95	0.83	0.83	0.77	2.93	3.47	0.08	0.12	3
可选消费	38.77	38.57	1.84	1.76	1.42	1.39	7.65	5.16	0.12	0.19	3
工业	43.03	43.23	1.77	1.77	1.40	1.41	7.80	6.06	0.08	0.13	3
能源	48.47	48.50	1.08	1.14	0.97	0.99	6.10	4.42	0.16	0.11	3
金融	81.50	80.91	1.77	1.74	1.71	1.69	8.09	8.32	0.01	0.03	2
材料	38.53	38.30	1.73	1.76	1.27	1.36	10.46	7.22	0.16	0.18	1
房地产	67.68	66.37	1.64	1.65	0.54	0.58	3.63	4.22	0.05	0.08	0
日常消费	35.30	32.96	1.96	2.01	1.31	1.36	5.81	11.06	0.23	0.29	0

注：各项指标取值为行业中位数。转好指标个数为2021年与2020年比较，后同。

2. 盈利能力

表1.4为不同行业上市公司盈利能力。可以看到，2021年材料、能源、可选消费、金融行业的盈利能力相比2020年有很大好转，房地产行业情况令人担忧。

表1.4　不同行业上市公司盈利能力

行业名称	销售毛利率/%	销售净利率/%	ROE/%	ROE（扣非）/%	EBIT占总资产比重/%	三费占营业总收入比重/%	营业费用占比/%	管理费用占比/%	财务费用占比/%	转好指标个数
材料	21.96	9.57	11.76	10.47	7.91	9.86	1.10	7.42	0.64	9
能源	20.22	4.39	7.91	7.22	5.42	8.20	0.52	5.65	1.36	8
可选消费	24.32	6.70	7.43	5.78	5.11	16.00	4.53	9.36	0.48	5
金融	35.58	30.86	9.82	9.51	2.39	32.59	1.95	32.23	2.87	5
工业	25.34	8.66	8.90	7.19	5.42	14.42	2.97	9.87	0.60	4
公用事业	22.08	11.24	7.23	5.81	4.77	12.37	0.62	5.41	4.04	4
信息技术	32.38	9.95	9.29	7.49	5.94	19.48	3.51	14.02	0.18	3
日常消费	25.99	7.31	7.52	6.02	6.05	16.65	8.41	6.81	0.25	3
医疗保健	56.23	13.82	10.74	8.77	7.89	35.63	18.42	13.43	0.06	3
电信服务	29.01	6.29	7.16	6.28	3.81	20.12	9.37	9.04	−0.38	3
房地产	25.80	7.97	4.52	3.39	2.88	9.52	2.91	4.12	1.79	2

3. 营运能力

表 1.5 为不同行业上市公司营运能力。可以看到,2021 年医疗保健、日常消费、信息技术等行业营运能力相较于 2020 年变化不大。可选消费、工业、能源、材料和公共事业这 5 个行业的营运能力得到大幅改善。

表 1.5 不同行业上市公司营运能力

行业名称	营业周期/天		存货周转率/次		应收账款周转率/次		固定资产周转率/次		总资产周转率/次		转好指标个数
	本期	上年同期	本期	上年同期	本期	上年同期	本期	上年同期	本期	上年同期	
可选消费	148.38	156.78	4.47	4.29	6.55	5.76	0.64	0.64	0.64	0.64	5
工业	201.37	228.72	3.62	3.22	4.17	3.71	0.54	0.53	0.54	0.53	5
能源	49.70	59.01	14.50	10.99	14.09	11.79	0.56	0.48	0.56	0.48	5
材料	112.00	125.47	6.08	5.47	8.75	7.91	0.74	0.69	0.74	0.69	5
公用事业	80.80	92.31	19.66	16.01	6.42	6.28	0.32	0.30	0.32	0.30	5
房地产	1194.18	1323.25	0.30	0.27	26.96	33.01	0.22	0.20	0.22	0.20	4
电信服务	29.11	36.27	66.19	69.34	14.94	12.14	0.57	0.54	0.57	0.54	4
金融	99.14	101.62	24.08	18.12	6.47	6.04	0.06	0.06	0.06	0.06	3
信息技术	196.18	199.65	3.82	3.97	3.90	3.55	0.57	0.58	0.57	0.58	2
日常消费	114.72	110.28	4.44	4.27	20.67	19.38	0.72	0.73	0.72	0.73	2
医疗保健	214.73	218.22	2.53	2.54	6.14	5.66	0.53	0.56	0.53	0.56	2

(三)风险水平

1. 利润增速

图 1.4(a)为美国非金融企业利润增速,2020 年上半年部门利润大幅度下滑,第一、二季度同比分别下滑 6.2%、21.9%,第三季度已显著回升,同比增长

13.5％,反弹势头较为强劲。图 1.4(b)是中国企业利润增速,可以看到 2008—2009 年金融危机期间、2020 年第一季度都出现了非常明显的楔形,2020 年第一季度的利润增速下降甚至高于金融危机期间,但是很快恢复,第三季度已接近正常水平。

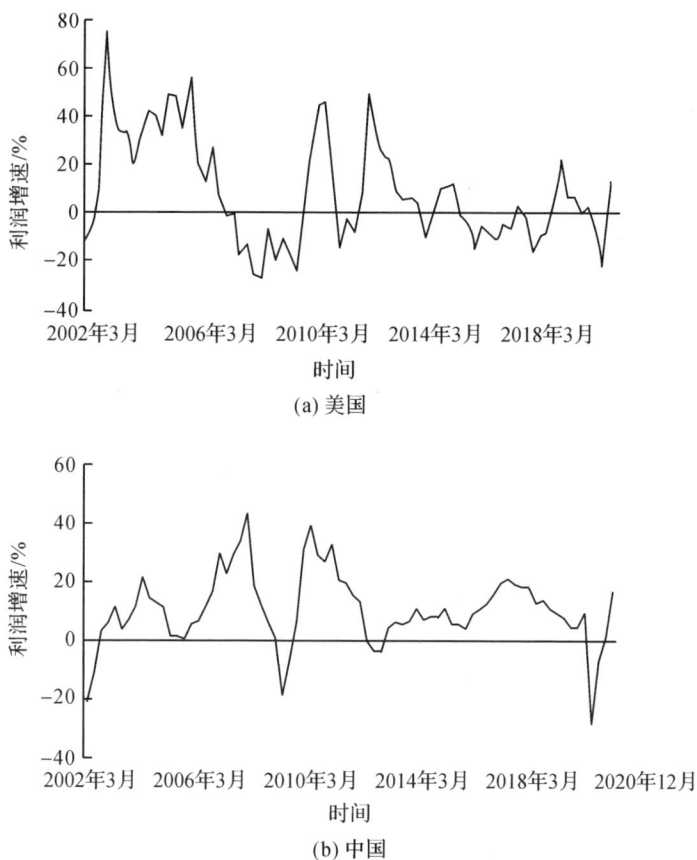

(a) 美国

(b) 中国

图 1.4　美国企业和中国企业利润增速比较

资料来源:图(a)的资料来源为美国人口普查局、中金公司研究部。图(b)为作者绘制,其中企业利润增速的计算使用的是该年度剔除金融行业全部 A 股上市公司利润总额同比增长率的中位数。

图 1.5 进一步对比了中美两国各行业 2020 年第三季度 ROE 的同比变化率,结果比较令人担心,中国除电信服务外其他行业的净资产收益率表现均不尽如人意,可选消费、能源、房地产行业的 ROE 甚至出现了超过 20％的巨幅下降。

(a) 美国

(b) 中国

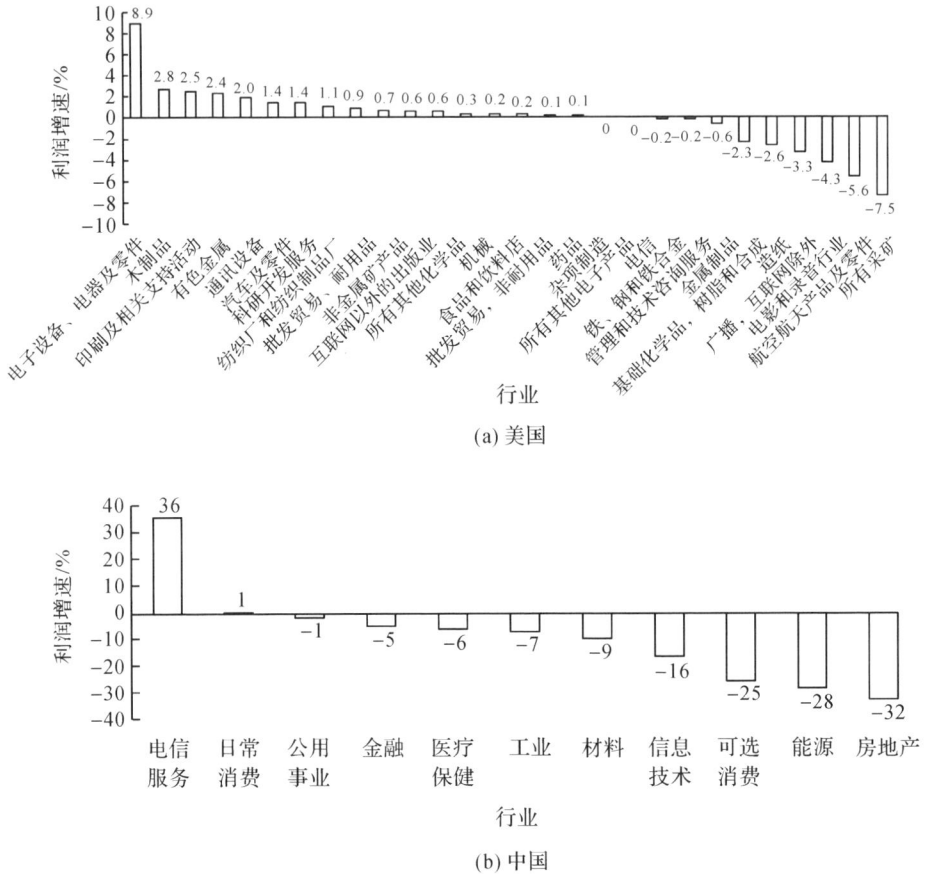

图 1.5　美国企业和中国企业利润增速比较

资料来源:图(a)数据源自美国人口普查局、中金公司研究部。图(b)为作者绘制,选取剔除 ST 公司的全部 A 股上市公司,取各行业的 ROE 同比变化的中位数。

2. 财务困境

中金公司 2020 年底研报列出了金融危机和 COVID-19 疫情两个时期美国破产的大企业数量及其行业分布,如图 1.6(a)所示。本书计算了这两个时期中国陷入财务困境的企业数量,如图 1.6(b)所示。可以看到,这一次发生财务困境的公司与金融危机期间相似,也集中在可选消费、工业和信息技术行业。

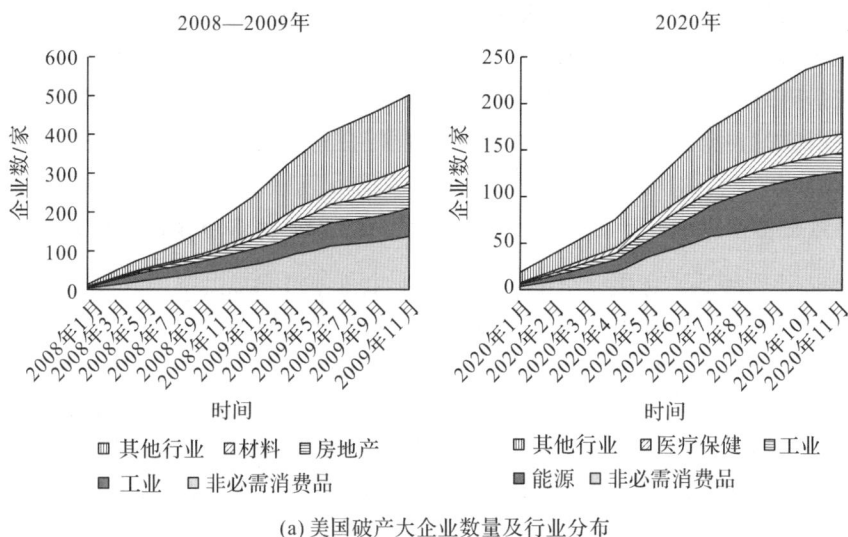

2008—2009年　　　　2020年

企业数/家　时间

■ 其他行业 ▨ 材料 ▥ 房地产
▨ 工业 ▨ 非必需消费品

■ 其他行业 ▨ 医疗保健 ▥ 工业
▨ 能源 ▨ 非必需消费品

(a) 美国破产大企业数量及行业分布

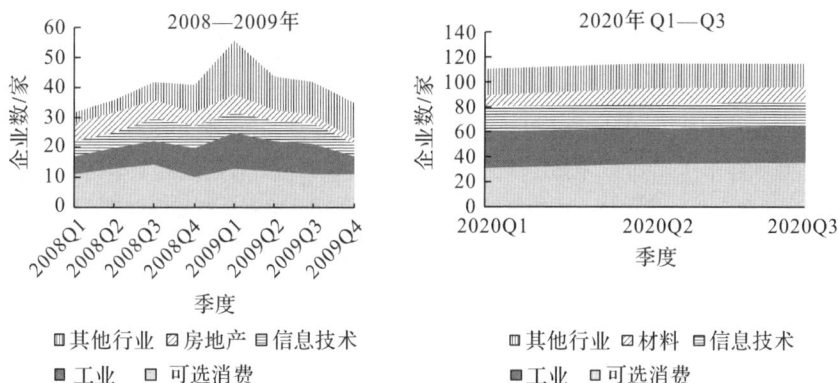

2008—2009年　　　　2020年 Q1—Q3

企业数/家　季度

■ 其他行业 ▨ 房地产 ▥ 信息技术
▨ 工业 ▨ 可选消费

■ 其他行业 ▨ 材料 ▥ 信息技术
▨ 工业 ▨ 可选消费

(b) 中国陷入财务困境企业数量及行业分布

图 1.6　美国企业和中国企业财务困境状况比较

注:图(a)数据源自彭博社(Bloomburg)、中金公司研究部。图(b)数据由作者根据 Wind 数据库资料整理得到。图(b)显示陷入财务困境企业个数,企业陷入财务困境的定义为 Z 值连续两个季度小于零。行业分类标准为 Wind 行业分类标准,行业级别为一级行业。2020 年第一季度至第三季度,选取了陷入财务困境企业个数排名前四的行业,分别为可选消费、工业、信息技术、材料行业,余下行业归入其他行业。2008 年第一季度至 2009 年第四季度选取了陷入财务困境企业个数排名前四的行业,分别为可选消费、工业、信息技术、房地产行业,余下行业归入其他行业。

美国金融学会前会长帕特里克·博尔顿(Patrick Bolton)教授将财务困境定义成两种形式,杠杆率实际上刻画的是资不抵债形式,利息保障倍数定义的是营运困难形式。图1.7进一步使用三种测度财务困境的指标——Altman Z值、杠杆率、利息保障倍数——考察中国上市公司财务困境状况。可以看到,COVID-19疫情的确会导致企业进入财务困境,但是在杠杆率这一指标下可能会导致低估了风险,用利息保障倍数或者Z值会看到更多企业存在财务困境。

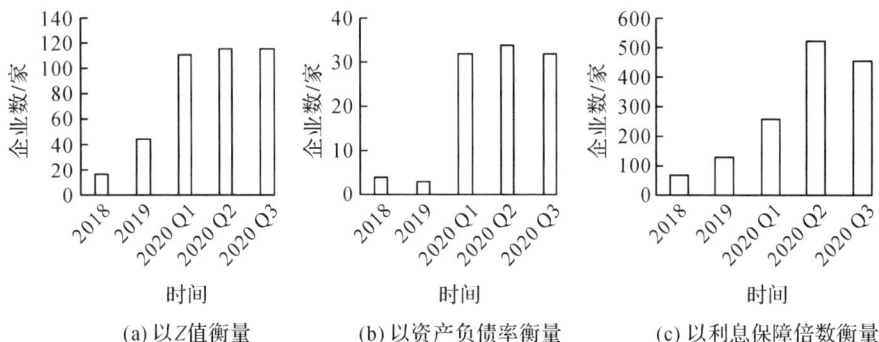

图1.7 以Z值、资产负债率、利息保障倍数衡量的陷入财务困境的企业数量

注:从左到右企业是否陷入财务困境的判断标准分别为:企业2018年和2019年Z值是否连续两年小于0,2020年第一季度至第三季度按照Z值是否连续两个季度小于0;2018年和2019年资产负债率是否连续两年大于1,2020年第一季度至第三季度资产负债率是否连续两个季度大于1;2018年和2019年利息保障倍数是否连续两年小于1,2020年第一季度至第三季度按照利息保障倍数是否连续两个季度小于1。

二、交易信贷状况

表1.6汇总了2003—2022年一季度我国上市公司的个体的融资脆性(vulneralbility)情况以及公司在供应链上的融资情况。关于融资脆性的定义,本章借鉴Duval等(2019)在金融学国际顶级期刊的测度指标,用短期借款占负债总计比例计算,比值越大,说明公司面临的还款压力越大,相应地,债务风险也越高。

表1.6列出了我国上市公司融资脆性、应收账款和应付账款的各年度均值。可以看到,融资脆性从2003年至2020年总体呈现下降趋势,这与我国去杠杆政策有关。应收账款和应付账款作为企业供应链上下游之间日常经营活动中重要的融资方式,能够反映企业债务风险在供应链上下游传染的风险大小。表1.6显示了从2003年开始到2022年一季度应收账款总体呈现上升趋势,2021年上升更多,2021年比2020年上升20.5%,这意味着疫情后我国供

应链上下游的拖欠问题更趋严重。

表 1.6　融资脆性与供应链金融

时间	融资脆性		应付账款		应收账款	
	统计企业数量/家	均值/百万元	统计企业数量/家	均值/百万元	统计企业数量/家	均值/百万元
2003 年	1258	0.38	1366	256.22	1358	211.87
2004 年	1372	0.37	1491	320.05	1483	239.77
2005 年	1434	0.35	1584	407.61	1577	275.15
2006 年	1578	0.33	1784	476.11	1786	294.49
2007 年	1859	0.32	2119	532.41	2122	317.74
2008 年	2064	0.33	2406	563.21	2391	330.29
2009 年	2122	0.30	2544	707.58	2528	396.09
2010 年	2007	0.28	2552	913.91	2535	506.92
2011 年	2368	0.29	3101	980.21	3090	598.83
2012 年	2597	0.29	3440	994.21	3431	608.48
2013 年	2919	0.29	3853	1036.99	3842	649.99
2014 年	3129	0.27	4025	1106.35	4006	742.02
2015 年	3115	0.27	4087	1236.44	4062	832.79
2016 年	3214	0.24	4338	1394.29	4318	926.54
2017 年	3384	0.24	4638	1482.68	4616	1021.99
2018 年	3535	0.24	4667	1563.43	4664	1119.19
2019 年	3552	0.23	4691	1834.27	4665	1205.64
2020 年	3604	0.21	4693	2065.20	4673	1241.47
2021 年	2263	0.19	3104	2553.55	3090	1496.49
2022 年一季度	868	0.21	1216	1322.79	1214	1050.73
总计	48242	5.63	61699	21747.51	61451	14066.45

注:截至 2022 年 4 月 26 日,较多上市公司未公布 2022 年第一季度季报,统计时剔除了数据缺失的观测值。

三、质押和担保贷款等遗留问题

(一)担保贷款

金融危机后企业债务问题中的两大问题——担保贷款和股权质押,在新时期依然很严重。本书计算了截至 2021 年底上市公司的对外担保和担保贷款融资情况。表 1.7 显示上市公司平均对外担保次数整体呈现上升趋势,2021 年平均每家公司 23 次;平均担保期限也表现出波动式上升的特点,2021 年达到 28 个月。但是可以观察到 2020 年和 2021 年平均对外担保金额有很大程度的下降,背后原因可能是受疫情影响,上市公司自身处境更加艰难,从而导致其对外担保更加谨慎。

表 1.7 上市公司对外担保年度汇总

年份	平均次数/次	平均担保期限/月	平均对外担保金额/百万元	累计担保占净资产比例/%
2008	5	19	61.14	56.60
2009	9	18	61.66	62.74
2010	9	18	69.61	57.93
2011	10	18	72.15	76.05
2012	12	18	129.85	76.10
2013	14	18	194.24	70.67
2014	14	21	138.96	79.20
2015	16	23	147.84	59.15
2016	17	22	194.51	65.25
2017	19	25	664.07	77.45
2018	20	27	248.50	82.85
2019	22	28	261.10	194.66
2020	26	24	159.03	85.28
2021	23	28	149.64	113.06

表 1.8 显示上市公司各年度担保贷款情况。发现 2000 年至 2022 年获得担保贷款的上市公司数量呈逐渐上升趋势,截至 2022 年 4 月 25 日,已有 951 家上市公司获得担保贷款,担保贷款总次数高达 4549 次,平均担保金额更是达 5.3 亿元以上,远远超过 2021 年全年的平均担保金额。上述发现表明担保贷款是我国上市公司获得银行贷款的重要方式,但同时需警惕一旦发生违约可能带来的风险传染问题。

表 1.8 上市公司担保贷款年度汇总

年份	获得融资企业数/家	总次数/次	平均次数/次	平均担保金额/百万元
2000	14	15	1	300.00
2001	34	53	2	75.00
2002	62	127	2	50.00

续表

年份	获得融资 企业数/家	总次数/次	平均次数/次	平均担保 金额/百万元
2003	79	161	2	47.50
2004	51	135	3	110.00
2005	23	48	2	—
2006	20	54	3	40.17
2007	230	578	3	65.90
2008	467	1781	4	114.18
2009	544	2286	4	118.72
2010	490	1995	4	121.46
2011	582	2763	5	174.60
2012	837	3451	4	988.53
2013	826	3547	4	134.66
2014	960	4542	5	161.15
2015	1069	5170	5	154.98
2016	1129	6693	6	2484.73
2017	1337	8042	6	220.81
2018	1413	8949	6	2366.89
2019	1444	9834	7	220.50
2020	1509	10032	7	198.31
2021	1657	10587	6	300.00
2022	951	4549	5	75.00

注:最后一行2022年的数据统计截止日期为2022年4月25日。

(二)股权质押

我国大股东的股权质押融资主要有四种用途:一是由于上市公司流动性约束,大股东通过股权质押融资为公司解困;二是因为对公司未来前景乐观,将股票质押后继续增持,进行对外投资和扩大规模;三是有的大股东通过质押上市公司股权获得资金去资助其旗下的一大堆"穷亲戚",如华泰汽车经营情况日渐不佳,屡曝流动性问题,将其旗下唯一的上市公司曙光股份所持有的100%股权质押并被多轮冻结;四是"逍遥派"大股东将质押资金用于个人消费,如北特科技在回复证监会函件中透露,实控人将近四成的质押融资用于买房和家庭投资。

在 2013 年之前,中国境内仅银行和信托机构可以参与股权质押交易。2013 年 5 月 24 日,上交所和中国证券登记结算有限公司(简称中登公司)发布《股票质押式回购交易及登记结算业务办法(试行)》,允许证券公司参与股权质押融资。相比于银行和信托机构,证券公司要求的利率更低、对资金用途的限制更少、交易速度更快。政策的放松结合经济高速发展带来的社会高风险偏好,股权质押逐渐成为国内企业加杠杆再投资的主要方式。

如图 1.8 所示,时间趋势上,2015 年是股权质押市场扩张最快的一年,总市值从 2014 年末的 2.58 万亿元增加到 2015 年末的 4.93 万亿元,增长 91.09%。2017 年质押总市值达到顶峰,为 6.11 万亿元,媒体将其称为"疯狂的股权质押"、"无股不压"的股票市场。随着规模的不断扩张,风险也不断累积。2018 年中美贸易摩擦叠加我国经济增速放缓,股权质押市场风险爆发,大量质押股份被强平导致爆仓,质押总市值降低至 4.21 万亿元,减少了 31.1%。随后,各地方政府成立纾困基金、发行纾困专项债券,证券业协会组织证券公司成立资管计划,银保监会支持保险公司发行纾困理财产品。

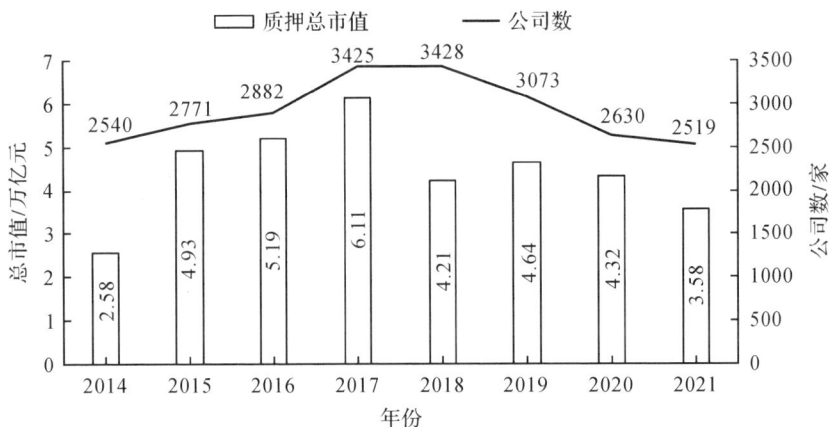

图 1.8　股权质押状况

图 1.9 显示,板块分布上,截至 2021 年 12 月 31 日,质押总市值最大的板块是主板,质押公司共 2517 家,质押市值 4.18 万亿元,占板块市值的 8.03%;创业板质押公司共 632 家,质押市值 0.6 万亿元,占板块市值的 4.27%;科创板质押公司共 62 家,质押市值 0.027 万亿元,占板块市值比例 0.44%。造成这种现象的原因是中小创企业面临的融资难融资贵问题,它们更加依赖于股权质押融资以获得经营性现金流,导致整体质押市值占比较大。

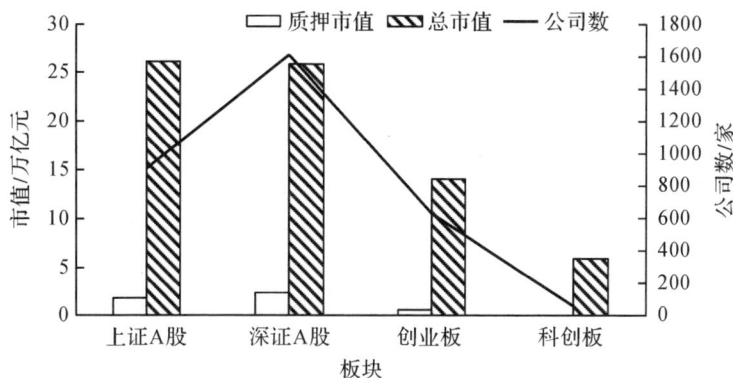

图 1.9　各板块质押公司分布

四、目前企业债务存在的其他问题

（一）非金融企业杠杆率大幅下降，信心有待恢复

国家金融与发展实验室（NIFD）国家资产负债表研究中心季报显示，2020年一季度宏观杠杆率13.9个百分点的增幅中企业杠杆率的攀升贡献了七成，二季度我国非金融企业部门负债率持续攀升，已达164.4%，企业融资结构中自有资金比重高达60%，20%为银行贷款，直接融资仅占0.9%，其他资金占19.1%。2021年我国非金融企业部门杠杆率共下降了7.5个百分点，从2020年末的162.3%下降至154.8%，四个季度分别下降了0.9个、2.6个、1.6个和2.4个百分点，企业去杠杆的态势非常明显。2020年受新冠肺炎疫情冲击，我国非金融企业杠杆率上升10.4个百分点，这个涨幅大部分已经在2021年被消化掉。2021年非金融企业杠杆率大幅收缩主要来源于三方面原因：一是企业投资意愿不强，二是企业利润增长较快，三是银行信贷供给收紧。

2022年一季度我国非金融企业杠杆再次上升，从2021年末的154.8%升至158.9%，结束了持续6个季度的下行。虽然非金融企业杠杆率再现上升，但主要还是票据融资，中长期贷款增速仍在下降，企业投融资需求并未得到有效恢复，未能根本扭转企业资产负债表式衰退风险。内源融资是我国中小企业的主要融资手段，而外源融资渠道——直接融资渠道（发行债券、股票融资）——所占比例不到1%，间接融资渠道（银行贷款）为20%。长期来看，非金融企业部门杠杆率攀升主要受中国经济结构转型、新旧增长动能转换的影响，短期来看,则主要是受新冠肺炎疫情的冲击。

(二)房地产企业债务风险逐渐暴露

2020年以来房地产企业尤其是民营房地产企业风险不断暴露。房地产企业采用高周转、高杠杆模式扩大规模,债务规模不断扩大,2020年债务规模高达85.7万亿元,负债率高达80.7%,企业部门债务中近一半是房地产企业债务。房地产企业的盈利能力还在不断下滑,2020年利润率比2018年降低了4.6个百分点。在"房住不炒"的政策基调下,政府不断完善房地产调控政策,2020年出台了"三条红线"政策,以控制房企有息负债的规模。2020年底,房地产贷款集中管理制度出台,从银行信贷端控制房地产贷款额度,房地产企业融资和个人住房贷款环境有所趋紧。

2021年上半年,国内前三十大房地产企业有息负债增速为-4.4%,高杠杆模式遇阻。部分房地产企业过去大幅扩张和盲目多元化累积的债务问题开始暴露。2021年6月底,穆迪下调了恒大评级,恒大开始出现商业票据逾期的问题,此后多家房企接连出现信用危机。截至2021年11月,房地产行业共出现67只违约债券,债券违约余额已达735亿元,债券违约只数和违约金额都创下历史之最。本书第三章将详细分析房地产企业恒大的债务陷阱。

(三)企业债务在规模、年龄上存在分化

企业规模越大、年龄越长,自有资金所占比例越小,间接融资比重越高,直接融资比重也越高,其他融资比重越小。根据《2012年一季度千户企业经营状况快速调查报告》,企业资金来源主要是利润留成,41.6%的企业经营者认为资金紧张是当时企业发展中遇到的最主要困难,中小企业的资金紧张状况相对更加严重。

根据全国工商联公布的数据,目前我国具有一定规模的小型企业从传统银行贷款的比例较高,而微型企业和个体经营者等长尾经营主体由于营业规模较小,很难达到传统银行经营性贷款的门槛,因此更依赖互联网银行及个人消费贷的渠道。2019年小型企业中,39.2%仅使用一种融资渠道,近三分之一使用过三种及以上融资渠道,微型企业及个体经营者中,超过一半仅使用一种融资渠道,仅有18.7%的企业使用过三种及以上的融资渠道。长尾小微企业经营者融资渠道较为单一。根据阿里研究院《2021年第四季度中小微企业调研报告》,近四成内贸企业在四季度进行了贷款融资,其中半数以上是为了充盈流动资金,9.7%用于偿还已有债务,2.8%用于实现数字化转型。从企业贷款融资

的目的看,用于扩大生产、提升长期能力的意愿依旧不强,更多用于缓解短期运营的现金流压力。

(四)企业融资的产权特点显著

在当前经济体制下,企业融资具有显著的结构性特征。银行贷款偏好国企、地方政府融资平台、基建行业以及消费行业;债券融资市场偏好国企、重工业、基建行业;股票及股权融资市场偏好信息传输、计算机、制造业;非标融资则是民营企业、房地产业以及基建行业的重要资金来源。国有企业借款占比长期保持稳定,且以中长期借款为主要资金来源,民营企业中长期贷款占比较低,更加依靠短期借款、票据融资、非标融资以及债券融资。

根据中国财政科学研究院 2020 年公布的《疫情背景下的企业成本及其运行状况:2020 年"企业成本"问卷调查分析报告》,国有企业和民营企业融资都主要依靠银行贷款,但期限结构不同。2019 年国有样本企业融资中主要以银行长期贷款为主,占总融资比重达到 42%,而银行短期贷款占 39%。相比之下,民营企业的银行短期贷款占总融资比重高达 72%,银行长期贷款仅占 19%。可见,民营企业更多从银行获得流动贷款,很难获得中长期贷款。

(五)金融监管效能仍有待提升

2021 年以来我国金融监管力度加大,在我国直接融资体系发展缓慢、融资方式难以接力的背景下,民营企业、部分依赖非标融资的地方政府融资平台、中小房企面临融资断层,形成债务违约、信贷融资难度加大的负向循环,加大经济下行压力。近期政策不断释放积极信号,随着理财子公司设立、"科创板"推出、注册制推行,多层次资本市场建设有望迎来新的突破;"国企竞争中性"、银行惯性思维及系统建设的改革,有望为民营企业创造公平竞争、资源平等的环境。按照服务实体经济和转型升级的要求,未来应加大金融体制改革。企业债务风险的四个传染环节是:担保、债券、抵押和质押、拖欠。目前,金融监管要特别重视债市的风险传染。2020 年 11 月,"永煤债券"违约,在债市引发连锁反应。之后,陕西、贵州、山西等省份接连发声,释放积极信号。陕西省国资委发布《关于进一步加强监管企业债券融资管理防控债务风险的通知》,进一步加强企业债券融资事项的监督和管理,规范监管企业债券发行行为,有效防控企业债务风险。

总之,通过对最新数据的跟踪,笔者发现,债务结构不合理、担保链、股权质押的老问题依然存在,新冠肺炎疫情后产生了许多新问题,偿债能力恢复不足、财务困境风险增加、产业链上交易信贷风险激增,特别是企业面临更大的营运压力,这些都是当前亟待解决的重要问题。

第三节 疫情加速中小民营企业分化

一、我国"麦克米伦缺口"的成因

1931 年,英国的麦克米伦爵士[①]在调研了英国金融体系和企业后,提交给英国政府一份《麦克米伦报告》,其中阐述了中小企业发展过程中存在的资金缺口,即资金供给方不愿意以中小企业提出的条件提供资金。"麦克米伦缺口"(Macmillan gap)认为,现代中小企业由于普遍存在着金融资源短缺,特别是长期融资由于金融资源供给不足而形成的巨大资金配置缺口,即"资金的供给方不愿意以中小企业所要求的条件提供资金"。最初提出这个概念并用于政府公开报告的是英国的金融产业委员会,目的是摆脱当时经济危机的困扰。

(一)企业自身的原因

1. 企业治理结构不合理

我国的多数中小企业没有形成科学的公司治理结构,大多数中小企业都是实行家庭式管理,经营机制落后,内部管理混乱,缺乏现代市场经济要求的企业组织形式,没有清晰的产权结构,企业行为不够规范,这些都导致中小企业面临许多潜在风险,市场竞争力不足,抵御防范风险的能力较差。许多中小企业财务制度不健全,财务报告真实性低,投资者权益难以保障,没有形成规范的现代企业治理结构,必然降低企业的经营能力和融资能力,导致银行不愿意给其融资,造成"麦克米伦缺口"。

2. 中小企业信用度低

一方面,由于国有中小企业的调整主要由地方政府和国有资产管理机构进行,因此国有中小企业和私营中小企业差别很大。一些银行信贷管理人员的调查显示,民营企业倒闭率较高,使得银行面临很大的放贷风险,很不愿意给中小

---

① 麦克米伦爵士,现代金融史上第一个正视中小企业融资难题的人。

企业放贷。另一方面,中小企业违约率高也是银行不愿放贷的重要原因,一些中小企业信用意识差,在出现经营困难时,首先想到的是怎样逃避债务,而不是改善经营管理,在我国,中小企业老板跑路的例子屡见不鲜。

3.中小企业自有资金不足且担保抵押不落实

由于中小企业普遍规模小、积累少、自有资金不足,因此尽管不少企业盈利能力和发展前景都很好,但经营资金不足时也很难从银行获得贷款。由于中小企业固定资产少,企业能够提供的抵押担保物价值有限,因此其也很难获得抵押贷款。部分企业认为担保抵押无法落实和企业自有资金不足是影响金融系统贷款的主要原因。

(二)金融机构方面的原因

1.银行贷款监管成本高

国有银行大规模收缩贷款,贷款权限上收,农村信用社自身困难重重。国内外大量的实证研究表明,银行向中小企业提供贷款与银行规模之间存在着很强的负相关关系,即银行规模越大,对中小企业提供贷款的积极性越低。一方面,银行认为中小企业比大企业平均风险高;另一方面,大银行能够提供更多的金融产品和服务,为了节约交易成本,大银行往往更喜欢选择贷款给大企业。

农村信用社本来是支持县域经济的一支重要力量,但是信用社本身存在诸多问题,这极大削弱了其对中小企业的支持力度。农村信用社的问题主要存在以下几个方面:一是内部产权结构不合理。作为一种不规范的集体所有制企业,管理人员素质差距大,经营管理很不规范,法人治理结构缺乏自律。二是不良资产率高。全国农村信用社系统不良资产高达 2500 亿元,不良贷款比率远远高于四大国有商业银行。三是经营规模扩大困难。作为地方性、区域性金融组织,其业务经营受到严格的地域限制,面对企业提出的更大规模资金要求,显得力不从心。四是经营目标混乱。农村信用社是官方安排的金融组织,实质上是中央和地方利益制衡的结果,是由地方政府控制的国有银行,专门服务于地方集体制所有制企业,政府的干预明显,随着地方集体制所有制企业数量规模的锐减,信用社贷款规模也在萎缩。

2.贷款原则不匹配

银行在审批和发放贷款时有安全性、效益性和流动性的原则,中小企业申请贷款时,由于其资本结构及经营特点,往往存在"急、频、少、繁、险、高"等特点,所以银行往往不愿冒高风险将资金投放给中小企业,而更愿意将资金贷给大型企业和国有企业等资金需求大且稳定的企业,个别银行还内部规定对于注册资金达不到一定标准的中小企业不予贷款;此外,由于中小企业贷款需求往往时效性要求较高,而国有商业银行放贷权限需根据贷款额度层层审批,手续复杂,条件苛刻,效率低下,这也往往使得中小企业经营者无法耐心等待银行耗时数周乃至数月的审批流程,从而放弃选择银行信贷方式来解决融资问题。据统计,我国工商银行、中国银行、农业银行及建设银行2008年全年新增贷款达到9600亿元,但在9600亿元的新增贷款中,非国有经济贷款仅新增120亿元,中长期贷款几乎为零;2011年全年新增人民币贷款共计7.47万亿元,其中非国有经济中长期贷款几乎为零。

3. 逆向选择和市场失灵

一般情况下,银行要获得中小企业贷款的预期利润,取决于贷款回报多少和中小企业的现金流分布。正常情况下,中小企业的预期利润,将决定和影响金融机构的预期利润。中小企业贷款需求量是由贷款供给的利息高低决定和影响的。银行以追求利润最大化为目标。如果其对融资企业信息完全对称,就可以根据不同企业面临的风险,确定不同贷款利率或担保费用。

在信息非对称情况下,银行只能判断所有中小企业贷款共性上的一般风险。在市场经济条件下,金融机构作为经济主体,追求的是自身利益的最大化,而中小企业由于财务及管理制度不健全,难以办理征信,加之担保能力弱、抵押资产品质不高、单笔借款数额较小、借款笔数多和手续复杂等,因而金融机构认为对中小企业融资是风险大、成本高、赢利少。一般金融机构更愿意与那些资金雄厚的大型企业发生融资业务,而不愿意向中小企业提供资金。因此,中小企业难以从一般金融机构获得足够的资金。

征信系统不完善引发商业银行对中小企业"惜贷"的羊群行为。中小企业知名度不高,即使发行股票、债券也难以上市,通过金融市场融资也有较大障碍。这样,在金融体制中,无论是直接融资还是间接融资,中小企业融资都存在壁垒。这样,如果金融机构采用增加利息或担保企业增加担保费用的方法,融资市场就将面临逆向选择。逆向选择的直接结果是扭曲融资市场的供求均衡,形成和扩大"麦克米伦缺口",此时的市场不再是最优的资源配置,严重的时候甚至会导致市场的消亡。

(三)政策方面的原因

1. 缺乏有针对性的法律和政策支持

中小企业的融资活动始终离不开国家法律法规的监督与指导,政府相关部门对于中小企业在产业发展指导、技术支持、财政税收减免、管理引导等方面的扶持政策也都将极大地影响中小企业融资环境的现状。事实上,我国目前银行系统虽已有国务院制定的《借款合同条例》,中国人民银行发布的《主办银行管理暂行办法》《中小企业促进法》等一系列的相关法律法规,但对于中小企业而言,从银行等金融机构取得融资仍显得非常困难,缺乏有针对性地扶持其发展的法律或政策支持;而在担保法方面,我国的担保法在制度设计上注重不动产担保,对于类似应收账款、存货等流通性很好的动产在担保法中却并不将其作为有价值的担保物来认定,而中小企业往往缺乏大量动产作为抵押物,因此难以获得抵押担保型贷款;在征信体系方面,我国目前尚未建立完善健全的征信体系,实际操作中,因为银行等金融机构无法获取中小企业有效准确和全面的经营信息和信用信息,无法对其真实的信用度进行准确的评估,导致为防止风险而对中小企业发放贷款采取了更加谨慎的态度,进而导致了中小企业融资难度的愈发加大。

2. 政府缺位,扶持有限

我国政府在改革开放初期即提出了政企分开的目标,目前在制度和所有权上已逐步实现此目标,但实际上政府相关部门对经济仍具有很强的宏观调控职能,政府的宏观调控和政策引导对于稳定经济环境、合理配备各类资源具有重要的意义。为鼓励中小企业创业、技术创新和发展壮大,我国政府相关部门已通过财政补贴、税收减免、行政手段扶持等多种方式不断拓展企业融资渠道,但相比于对于关系国计民生的大型企业和国有企业的倾斜政策和优惠政策而言,对于中小企业的发展扶持仍显不足,发展环境堪忧。表现在:

一是机构服务能力、重视程度不够。虽然中央在工业和信息化部下设立了中小企业局,直接管理和解决中小企业发展中遇到的问题,但实际效果欠佳,在财政税收政策的执行反馈及提案解决中小企业各类问题的执行上,缺乏多部门协作能力。中国中小企业协会[①]于 2006 年 12 月 11 日成立,接受国家发改委业务指导,因其民间团体的客观定位,话语权有限。因此事实上目前仍缺乏系统地为中小企业提供金融服务和其他扶持服务的有力组织。

二是扶持政策的针对性略显不足。政府出台的针对企业的扶持政策往往是以国有企业或较大型企业的经营情况为样本而拟定的,而此类政策和制度很可能对于广大中小企业而言,并无有效促进作用,甚至可能会提高某些行业的

---

① 中国中小企业协会每月发布中国中小企业发展指数(SMEDI),该指数通过对国民经济八大行业的 3000 家中小企业进行调查,对本行业运行和企业生产经营状况的判断和预期数据编制而成。

准入资格，导致阻碍中小企业的发展壮大。

三是政策支持、发展引导不够。政府在搞活中小企业方面给予了高度的关注，投入了大量的资金，但仍缺乏切实有效的举措，同时在结合国际国内经济形势发展和地区区域经济定位，对于中小企业发展给予建议和引导的相关服务举措方面也仍显不足。例如对于中小型企业投资，仅依靠市场并不能完全解决其创业初期的投资需求，虽然目前部分省份的开发区和创业基地有一些类型的创业基金，但申请到的企业比例与新增中小企业基数相比显然太少，且较倾向于高新技术企业，对于传统型中小企业而言，往往难以获得此类初创的资金扶持，此外能够为中小企业的发展提供专业融资咨询和服务的机构数量太少，缺乏统一规范的管理，且这些中介机构往往自身就存在缺乏资金、权威和信用等问题，不能良好运行，因此使得中小企业发展所需的资金往往无处可寻。

四是对民间借贷的管理稍显乏力。对民间借贷的治理应疏堵结合，目前由于中小担保公司准入门槛过高，民营资本难以进入金融业，同时通胀率的日益升高导致民间资本的银行存款有负利率的风险，因此民间借贷日益活跃。但由于法律法规对于民间借贷的相关规定并不十分严格，由于"法无禁止即自由"，在过去几年中政府对于民间借贷的管理存在不力现象，直到 2011 年出现大规模民间借贷爆发现象后，政府相关部门才真正开始对于民间借贷监管工作高度重视起来。

五是融资辅助体系存在欠缺。政府在扶持和引导构建融资辅助体系方面存在欠缺。例如国外有日本的"公司诊断所"、美国的"商业孵化器"等专门为中小企业发展服务的辅助机构，但我国目前尚无此类专业化的辅助体系。此外，我国目前的信用担保体系尚不健全，信用担保公司存在数量少、资金少、公司发展慢、业务开展慢、缺乏法律制度约束和保障等问题，严重限制了其对于中小企业发展服务工作所起的效果和作用。

二、"麦克米伦缺口"的新变化

（一）疫情前的主要措施

改革开放后，随着中小企业与民营经济的不断发展壮大，"麦克米伦缺口"问题也逐步凸显出来。单以 1995 年和 1998 年为例，彼时中国私营企业融资的绝大部分仍然主要依赖于业主的自有资本和内部留存收益，其中业主自有资本分别占 21.9% 和 35.8%，内部留存收益则分别占 30.2% 和 26.2%，而从信用社等金融机构所获得的贷款只占 25％左右,公募资本市场如公司债券和外部股权融资比例不到 1％,民间非正式融资分别占 12.6％和 9％。

2011 年占企业总数 99.7％的中小企业,其贷款余额仅占全部金融机构的36.10％,3800 万户民营企业从银行取得的贷款尚不足银行贷款总量的 2％。2011 年我国中小企业的资金缺口占比一直在 60％至 80％这一较高的比例区间波动。其中 1 月资金缺口比重高达 78％,缺口最小的 4 月也达到 62％。亿邦动力研究中心联合一达通中小企业外贸研究中心发布的研究报告显示,2011年我国企业月平均贸易资金缺口达 42.8 万元,年平均贸易资金缺口为 450万元。

浙江省数据显示,截至 2011 年 7 月末,全省中小企业贷款覆盖率不足10％,230 多万家中小企业,仅有 20 余万家获得了银行贷款。据温州市金融办对 350 家企业进行的抽样调查,2011 年一季度末企业运营资金构成中,自有资金、银行贷款、民间借贷三者比例为 56∶28∶16。从广东省中小企业局调研抽查的 333 家中小企业融资情况来看,中小企业需求总额为 5188.6 万元,已获融资 3397 万元,融资缺口达 1791.6 万元。

(二)疫情后的主要应对

1.金融机构、产业资金助力央地纾困

为了解决中小企业融资难这一世界性难题,中央、地方政府和央行采取一系列纾困政策。央行数据显示,2020 年一季度,央行释放长期流动性资金 2 万亿元,新增人民币贷款 7.1 万亿元。之后法定存款准备金率不断下调。截至2022 年 4 月,全国 4000 多家中小金融机构的法定存款准备金率将降到9.25％,这是中国历史上的最低水平。2020 年 4 月 15 日召开的国务院金融稳定发展委员会第二十六次会议,也明确提出要加大逆周期调节,把支持实体经济尤其是中小微企业发展的各项政策措施落到实处。2020 年 2 月 29 日,深圳推出"惠企 16 条",提出加大产业资金倾斜支持,优先扶持受疫情影响严重的中小微企业,划拨 10％的市级产业专项资金重点用于贷款贴息,这意味着政府将拿出逾 30 亿元为中小微企业贷款贴息。

2.解决债务拖欠是疫情后解锁债务链的关键

新的债务风险点在于拖欠款。拖欠款一直是悬在中小微企业头上的达摩克利斯之剑。据证券时报记者统计,截至 2019 年三季度,950 家中小板上市企业共形成了 10690 亿元的应收账款。政府也对此开展了一系列行动,比如在

2018 年底开展由国务院办公厅牵头的"专项清欠行动",解决拖欠民营企业账款问题。据工信部副部长辛国斌介绍,截至 2019 年 12 月底,各级政府部门和大型国有企业梳理出 8900 多亿元欠款,已清偿民营企业中小企业账款 6600 多亿元,清偿进度约 75%。2021 年 5 月,国家发改委、工业和信息化部、财政部、人民银行发布《关于做好 2021 年降成本重点工作的通知》,要求严格落实《保障中小企业款项支付条例》,健全防范和化解拖欠中小企业账款长效机制。

3.疫情加速民企分化,应重视创新与产业链安全

浙江省政府咨询委员会副主任史晋川教授认为,新冠肺炎疫情使世界经济长周期进程出现了逆转,经济从"萧条—复苏期"退回到"衰退—萧条期"。全球经济不太可能回到疫情冲击的原点上重新复苏,而是在一个比原点更低的、更艰难的超低水平的均衡状态开始恢复。在"双循环"格局的建设过程中,它既会涉及供给端,也会涉及需求端。从供给端的角度来讲,中央现在进一步强调供给侧结构性改革,主要是产业链和存货的问题,同时强调了产业链的重构。在全球生产网络和产业链方面,浙江省人民政府咨询委员会的有关专家总结了未来会出现的三个比较明显的趋势:区域化、链群化和备份化。

第一个趋势是区域化。在全球经济一体化的进程当中,产业链是按照各国比较优势的原则进行产业和技术分工的,所以产业链是在全球范围内进行布局和打造的。可以看到,疫情对不同地区、不同国家的冲击,在时间和空间上具有多变和不确定性,这使得产业链重构会具有区域化特色。也就是说,未来产业链的构建会在某些特定区域,以大国为节点,在空间临近的主要经济体之间布局。史晋川教授认为,未来会形成像东亚经济体和东盟、欧洲欧盟、北美和墨西哥这样的区域化产业链。

第二个趋势是链群化。这个趋势在中国会更加突出,因为中国是全球最大的制造业国家,所谓的世界工厂,已经具备很多成熟的制造业产业链,但是仍缺乏一些很关键、尖端的部件。可以看到,在中国制造业的发展过程当中,在很多地区都形成了产业集群,这些产业集群往往都是跟开发区有关的,而且在开发区产业集群集聚过程当中,又有从产业的一般集聚向现代产业集群演化的趋势。而且,这些开发区或者是产业集群在空间上相对比较集中,也有相对可以依托的一些科学或者技术平台。所以在这样的一个过程当中,链群化的趋势会表现出来。链群化趋势中,整个产业链中会由具有相当规模和实力、具有很强研发和创新能力,同时对整个产业链构筑处在关键节点的一些人或企业作为"链主",实现以现代产业集群为依托的产业链重构。

第三个趋势是备份化。产业链在重构的过程当中,世界各地都会形成一些

区域化的产业链,这些区域化的产业链之间会有很多重叠,很多企业可能不仅是参与了某一个区域的产业链的重构,它同时也会参与另外一些区域的产业链的重构,这种现象就是备份化。备份化在很大程度上是为了产业链在未来经济发展过程当中,当受到外来的、不必要的一些政策或者干扰限制时,可以启动同时参与的其他区域的产业链,这样能够保证产业链更加安全、稳定地运行。民营企业对于自己身处的整个产业链、供应链的安全性、稳定性都要引起足够的重视,也就是应注意备份化趋势。在产业链中要更多地考虑到可能发生的不确定性和意外的情况,这样才不至于在突然的外部变化冲击下手忙脚乱。

参考文献

[1]阿里研究院.2021年第四季度中小微企业调研报告[R].2022.

[2]国家金融与发展实验室国家资产负债表研究中心.NIFD宏观杠杆率各期季报.

[3]国家金融与发展实验室.经济下行压力加大 杠杆率升幅明显:2022年第一季度中国杠杆率报告[R].2022.

[4]国家金融与发展实验室."三重压力"下杠杆率或将步入上行周期:2021年度中国杠杆率报告[R].2022.

[5]国家金融与发展实验室.稳增长压力加大:中国宏观金融分析与展望[R].2022.

[6]中大咨询研究院.2022年将面临哪些风险? 如何化解? [R].2022.

[7]中国企业家调查系统.2012年一季度千户企业经营状况快速调查[R].2012.

[8]中金公司.美欧企业破产和债务:盲点何在? [R].2020.

[9]Chetty R，Friedman J N，Hendren N，et al. How did COVID-19 and stabilization policies affect spending and employment? A new real-time economic tracker based on private sector data[Z]. NBER Working Paper, No. 27431,2020.

[10]Duval R，Hong G H，Timmer Y. Financial frictions and the great productivity slowdown[J]. The Review of Financial Studies,2020,33(2): 475-503.

[11]IMF. World Economic Outlook[R]. 2022.

第二章　企业债务风险中的关键新问题

2020年10月29日中共第十九届中央委员会第五次全体会议通过的"十四五"规划纲要中明确指出,要提升产业链供应链现代化水平,优化产业链供应链发展环境,强化要素支撑。若产业链内的核心企业拖欠账款现象愈演愈烈,必将影响内循环的良性发展。本章考察当前企业债务风险三个关键新问题——企业拖欠、担保链、公司债券。

第一,企业拖欠问题。近年来企业平均信用期限不断增长,逾期付款120天的企业比例增至37%,根据本书测算的融资脆性指标,渔业最高,近一半的负债是短期借款,产业链金融平台优点在于能够将单个企业的不可控风险转变为产业链(或供应链)企业整体的可控风险,但应密切注意控制其产生的拖欠和造假弊端。

第二,担保链的双刃剑性。一方面担保链具有解决中小企业金融抑制、弥补直接融资不足、发挥信用增加功能等积极作用,但另一方面也会由于风险传染而产生击垮中小企业、诱发逆向选择、放大系统性风险、冲击区域金融和金融稳定等消极影响。担保链本身的金融脆性、企业问题、银行抽贷、政策因素、法律与监管、外界影响都会诱发担保链风险的传染和扩散。在此基础上,本书进一步分析了贷款担保的抵押风险、质押风险、保证风险,并探讨了互保、联保的合规性,以及担保机构的两种形式——融资性担保机构、担保品管理行业。

第三,公司债券的风险传染。我国债券市场相对股票市场滞后,但是在2020年发行了创纪录的债券,并且出现了违约潮。本章通过具体分析违约债券发现,综合类、建筑与工程、食品加工与肉类、电力行业违约债券数多于其他行业,民营企业、非上市公司发行的债券更容易出现违约,有效引入国际评级降低信息不对称,提升民营经济保险服务质效,政府、银行、保险公司按照一定比例(5∶2∶3或3∶2∶5)分摊不良债务,坚持推动法治化、市场化进程有效防范化解债券违约风险。

第一节　企业拖欠

一、疫情期间企业拖欠问题概况

(一)"双链"中断

疫情后国内上游产品、关键技术的可获得性受到外部冲击严重,形成双循环的"堵点"。一方面,大量以外销为主导的外贸企业亟须寻找新的收入来源。以美国为例,2020年前7个月美国申请破产保护的案件多达4200余起,较上年同期增长30%,外贸依赖度较高的苏州、深圳、上海受影响很大,国外客户取消订单造成外贸企业经营艰难。另一方面,一些基础性原材料、上游产品转移境外生产,一定程度上造成国内某些产业链断裂,特别是新冠肺炎疫情发生后美国拟与中国经贸脱钩对中国产业链完整性威胁很大。

(二)应收账款

目前,企业特别是中小企业面临三大资金难题:前期垫付资金压力大、汇款周期长、融资渠道少。风险点主要集中于动产质押和应收账款两个方面。根据国家统计局数据,近年来我国应收账款数额不断攀升,占主营业务收入、占流动资产比重呈现出上升的态势。如图2.1所示,2020年,我国规模以上工业企业应收账款总计16.41万亿元,同比增长4.65%;占营业收入比重达到15.46%,较2019年增加0.69%;占流动资产比重为25.99%,较上年下降0.45%。持续攀升的应收账款将影响公司的资金周转速度和经营活动的现金流,公司的营运资金承受巨大压力。更严重的是,由于存在数据鸿沟、信息孤岛现象,应收账款真实性有待考量,债务人清偿风险很大。

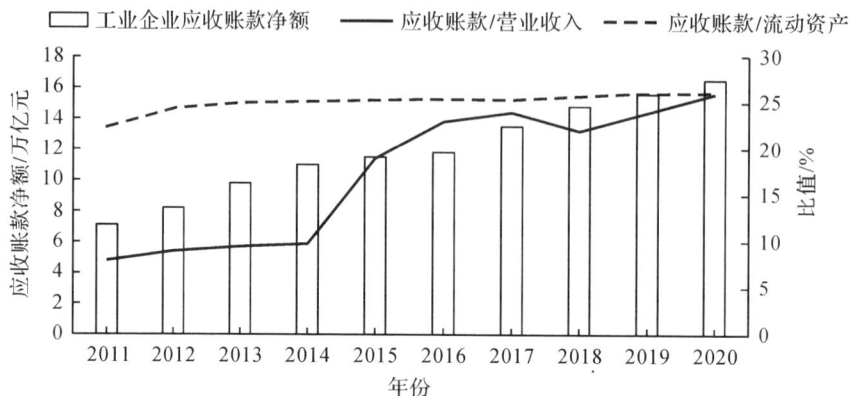

图 2.1 全国规模以上工业企业应收账款及流动资产

数据来源:国家统计局。

(三)融资脆性

由于短期负债易于取得,短期借款急剧上升,企业累积越来越多的"短借长用"错配,这就导致融资脆性,同时资金成本过高也导致资金链过于脆弱。根据《2021 中国企业付款调查》,2020 年信用期限平均缩短至 75 天,减少了 11 天。此外,大多数行业的信用期限也在缩短。2020 年,平均信用期限在 31 天至 60 天之间的受访企业比例从 20% 增至 30%,提供 120 天以上信用期限的受访企业比例则降至 13%(见图 2.2)。

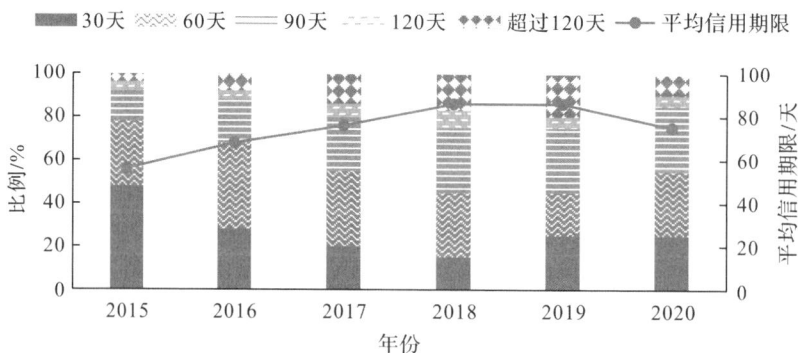

图 2.2 企业平均信用天数

数据来源:科法斯《2021 中国企业付款调查》。

二、企业拖欠现状的具体特征

(一)行业特点

本章用融资脆性衡量目前企业的融资压力,表 2.1 显示融资脆性最低的行业为房地产业,均值为 0.105,中位数仅为 0.064,这是由于房地产企业更多地依赖长期借款;科技推广和应用服务业的融资脆性均值达到了 0.479;而脆性均值最高的行业为渔业,达到 0.497,表明该行业将近一半的负债是短期借款。

表 2.1　各行业融资脆性均值

行业名称	行业代码	融资脆性均值	融资脆性中位数
渔业	A04	0.497	0.539
科技推广和应用服务业	M75	0.479	0.325
农、林、牧、渔服务业	A05	0.442	0.496
非金属矿采选业	B10	0.430	0.428
有色金属冶炼和压延加工业	C32	0.427	0.439
……	……	……	……
邮政业	G60	0.155	0.158
建筑安装业	E49	0.122	0.095
房屋建筑业	E47	0.118	0.145
房地产业	K70	0.105	0.064

数据来源:笔者 2020 年 10 月在中国人民大学第二届中国发展理论国际年会的宣讲论文。

(二)区域分布

近十年来,各省份上市公司的融资脆性呈现下降趋势(见图 2.3)。选取北京、上海、广东和浙江作为典型样本进行考察。可以发现浙江最高,北京最低,上海、广东大致相近。研究表明,企业获得的产业链融资增加,能有效降低企业的融资脆性(短期借款在总负债中的比例)。因此,浙江省应通过产业链金融这一有效途径,保障省内企业的融资"韧性"。

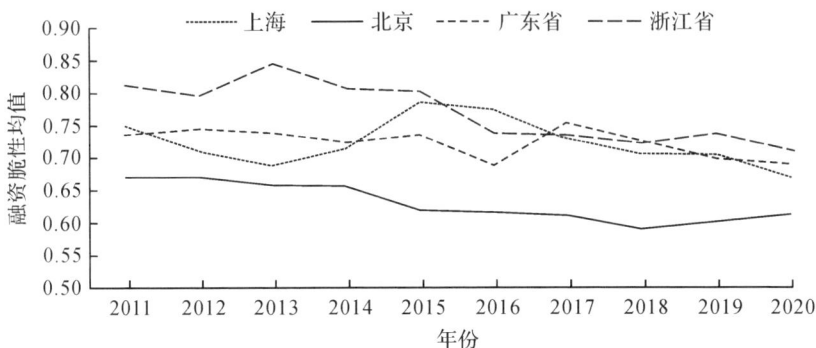

图 2.3 "十二五"以来部分省份上市公司融资脆性均值

数据来源:笔者在人民大学第二届中国发展理论国际年会的宣讲论文,2020 年 10 月。

(三)浙江经验

2019 年开始,浙江银保监局、省商务厅和宁波银保监局联合推进供应链金融创新应用:依托杭州、舟山、义乌等国家试点城市,以及列入国家试点的 26 家浙江核心企业和 96 家省级试点企业,建立了供应链核心企业名单制管理和"伙伴银行"制度,"一企一策"制定方案,积极发展供应链金融。同时支持银行保险机构运用数字技术,创新供应链金融服务模式,为符合条件的上下游中小微企业提供成本相对较低、高效便捷的金融服务,促进融资畅通。截至 2019 年末,纳入监测的全省银行业服务的供应链核心企业 563 家,上下游小微企业 1.66 万家,涉及表内外融资余额 1466.1 亿元。

具体明确四个重点:一是强化全链路协同金融。支持保障重点产业链供应链形成更加稳固的"核心企业+战略合作伙伴"链网金融。二是强化各领域金融服务,银企合作全力做好省防疫重点保障企业、省级农业龙头企业、国家和省级供应链试点核心企业以及纳入监测的其他供应链核心企业的金融服务。三是强化重点供应链项目金融支持。支持浙江省龙头骨干企业的数字供应链创新、关键技术产业化、供应链平台、国内国际供应链布局等项目建设,结合项目制推动银行业金融机构加大金融支持力度。四是深化银企合作共赢关系。"一企一策""一链一方案",加强银企信息共享和信用共建,实现银企合作共成长。

三、产业链金融平台导致拖欠和造假

产业链金融(或供应链金融)是指金融机构(商业银行、保险公司、商业保理公司、融资担保机构、小额贷款公司等)通过引入核心企业、第三方企业(如物流公司)等,实现对信息、资金、物流等资源的整合,有针对性地为产业链的某个环节或全链企业提供定制化的金融服务,以提高资金使用效率,把单个企业的不可控风险转变为产业链(或供应链)企业整体的可控风险。但是也存在以下两个方面的弊端。

第一,助长核心企业对中小企业的拖欠行为。近年来,不少产业链内地核心企业搭建了服务于内部生态的产业链金融平台,供应商凭核心企业签发的应收账款凭证进行融资业务。这进一步加剧了核心企业的拖欠问题,并且对供应商的剥削越发严重。

制造业中,整机厂对供应商,尤其是中小企业的压榨,是一个巨大的社会问题。以美的公司为例,2019年成立的"美易单"是美的集团供应商的应收账款融资平台,美的不但能通过其赚取利息,还进一步延长了货款交付期。2019年末,美的集团应付账款425.36亿元,同比增长15.27%,超过营业收入增速(7.14%),应付账款周转天数延长,进一步占用供应商现金流。得益于应付账款的大幅增长,公司经营活动产生的现金流净额同比增长38.50%,远远超过同期净利润增速。2020年一季报、中报数据继续延续了该态势。除美的之外,包括小米、格力、TCL、海尔等企业都有类似平台。

第二,产业链财务造假。产业链"串联式"财务造假严重打击市场信心,已将诸多上市公司置于两难境地:如果停止虚增收入和利润,上市公司财务业绩会立即出现下跌,前期投入成本无法挽回;如果继续造假,则会付出更多资金成本直至泡沫破裂。

作为一种非正式融资渠道,产业链融资凭借其低融资成本和低风险的优势,为解决中小民营企业融资难、融资贵问题提供了有效途径。产业链金融的意义更在于创造了一种共赢的局面:通过供应链金融,核心企业可以缓解资金压力,上下游企业可以解决资金流动性问题,银行和保理也可以获得风险相对可控的资产。

四、政策建议

企业拖欠会产生以下危害:

第一,中小企业的活力将受到削弱甚至面临倒闭,其后果是给整体经济运

行带来负面影响,这种负面影响在经济增速放缓的阶段表现得尤其明显。

第二,导致中小企业无力向劳动者或者下游经济主体支付价款,影响社会稳定,广受关注的拖欠农民工工资现象往往根源于此。

第三,现实中拖欠方往往是国家机关和大型企业,这破坏了市场的公平氛围和竞争秩序。

第四,中小企业直接涉及民生,和社会大众有最广泛的接触,其状态的恶化将影响民众的生活幸福度和对经济发展的整体评价和信心。

2020年7月30日,中共中央政治局会议指出,解决当前经济发展中的问题要尽快形成以国内大循环为主体,国内国际双循环相互促进发展的新格局。而从我国实际情况来看,实现经济内循环仍受到诸多因素制约。其中,供应链、产业链链接不畅成为实现内循环目标的堵点之一,但也是加速内循环的突破口和重点。

自2018年以来,针对政府部门和国有企业拖欠民营企业、中小企业账款的问题,国家予以高度重视。2020年7月5日,国务院总理李克强签署国务院令,颁布《保障中小企业款项支付条例》,自2020年9月1日起施行。该条例是依法预防和化解拖欠中小企业款项问题的重要制度保证。基于《保障中小企业款项支付条例》相关规定,本节提出以下政策建议:

第一,落实党中央、国务院的重要指示,细化相关法律法规的原则性规定。必须不断落实中小企业促进法第53条规定、2020年1月1日施行的《优化营商环境条例》,以及《保障中小企业款项支付条例》等政策法规。

第二,持续推进清欠专项行动,督促政府部门和国有大型企业清偿拖欠民营企业的款项,减少新的拖欠。明确国家机关在清欠工作中的双重角色,进一步发挥各级国家机关对中小企业的利益保障作用。

第三,根据产业链(供应链)不同领域、不同环节的需求和特点,探索相适应的产业链(供应链)金融服务方式,选择若干重点银行机构、核心企业和重点项目,建立跟踪监测评估机制。

第四,规范市场交易行为,助力营商环境改善。重事前预防,也重事后惩治,多策并举,督促市场主体遵守法律规定和合同约定,营造诚实信用不拖不欠的商业伦理。

第五,推动加强产业链(供应链)金融业务跨地区协作,加强与各政府相关部门工作协同和信息共享,共同推进核心企业提高站位和认识,发挥大型国企、央企以及试点核心企业表率作用,帮助上下游小微企业获得融资支持,降低产业链成本。

第二节　担保链及其风险传染

中小企业受到规模、资金实力以及信用等级等因素的限制,无法在股票市场、债券市场获得充足资金的情况下,银行贷款便成为中小企业的希望。尤其是在 2008 年金融危机之后,银行为了保证资金安全、降低风险,要求中小企业在贷款时需要有担保人予以保证。

我国股票市场实行核准制,因而上市公司往往具有良好的资产质量与信用等级,发展前景也较为乐观,依托资本市场可以保证充足的资金,因此成为对外提供担保的主体。据统计,我国上市公司对外提供担保的数量和总金额居高不下,已有超过 50% 的公司存在着对外担保。

在融资活动中,单纯作为担保人或被担保人的情况是比较少的,上市公司往往同时扮演着贷款担保人和被担保人的双重角色,在为其他企业提供担保的同时,也要求其他企业为自己的融资活动提供担保。这就造成了一种独特的现象,即企业之间的担保关系会形成一个或有债务链条,甚至一个担保圈。当其中的某一环节出现问题时,这一链条上的众多其他企业就会受到严重影响,威胁其正常运作。并且一个链条的断裂也会影响其他担保链的状况,如果众多担保链同一时间出现问题,往往波及货币市场与资本市场,进而威胁一国的金融稳定。

一、担保的两种方式

(一)对外担保

企业间债务风险传染不仅与企业自身的风险(融资脆性)有关,债务风险还会在企业供应链上下游和企业之间的担保链上传染。所以,图 2.4 汇总了我国上市公司对外担保的基本情况,从担保角度呈现我国上市公司之间债务风险传染的可能性大小,以期在风险事件爆发前有一定的预警作用。

图 2.4 汇总了 2008 年至 2021 年我国上市公司对外担保的基本情况,包括平均对外担保次数以及平均累计担保占净资产比值。每年上市公司平均对外担保事件次数和平均累计担保占净资产比值整体呈现不断攀升的趋势,表明上市公司对外担保越来越成为一个普遍的现象。

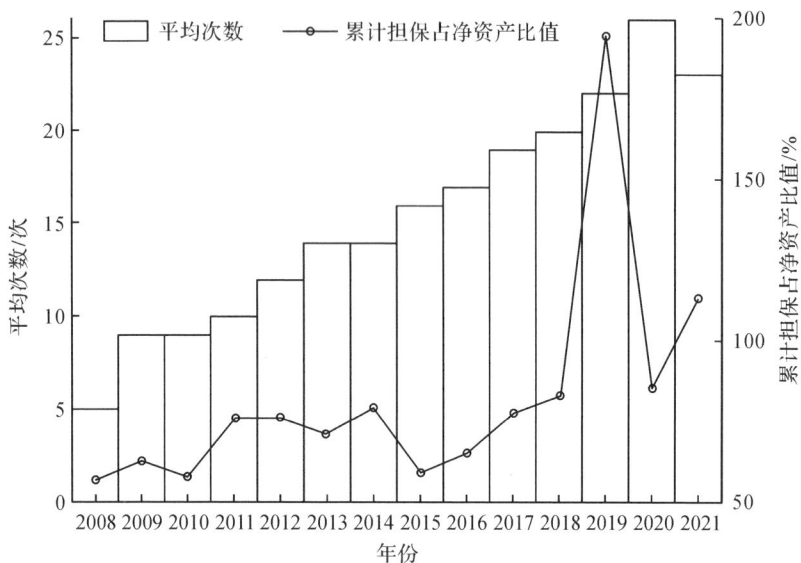

图 2.4　上市公司对外担保情况

数据来源:笔者根据 Wind 数据库整理。

(二)担保贷款融资

表 2.2 汇总了 2000—2021 年我国上市公司所有年报中披露的担保贷款情况。总体来看,2007 年后获得融资企业数、总次数迅速上升,2021 年获得融资企业数达到 1657 家,总次数达 10587 次。从平均次数来看,2008 年开始上市公司担保贷款的平均次数在 4～7 次。从平均担保金额来看,整体上升趋势也十分明显,在 2012 年、2016 年和 2018 年有明显峰值。

表 2.2　上市公司担保贷款按年度汇总

年份	获得融资企业数/家	总次数/次	平均次数/次	平均担保金额/百万元
2000	14	15	1	300.00
2001	34	53	2	75.00
2002	62	127	2	50.00
2003	79	161	2	47.50
2004	51	135	3	110.00
2005	23	48	2	—
2006	20	54	3	40.17

续表

年份	获得融资企业数/家	总次数/次	平均次数/次	平均担保金额/百万元
2007	230	578	3	65.90
2008	467	1781	4	114.18
2009	544	2286	4	118.72
2010	490	1995	4	121.46
2011	582	2763	5	174.60
2012	837	3451	4	988.53
2013	826	3547	5	134.66
2014	960	4542	5	161.15
2015	1069	5170	5	154.98
2016	1129	6693	6	2484.73
2017	1337	8042	6	220.81
2018	1413	8949	6	2366.82
2019	1444	9834	7	220.50
2020	1509	10032	7	198.31
2021	1657	10587	6	300.00

表 2.3 为上市公司担保贷款按公司汇总情况。发现大量公司存在多次担保经历,贷款次数主要集中在 2~10 次,只有一次担保的公司仅有 408 家。担保贷款次数为 2~10 次的公司担保事件的平均金额 28.51 亿元,中位数达到 5000 万元。这再次说明了我国上市公司担保贷款的普遍性。

表 2.3　上市公司担保贷款按公司汇总

担保贷款次数/次	观测数量/家	总金额/百万元			
		平均	最小值	最大值	中位数
1	408	204.80	4.50	4000	60
2~10	1281	2850.59	0.47	8000000	50
11~20	503	173.94	0.00	12000	52
21~50	509	403.83	0.00	2070000	51
>50	375	523.70	0.02	10000000	60

注:根据担保贷款事件公告对企业进行汇总。对担保金额,本书删除了担保金额缺省的观测值。

数据来源:CSMAR 数据库。

二、担保链的积极作用

笔者及其研究团队在 2020—2021 年承接国家发改委"企业债务风险传染机理与防控研究"项目期间整理了数十条担保网络,考察了很多新的风险因素,主要考察大型国有企业、产业政策有没有带来新风险,其中产业政策上本书观察了以海康威视为代表的安保新基建产业、以紫金矿业为代表的传统产业,以及以正泰为代表的新能源产业,发现了一些健康企业的共同特征。

(一)大型国有企业担保网络虽然庞大,但未形成冗长担保链

中国中铁是一家集勘察设计、施工安装、工业制造、房地产开发、资源矿产、金融投资和其他业务于一体的特大型企业集团,旗下有众多子公司,其担保链虽然庞大但并不复杂,以为子公司提供担保为主,集团母公司中铁工和核心上市公司中国中铁及控股上市公司中铁工业、参股上市公司中铁装配像参天大树的树根,以担保链为媒介,辐射众多枝干公司,为它们提供养分,即提供资金保障和支持。

担保链中不存在风险程度较高的反向担保,担保总额占净资产的比例也维持于较低水平,但近年来对非子公司的担保比重不断提高,出于信息不对称问题,这可能会产生一定的风险。为控制风险,担保单位需动态关注被担保单位的战略规划、财务状况、经营状况、诉讼等;采取不同标准检查客户资信;建立以财务指标为核心的预警机制;建立提供担保的标准规则和操作程序。

(二)新基建的海康威视非常健康

新基建加码,海康威视定位成为"全球领先的安防企业"。海康威视是一家处于稳定发展过程中的低风险优质企业,在新基建大力推进、社会数字化转型的背景下,谋求智能安防发展的新方向。本书从财务数据、股权质押、并购和发债等重大事件入手,分析海康威视的担保关系,对该公司可能存在的风险进行全面分析。本书发现,从财务数据的角度看,近年来海康威视营业收入和利润总额均呈现稳定增长的趋势,净利润和归属母公司的净利润稳步上升,2020 年年报创下新高,资产和负债稳定增长。从海康威视的股权质押、并购和发债等事件来看,海康威视股权质押比重仅为 5.93%,对外仅发行债券 2 只,融资规模小,海康威视股权质押爆仓和债券违约的风险较低。从担保特征的角度看,海康威视的担保关系简单,不涉及任何对外担保,仅为其控股公司进行连带责

任担保,担保出现逾期无法归还的可能性低。

(三)紫金矿业担保网络复杂,互保风险很大

紫金矿业是一家以金、铜、锌等金属矿产资源勘查和开发为主的大型矿业集团,目前形成了以金、铜、锌等金属为主的产品格局,投资项目分布在国内24个省(自治区)和加拿大、澳大利亚、巴布亚新几内亚、俄罗斯、塔吉克斯坦、吉尔吉斯斯坦、南非、刚果(金)、秘鲁等9个国家。

紫金矿业的成员公司涉及的经营范围较为广泛,不仅有与母公司相关的矿产开采类业务,还有涉及贸易与投资、文化经纪、酒店投资等业务,说明紫金矿业投资方向较为多元。与紫金矿业同行业的成员公司中既有主营开采、选矿的公司如巴彦淖尔紫金有色金属有限公司,也有冶炼、加工及销售的公司如紫金铜业有限公司、洛阳紫金银辉黄金冶炼有限公司等,形成了较好的上下游产业链关系,说明紫金矿业系的产业链结构较完备。

紫金矿业担保链具有两个特点:一是担保链内企业均涉及有色金属或化工产业,行业风险比较聚集。和中国钢铁行业类似,经过黄金发展期之后,有色金属行业产能严重过剩。在行业下行周期之际,这些重资产企业的资金链对其自身生存能力会带来较大的压力,债务一旦增长,就很难遏制,行业地位比较弱的企业很有可能爆发债务问题。因此以紫金矿业、西部矿业为代表的有色金属行业的企业以及以西部特钢为代表的钢铁行业背后的担保链风险值得关注。二是存在双向担保的现象。西部矿业系与西宁特钢间存在复杂的担保关系,西部矿业对其母公司西部矿业集团有限公司和西宁特钢进行担保,而西宁特钢反过来也为西部矿业及其母公司担保,形成了互保的关系。互保方式虽能够解决中小企业融资难问题,但也可能造成担保链风险,具有较大的隐藏风险。

(四)担保链助力正泰新能源稳健增长

正泰集团股份有限公司创建于1994年,注册资金15亿元,总部位于浙江省温州市乐清,是温州市规模最大、行业影响力最强的民营企业之一。集团业务主要围绕能源"供给—存储—输变—配售—消费"体系,以新能源、能源配售、大数据、能源增值服务为核心业务,以光伏设备、储能、输配电、低压电器、智能终端、软件开发、控制自动化为支柱业务。

"正泰集团系"以正泰集团作为核心主体公司,旗下共有765家公司,其中核心成员公司53家。2010年,集团控股的子公司浙江正泰电器股份有限公司(简称正泰电器,股票代码601877)在上海证券交易所成功发行上市,进一步增

强了集团的资金实力，截至 2020 年 11 月，正泰电器市值已突破 700 亿元。除主营业务新能源之外，正泰集团还布局金融和投资板块，拥有多张稀缺的银行、保险等牌照。宏观政策利好和行业发展趋势上企业都处于有利地位。

通过查阅公司年报、债券发行公告及 Wind 数据库相关资料，笔者发现，正泰集团除为旗下各家子公司提供担保之外，还与清源系和亿利系企业存在担保关系。担保链的主要担保路径存在于集团内部，是集团核心主体公司对旗下子公司的担保，集团之间非关联公司的担保关系和担保金额相比较小。这种担保模式一方面能把信用风险控制在集团内部，避免了在宏观经济冲击来临时集团之间的风险传导，但另一方面也影响了集团内部核心主体公司的抗风险能力，旗下子公司的业绩会通过担保关系传导至母公司。此外，本担保链不存在双向互保关系，不存在复杂的担保链。因此，"正泰系—清源系—亿利系"担保链风险整体可控。但同时也应看到，三个集团的主营业务存在相关性，都主要集中在新能源、光伏发电等行业，集团之间的风险可能因为行业风险而蔓延。

三、担保链存在的问题

（一）企业经营风险及其影响机理

1. 主营业务现金流不充足

主营业务现金流不充足是企业常见的担保链问题，其对担保链风险的产生有着直接的影响。对于企业来说，现金流是偿债能力的重要保证，而主营业务现金流又是企业现金流中最稳定的部分，因而主营业务现金流不充足将影响企业的偿债能力。正是基于这样的事实，一方面，对于提供担保的企业来说，主营业务现金流不充足将影响其为其他企业提供担保的能力，一旦受其担保的企业不能够自主还款，而担保方代其还款的能力不足，那么担保链风险将迅速传染；另一方面，对于被担保方来说，主营业务不充足使得其不能自主还款，而这是担保链风险产生的根源，因此企业主营业务现金流不充足导致了担保链风险的产生和扩散。

2. 债务额度限制

债务额度限制指的是担保链中的企业通过借新还旧来解决财务危机的能力受到限制，从而导致担保链风险的产生与扩散。担保链中的企业往往资信条件较差，难以获得银行信贷，因而才会通过相互担保的方式来提升彼此的资信等级以获得贷款。因此一旦某个企业出现还款困难，由于其债务额度受到限制，无法通过其他融资渠道来解决问题，那么该企业的贷款将由其担保方来承担，从而导致企业风险在担保链中的传染和扩散。

3. 对外业务不匹配

对外业务不匹配是担保链中企业存在的又一问题，它主要存在于同类型企业所形成的担保链中。对于同类型企业来说，其经营方式、特点、周期等存在很大的相似之处，往往会受到外部环境的类似影响，缺乏一定的互补性，因此一旦担保链中的某个企业出现财务危机而不能正常偿还贷款，担保链中的其他企业往往也面临着类似的状况，从而不能很好地弥补该企业出现的问题，导致危机的扩散，以至于影响到整个担保链中的所有企业。

（二）担保链中企业间层面的不对称性

1. 大规模企业提供担保，小规模企业被担保

在担保链体系中，大规模企业往往是向外提供担保，而小规模企业则是以被担保为多，这是由不同规模企业自身的条件所决定的。担保的目的在于从银行顺利获得贷款，大企业由于资产规模大、抗风险能力强且社会信誉较好，往往受到银行的信任，尤其是大企业中的上市公司，因此大企业提供担保将更有利于银行顺利放贷；相对来说，小企业资产规模有限、社会信誉一般，而且由于信息不对称，银行对其了解和信任的程度有限，因此小企业提供担保对于被担保方来说并没有太大的作用，从而只能更多地处于被担保方的位置。除自身受到银行信任从而拥有提供担保的便利条件外，大企业愿意向外提供担保的原因还在于提供担保服务能够为其带来利益：一方面，企业提供担保可以收取担保费，带来直接经济收入；另一方面，企业为其上游或下游等利益相关企业提供担保，从而获取低价原料、廉价服务等间接好处，利益因素的驱动加上自身条件的符合促进了大企业提供担保、小企业被担保局面的形成。

2. 大规模企业是中心企业，小规模企业是外围企业

中心企业指的是在某个企业担保链中处于中心位置的企业，其在特定担保链中处于核心位置，与担保链中的其他企业通过提供担保或者被担保的方式发生大量联系；而外围企业则指的是在相应担保链中处于中心企业周围的企业，作为担保链中的一环，外围企业一般只与中心企业发生联系，很少与担保链中的其他企业发生联系。由于自身资产规模大、实力较强从而具备了为大量企业提供担保服务的能力，大规模企业在担保链中一般是作为中心企业，为外围企业提供担保服务,而小规模企业受自身条件限制一般只与中心企业发生担保关系。这种地位格局的存在导致了两种后果:一是大企业通过为外围企业提供担保服务获取了相当可观的收入,而外围小企业虽然付出了担保费的代价,却也获得了企业发展需要的信贷资金;二是担保链中某个企业一旦出现危机,那么风险必将波及中心大企业,而其他外围企业受到的影响则相对较小,也就是说大企业在通过担保链获得大量收入的同时也聚集了来自担保链的大量风险,这为大企业自身的发展埋下了很大的隐患。

3. 担保公司作为中介,承担了银行应承担的风险

在担保链中,被担保企业往往是规模小、实力薄弱、自有资金不足的企业,即使企业具有较高的盈利能力和较好的发展前景,经营资金不足时也很难从银行获得贷款。主要是由于金融危机过后,银行更加注重资金的流动性与安全性,这使得它们在向被担保公司提供贷款时往往要求提供相应的担保公司。倘若被担保公司出现问题无法偿还贷款,则担保公司需承担相应的连带责任,即也需向银行偿还资金。因此,担保公司作为中介承担了银行的流动性风险,一旦发生资金链断裂则风险传染性进一步增强;不过,也得益于担保公司的这种中介功能,银行可以安心地提供贷款,从而确保了担保链的顺利开展与进一步延伸。

(三)企业信用风险及其影响机理

1. 企业道德风险

企业道德风险指的是在某种原因下企业盲目投资或者投资于高风险项目使得企业无力偿还贷款,从而造成银行信贷风险。企业道德风险产生的原因在于两个方面:一方面,由于信息不对称的存在,企业尤其是中小企业从银行获得的贷款往往有着很高的成本,在高成本的压力下企业不得不选择去投资高风险但同时可能高收益的项目;另一方面,由于有其他企业为自身的贷款提供了担保,即为贷款的偿还提供了最终保障,因而企业的行为在一定程度上失去了约束,这使得企业的投资行为可能变得不再理性,促使了企业盲目投资的发生,提高了企业违约的风险,也造成了银行信贷风险。

2. 企业担保失效风险

企业担保失效风险指的是为企业贷款提供担保的企业可能已经不具备作为担保方的条件,而使得银行贷款实际处于无效担保状态下,从而导致银行信贷风险的产生。这种风险在企业担保链中经常存在,由于担保链中的中心企业为外围企业提供了大量担保,因而一旦中心企业自身的经营状况出现了危机,其就无法替外围企业偿还贷款,例如大量作为担保链中心企业的 ST 上市公司,由其提供担保服务的外围企业实际就处于一种无效担保状态。在担保失效的状况下,一旦企业自身无法偿还银行贷款,银行就无法从企业担保方获取相应的补偿,这给银行贷款带来了极大的风险。

3. 企业经营短期化风险

企业经营短期化风险指的是企业尤其是中小企业由自身经营目标的短期化造成的企业无法偿还银行贷款的风险。中国中小企业的平均寿命只有 2.5 年[①],因此中小企业所有者对企业的生命预期普遍较短,在这种情况下,中小企业的经营投资行为往往具有短期化的特征。由于企业主考虑到自己的企业很有可能在一两年后就破产了,因此其往往会选择投资高收益、回收期短但同时伴随着高风险的项目,而不去考虑这带来的高违约风险。中小企业经营短期化使得企业面临着很高的违约风险,导致了银行信贷风险的产生。

4. 企业信用意识淡薄风险

企业信用意识淡薄风险指的是由于自身信用意识淡薄,企业在获得贷款后不去考虑还款压力而造成的贷款违约风险。企业信用意识淡薄风险主要来源于企业主信用意识的淡薄,由于企业主自身信用意识的淡薄,企业在获得贷款后,尤其是在其贷款有其他企业提供担保的情况下,往往就不再考虑还款的压力,把风险完全推脱给担保方和银行,并做出一些非理性的投资决策,这极大地提高了其违约的可能性,给银行贷款带来了高风险。

(四)浙江省企业间担保链特征分析

担保方一般是为其子公司提供担保,这是上市公司之所以进入担保链的原因之一。在 2012 年浙江省的担保关系中,母公司为子公司担保占了其中的70%以上。例如,在"盾安—伟星"担保链中,盾安环境为其子公司盾安国贸、盾安禾田、盾安机电、盾安光伏等提供了多笔担保。民营企业为无关联公司提供担保的比例高于全省平均水平。

房地产企业通常是被担保方,涉及的担保笔数多、担保金额大。这是因为房地产行业经营需要大量的资金。除了房地产行业,生物医药行业的企业涉

---

① 来源于人民网:http://finance.people.com.cn/n/2012/0903/c70846-18906006.html。易纲在2018 年第十届陆家嘴金融论坛上也指出:"美国的中小企业的平均寿命为 8 年左右,日本中小企业的平均寿命为 12 年,我国中小企业的平均寿命为 3 年左右。"

担保笔数多,但是金额不大。在"浙江省涉及担保最多的上市民营企业"的8家上市民营企业中,3家是房地产公司,2家是生物医药公司。

对于国内企业担保链问题,郎咸平(2001)最早关注,他认为担保链是公司向大股东进行利益输送的方式。但是随着相关监管政策的出台,新形势下担保链的这一问题正逐渐消失或弱化,更多地表现为用于公司项目发展或支持子公司的业务扩展。

实际情况中,上市公司通过发债和增发的方式进行融资并不多见,主要还是通过间接融资。在上文总结的5条担保链中,有15家上市公司,其中只有5家在2012年通过增发股票或发行债券获得直接融资,而间接融资仍然是这些企业主要的融资方式,加入担保链在一定程度上也增加了企业的融资能力。

通过加入担保链一方面可以增强企业的融资能力,另一方面也暴露了一定的问题。例如,在浙江省涉及担保最多的上市民营企业中有一个被特别标注的公司——*ST鑫富,这样的公司本身经营状况不佳容易产生财务危机,一旦危机发生就会危及担保链中的其他公司;再如,在"凯恩—尖峰"担保链中,尖峰集团为中资银信担保公司提供了2000万元的担保,这实际上相当于是一笔变相担保——中资银信通过尖峰集团担保得到贷款,又将这笔贷款借给其他公司,这种多层借贷关系放大了风险。

第三节 公司债券的风险传染

我国债券市场发展相对股票市场滞后,但增长态势较快。截至2021年12月31日,剔除金融债,全市场现有信用债总数为57150只。无担保信用债占绝对比例,有担保信用债券基本指标表现更好;券商仍是最主要的债券承销商;从地域上看,经济发达地区的债券发行规模更大。2018—2021年,我国发债规模逐步扩大,2021年呈现大幅度增长,创近三年新高。发债利率大幅下降,债券融资呈现"量增价降"的特点,较好地承担了支持实体经济发展的任务。2014年是我国债券市场的"违约元年",2014年1月至2021年12月,中国债券市场共有1063只债券违约,山西、辽宁、河北三省呈现发行总额低但违约金额高的不健康状态。具体分析违约债券,本书发现,综合类、建筑与工程、食品加工与肉类和电力行业违约债券数较高于其他行业,且民营企业、非上市企业发行债券更容易出现违约。

一、债券发行情况

债券市场结构上，根据人民银行《2021年金融市场运行情况报告》，2021年债券市场共发行各类债券61.9万亿元，其中银行间债券市场发行债券53.1万亿元，占比86%，交易所市场发行8.7万亿元，占比14%。交易所市场发行8.7万亿元，同比增长1.0%。2021年，国债发行6.7万亿元，地方政府债券发行7.5万亿元，金融债券发行9.6万亿元，公司信用类债券发行14.8万亿元，信贷资产支持证券发行8815.3亿元，同业存单发行21.8万亿元。

目前债券市场结构尚不完善，审批或注册和管理不统一，交易和清算不同步，既有潜在金融风险也阻碍经济发展。当前的低利率环境正推动世界债市进入新阶段，中国债券纳入国际指数包括富时世界国债指数（WGBI）、摩根大通全球新兴市场多元化指数（GBI-EM）、彭博巴克莱全球综合指数（BBG）等，也在催生中国债市的大发展。清华大学国家金融研究院院长朱民在"2020中国金融学会学术年会暨中国金融论坛"的主题演讲中表示，"这是一个百万亿级的大市场，未来可以翻番"。

根据新华财经对2021年信用债市场的总结，与2020年信用债收益率走势大起大落不同，2021年信用债市场收益率曲线平稳下移。2021年上半年，市场主要受资金面和"资产荒"主导，及至5月末，市场走出"小牛市"。从6月开始，受到负面舆情等因素影响，市场出现调整。进入7月之后，降准信号带动信用债市场再度走强，直至8月，信用债整体收益率达到全年新低。尽管9月末开始，房地产企业流动性冲击波一度令市场转弱，但伴随房企融资出现反弹，进入10月之后，市场边际修复，收益率曲线再度转为下行。总体来看，2021年信用债市场收益率回归和国债呈正相关的走势，其中AA＋品种利率下行最多，特别是中短票和城投债收益率呈现较大幅度的下行走势。

表2.4总结了截至2021年12月31日各省（区、市）未到期债券情况。从发行总额来看，北京以20.93万亿元的发行总额居榜首，远高于其他省（区、市），广东、上海、江苏、浙江、山东、福建处于第二梯队。从发行债券数量来看，西藏、内蒙古、海南、宁夏、青海的债券数较少，江苏、北京、广东、浙江、上海、山东现有债券超过3000只。从每只债券的金额来看，北京、上海、广东三省（市）平均债券金额高于10亿元，云南、宁夏、青海、黑龙江、新疆、河北、海南、贵州、广西、河南的平均发行金额不足5亿元，处于较低水平。

从债券利率来看，上海、广东、北京、宁夏、天津的票面平均利率低于

3.5%,贵州、湖南、四川、内蒙古、重庆、湖北、陕西、山西、吉林、广西的票面利率均值高于4.2%。从发行期限来看,北京、湖北、湖南、西藏平均期限长于3.8年,宁夏、黑龙江、天津、甘肃、辽宁、河北、广西、青海、新疆、河南平均期限短于2.8年,还款压力大。

从债项评级来看,北京、陕西、上海和广东信用评级达到AAA级的债券占比超过30%,其中北京最多,超过50%;黑龙江、新疆、云南、宁夏和西藏信用评级达到AAA级的债券占比不足10%。从债券发行主体评级来看,北京、广东和上海信用评级达到AAA级的发行主体数量超过2000个,其中北京最多,共有3448个评级达到AAA级的发行主体,青海、宁夏、西藏、海南和内蒙古信用评级达到AAA级的发行主体不足100个。

表2.4 各省(区、市)债券发行情况

省(区、市)	发行总额/亿元	债券数量/只	平均金额/亿元	平均利率/%	平均期限/年	AAA债券数量占比/%	AAA主体数量/个	2021年地区生产总值排名
北京	209271.40	6919	30.25	3.20	4.70	49.83	4595	13
广东	66384.32	6616	10.03	3.17	3.11	33.01	3018	1
上海	64135.63	4240	15.13	3.05	3.16	34.01	2263	10
江苏	51402.43	9121	5.64	4.18	3.52	14.55	1752	2
浙江	43447.97	5942	7.31	3.71	3.41	19.63	1166	4
山东	26715.74	4060	6.58	4.05	3.40	20.84	1386	3
福建	25126.76	2202	11.41	3.51	3.12	11.56	1037	8
四川	18193.81	2966	6.13	4.43	3.58	23.52	793	6
湖北	15153.03	1871	8.10	4.34	4.40	23.97	391	7
湖南	14767.85	2392	6.17	4.52	3.88	13.27	555	9
重庆	13647.82	1985	6.88	4.37	3.34	12.28	491	16
天津	13549.66	2202	6.15	3.39	2.12	19.11	1186	24
安徽	11282.56	2101	5.37	4.09	3.53	26.61	257	11
江西	10580.9	1895	5.58	3.96	3.41	19.21	499	15
陕西	9701.19	975	9.95	4.33	3.74	18.44	397	14
河南	9605.28	1944	4.94	3.95	2.79	11.76	677	5
贵州	8189.83	1742	4.70	4.57	3.31	37.85	281	22
山西	7220.18	887	8.14	4.30	2.95	29.13	536	20
广西	6186.91	1295	4.78	4.24	2.51	12.81	626	19

续表

省 (区、市)	发行总 额/亿元	债券数 量/只	平均金 额/亿元	平均利 率/%	平均期 限/年	AAA 债 券数量 占比/%	AAA 主体数 量/个	2021 年 地区生产 总值排名
河北	5887.91	1382	4.26	3.58	2.33	17.97	333	12
云南	4428.93	2573	1.72	3.95	2.94	15.14	161	18
辽宁	3687.13	621	5.94	3.87	2.31	27.17	398	17
新疆	3479.46	840	4.14	3.97	2.74	5.48	224	23
吉林	2419.59	348	6.95	4.25	2.95	20.40	214	26
甘肃	2185.07	427	5.12	3.61	2.20	4.99	237	27
黑龙江	1253.33	361	3.47	3.97	2.01	6.18	198	25
内蒙古	1055.64	130	8.12	4.42	3.67	22.31	56	21
海南	944.42	203	4.65	3.57	2.89	19.21	27	28
青海	755.25	230	3.28	3.58	2.57	7.81	9	30
西藏	725.84	64	11.34	3.65	3.87	6.96	13	31
宁夏	531.38	230	2.31	3.37	1.65	13.04	13	29

数据来源:笔者根据 Wind 债券数据库整理。

二、债券违约情况

2014 年 1 月至 2021 年 12 月,中国债券市场共有 1063 只债券违约。从历年分布情况来看,2014 年作为我国债券市场的"违约元年",共有 5 家发行人发生违约,其中除超日太阳能之外全部为中小企业私募债发行人。2015 年债券违约开始进入常态化阶段,违约数量明显增加,同时天威集团成为首家发生违约的国有企业。2016 年由于受宏观经济下行压力、上游行业景气度下降等因素影响,违约事件集中爆发,单起违约事件所涉及的债券金额增加,首次出现地方国有企业违约与连环违约。2017 年伴随供给侧结构性改革推进下主要产能过剩行业景气度回升,违约事件的数量和金额明显回落。2018 年受市场环境信用收缩影响,违约事件的数量和规模大幅攀升并远超往年水平,造成较大的市场影响。2021 年受新冠肺炎疫情影响,国内大量中小企业经营受困,债券违约数量和规模达历年之最,有 253 只债券出现违约,涉及规模 2601.93 亿元(见表 2.5)。

表 2.5　历年违约债券统计

年份	违约债券数量/只	违约金额/亿元
2014	6	13.40
2015	30	127.27
2016	79	399.77
2017	47	380.55
2018	165	1518.54
2019	247	1984.79
2020	236	2546.52
2021	253	2601.93

数据来源:笔者根据 Wind 债券数据库整理。

　　从地域分布情况分析,按违约金额进行排序,北京、上海、山西、山东和辽宁名列前五(见表 2.6)。北京是因为北大方正集团,上海是因为上海华信集团,辽宁是因为东北特钢和大连机床;而浙江位列第六,因为浙江有多家民营企业。信用债券违约债券余额最少的几个省(区)分别是新疆、陕西、贵州、湖南、广西和云南。这个统计数据估计会超出很多人的预料,毕竟湖南和云南都算是债券市场的"网红",但是实际的违约债券余额很低。

表 2.6　各省(区、市)违约债券统计

省(区、市)	数量/只	违约金额/亿元	发行总规模/亿元	发行总规模排序	2021 年地区生产总值排序
北京	179	2090.22	2368.34	1	13
广东	117	914.96	1008.19	2	1
辽宁	78	696.23	724.55	5	17
山东	74	483.33	531.80	7	3
河北	60	784.20	905.10	3	12
江苏	60	459.98	498.60	8	2
浙江	52	348.55	408.45	10	4
山西	50	492.70	494.80	9	20
上海	49	738.14	767.50	4	10
海南	44	521.53	544.10	6	28
河南	44	253.06	386.80	11	5
四川	35	236.94	275.50	14	6
安徽	35	213.55	223.28	15	11
福建	27	292.10	370.10	12	8
天津	25	253.46	282.94	13	24

续表

省 （区、市）	数量/只	违约金额/亿元	发行总规模/亿元	发行总规模 排序	2021 年地区 生产总值排序
湖北	19	139.98	149.50	17	7
黑龙江	17	99.52	105.45	18	25
宁夏	14	43.61	60.80	23	29
内蒙古	13	83.75	100.20	19	21
甘肃	13	31.60	38.40	24	27
重庆	10	53.51	70.10	21	16
新疆	10	53.72	66.00	22	23
青海	9	116.89	152.00	16	30
吉林	8	68.80	74.00	20	26
陕西	5	25.50	25.55	26	14
湖南	5	15.83	21.50	28	9
云南	4	17.60	24.90	27	18
广西	3	10.00	10.11	29	19
西藏	2	33.50	33.50	25	31
贵州	2	0.00	0.83	30	22

数据来源：笔者根据 Wind 债券数据库整理。

　　将各省（区、市）发行总额进行比较，可以发现，山西、辽宁、河北三省呈现发行总额低但违约金额高的不健康状态。在山西省发行的债券中，有违约债券50 只，总金额为 492.7 亿元，其中永泰能源违约只数达到 44 只，总金额 448.8亿元，数量和金额占比分别高达 88％和 91％。永泰能源属于采掘行业，煤炭板块唯一民营上市公司，违约前主体评级 AA＋，已稳定下调至 CC/负面。辽宁省债券违约集团较分散，历年违约金额也比较平均。其中，华晨汽车集团今年有 159 亿元的高额违约，丹东港集团在 2018 年违约债金额达到 89.5 亿元，属于需重点关注的企业。与之类似，河北省也呈现违约集团较分散局面，其中东旭集团和东旭光电科技在近两年违约金额分别达到 155 亿元和 104 亿元，需重点防范。

　　市场认为，华晨、永煤的违约存在恶意"逃废债"嫌疑，并担心此类违约成为地方国企效仿的模式，这将对信用债市场基于信用基本面的定价逻辑造成冲击。加上当前国内的投资者保护制度、违约追偿机制、企业破产清算与重整制度不完善等问题，债权人处于相对弱势地位，更是引起了本轮违约冲击的持续发酵。后续影响方面，山西省与永煤所在的河南省不仅是邻省，也同为煤炭大省，唯恐受到波及。

三、企业债券违约原因分析

企业债券违约一般有两大方面原因:一是宏观层面上的行业景气程度、经济运行状况,这对于部分强周期行业的企业来说影响更大;二是企业内部自身运营过程中造成的错误或者疏漏,如关联交易、资金占用、实际控制人风险、财务造假、投资策略等。民营企业债券违约的原因主要来自以下几方面。

(一)经营不佳导致现金流紧张

这是最为常见的债务违约类型。以春和集团为例,春和集团主要经营范围是船舶制造业、机械行业,具备强周期行业的特征,因此容易出现产能过剩的情景,而在目前去产能的背景下,受到的冲击影响较大。另外,企业可能会为了摆脱低迷行业而选择转型,但转型可能会进一步占用本不宽裕的资金,使得企业加速走向流动性枯竭。

(二)经营性应收回款困难

尽管在盈利方面企业仍然保持稳定,但是由于企业采取了过于宽松的信用政策,下游企业的应收账款积压过多,占用企业正常的运营资金,从而使得业务流和现金流之间形成大范围的割裂,进一步使得企业的快速变现能力减弱,一旦该企业遇到问题或负面新闻,极易发生现金流断裂的情况,或者下游企业资金紧张导致企业难以及时收回款项,使得原本运营状况较好的企业陷入流动性泥潭。企业自身的恶意逾期、行业的逾期传导、按揭通道银行的风险转嫁,导致民营企业应收账款回笼困难。以五洋建设为例,2017 年债务到期时,仍有东阳中国木雕城近 3000 万元的账款未能回收,最后被德邦证券将该账款用于保全。

(三)激进投资导致现金流断裂

民营企业家的激进投资伴随着大量举债融资。以某综合集团公司为例,2015 年有息负债 158 亿元,2016 年迅速翻倍,同期净利润只有 16 亿元,利润低于债务增长,举借的债务大量用于投资活动,涉及投资管理、软件技术、零售、保险、文化旅游、信息科技、银行、房地产等多领域。同时,就在其债违约前夕,该集团公司承诺借出 50 亿元,用于帮助下属上市公司以 2 亿元的货币资金收购其他上市公司近 80 亿元的股份,造成现金流紧张。下属上市公司业绩的不理想导致该集团公司需要进行业绩补偿,处置资产,事实上该集团公司的多个控股公司股权已全部质押,缺乏实质性的优良资产可以抵押,现金流断裂。又如 2019 年 9 月发生的三鼎控股债券违约,也是由于存货高企、不断并购、投资房地产,股票质押已经达到 97.24％,200 亿元资产的"织带大王"因欠款 100 万元被诉讼,9 月 7 日进一步公告"17 三鼎 01"债券违约。

(四)融资结构集中导致举债高峰期到来

在上海超日违约,债市刚性兑付神话被打破后,公司债开始大量集中爆发,2018 年恰逢盈利下行周期和融资的结构性紧张,而偿债的高峰期也恰好在此时。以新光集团为例,其偿债时间集中于 2018 年,大量债务同时需要偿还,此时融资环境较为紧张,特别是在春和集团、五洋建设相继违约后,市场对于浙江民营企业发行的无担保债券产生担忧,难以通过发行新债还旧债应对流动性紧张。2018 年新光集团两笔 30 亿元债券违约,截至 2019 年 9 月,新光集团 15 只债券中有 12 只实质性违约,2020 年末净资产为负值。2021 年旗下上市公司新光圆成(002147.SZ)触及股票终止上市情形,2022 年 6 月新光圆成退市。

(五)民营企业金融化成为占用资金的最大绊脚石

民营企业存在金融化趋势,不少民营企业都热衷于进入金融类公司,搭建产融平台。金融化造成的一个重要副产品在于主业之外的房地产业务,民营企业特别是上市公司融资渠道与产融关系对于进一步发展房地产相关业务有着较为明显的优势。这些投资大多集中在周边的中小城市,在快速变现能力上存在压力,房地产业务也会占用集团公司内部的资金。这样会造成短债长用,面临债券再融资难度加大的问题。随着目前国家对金融行业的监管和控制进一步加强,市场风险偏好存在整体下滑的趋势,导致民营企业难以在短期内用货币资金偿还债务,进一步恶化信用资质。一旦面临冲击,就必须面临处置资产的风险;企业金融化也对经营性业务增长存在抑制效应,这种抑制效应对民营企业有更长的持续时间。

(六)财务造假是"皇帝的新衣"

对于民营企业,特别是非上市民营企业而言,存在严重的信息不对称问题,会计信息质量较低的民营企业往往会面临更严重的融资约束问题,内部控制质量与债务融资成本之间具有更显著的负相关性。民营企业为了能够成功发债,除了披露信息不规范外,甚至可能进行财务造假。为了能够达到发行债券标准,在编制用于公开发行公司债券的财务报表时,通过虚减应收账款和应付账款,导致少计提坏账准备、多计利润,在申请公开发行公司债券时向合格投资者披露含有虚假财务信息的非公开发行公司债券募集说明书,也会因债券欺诈发行而领到罚单。严重扰乱市场秩序,民营企业也会为此付出巨大代价。2018年7月6日,浙江某民企被证监会认定为首家涉嫌欺诈发行债券,共计领受4140万元的罚单,占该公司债券违约总金额的3.04%。

参考文献

[1]卞泽阳,强永昌,李志远.开发区政策、供应链参与和企业融资约束[J].经济研究,2021(10):88-104.

[2]陈冬华,姚振晔.政府行为必然会提高股价同步性吗?:基于我国产业政策的实证研究[J].经济研究,2018(12):112-128.

[3]干春晖,郑若谷,余典范.中国产业结构变迁对经济增长和波动的影响[J].经济研究,2011(5):4-11.

[4]高培勇,袁富华,胡怀国.高质量发展的动力、机制与治理[J].经济研究,2020(4):4-19.

[5]郭克莎.中国产业结构调整升级趋势与"十四五"时期政策思路[J].中国工业经济,2019(7):24-41.

[6]郭晔,黄振,姚若琪.战略投资者选择与银行效率:来自城商行的经验证据[J].经济研究,2020(1):181-197.

[7]史可.2021信用债市场:微观主体上演"冰火两重天"[EB/OL].(2021-12-31)[2021-12-31].https://baijiahao.baidu.com/s?id=1720641951781968437&wfr=spider&for=pc.

[8]宋凌云,王贤彬.重点产业政策、资源重置与产业生产率[J].管理世界,2013(12):63-77.

[9]王克敏,刘静,李晓溪.产业政策、政府支持与公司投资研究[J].管理世界,2017(3):113-124,145.

[10]中国人民银行.2021年金融市场运行情况[R].2022.

第三章 企业债务风险扫描

　　本章基于 2020—2021 年为国家发改委做的课题,对当时影响非常巨大的企业债务违约或破产重整进行了案例收集和分析。这四个案例涵盖了衣食住行四个方面,房地产业的恒大、服装业的森马、水产养殖业的獐子岛、航空运输业的海航,非常清晰地揭示了企业债务风险及其传染性。对这四个案例的系统跟踪也显示债务风险的影响会长期存在,时至今日(2022 年 6 月),这四个案例仍值得关注和追踪。本章发现,跨境并购等盲目扩张以及政策改变和自然灾害等突发事件,都会导致企业陷入财务危机。

　　英国知名金融家阿代尔·特纳(Adair Turner)在 2008 年金融危机爆发之际出任英国金融服务局主席。特纳勋爵 2015 年撰写著作《债务和魔鬼》,由钱颖一教授编入比较译丛,于 2021 年翻译成中文出版。余永定先生于 2016 年 2 月写了序,他认为:"实体经济的急剧扩大必然导致投资收益的迅速下降,债务违约事件迟早会发生。一旦出现债务违约事件,羊群效应必然迅速席卷整个经济体,导致债务危机的发生。"我特别喜欢读余先生写的序,足可以看到他对学问的认真,对每一篇他推荐的著作我都有深入细致的阅读和思考。本章的四个案例正是支持余先生论点的微观证据,也为本书后文的理论分析、应用对策提供研究视角。特纳勋爵在他的著作中阐释了妥善处理债务的重要性,他指出债务合约容易误导我们忽视风险,可能面临新增信贷供给的"突然终止",债务合约的不可持续、投资者信心下降、资产价格下跌等都会导致债务(特别是错误的债务)变成魔鬼,债务不会消失,只是转移了。本章的四个案例正是说明了他的观点。

第一节　恒大的债务陷阱

一、背景介绍

(一)房地产行业特征

房地产业是以土地和建筑物为经营对象,从事房地产开发、建设、经营、管理以及维修、装饰和服务的集多种经济活动为一体的综合性产业,具体包括土地开发,房屋的建设、维修、管理,土地使用权的有偿划拨、转让,房屋所有权的买卖、租赁,房地产的抵押贷款以及由此形成的房地产市场。

房地产项目按开发顺序可以分为三个阶段——土地批租阶段、房地产开发阶段和房地产租售阶段。第一阶段涉及土地储备需支付的土地储备资金和开发商取得土地需支付的土地出让金,这些资金一般来源于开发商的自有资金和银行贷款。第二阶段涉及开发商投入项目的开发资金和项目施工中的流动资金,主要来源于银行贷款和开发商自有资金,此外还有房地产基金和REITs。第三阶段主要涉及购房资金,来源于购房者自有资金和从银行获得的个人住房按揭贷款。

房地产项目具有资金需求量大、资金循环周期长、资金回笼速度慢的特点。一方面,房地产开发项目资金占用量大,投资回收期长,因此在项目建设过程中需要大量的资金支持,以保证资金链的良好运作,并且由于房地产项目开发周期长,其资金循环期也相应较长;另一方面,房地产开发存在较多不确定性因素,项目进行中可能出现各种问题影响开发进度,使得房地产资金循环周期较长。此外,房地产资金链的运动过程涉及很多其他社会部门,房地产资金链的风险容易传导到其他部门。

高杠杆发展模式、复杂的融资结构和多层资金链关联使房地产行业聚集了较大的风险,并且房地产业的风险可能通过直接和间接渠道传递给金融体系和上下游产业,因此房地产业的风险需要重点关注。进一步对房地产业龙头恒大集团进行风险分析,发现恒大集团越过全部"三道红线",负债情况与同行业企业相比也处在较高水平,具有较高的信用风险。同时房屋销售和盈利增速下滑使得恒大集团面临一定的经营风险,主营业务房地产的增速下滑和多元化产业布局的高投入低回报也带来了一定成长性风险。

聚焦当前,2021年我国商品房市场表现出"前高后低"的特点。上半年信贷环境相对宽松,加之2020年低基数效应,全国商品房销售规模增幅显著,在长三角、粤港澳大湾区、西部核心城市、福建等地带动下量价齐升。下半年,随着热点城市调控加码以及房地产贷款收紧政策效应的逐渐显现,部分房企债务违约频发,需求端置业信心受挫,市场骤然转冷,成交大幅下跌。2021年四季度后,行业信贷环境改善预期持续增强,但需求端仍然疲弱。展望未来,长期来看房地产在长期仍是十万亿级数的巨型产业,关联上下游数十个产业,很长一段时间都仍将是中国经济的压舱石。

(二)恒大集团介绍

中国恒大集团(3333.HK)是一家民营房地产企业,1996年成立于广东省广州市。恒大集团是"多元产业＋数字科技"的世界500强企业集团,旗下拥有恒大地产、恒大新能源汽车、恒大物业、恒腾网络、房车宝、恒大童世界、恒大健康、恒大冰泉等八大产业。2009年在香港上市的恒大地产2016年更名为"中国恒大",2020年8月更名为恒大汽车的原恒大健康和于2020年12月2日上市的恒大物业是中国恒大的非全资附属公司。因而恒大集团形成了以原恒大地产(更名后的中国恒大)为核心,旗下拥有三家上市公司,至少三级的金字塔控股结构式的资本系族,成为中国资本市场赫赫有名的"恒大系"。[1]

恒大集团产业布局具有多元化的特点。除房产业务外,恒大还布局文化旅游、健康养生和新能源汽车领域。物业管理和投资物业作为恒大地产开发的延伸,顺势而为即可布局,并且具备稳定收益,因此是主要的收入来源。文化旅游、健康养生和新能源汽车领域并未单独列示,说明这些业务可能并未盈利或盈利较少。这类业务前期投入大但回报周期长,对恒大的运营能力考验比较大,短期内也可能使恒大集团资金承压。因此恒大集团不仅要警惕主营业务成长下滑的风险,还要注意多元化布局带来的风险,恒大的主营业务构成如表3.1所示。

---

[1] 根据Wind金融数据库整理。

表 3.1　恒大集团主营业务构成

单位:亿元

项目	2012 年	2013 年	2014 年	2015 年	2016 年	2017 年	2018 年	2019 年	2020 年	2021 年 6 月
营业收入	653	937	1114	1331	2114	3110	4662	4776	5072	2227
物业开发	635	922	1075	1264	2039	3024	4528	4646	4946	2120
物业管理服务收入	5	7	13	13	19	30	41	44	66	52
物业投资	1	1	1	2	6	8	12	14	13	5
房地产建造,土地平整及其他服务	11	6	25	51	50	48	82	73	49	50

二、经营风险

(一)盈利能力

2016 年和 2017 年是恒大集团近十年来盈利能力表现最亮眼的两年,也是一个分水岭,2018 年开始集团盈利表现不容乐观。从营业收入的绝对值来看,2012 年至 2020 年恒大集团营业收入呈不断上升趋势,营业收入同比增长率在 2016 年达到近 10 年最高值,为 58.83％,其后整体呈下行态势。营业利润变化趋势和营业收入类似。恒大集团净利润在 2018 年以后下降非常明显,2020 年为 80.8 亿元。从经营利润率和总资产报酬率来看,2018 年以后整体也呈现下行趋势。单从盈利表现来看,2018 年以后恒大集团逐渐进入寒冬(具体数据见表 3.2)。

表 3.2　恒大集团盈利能力指标

时间	营业总收入/亿元	营业利润/亿元	净利润/亿元	销售毛利率/%	营业利润率/%	总资产报酬率/%
2012 年	656.92	118.59	91.71	27.90	9.69	4.39
2013 年	941.77	186.92	126.12	29.52	15.79	4.30
2014 年	1119.75	177.72	126.04	28.53	19.14	3.06
2015 年	1339.55	176.97	104.60	28.10	28.81	1.70
2016 年	2127.63	324.97	50.91	28.10	27.36	0.48

续表

时间	营业总收入/亿元	营业利润/亿元	净利润/亿元	销售毛利率/%	营业利润率/%	总资产报酬率/%
2017 年	3113.67	775.52	243.72	36.09	19.83	1.57
2018 年	4678.14	1323.50	373.90	36.24	23.47	2.05
2019 年	4789.59	860.06	172.80	27.84	27.87	0.85
2020 年	5098.46	658.30	80.76	24.17	27.00	0.36
2021 年 6 月	2240.66	9.71	143.83	12.95	25.18	0.61

数据来源:Wind 数据库。

同行比较再次印证了 2018 年以后恒大集团进入寒冬期。事实上,恒大集团仅在 2017 年销售毛利率要高于行业中位数,2017 年恒大集团的销售毛利率达到 36.09%,行业中位数为 30.48%。2012 年至 2016 年恒大销售毛利率低于行业中位数,但差距整体在逐渐缩小,2018 年以后的显著特征是差距整体呈现不断扩大的趋势,到 2021 年上半年恒大销售毛利率比行业中位数低 11.42%,比行业平均低 10 个百分点(见图 3.1)。销售毛利率在 2019 年开始下降的主要原因是 2015—2017 年我国房地产市场经历了一轮量价齐升周期,2017 年限价政策在主要城市陆续出台,大部分受限价政策影响的项目在 2019 年后步入结算周期,对当期毛利率造成一定影响。

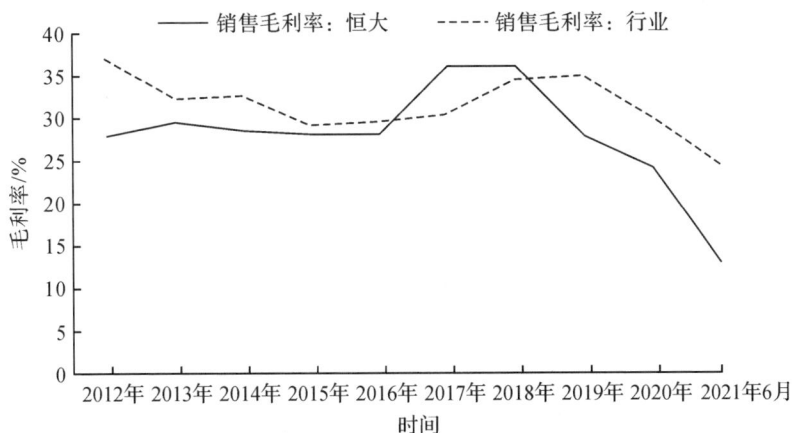

图 3.1 恒大集团销售毛利率

注:数据来源为 Wind 数据库。同行业公司的选取标准是内地股票中属于房地产开发业(Wind 行业分类)并且市值和中国恒大相邻的 40 家上市公司。

(二)营运能力

2012 年至 2015 年恒大集团营运能力整体呈逐渐下降趋势,2016 年至 2020 年波动较小。以应收账款周转率为例,2013 年至 2015 年恒大应收账款周转率在逐年下降,2016 年至 2018 年在 16.5 次左右波动,2018 年以后开始陡然下降。总资产周转率在 2018 年以前在 10% 左右波动,2018 年以后呈显著下行趋势。其他营运能力指标基本表现出和应收账款周转率一致的趋势。以上分析表明恒大集团的营运能力近十年来是在逐渐下降的,2018 年以后表现尤为明显,这也是公司债务危机爆发的隐患之一(见表 3.3)。

表 3.3　恒大集团营运能力指标

单位:次

时间	应收账款周转率	流动资产周转率	固定资产周转率	总资产周转率	存货周转率
2012 年	23.26	0.37	9.79	0.31	0.38
2013 年	23.99	0.38	9.28	0.32	0.40
2014 年	18.06	0.33	8.12	0.27	0.37
2015 年	15.93	0.27	8.16	0.22	0.30
2016 年	16.93	0.25	11.26	0.20	0.29
2017 年	16.07	0.24	11.59	0.20	0.25
2018 年	16.78	0.30	12.70	0.26	0.29
2019 年	12.28	0.28	9.92	0.23	0.28
2020 年	12.01	0.27	7.75	0.23	0.28
2021 年 6 月	5.51	0.12	2.86	0.10	0.14

数据来源:Wind 数据库。

和同行业公司相比,恒大集团总资产周转率整体表现更佳。从绝对值来看,2012 年至 2020 年总资产周转率的行业中位数在 0.2 次左右波动,在绝大多数年份恒大总资产周转率更高。从趋势来看,虽然 2012 年至 2015 年恒大集团的总资产周转率要高于行业中位数,但两者差距在不断缩小,2016 年恒大的总资产周转率甚至低于行业中位数,2018 年开始两者差距维持在 0.5 次左右(见图 3.2)。

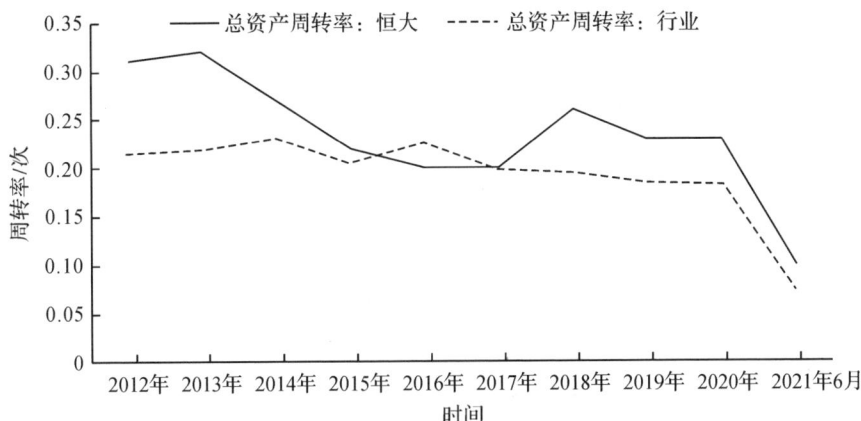

图 3.2　恒大集团总资产周转率

注:数据来源为 Wind 数据库。同行业公司的选取标准是内地股票中属于房地产开发业(Wind 行业分类)并且市值和中国恒大相邻的 40 家上市公司。

(三)现金流量

恒大集团现金流入表现出筹资活动为主、经营活动为辅的特点。2012 年至 2016 年,恒大集团经营活动现金流量整体在逐渐下降,2016 年为－58.61 亿元,投资活动现金支出在不断上升,筹资活动现金流入整体呈上升趋势,2016 年达到近十年来最高点,为 273.08 亿元。这意味着恒大集团不断投资扩张商业版图依靠的资金来源主要是筹资活动,即通过高杠杆模式支撑企业投资。2018 年开始这种模式难以为继,筹资渠道受限制,加之经营活动现金流量不稳定,以往高杠杆运作模式所累积的风险开始暴露,企业资金链断裂危机迫在眉睫(见表 3.4)。

表 3.4　恒大集团现金流量指标

单位:亿元

时间	经营活动现金流量	投资活动现金流量	筹资活动现金流量	现金净流量
2012 年	－5.57	－7.81	11.10	－2.29
2013 年	－38.87	－13.13	74.41	22.33
2014 年	－45.48	－12.39	47.60	－10.27
2015 年	－23.75	－12.55	109.45	73.24

续表

时间	经营活动现金流量	投资活动现金流量	筹资活动现金流量	现金净流量
2016 年	−58.61	−119.56	273.08	95.33
2017 年	−150.97	−47.48	152.91	−46.41
2018 年	54.75	−60.36	−17.65	−22.64
2019 年	−67.36	−55.31	143.16	20.69
2020 年	110.06	−24.13	−76.89	8.70
2021 年 6 月	−14.83	−19.62	−37.45	−71.98

数据来源:Wind 数据库。

恒大集团现金流动负债比率整体而言要低于行业中位数。如图 3.3 所示,2018 年以前,恒大现金流动负债比率上下波动剧烈,呈现"一年高,一年低"的特点。2018 年后,恒大的经营现金净流量开始长期处于无法覆盖短期债务的困境中,并且每年均低于行业中位数。这表明长期以来恒大集团短期的现金流断裂风险比同行业其他公司更高,直到 2021 年上半年这种情况持续了五年以上,也给恒大集团后续的债务危机埋下隐患。

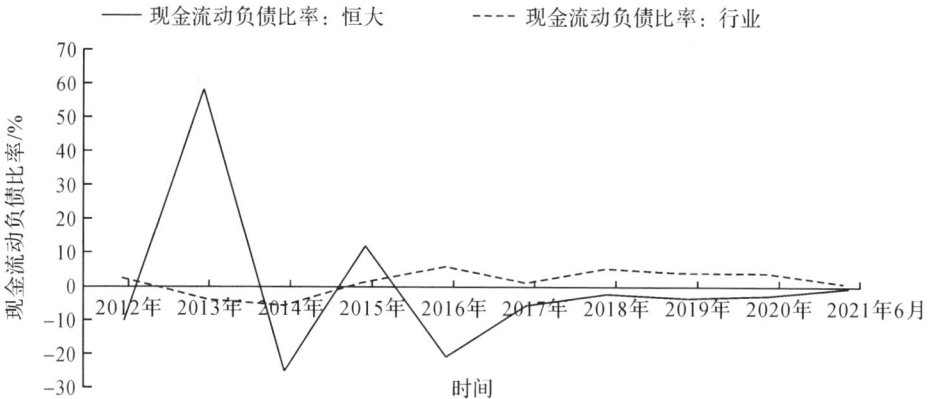

图 3.3　恒大集团现金流动负债比率

注:数据来源为 Wind 数据库。同行业公司的选取标准是内地股票中属于房地产开发业(Wind 行业分类)并且市值和中国恒大相邻的 40 家上市公司。现金流动负债比率的计算公式为经营性现金净流量比上流动负债。

三、信用风险

(一)债务结构

恒大债务结构的特点是负债中以有息负债为主,有息负债中以长期有息负债为主。从有息负债占比绝对值来看,2021 年上半年恒大有息负债占比为77.44%,从趋势来看,2012 年至 2021 年上半年,恒大集团有息负债占比在 75%上下波动,整体而言变化不大,始终居于高位。2017 年以来恒大集团短期有息负债占比在逐年下降,2021 年上半年下降至 12.21%(见图 3.4)。恒大负债总额在逐年上升,2018 年以后负债扩张速度明显放缓,有息负债占比却变化不大,这表明恒大虽然在总量上可能采取了降杠杆措施,但在债务结构的改善上并没有实际见效。从恒大债务违约视角来看,房地产企业在降杠杆过程中应更加重视债务结构的改善。

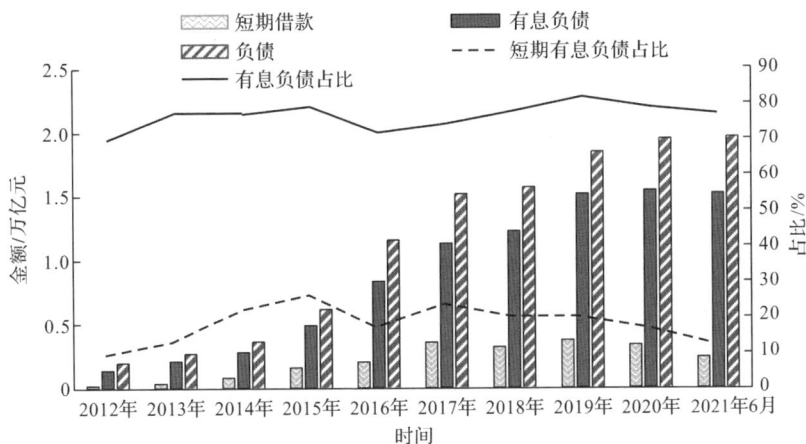

图 3.4 恒大集团债务结构

注:数据来源为 Wind 数据库。

(二)短期偿债能力

恒大集团流动比率长期低于行业中位数,2017 年开始速动比率低于行业中位数。从流动比率来看,2021 年半年报显示恒大集团的流动比率为 1.24,比同期行业中位数 1.48 要低 0.24,这表明长期以来恒大集团相较于行业内其他公司在短期债务管理上更为激进,也意味着公司更高的短期债务风险。从速动比率来看,2017 年以前恒大集团的速动比率要远高于行业均值,整体在 1.5 上下波动,2017 年开始速动比率陡然下降至 0.52,此后四年维持在 0.5 左右。总而言之,恒大集团的短期债务风险长期存在并且在不断恶化(见图 3.5)。

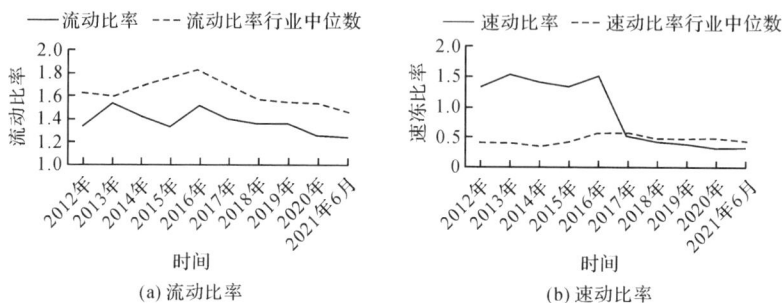

图 3.5 恒大集团短期偿债能力

数据来源:Wind 数据库。

(三)长期偿债能力

恒大集团长期偿债能力明显弱于房地产行业内其他企业。从资产负债率来看,2013 年至 2016 年恒大集团的资产负债率不断攀升,2016 年达到 85.75%,比同期行业中位数高出将近 11%。2017 年至 2021 年上半年恒大的资产负债率在 85% 上下波动,但均高于同期行业中位数。从全部债务/EBITDA 来看,绝大多数年份恒大这一比值高于行业中位数,并且 2019 年以来差距还在不断扩大(见图 3.6)。以上分析表明,2021 年恒大严重的债务危机并非一朝一夕形成,而是源于企业长期缺乏对高杠杆问题的足够重视。

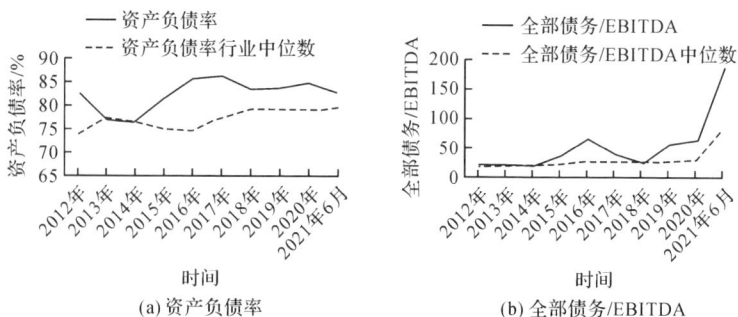

图 3.6 恒大集团长期偿债能力

注:数据来源为 Wind 数据库。

四、恒大债务违约事件始末

(一)事件回顾

1. 债券发行详情

恒大集团债券发行主要分为以恒大地产为主要发行人的境内债券和以恒大集团为发行人的境外债券。面对高度紧张的流动性问题,恒大对境内债券的处置主要以展期为主,对境外债券主要采取重组的方式。境内债券方面,恒大执行董事兼执行总裁肖恩在投资者交流会上称公开市场债券正有序推进展期事宜。截至 2022 年 6 月 1 日,恒大境内债券存量规模 558.63 亿元,债券 14只,其中私募债 23.63 亿元,占比 4.23%(见表 3.5)。

表 3.5　恒大地产境内债发行情况

债券代码	债券名称	债券类型	债券余额/亿元	发行日期	票面利率/%
122393.SH	15 恒大 03	一般公司债	82	2015-07-08	6.98
156626.SH	中渝次	证监会主管 ABS	0.1	2018-12-28	私募
156625.SH	中渝优 2	证监会主管 ABS	8.8	2018-12-28	私募
156624.SH	PR 中渝 1	证监会主管 ABS	2.9315	2018-12-28	私募
156607.SH	恒大 R1 次	证监会主管 ABS	1.18	2018-12-29	私募
156606.SH	恒大 R1 优	证监会主管 ABS	10.62	2018-12-29	私募
155406.SH	19 恒大 01	一般公司债	150	2019-04-29	6.27
155407.SH	19 恒大 02	一般公司债	50	2019-04-29	6.80
149021.SZ	20 恒大 01	一般公司债	45	2020-01-06	6.98
149128.SZ	20 恒大 02	一般公司债	40	2020-05-22	5.90
149139.SZ	20 恒大 03	一般公司债	25	2020-06-03	5.60
149247.SZ	20 恒大 04	一般公司债	40	2020-09-21	5.80
149258.SZ	20 恒大 05	一般公司债	21	2020-10-13	5.80
149467.SZ	21 恒大 01	一般公司债	82	2021-04-23	7.00

注:数据来源为 Wind 数据库,截至 2022 年 6 月 17 日的未到期债券。

截至 2022 年 6 月,根据恒大执行总裁肖恩[①]估计,恒大境外直接债务约227 亿美元,包括中国恒大发行的 142 亿美元境外债券和天基控股子公司景程公司发行的 52 亿美元境外债券,以及项目融资和私募融资等其他境外债务 33

---

① 根据新浪财经,https://baijiahao.baidu.com/s? id=1734881033152418831&.wfr=spider&for=pc。

亿美元。表 3.6 为根据 Wind 数据库统计的截至 2020 年恒大未到期海外债,恒大自 2020 年下半年陷入流动性危机传闻后就没有再新发海外债。已发行的海外债中,恒大集团的债项评级一直处于低于 B 级的较低水平,由于信用评级较差,平均票面利率不断上升,2018 年的平均票面利率为 6.125%,最低票面利率仅有 4.25%,但 2019 年已经增长到 9.725%,2020 年发行的两只债券票面利率均超过 11%。高额的票面利率加剧了恒大的融资成本和还款压力,也显示了市场对恒大还本付息能力的担忧。

表 3.6　恒大集团境外债发行情况

债券代码	债券名称	发行日期	票面利率/%	发行期限/年	发行规模/亿港元	债项评级
24NB.SG	Evergrande12%200217S	2015-02-17	12.00	5	10	B2
3333B9912.00	恒大地产可转债 9999	2015-12-29	7.00	—	15	—
6I6B.SG	中国恒大 7.0% N20200323	2017-03-23	7.00	3	5	B—
6I7B.SG	中国恒大 8.25% N20220323	2017-03-23	8.25	5	10	B3
6K7B.SG	中国恒大 9.5% N20240329	2017-03-29	9.50	7	10	B3
75UB.SG	中国恒大 6.25% N20210628	2017-06-28	6.25	4	5.98181	B—
75VB.SG	中国恒大 7.5% N20230628	2017-06-28	7.50	6	13.44921	B—
75WB.SG	中国恒大 8.75% N20250628	2017-06-28	8.75	8	46.80476	B—
8HVB.SG	中国恒大 4.25% CB2023	2018-02-14	4.25	5	180	
g18122702.00	中国恒大 8% N20200627	2018-12-27	8.00	1.5014	1	—
NWUB.SG	中国恒大 9.5% N20220411	2019-04-11	9.50	3	12.5	B2
W8LB.SG	中国恒大 10% N20230411	2019-04-11	10.00	4	4.5	B2
IGMB.SG	中国恒大 10.5% N20240411	2019-04-11	10.50	3	3	B2
g19052401.00	中国恒大 8.9% N20210524	2019-05-24	8.90	2	2	—
ZAQB.SG	中国恒大 11.5% N20230122	2020-01-22	11.50	3	10	B2
Y7XB.SG	中国恒大 12.0% N20240122	2020-01-22	12.00	4	10	B2

注:数据来源为 Wind 数据库,截至 2020 年的未到期海外债券。

2. 债务违约

恒大债务违约事件的舆论起点是 2020 年 9 月 24 日网络上发布的《恒大集团有限公司关于恳请支持重大资产破产重组项目的情况报告》,随后被恒大集团官方辟谣。此后恒大债务事件并未就此平息,从 2021 年 6 月恒大的家族企业信用评级遭到下调,到 9 月恒大财富被曝逾期,再到 2021 年 12 月 3 日恒大发布公告称无法履行担保责任,恒大的信用风险逐渐暴露在政府、媒体以及其他所有关联方面前,市场对房企信用风险的担忧情绪持续升温。2021 年 9 月至 11 月中旬,恒大的销售呈现断崖式下跌,恒大资本市场也呈现股债双杀,中国恒大、恒大物业、恒大汽车的股价都呈现大幅度下跌,恒大股票的收益率也从 7 月中旬的 30% 上下迅速攀升至 10 月初的将近 371%。恒大集团资产处置的困难和不及时使得恒大债务重组变得不可避免,2022 年 3 月 21 日恒大集团发布一则公告称将于接下来一周召开全球投资者会议,介绍公司重组框架(见表 3.7)。

表 3.7　恒大债务事件始末

时间	重要事件
2020-08-20	"三道红线"新规颁布,恒大三线全踩
2020-09-23	恒大发行 40 亿元票面 5.8% 的公募公司债
2020-09-24	《恒大集团有限公司关于恳请支持重大资产破产重组项目的情况报告》在"网间"流传,但很快被恒大集团官方辟谣
2020-11-01	恒大集团出售其持有的广汇集团 40.98% 股权给申能集团,套现 148.5 亿元
2021-06-30	穆迪下调恒大的企业家族评级从 B1 下调至 B2,高级无抵押评级从 B2 下调至 B3,展望负面
2021-01-18	恒大公告宣布安排自有资金提前赎回 2023 年到期的共计 168 亿港币可转债
2021-02-03	恒大部分楼盘提供 25% 折扣促销
2021-06-21	恒大集团出售其持有的 29.9% 嘉凯城股权给深圳华建,套现约 25.08 亿元
2021-06-29	恒大集团宣布有息负债降至 5700 多亿元,净负债已降至 100% 以下,实现一道红线变绿
2021-07-19	恒大遭银行申请财产冻结
2021-08-25	中国恒大发布公告,今年上半年,恒大房地产开发业务亏损约为人民币 40 亿元,恒大汽车亏损约为人民币 48 亿元
2021-09-13	恒大财富发布以下兑付方案供投资者考虑,分别为现金分期兑付、实物资产兑付、冲抵购房、尾款兑付,投资者可以从以上方案中选择一种兑付,或组合任意两种及三种方案兑付
2021-12-03	恒大在香港联交所发布无法履行担保责任的公告,广东省人民政府当晚约谈实控人许家印
2022-03-21	恒大、恒大汽车、恒大物业发布停牌公告,并将于接下来一周召开全球投资者会议,介绍公司重组框架

资料来源:根据恒大公司年报和网络公开资料整改,https://mp. weixin. qq. com/s/55mv5Owfh4WEZcKZqsZkqg。

(二)原因分析

1. 政策变化大

政策限制负债规模、融资渠道收紧是恒大债务事件的直接外因。首先从

2016 年降杠杆,国家对房地产行业的融资限制越来越严,各大房企陆续陷入借新还旧的恶性循环之中。国内融资受限后,房企开始大规模海外发债,2021 年中国房企到期债务达到 1.2 亿元规模,同比增长 36%,而美元债比重越来越高。境外融资受制于政策因素,对企业而言又是不可把控的风险之一。2020 年 8 月,"三道红线"①政策出台,再度收紧房企融资,反映中央坚持"房住不炒"的总基调。同时,监管部门要求试点房企在 2023 年 6 月 30 日前完成降负债目标,地产行业整体融资难度再次增加。

除了"三道红线"政策本身,房地产业的限贷、限价政策也导致了恒大回款能力的下降。如 2020 年 12 月 31 日,央行、银保监会发布房地产贷款集中度管理办法,分类分档设置房地产和个人住房贷款占比上限。银行体系对房地产的信贷的支持总量有限,导致房子卖了但按揭放款延迟、销售好但回款差的情况出现。2021 年 6 月以来,新房市场双限政策严格执行,商品房市场的涨跌幅都受到限制,使得恒大地产的"低地价、低售价"销售模式效果大打折扣。总之,恒大债务驱动扩张的模式风光不再。

2. 无序多元化扩张

恒大集团业务无序多元化扩张是集团陷入债务危机的内因之一。恒大业务板块布局是从普通房地产开发向旧改、汽车、互联网、健康、金融等多个领域延展,其中地产板块是恒大系的最核心板块,恒大物业是相对优质板块,金融板块包括恒大人寿、盛京银行以及恒大财富,而恒大其他板块亏损居多,如恒大汽车、恒腾网络。"新恒大"的布局思路是全面覆盖衣食住行、文旅康养等领域,通过旗下各产业平台联动,打造数据互通共享的智慧科技生态圈,跻身世界一流科技企业,为用户创造科技生活无限未来。事后来看,恒大多元化产业布局不仅没有成就一个商业帝国,反而不断拖垮集团,集团不仅需要解决新经济环境下涌现的地产板块亏损问题,还要不断向新发展的板块输血,这无疑将加重恒大集团的财务负担,加剧资金链断裂风险,直至引发债务危机。

3. 资本结构严重不合理

恒大集团杠杆过高、现金流管理不到位是其陷入债务危机的另一主要内因。2021 年债务事件爆发前,恒大已存在较大的现金流风险隐患。房地产业本就属于高杠杆行业,加之激进拿地卖房和盲目多元化,导致恒大资产负债率

---

① 所谓"三道红线",即①剔除预收款后的资产负债率大于 70%;②净负债率大于 100%;③现金短债比小于 1 倍。根据房企"踩线"情况不同,会按照"红、橙、黄、绿"四档来控制有息负债规模年增长速度,那些高负债率的房企均被归为了"红档"。

远高于行业均值。2017 年末恒大的资产负债率达到最高 86.25%，2020 年末资产负债率仍为 85%。从企业偿债能力指标来看，2016 年是一个分水岭，2017年开始，恒大流动比率、速动比率整体均呈现出下降趋势，已获利息倍数在近三年一直处于低位（见表 3.8）。恒大集团的高负债不是一朝一夕形成的，而是随着业务发展而堆积起来的。根本上，恒大集团陷入债务事件主要原因是忽略自身对财务风险的管控能力，对多元化业务的发展前景过于乐观，在债务风险高企情况下仍采取激进的多元化扩张策略。

表 3.8 恒大集团偿债能力

时间	资产负债率/%	流动比率	速动比率	经营活动产生的现金流量净额/负债合计	已获利息倍数（EBIT/利息费用）
2012 年	82.56	1.33	0.35	−0.03	308.26
2013 年	77.21	1.54	0.56	−0.14	749.45
2014 年	76.31	1.43	0.51	−0.13	2,026.40
2015 年	81.22	1.34	0.50	−0.04	—
2016 年	85.75	1.52	0.62	−0.05	7.92
2017 年	86.25	1.40	0.52	−0.10	11.03
2018 年	83.58	1.36	0.42	0.03	16.86
2019 年	83.75	1.37	0.38	−0.04	5.23
2020 年	84.77	1.26	0.33	0.06	6.57
2021 年 6 月	82.71	1.24	0.34	−0.01	5.73

恒大集团不仅表内杠杆高企，表外隐性债务风险也不容忽视。以具有"灰犀牛"属性的财务担保[①]来看，据公司年报数据，2017 年至 2021 年上半年，恒大集团财务担保额占账面净资产平均比重高达 150%，债务危机发生时仅靠净资产根本无法偿付巨额表外隐性债务。除财务担保外，恒大的理财产品、永续债等也加剧了恒大表外债务风险。恒大财富是恒大集团表外融资的平台之一。据统计，截至 2021 年 12 月，其吸收理财产品高达 514 亿元，投资人包括恒大高管和员工、供应商、建筑商，并且表现出隐性强制购买的特点。永续债也曾是恒大重要的融资手段之一，2013 年初，恒大率先试水永续债融资，当年先后发行243.67 亿元永续债，由于大规模高利率永续债的存在，恒大地产股东利润空间受到挤压，对归属本公司股东利润造成一定负面影响。

---

① 财务担保属于或有负债，在期房未能按时交付给消费者、项目工程未能及时完工时会确认为预计负债，一旦房企资金链断裂，形成的巨额债务大大加重企业的偿债负担。

(三)启 示

1. 完善现代化治理结构

恒大债务危机本质上是金字塔控股结构下资本系族内部成员间相互抵押担保,变相形成预算软约束,导致一定程度上出现所谓"大而不倒"的现象。将债务融资与无抵押无担保、在陌生人之间实现的权益融资深度关联起来的恒大集团已经超越传统意义上的所有权与经营权统一的"家庭手工作坊"或"夫妻餐饮店"的民企,而是部分具有了所有权与经营权分离的公众公司的属性,因此需要思考确保"投资按时收回,并取得合理回报"的公司治理问题。具体从企业运营层面看,企业不应仅仅关注其账面利润,更应当关注自身的现金流的管理,以免发生流动性危机,进而引发信任危机和破产危机。而"维持健康流动性的重要资金来源应该是企业经营活动中产生的现金流",否则就容易产生一个又一个利用"商业模式创新"构建的商业庞氏骗局。

2. 防止大而不倒

金融监管的注意力不应只放在有牌照的银行,还应关注其他具有"系统性特征"的企业。"大而不倒"的不仅是金融机构,只要大型企业破产倒闭,都会造成重大经济影响,如引发相关产业危机、带来大规模失业、破坏整体金融系统稳定等。对企业进行有效监管,也是实现"有效市场与有为政府相结合"面临的重大挑战。具体地,事后需科学合理地介入房地产企业的债务危机问题,发挥政府桥梁作用,帮助企业以市场化方式缓解债务危机,同时要及时稳住市场信心,避免投资者信任崩溃。事前应给予房地产企业可能存在的风险传染点足够的关注,如复杂庞大的关联担保网络,并制定相应的"系统重要性"标准和监管方式方法,减少企业机会主义行为。

第二节 森马面对疫情冲击

一、背景介绍

(一)服装行业特征和疫情冲击

2020 年新冠肺炎疫情冲击全球经济,各行各业受到重创,尤其是服装行业。大量的服装企业在疫情影响下面临停工停产的不确定性,也有部分服装企业积极响应政府号召转产防护服、口罩等防护产品,对于服装行业而言,原材料采购、服装生产、销售以及运输等方面都受到了严重影响,企业的营业收入大幅度地萎缩。对于部分服装企业而言,尽管已经复工,但消耗的主要是疫情发生以前的储备,后期原材料的采购、运输等诸多环节仍会面临紧缺问题。

在复杂的国际环境下,受到国内经济结构调整、消费升级以及需求变化等众多因素影响,我国服装行业也面临巨大的转型压力。根据海关总署相关数据,自 2014 年以来,中国的服装及衣着附件出口额都略有些下滑。在 2014 年,中国的服装及衣着附件出口额为 1862.82 亿美元;到了 2015 年,出口额下滑至 1742.8 亿美元;2016 年出口额进一步下滑为 1578.19 亿美元;2017 年出口额基本同比持平,为 1572.01 亿美元;2018 年服装及衣着附件出口额略微上升,为 1576.33 亿美元。到了 2019 年,数据再一次小幅度下滑,为 1513.68 亿美元。而 2020 年受疫情影响,外贸企业停工停产,出口受到限制,出口额仅为 1372.61 亿美元。2021 年出口得到一定恢复,出口规模打破 2015 年以来的下跌趋势,增长至 1702.80 亿美元(见图 3.7)。

图 3.7 中国服装及衣着附件出口额

资料来源:中华人民共和国海关总署。

除此之外,疫情也加速改变了整个服装市场的格局,许多资金告急的服装企业都无奈进入了破产或者重组,比如曾经火遍中国的艾格女装品牌宣布在中国市场破产清算;拉夏贝尔尝试艰难的转型,一年内五次换"帅",如今高层和业绩依然不稳,前途未卜;一代鞋王达芙妮宣布将彻底退出中高档品牌的实体零售业务,转型成为"轻资产"业务的发展模式,艰难"自救";贵人鸟深陷泥潭,负责人被两次限制消费,公司债务累计超过 30 亿元,外界频频报道其进入重整程序,面临破产退市风险；香港地区曾经的"潮流鼻祖"I.T集团以13亿港元黯然退市。[①]

中国服装市场格局一年之内风云变幻，疫情加速了整个行业的"衰老"、蜕变和更新，在海外疫情如此严重的境况下，服装外贸企业自然也不能幸免。代工订单收入的减少，国外疫情持续导致的不确定依然存在，加上潜在贸易摩擦等，都意味着外贸服装企业需要培养其他的核心竞争力，为产品添加更多价值，扩展其他的盈利模式，而不能单单依赖出口盈利。比如内销就是一个很好的发展方向。中国本土服装市场规模近几年不断扩大，消费者需求不断升级，市场前景广阔，外贸服装企业只要在这方面下点功夫，无论是转为销售型企业还是研发型企业都必然有所成就。

（二）森马集团介绍

浙江森马服饰股份有限公司（002563.SZ）成立于2002年，是注册在浙江温州瓯海区娄桥工业园的一家民营企业，是以虚拟经营为特色，以系列成人休闲服饰和儿童服饰为主导产品的品牌服饰企业。自企业创办以来，森马服饰就采用了虚拟经营模式并在实践中不断加以创新，将服装生产外包，专注于产品设计、品牌传播、供应链管理及渠道拓展，"长板做长，短板外包"。公司以"整合创新，共赢发展"为经营思路，着力扮演好"渠道规划者、资源整合者、品牌管理者、人文力行者"四种角色，立足服装实业，立足国内市场，立足品牌建设，立足人文引领，以国际化视野整合全球优势资源，以专注的心态和执着的精神做实业，走出了一条社会化大生产、专业化分工协作的路子。在消费升级的时代大背景下，公司怀着"引领品质时尚，创享幸福生活"的新使命，通过构建服装产业、儿童产业、电商产业和新兴产业四大产业集群，全力打造全员创业、资本运营、产业孵化、多品牌繁荣和开放共赢的森马大平台。[②]

森马经营范围（一般项目）包括服装服饰零售，服装服饰批发，鞋帽零售，鞋帽批发，针纺织品零售，针纺织品批发，箱包零售，玩具、动漫及游艺用品零售，母婴用品零售，眼镜零售（不含隐形眼镜），日用品销售，工艺品及收藏品零售（象牙及其制品除外），工艺美术品及收藏品批发（象牙及其制品除外），文具用品零售，文具用品批发，厨具卫具及日用杂品批发，卫生用品和一次性使用医疗用品销售，塑料制品销售，橡胶制品销售，服装制造，服饰制造，皮革制品制造，羽毛（绒）及制品制造，鞋制造，箱包制造，专业设计服务、技术服务、技术开发、技术咨询、技术交流、技术转让、技术推广，灯具销售，日用百货销售，家用视听

---

① 资料来源：https://m.ebrun.com/417065.html。
② 森马集团介绍根据Wind数据库整理。

设备销售,化妆品零售,化妆品批发,非居住房地产租赁,普通货物仓储服务(不含危险化学品等需许可审批的项目),会议及展览服务,图文设计制作,物业管理,知识产权服务(专利代理服务除外),货物进出口,个人卫生用品销售,日用口罩(非医用)销售,图书出租,期刊出租,社会经济咨询服务,个人商务服务(依法须经批准的项目,经相关部门批准后方可开展经营活动)。

森马集团两大自主品牌森马和巴拉巴拉是国内休闲服和童装领域的领军品牌,其中巴拉巴拉市场占有率长期位于童装领域第一。但森马服饰 2017 年至 2021 年业绩增速并不稳定,且销售费用增长速度要明显超过其同期的营收增长速度。2020 年上半年以来,森马业绩出现一定程度的下滑。森马集团的风险因素主要来自财务、管理、股东、合规、股权资本方面。森马服饰 2019 年净利润增长率和债资产增长率分别为 -118% 和 -98%,2019 年没有人员变动,但 2020 年副总裁辞任。2021 年全年,森马服饰出现了一次股票质押异常,出现两次交易异动、三次股权资本减持。由此可见,森马集团的风险因素并不多,2020 年业绩下滑,更多是新冠肺炎疫情冲击导致。

二、森马服饰资金链现状

(一)资金筹集状况

森马服饰 2017—2021 年筹资情况如表 3.9 所示。企业筹资渠道包括外部和内部两方面。其中,外部融资主要包括债权融资和股权融资。森马服饰的股权融资比例远高于债权融资,这表明森马服饰在外部融资方面更偏好股权融资,没有充分发挥债权融资的税盾作用,间接增加融资成本。此外,2021 年,森马服饰流动负债占总负债比例高达 96.73%,这使企业无法高效处理资本市场和宏观金融环境的现实变动,陷入资金不足、资金周转艰难困境。同时,企业也面临严重的信用危机,可能对未来长远发展造成负面影响。

表 3.9　森马服饰 2017—2021 年筹资情况

时间	融资余额/万元	融券余额/万元	流动负债/万元	流动负债占总负债比例/%	股权融资比例/%
2017-12-31	5774	0	287832.72	81.64	74.16
2018-12-31	4808	42	441023.58	82.05	67.56
2019-12-31	6238	45	399718.11	82.82	70.96
2020-12-31	14088	875	495811.99	87.45	66.98
2021-12-31	18311	1,319	774859.49	95.73	59.08

资料来源:Wind 数据库。

2016 年 11 月到 2022 年 2 月间,森马集团大股东多次进行股权质押。董事长邱坚强是公司的第二大持股股东,频繁进行股权质押。最大的一笔发生在 2019 年 9 月 3 日,公司第一大股东邱光和向银河证券质押了 11700 万股,该笔质押已于 2020 年 8 月 4 日解押。截至 2021 年 12 月 31 日,森马服饰仍有五笔股权质押尚未解押,质押股数近 3000 万股。森马集团频繁的股权质押,传递出公司财务状况不佳或大股东存在杠杆化风险的不良信号。特别是在 2020 年,股权质押就高达 6 笔,这反映了疫情冲击下,公司现金流匮乏、偿债能力低下等融资约束问题(见表 3.10)。

表 3.10　股权质押明细

公告日期	股东名称	质押方	质押方类型	质押股数/万股	质押起始日期	质押截止日期	解押日期
2018-12-01	邱坚强	方正证券	证券公司	2000.00	2016-11-15	2018-11-15	2018-12-01
2019-11-22	邱坚强	中国银河证券	证券公司	4000.00	2016-11-21	2019-11-20	2019-11-20
2018-12-01	邱坚强	方正证券	证券公司	1031.00	2016-11-29	2018-11-29	2018-12-01
2020-02-29	邱坚强	中国银河证券	证券公司	3600.00	2017-02-28	2020-02-27	2020-02-27
2018-12-01	邱坚强	方正证券	证券公司	30.00	2017-05-16	2018-11-15	2018-12-01
2018-12-01	邱坚强	方正证券	证券公司	500.00	2017-07-14	2018-11-15	2018-12-01
2020-02-29	邱坚强	中国银河证券	证券公司	500.00	2017-07-17	2019-11-20	2020-02-28
2019-11-22	邱坚强	中国银河证券	证券公司	1200.00	2017-07-17	2020-02-27	2019-11-20
2018-12-01	邱坚强	方正证券	证券公司	300.00	2017-07-18	2018-11-29	2018-12-01
2021-11-13	邱坚强	中国银河证券	证券公司	4500.00	2018-11-12	2021-11-11	2021-11-11
2020-09-05	邱光和	银河证券	证券公司	9300.00	2018-12-21	2021-12-20	2020-08-14
2021-10-13	邱光和	中国银河证券	证券公司	5200.00	2018-12-21	2021-12-20	2021-10-11
2022-05-17	邱光和	中国银河证券	证券公司	11700.00	2019-09-03	2022-09-02	2022-05-13
2021-11-13	邱坚强	中国银河证券	证券公司	2560.00	2019-11-19	2021-11-18	2021-11-11
2022-03-01	邱坚强	中国银河证券	证券公司	4600.00	2020-02-26	2022-02-25	2022-02-25
2022-03-01	邱坚强	中国银河证券	证券公司	200.00	2020-03-20	2022-02-25	2022-02-25

公告日期	股东名称	质押方	质押方类型	质押股数/万股	质押起始日期	质押截止日期	解押日期
2021-11-13	邱坚强	中国银河证券	证券公司	650.00	2020-03-20	2021-11-18	2021-11-11
2021-11-13	邱坚强	中国银河证券	证券公司	150.00	2020-03-20	2021-11-11	2021-11-11
2020-11-26	邱光和	中信银行温州分行	银行	3750.00	2020-11-24	2023-11-16	
2020-12-22	邱光和	中国民生银行温州分行	银行	6200.00	2020-12-18	2023-12-17	
2021-06-04	周平凡	中信银行温州分行	银行	2000.00	2021-06-01	2024-05-08	
2021-11-13	邱坚强	中国银河证券	证券公司	5300.00	2021-11-10	2023-11-09	
2022-03-01	邱坚强	中国银河证券	证券公司	5300.00	2022-02-24	2024-02-23	

资料来源:Wind 数据库。

(二)资金投入状况

投资活动一般分为对内投资和对外投资。其中,对内投资是指把资金投向企业内部,目的在于扩大再生产。由图 3.8 可知,2018 年森马服饰的固定资产和无形资产总额较 2017 年上涨了 70.41%,2018 年森马服饰加大了对内投资的力度。但在新冠肺炎疫情的冲击下,2020 年固定资产和无形资产总额较 2019 年同比下降 8.63%,由此可见,疫情下森马服饰对内投资的速度迅速放缓。

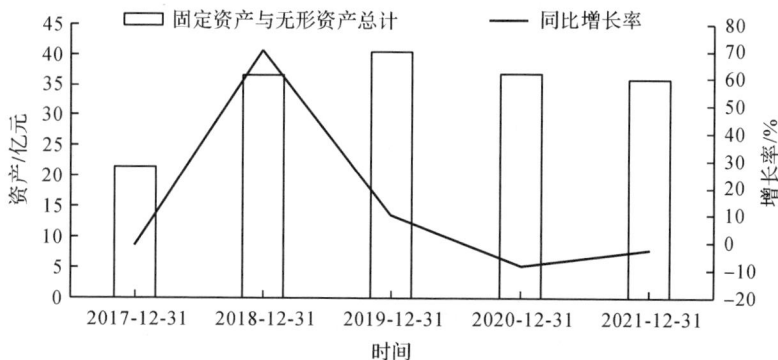

图 3.8 森马服饰 2017—2021 年固定资产、无形资产变化

资料来源:Wind 数据库。

森马服饰投资中资金是否使用恰当？资金结构是否符合企业现有状况？表 3.11 为森马服饰 2017—2021 年投资结构。可以看出，森马服饰基本将投资集中于流动资产方面，长期股权投资和金融资产占比较小，这样的投资结构不利于森马服饰的投资结构完整性和有效性。

表 3.11　森马服饰 2017—2019 年投资结构

时间	固定资产占比/%	流动资产占比/%	长期股权投资/万元	可供出售金融资产/万元
2017-12-31	9.85	76.28	1008.47	42275.03
2018-12-31	12.47	74.26	362.39	43770.31
2019-12-31	13.46	68.07		
2020-12-31	11.99	67.85	14.09	
2021-12-31	8.17	65.59	14.12	

资料来源：Wind 数据库。

（三）资金回流状况

根据资金链的流动过程，资金的回流主要来源于企业销售回款和投资资金回笼，考察森马服饰的经营、投资活动的现金流量情况。由表 3.12 可知，2017—2021 年，森马服饰经营现金流量质量较高。随着疫情好转及企业的有效防控措施加强，2020 年末，企业的经营活动产生的现金流量为 44.57 亿元。森马服饰在投资上收益能力较差，2019 年，企业现金流量净额降至 -5.60 亿元。整体来看，森马服饰存在一定资金链断裂风险。在企业筹资方面，森马服饰筹资渠道过于单一，过于依赖股权融资，不利于企业长期可持续发展。在企业投资上，森马服饰的投资过度集中，不利于企业投资结构的完整性和有效性，对外投资的偏低会使企业错失很多投资收益，不利于企业整合产业链，巩固自身行业地位。在资金回流方面，企业应收账款占比过高，不利于资金回流，从而造成资金回流慢、资金链紧张的问题。

表 3.12　森马服饰 2017—2021 年现金流量情况

单位：万元

时间	经营活动现金流入	经营活动现金流出	经营活动产生的现金流量净额	投资活动现金流入	投资活动现金流出	投资活动产生的现金流量净额
2017-12-31	146.42	124.52	21.91	152.29	170.88	-18.59
2018-12-31	184.80	175.25	9.55	183.98	176.07	7.91

时间	经营活动现金流入	经营活动现金流出	经营活动产生的现金流量净额	投资活动现金流入	投资活动现金流出	投资活动产生的现金流量净额
2019-12-31	224.12	207.35	16.77	41.05	46.66	−5.60
2020-12-31	164.10	119.53	44.57	46.35	52.82	−6.47
2021-12-31	171.21	150.45	20.76	43.18	48.00	−4.82

资料来源:Wind 数据库。

三、谋求线上创新自救

如图 3.9 所示,中国服装电商市场规模逐年扩大,从 2015 年的 4306.4 亿元到 2019 年的 10113.7 亿元,五年时间增加了 1.35 倍。从增速来看,服装电商市场规模一直保持 20% 以上的增长率,2019 年增速有所放缓,为 19.19%。总的来看,中国服装电商市场规模庞大,且具有很强的发展潜力。

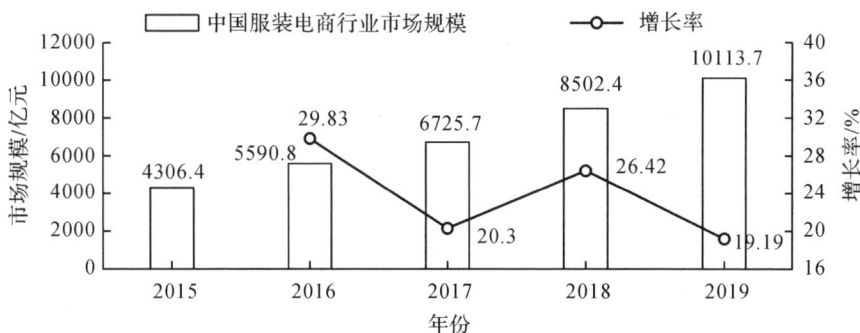

图 3.9　中国服装电商行业市场规模及增速

资料来源:前瞻产业研究院。

自 2015 年以来,森马年度线上销售额不断上涨,呈现良好的发展态势。从季度层面看,森马服饰每年线上销售额的最高值出现在四季度,2019 年四季度线上销售额超过 17 亿元,达到最高值。发展线上销售是森马应对疫情冲击的重要举措之一。在内需疲软的背景下,从 2021 年三季度开始,森马服饰的线上销售额季度移动平均变化率出现负增长(见图 3.10)。如何促进线上销售增长、扭转负增长势头,是森马服饰亟待解决的问题。

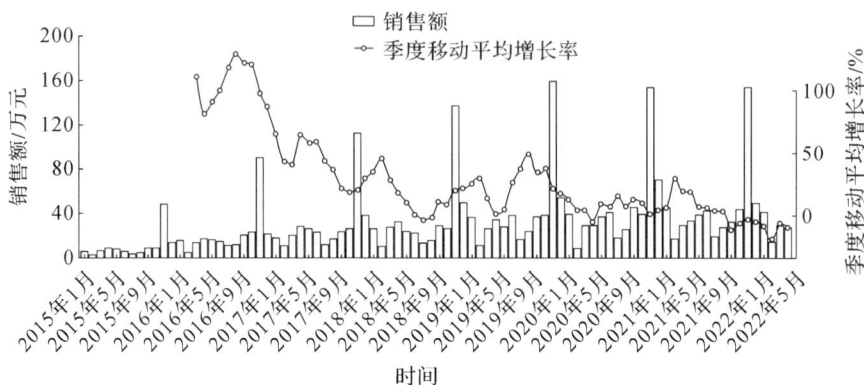

图 3.10　森马服饰线上销售额及季度移动平均增长率

资料来源:Wind 数据库。

四、风险传导

(一)家族企业关联风险

作为典型的家族企业,森马服饰的控制权一直由邱氏家族绝对掌控。邱光和与邱坚强、邱艳芳为父子、父女关系,周平凡、戴智约、郑秋兰分别为邱艳芳、邱坚强、邱光和的配偶,邱光平和邱坚强为兄弟关系。公司实际控制人邱光和、周平凡、邱艳芳、邱坚强和戴智约共同持有森马集团有限公司 100% 股权。森马集团前两大股东为邱光和以及邱坚强,分别持股 17.27% 和 13.39%。森马集团持股 12.49%,为最大的非自然人股东,国寿基金持股 0.93%。森马服饰下有多家子公司,分布在温州、上海、北京、成都、重庆、佛山等地。子公司与母公司联系紧密,风险传导渠道较为明晰(见图 3.11)。

(二)新冠肺炎疫情风险传导

严峻的外部冲击、营运资金占用、融资结构不合理、财务风险预警不完善,是资金链断裂风险的主要成因。疫情期间,销售遇阻,人工与租金成本却没有减免,造成负现金流。现金流量为负意味着企业发生大量的应收款项、公司资金回笼困难。对森马而言,存货的跌价风险尤为突出,一方面,存货的快速增长可能存在滞销情况;另一方面,无论是计提存货低价准备,还是低价处理滞销商品回笼资金,都会影响企业利润。

参股企业 4家
- 上海马卡乐儿童服饰有限公司 49.3%
- 浙江意森品牌管理有限公司 30%
- 小鬼当佳国际贸易(北京)有限公司 16.4%
- 心有灵犀科技股份有限公司 3.2%

控股企业 38家
- 宁波森马服饰有限公司 100%
- 北京森马服饰有限公司 100%
- 上海巴拉巴拉服饰有限公司 100%
- 上海森汇进出口有限公司 100%
- 查看更多(34)

供应商 4家
- 江苏泰慕士针纺科技股份有限公司
- 南通赛晖科技发展股份有限公司
- 嘉兴市品杰鞋业股份有限公司
- 上海巨臣婴童服饰股份有限公司

竞争对手
- 北京每日优鲜电子商务有限公司
- 浙江森马电子商务有限公司
- 赛维时代科技股份有限公司
- 上海热风时尚企业发展有限公司
- 查看更多(2)

浙江森马服饰股份有限公司

实际控制人
- 链路 邱光和
- 链路 邱坚强
- 链路 戴智约
- 链路 周平凡
- 查看更多(1)

最终受益人
- 链路 邱光和

公司股东
- 15.8% 邱光和
- 13.3% 邱坚强
- 12.5% 森马集团有限公司
- 9.3% 周平凡
- 查看更多(6)

高管信息
- 蒋成乐(监事)
- 王兴东(职工监事)
- 黄剑忠(副总经理)
- 张伟(副总经理)
- 查看更多(2)

对外担保 13次
- 5 森滋(上海)商贸有限公司
- 5 上海森汇进出口有限公司
- 2 Sofiza SAS
- 上海森汇贸易有限公司

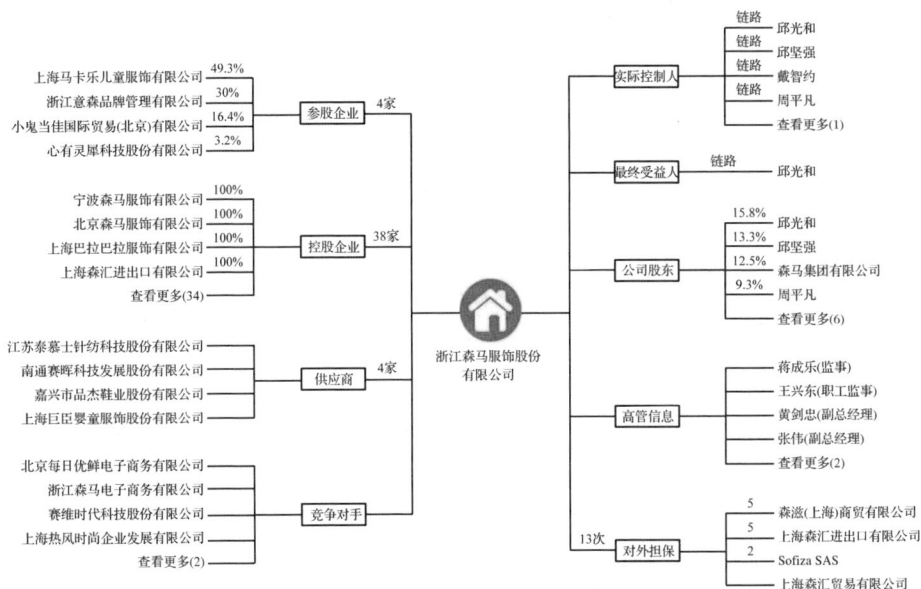

图 3.11 森马集团关联风险图谱

资料来源:Wind 数据库。

森马品牌主打年轻人快时尚,产品更新速度较快。半年内,森马的存货周转率只有 1 次,这体现了企业在存货方面忽视管理,效率不高。另外,森马在销售收入下滑的同时,2020 年上半年存货周转率从 2019 年同期的 1.05 次下降至 0.81 次。存货周转率降低导致存货占用运营资金增加,这对疫情期间本就需要现金流维持的森马服饰产生极其不利的影响。

大额的应收账款会增加企业经营风险和财务成本,侵蚀企业利润,加剧资金周转困难,影响企业周转率、利润率、现金流等财务指标,加大企业融资难度。2019 年底,森马的应收账款周转率为 9.85。受疫情影响,2020 年一季度骤降到 1.45,2020 年 6 月恢复到 3.35,这一比例在服装行业仅为合格,与上市公司的定位并不匹配。应收账款周转天数从 2019 年底的 36.5 天,猛增到 2020 年一季度的 62.2 天,企业回款压力很大。

通过前文分析可知,森马服饰融资结构不良,偏好股权融资,负债结构不合理。在疫情冲击下,资金链断裂导致更为频繁的股权质押,尽管股权质押具有缓解公司融资约束的作用,但大股东对从质押活动中获取资金的投向或用途不太明确,如果森马服饰的大股东将资金投向自身或第三方,而非用于上市公司经营所需,就可能会危害公司的持续健康发展。因此,森马服饰应完善公司内部的监督机制,有效制约频繁的股东质押行为,多渠道解决融资约束问题。

第三节　獐子岛的颠倒金字塔

一、獐子岛简况

獐子岛集团股份有限公司成立于1958年,主要从事于海产品养殖、冷藏运输、渔业加工等一系列海洋食品生产与服务的业务经营。该公司由于地处生产海珍、鲍鱼、扇贝等稀缺资源的大连,拥有丰富的海洋资源和绝对的海域使用权,独特的地理优势使得企业从发展初期就享有"黄海明珠""海上大寨""海底银行"等美誉,是中国首家MSC渔场认证,企业与当地岛民长年以来有着非常深的牵绊,有着"与世界共享健康"的核心发展理念。獐子岛集团于2006年在深交所上市,注册资本为7.1亿元,是中国第一个百元农业股,一直以独特的产业模式在水产养殖业拔得头筹,近年来与湛江国联集团和广西百洋集团并称为海鲜贸易行业三巨头。

獐子岛集团以水产养殖为主,是一家集海珍品育苗、养殖、加工、贸易、海上运输于一体的综合性海洋食品企业。獐子岛是一家集体企业,注册地址为辽宁省大连市长海县獐子岛镇沙包村,实际控制人为长海县獐子岛投资发展中心,第一大股东为大连盐化集团有限公司,持股15.46%（截至2022年6月）。

作为水产行业的龙头企业,其全国闻名却是因为2014年的"冷水团"事件,黄海冷水团致使百万亩底播虾夷扇贝绝收,公司瞬间由盈利变为亏损约8亿元。2017年,獐子岛再遭"黑天鹅"事件,公司在年末盘点中发现部分海域的底播虾夷扇贝存货出现异常,对部分海域的底播虾夷扇贝存货计提跌价准备及核销处理,公司公告称此事件致公司全年亏损,存货异常系环境恶化所致。

2022年5月2日,深圳证券交易所对獐子岛2021年年报出具了问询函,包括营业收入、存货、固定资产、业务毛利率、前五名客户销售额、有息负债、应收账款、长期股权投资损益等15条问询内容,獐子岛两次延期回复深交所问询函。

表 3.13 为獐子岛 2016 年至 2021 年的财务情况摘要。从利润来看，2016 年、2017 年、2019 年净利润分别为－5543 万元、－44712 万元、－38489 万元。资产负债率非常高，2016 年就已达到 80.62％，之后持续走高，2021 年已到达 96.31％。獐子岛的经营状况令人担忧。

表 3.13　獐子岛财务报表摘要

类别	财务指标	2016 年	2017 年	2018 年	2019 年	2020 年	2021 年
利润表	营业总收入/百万元	3052.10	3205.85	2798.00	2728.87	1926.66	2082.84
	同比增幅/％	11.93	5.04	－12.72	－2.47	－29.40	8.11
	净利润/百万元	－55.43	－447.12	33.99	－384.89	35.99	23.92
	同比增幅/％	－77.41	－706.59	107.60	－1232.47	109.35	－33.52
资产负债表	资产总计/百万元	4195.58	3944.02	3554.34	3009.28	2556.10	2470.47
	同比增幅/％	－6.46	－6.00	－9.88	－15.33	－15.06	－3.35
	负债合计/百万元	3382.51	3540.83	3112.96	2949.31	2484.13	2379.21
	同比增幅/％	－5.44	4.68	－12.08	－5.26	－15.77	－4.22
	股东权益/百万元	813.07	403.19	441.38	59.97	71.97	91.26
	归属母公司股东的权益/百万元	794.19	349.29	385.45	1.67	12.57	43.55
	同比增幅/％	－10.32	－56.02	10.35	－99.57	653.59	246.45
现金流量表	销售商品提供劳务收到的现金/百万元	3001.02	3255.66	2887.35	2815.60	2143.05	2126.30
	经营活动现金净流量/百万元	307.58	136.48	291.43	383.92	210.85	118.48
	购建固定无形长期资产支付的现金/百万元	64.86	93.39	48.46	29.74	33.22	36.96
	投资活动现金净流量/百万元	83.68	－95.53	19.16	42.25	181.02	57.64
	筹资活动现金净流量/百万元	－507.96	－58.65	－401.85	－315.91	－313.38	－218.07
关键比率	ROE(加权)/％	－6.82	－110.90	7.70	－641.78	50.00	26.21
	资产负债率/％	80.62	89.78	87.58	98.01	97.18	96.31
	资产周转率	0.73	0.81	0.79	0.91	0.75	0.84

资料来源：獐子岛各年度财务报告。

二、行业特点

截至 2019 年末,在深沪两所上市的农、林、牧、渔业公司共有 44 家。其中的代表性公司主要有新希望、温氏股份、海大集团。獐子岛集团主营的大型海水养殖具有技术难度大、资金要求高、资源要求严的特点,市场上有力的竞争者数量并不多,大多数企业缺乏优质资源和品牌影响力。另外由于行业壁垒较高,绝大多数海水养殖企业规模较小、技术落后。獐子岛集团在渤海、黄海、东海拥有远离大陆 56 海里的国家一类清洁海域 100 余万亩,具有较强的行业优势。

再者,在农业融资政策方面,由于龙头企业是加快农业科技创新与进步的重要载体,2012 年,《国务院关于支持农业产业化龙头企业发展的意见》作为国务院支持农业产业化和龙头企业发展的第一个政策性文件提出:国家农业综合开发产业化经营项目要向龙头企业倾斜,支持国家重点龙头企业上市融资、发行债券、在境外发行股票并上市。

2017 年是供给侧结构性改革的重要一年,国家鼓励金融机构为农业经营主体提供小额存贷款、支付结算和保险等金融服务。农业行业一直被强调要科技创新、模式转化,在这条道上也一直摸索了多年。随着目前电商、"互联网+"、PPP 等新模式的涌现,农业行业也开始寻觅新的机遇,借助从政府补贴,到政府设立创新基金的融资,不断加大投入研发资金。但农业上市公司不仅需要政府扶持的融资方式,还需要更多的其他融资渠道。而农业的自身思维改变和行为突破,是吸引更多资金的前提。

农业上市公司融资主要有以下四个特点。

第一,农业上市公司经营规模较大,一般都有足够的资产抵押物,效益好,信誉好,资本雄厚,银行等机构能从中获取较大利益。而且,由于这类企业是各级政府重点支持和关注的企业,多年来数次进行划拨资金为农业龙头企业的转型升级提供财力保障。

第二,经济效益稳定度差。由于农业类产品回报周期长,受自然条件的影响较大,致使农业上市公司经营风险较大。投入产出规律及其结果莫测,经济效益难以确定,使得融资后资金利润率低。

第三,融资渠道的狭隘性使得许多农业企业的发展资金需求得不到有效的满足,不得不转向民间借贷,增加了融资成本。银行对农业企业的贷款多采用抵押或担保方式,这样不仅手续繁杂,而且为寻找担保人或抵押人,农业企业还要付出一笔不小的费用。

第四,农业上市公司直接融资能力较弱,股本扩张能力不足。农业产业化龙头企业中平均总股本规模较小,它意味着农业上市公司技术和资金投入能力弱,国际市场竞争力差。

三、财务风险

(一)长期亏损

獐子岛的净利润长期为负,在 2017 年和 2019 年有大幅度的亏损[见图3.12(a)折线],营业收入也呈下降趋势[见图3.12(a)柱状]。右图净利润率波动巨大,基本低于行业平均水平。净利润是衡量企业是否稳定发展的最重要指标之一,负净利润波动大,影响企业的信用评级,使得企业的融资能力降低,融资渠道缩窄,融资约束又会反过来制约企业正常经营,最终导致恶性循环。

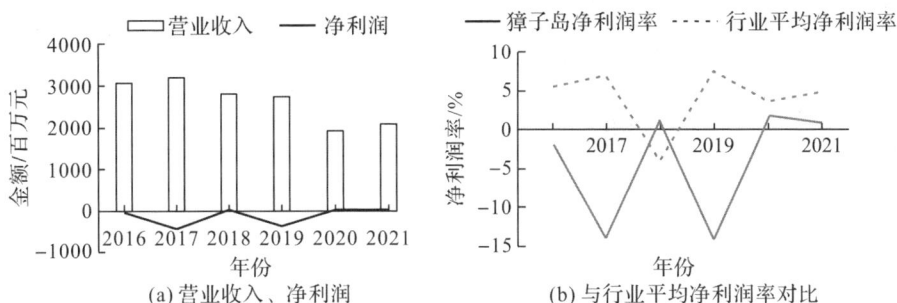

图 3.12　獐子岛营业收入、净利润变动

资料来源:Wind 数据库。

(二)盈利能力下降

2016 年至 2021 年,獐子岛的毛利率基本低于行业平均值[见图3.13(a)实线],盈利能力有所下降,其销售毛利率呈持续下降趋势,ROE 呈波动下降趋势,2019 年毛利率和 ROE 达到 2016 年至 2021 年的最低值。2021 年,公司销售毛利率为 17.41%,同比有所下降,低于同期行业的平均水平 20.63%。

(a) 獐子岛营收及销售毛利情况

(b) ROE行业平均对比

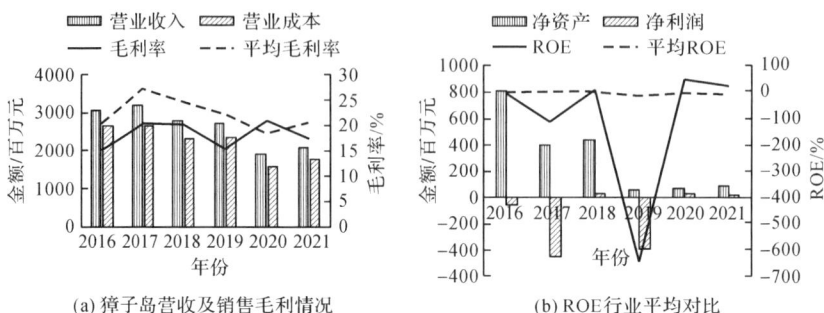

图 3.13　獐子岛与行业平均营收、销售毛利、ROE 对比

资料来源:Wind 数据库。

(三)成长能力下降

2019 年至 2021 年獐子岛的成长能力有所下降,其营收增长率、净利润增长率、净资产增长率、总资产增长率均呈波动下降趋势。2021 年公司营收增长率为 0.10%,同比大幅下降。净利润增长率为−33.52%,同比也大幅下降。净资产增长率为 26.81%,同比有所上升,高于同期行业的平均水平−63.72%;总资产增长率为−3.35%,总资产减少,低于同期行业的平均水平 0.34%(见图 3.14)。

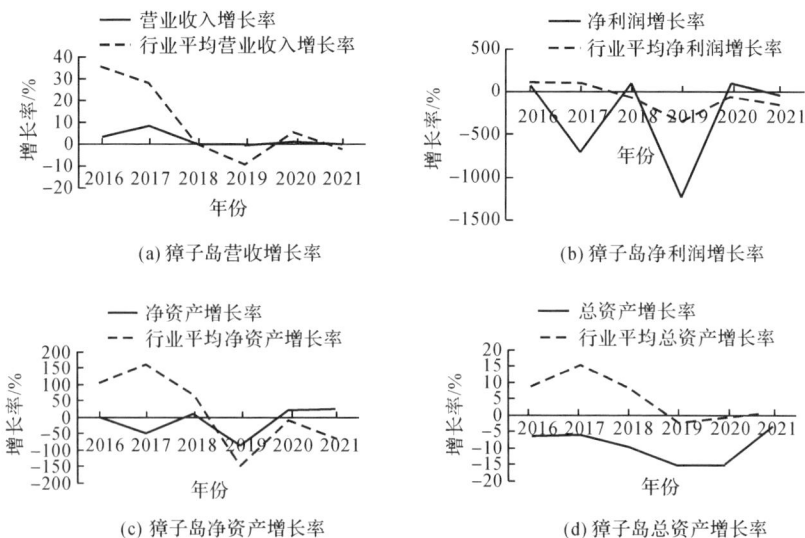

(a)獐子岛营收增长率

(b)獐子岛净利润增长率

(c)獐子岛净资产增长率

(d)獐子岛总资产增长率

图 3.14　獐子岛成长能力指标分析

资料来源:Wind 数据库。

四、融资风险

(一)融资结构

獐子岛集团的业务扩张和资本支出所需资金主要依靠银行贷款和政府补助,融资渠道的局限性、海水养殖业固有的生态风险等不确定因素以及战略性拓展业务经营尚未盈利等问题给公司发展带来严峻的挑战。

獐子岛集团的融资结构按照资金来源主要分为内源融资和外源融资。其中内源融资一般由留存收益和折旧组成,外源融资又可以根据筹集资金的过程形成产权关系不同分为债务融资和股权融资:债务融资包括债券融资和银行贷款,债券融资为公司债券、短期融资券、私募票据、超短期融资券、中期票据、定向工具等多种融资方式;银行贷款又包括短期借款和长期借款。股权融资则包括股本和资本公积。

1. 内源融资

表 3.14 显示了獐子岛集团内源融资情况。内源融资是企业权益性资本,以留存收益作为融资渠道,主要组成部分为盈余公积、未分配利润和累计折旧,为企业扩大再生产提供资金。当企业出现亏损时,可以表示为留存收益的负值。2015 年至 2020 年,只有 2015 年内源融资的金额为正,此后 4 年均为负,这是因为獐子岛集团的留存收益持续为负且负值逐渐增大,留存收益为负的主要原因在于未分配利润为负,即与上文所述的亏损和盈利能力下降有关。一般来说,上市公司的内源融资水平在 50% 左右,而獐子岛却持续为负,说明该集团的内源融资水平太低。

表 3.14　獐子岛集团内源融资情况

单位:百万元

时间	留存收益	累计折旧	内源融资
2015-12-31	−684.42	766.37	81.95
2016-12-31	−883.48	744.55	−138.93
2017-12-31	−1327.68	826.2	−501.48
2018-12-31	−1295.57	888.31	−407.26
2019-12-31	−1687.76	920.61	−767.15
2020-12-31	−1672.91	917.04	−755.87
2021-12-31	−1665.35	941.22	−724.13

资料来源:Wind 数据库。

2. 外源融资

如图 3.15 所示,獐子岛集团资金主要来源于外源融资,2015 年至 2021 年外源融资比重远大于内源融资水平,部分年份甚至远超 100%,远高于国内整个证券市场水平。其中债务融资呈上升趋势,平均占总额的 149.91%,同样股权融资也呈波动上升趋势,平均占总额的 50.97%。外源融资的成分中,獐子岛集团的债务融资和股权融资的比重都比较高,债务融资占比基本是股权融资的 1.5 倍左右。而内源融资中的留存收益远远低于债务与股权融资比重,融资优序理论认为,企业融资结构的顺序依次是内源融资、公司债券、发行股票,这是因为发行股票的消息会使企业股票价值下降,而内源融资不传递信息。然而,獐子岛集团实施的融资策略显然与融资优序理论相背离,这会导致企业融资成本增加,同时也会产生一定的融资风险。

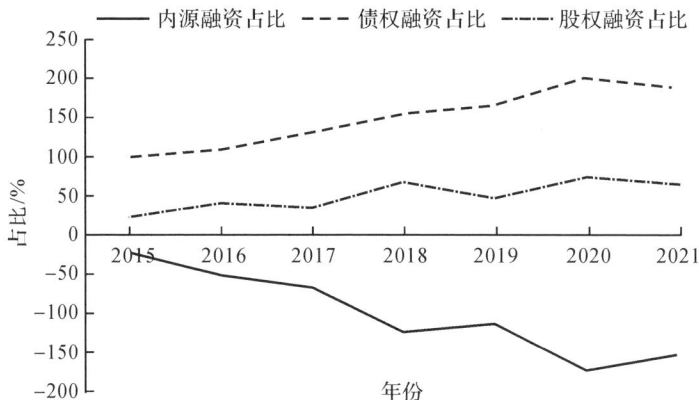

图 3.15　獐子岛融资结构分布

资料来源:Wind 数据库。

獐子岛债务融资方式比较单一,没有公司债券等方式,短期债务融资只有短期借款,长期债务融资只有长期借款。表 3.22 为獐子岛集团借款分类情况,可知长期债务融资的比重逐年减少,而短期借款在不断增加,到 2020 年三季度,短期借款已经是长期借款的 120 倍。所以,獐子岛集团以短期债务融资为主,长期债务融资比重非常低。

由企业公告得知,獐子岛集团的借款基本来源于地方政府的资金支付,主要由当地政府的财政局所借,贷款银行则是地方政策性银行和地方农信社。从理论上说,短期借款的确有降低融资成本,短期内完成巨额融资的优势,企业可以依靠短期借款的及时性提高自身企业的信用值。但短期债务远高于长期债务则是"短贷长投"的体现,獐子岛将筹集到的短期资金全部用于公司偿还银行贷款和开发新海洋养殖项目,这种"拆东墙补西墙"的融资行为不利于企业稳定性,存在很大的风险。

表 3.15　獐子岛集团借款分类情况

单位:百万元

借款类型	2015-12-31	2016-12-31	2017-12-31	2018-12-31	2019-12-31	2020-12-31	2021-12-31
短期借款	1725.51	1172.42	1441.79	1526.16	2099.06	1912.76	1811.20
长期借款	1191.54	705.24	1124.25	102.59	365.93	15.08	230.62

资料来源:獐子岛财务报告。

3.股权质押

股权质押有风险,特别是大股东高比例进行股权质押,风险更需要警惕。股权质押本是上市公司常见的融资方式,但为了解决资金需求问题,实控人全部质押股份,轻视了股价下跌会给公司带来的风险。根据獐子岛集团股权质押融资的基本情况,可以清晰地看到大股东股权质押比例不断提升,2020 年末,在持股比例在 5% 以上的大股东中,有 3 位股东将持有的股份几乎全部质押,持股比例在 5% 以上的大股东质押股票占其持有股份的 99.79%,占总股本的48.84%,比例之高可见企业急需融资(见表 3.16)。2022 年 4 月 29 日,长海县獐子岛投资发展中心、长海县獐子岛褚裢经济发展中心、长海县獐子岛大耗经济发展中心质押股份均已全部解押。

表 3.16　持股比例在 5% 以上的大股东质押情况

股东名称	累计质押股份数量/万股	占公司总股本份额/%	占其所持公司股份数份额/%
长海县獐子岛投资发展中心	21875.99	30.76	99.9959
长海县獐子岛褚裢经济发展中心	5128.68	7.21	100
长海县獐子岛大耗经济发展中心	4800.00	6.75	98.55

资料来源:獐子岛财务报告。

2014 年,獐子岛发生了全国闻名的"冷水团事件",当年公司北黄海遭遇异常冷水团,105.64 万亩海洋牧场绝收,7.34 亿元底播虾夷扇贝存货进行核销处理,影响全年巨亏。因此,为了缓解"冷水团"事件带来的资金缩减,2015 年的股权质押比例由 2014 年的 37.56% 激增至 2015 年的 59.04%(见表 3.17),并在此后持续增长。但由于股权质押融资模式要通过大宗交易平台进行交易,容易出现折价和溢价,所以大量使用该种融资方式存在风险。

表 3.17　质押情况

单位:%

质押情况	2015-12-31	2016-12-30	2017-12-29	2018-12-28	2019-12-30	2020-12-31	2021-12-30
质押比例	59.04	50.30	22.33	48.03	49.48	50.05	49.51

资料来源:Wind 数据库。

4.行业对比

本书以证监会行业分类中的农、林、牧、渔业的上市公司为对比企业,横纵向对比獐子岛企业资产负债率变化。纵向来看,獐子岛的资产负债率逐年增高;横向来看,獐子岛的资产负债率远超行业平均资产负债率,甚至是行业的 2 倍左右(见表 3.18)。高企的资产负债率说明企业在融资时使用过多债务融资手段,杠杆过高,会导致很高的融资风险。

表 3.18　獐子岛与行业平均资产负债率对比

单位:%

负债情况	2015-12-31	2016-12-31	2017-12-31	2018-12-31	2019-12-31	2020-12-31	2021-12-31
资产负债率	79.75	80.62	89.78	87.58	98.01	97.18	96.31
行业平均资产负债率	43.46	41.94	43.98	43.06	42.13	44.20	49.88

资料来源:Wind 数据库。

从债务内部结构上考虑,整体流动负债率较高,远远高出非流动负债率,说明债务结构不具合理性。可见大部分农业类上市公司为了满足日常经营活动的现金需求过于依赖短期债务来填补净现金流量,也由于外源融资具有流动性强、效率高等优点,许多企业长期偏好于外源融资,但不免会产生大量的融资费用,使融资风险变大。对比獐子岛集团的债务融资结构分布来看,短期债务率从低于行业水平到逐年攀升超过平均值,面临着过度依赖短期债务融资的风险(见表 3.19)。

表 3.19 獐子岛与行业平均债务结构对比

单位:%

年份	獐子岛流动 负债比率	獐子岛非流动 负债比率	行业平均 流动负债比率	行业平均非 流动负债比率
2015	65.13	34.87	80.13	19.87
2016	77.66	22.34	79.12	20.88
2017	66.16	33.84	78.90	21.10
2018	94.94	5.06	79.64	20.36
2019	85.70	14.30	79.74	20.26
2020	96.66	3.34	71.02	28.98
2021	86.37	13.63	80.13	19.87

资料来源:Wind 数据库。

(二)融资存在的问题

1. 高度依赖短期借款,偏好债务融资

根据上述融资结构分析,獐子岛集团的外源融资中债务融资占比超过
50%,且呈现出上升趋势。其中债务融资中的短期借款数额尤为突出,獐子岛
集团在近五年内因为短期借款的数额和频次都大大多于长期借款,这种"短借
长用"的方式加剧了流动性风险,致使公司高度依赖借新还旧。獐子岛集团的
资金周转不顺畅,经历过 2014 年的"冷水团"事件和 2017 年的"黑天鹅"事件
后,企业经营能力大不如从前,并且企业融到的资金大多是来还银行贷款的,并
未能给企业未来发展提供帮助。内源融资的缺失使得企业的破产成本占资本
成本的比例较大,高度依赖外源融资补充现金流量更加剧了财务风险的产生,
这种"短借长用"的负债结构从理论上讲对企业长远的生存和发展都非常不利,
也侧面反映出獐子岛集团目前的融资结构还不够合理,切实需要提高警惕,避
免破产成本过大。

2. 资产债务率偏高,财务风险较大

2014 年后,獐子岛的资产负债率连年攀升。獐子岛高负债的运行方式给
企业正常运营带来巨大的财务风险。资产负债率攀升的直接结果就是财务风
险相对较高,一旦企业经营状况下降或者无法保持稳定发展,可能导致企业无
法承担财务费用,进而无力偿还贷款本金和利息,发生债务违约,企业的信用受
损,无法继续取得银行等金融机构的支持,另外,投资者也不会选择高负债的企
业进行投资。在这种情况下,企业的市场环境稍有变化,就会造成企业的现金

流不足,资金链断裂,进而存在破产的可能性。

3.股权结构高度集中,股权质押比例过高

獐子岛的股权结构中,集体企业占绝对优势,合计超过60%,近乎绝对控股,股权结构上缺乏制衡。高度集中的股权结构会引发监督动力不足的问题,甚至形成内部人控制。同时也为大股东侵占小股东利益提供了可能。另外,獐子岛集团存在两权合一的治理结构,董事长吴厚刚也同时接任了总经理的职位,不利于对经理层的监督把控,企业间制衡机制无法有效实施。实控人使用股权质押工具并且质押比例过高,如果是将资金投入主营项目,需要一定时期运营才有回报。而如果是将资金投入资本市场,遇到A股整体暴跌行情时,将造成实控人严重亏损,对于发展不稳定的农林牧渔行业,这将是巨大的风险点。

第四节　海航集团的破产重整

一、民航业发展

自2005年中国民用航空总局颁布《公共航空运输企业经营许可规定》(CCAR-201)和《国内投资民用航空业规定(试行)》(CCAR-209)以来,中国政府采取降低民航业准入门槛的措施,使得民营航空抓住机遇迅速发展,中国民航业的格局也因民营航空公司的出现及发展不断发生变动,逐渐在中国民航业市场形成了良性竞争,民航市场结构竞争性也不断增强。总体来看,放松政府管制和行政垄断被视为中国民航业产业首要政策,旨在通过引入市场竞争者,改善市场竞争机制,带动与提升民航业活力与效率,但同时三大航空集团重组后,中国民航业呈现出寡头垄断的市场结构,三大航空集团国航、东航、南航占据超过半数的资源,国内民航市场存在资源配置极不平衡的问题,市场集中度较高。

中国民航业于2014—2017年快速发展,2017年受到中美贸易摩擦影响,更兼央行收紧授信,国内外金融风险加剧,经济下行压力加大,汇率出现贬值,民航业发展增速放缓。新冠肺炎疫情暴发后,民航全行业遇冷,运输周转量、旅客人数、飞行小时数、机队数量等各项指标受到疫情冲击很大。2022年3月21日,东航空难事故("3·21"空难)让民航业雪上加霜,旅客偏向乘坐高铁,机票价格直线下滑,当周广州至上海直飞最低价跌至59元,动车票价格是机票价格

的 13 倍。港股中国东方航空尾盘一度跌超 8%，收跌 6.46%，美股东方航空（CEA. N）盘前跌超 13%，2 天内市值蒸发超千亿元。

截至 2020 年底，民航全行业运输航空公司完成全年运输飞行小时 1231.13 万小时，其中南航运输飞行小时 207.69 万小时，国航运输飞行小时 200.07 万小时，东航运输飞行小时 158.78 万小时，海航运输飞行小时 119.50 万小时，其他航空运输飞行小时 190.18 万小时。国航、东航及南航占比 68.2%，海航占比 12.8%，其他航司共占比 19.0%（见图 3.16）。

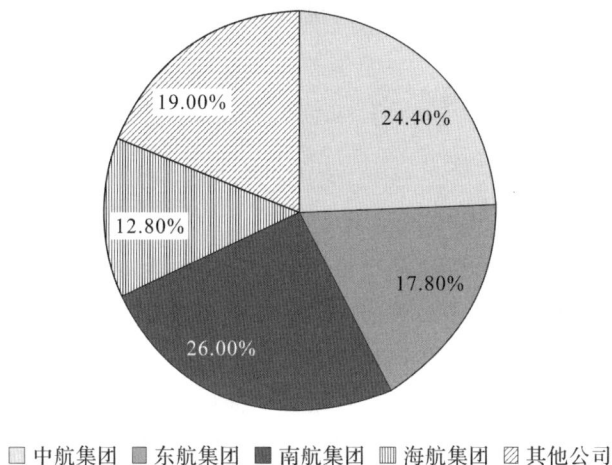

24.40%　17.80%　26.00%　12.80%　19.00%

□ 中航集团　■ 东航集团　■ 南航集团　▥ 海航集团　▨ 其他公司

图 3.16　2020 年各航空公司总运输飞行时长占比

资料来源：中国民用航空局《2020 年民航行业发展统计公报》。

民营航空公司生存空间狭小。根据中国民用航空局 2021 年 6 月公布的《2020 年民航行业发展统计公报》，2020 年我国共有运输航空公司 64 家，比上年底净增 2 家。按不同所有制类别划分，国有控股公司 49 家，民营和民营控股公司 15 家。国有航空公司占比较大，资源配置集中于头部的国有航空公司，民营航空在航线资源和时刻资源上处于劣势，发展较为艰难。在筹资和融资上，民营航空业存在较大的融资约束。在金融环境上，与发达国家相比，我国资本市场存在发展不完善、不成熟的问题，且准入门槛高，资本市场体系单一，对民营航空公司的融资缺口难以填补。出于对信贷资金安全、压缩经营成本、优化经济效益三大因素的思量，国内各大金融机构更倾向于向大型、国有航空公司放贷，对于民营航空公司放贷动力不足，即便是如海航集团的大体量民营航空公司也面临债务危机，成为民营航空发展的一个缩影。

整体而言，中国民航业仍存在诸多不足之处，民航业在中国作为一个发展快速但仍处于发展阶段的行业,与发达国家的民航业相比,中国民航业在数量及质量上都存在较大的差距。然而,我国存在天然的人口优势,仅就国内市场而言发展潜力极大,巨大的人口基数为我国民航市场提供了增长的客观条件。现阶段中国民航业需在发展策略及方向上做出改革以继续开拓、带动、深化市场,加快产业结构优化,提高中国民航业运行效率。同时,中国民航业前期深耕国内市场,将重心放在国内,对国际市场的占有份额较小,随着"一带一路"倡议的施行,以及国内已试点开通第七航权,国际市场更加开放,竞争也更加激烈,中国民航业的发展在国内外都有较大机遇和挑战。

二、海航集团介绍

(一)海航集团简介

海航集团成立于 1993 年,前身是海南海航控股有限公司,从单一的地方航空运输企业发展成为跨国企业集团。海航集团是以航空运输业为主体,向上下游产业延伸发展而成的集航空运输业、机场服务业、酒店旅游业、商业零售业、物流业等相关产业为一体的大型企业集团。海航集团旗下参控股航空公司 14家,机队规模近 900 架,境内航空企业已开通国内外航线 2000 余条,通航城市200 余个,年旅客运输量逾 1.2 亿人次。旗下海南航空,以服务传递东方之美,以精益求精的匠心精神,连续安全运营 27 年,累计安全运行超过 800 万飞行小时,连续十年蝉联"SKYTRAX 五星航空公司"荣誉,跻身"全球最佳航空公司TOP10"榜单第 7 位。海航集团参与管理机场 13 家,旗下海南航空连续 10 年获评 SKYTRAX 全球五星航空公司,旗下海口美兰国际机场为全球第 8 家、国内首家(除港澳台地区)SKYTRAX 五星级机场。①

2003 年,在"非典"的影响下,海航遭遇了 14.74 亿元的亏损,为规避高杠杆融资下单一业务的风险,海南航空开始多元化扩张,在资本的运作下,海航集团将业务拓展至机场服务、旅游酒店、房地产业、商业零售、物流、金融服务、电子产品等多个领域。

目前,公司主营业务包括:航空运输及机场的投资与管理;酒店及高尔夫球场的投资与管理;信息技术服务;飞机及航材进出口贸易;能源、交通、新技术、新材料的投资开发及股权运作,境内劳务及商务服务中介代理(凡需行政许可

---

① 资料来源:海航集团官网,http://www.hnagroup.com/about/introduce/。

的项目凭许可证经营)。经营范围包括:航空运输及机场的投资与管理;酒店及高尔夫球场的投资与管理;信息技术服务;飞机及航材进出口贸易;能源、交通、新技术、新材料的投资开发及股权运作,境内劳务及商务服务中介代理(凡需行政许可的项目凭许可证经营)。

(二)海航股权结构

海航集团股东是海南交管控股有限公司,实际控制人为海南慈航公益基金会。截至2017年,海航集团全资和控股的子公司达到454家。其内部结构庞大,集团层次冗杂,股权结构复杂,涉及多方业务。纵向来看,其内部形成四层组织架构,分别是海航集团层面—集团公司层面—上市公司层面—上市公司子公司层面。横向来看,集团公司大致按照板块业务设立,而每个业务板块下有相对应的上市公司(见图3.17)。

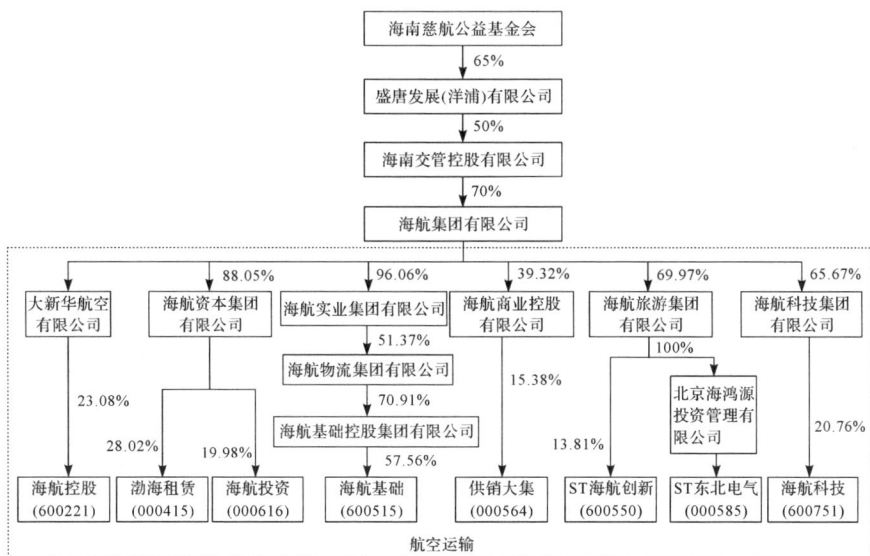

图 3.17　2020 年海航集团股权结构

资料来源:Wind 数据库。

(三)海航业务构成

海航集团的核心业务和主营业务是航空运输业,主要包括航空食品采购、机场服务、包机收入、租赁飞机、接受飞机维修及保障服务、关联方代销手续费等。为了能打通航空运输业的上下游产业链,海航集团通过多元化并购的积极扩张战略,开拓酒店旅游、服务贸易、机场设施等业务板块,实行全产业链布局(见表3.20),也因此与众多航空公司、酒店餐饮集团、旅游服务集团、机场服务销售等公司产生大量关联交易,带动相关产业企业发展。

表 3.20 海航集团主要上市公司

上市公司	主营业务	行业板块
海航控股 (600221.SH)	海航控股主要控制海南航空股份有限公司。主营业务有航空客运、货运和飞机租赁。受整体财务危机的影响,海航控股的负债水平逐年紧张,再加上疫情冲击,爆发违约。	航空运输
海航科技 (600751.SH)	海航科技股份有限公司前身为天海投资,主要运营电子产品收入、租赁飞机、接受飞机维修及保障服务、关联方代销手续费等。2016年12月,海航科技收购英迈国际68.51%股权,帮助海航集团新增电子产品分销板块业务。	电子产品分销
渤海租赁 (000415.SZ)	渤海租赁主营业务为融资租赁和飞机、集装箱经营租赁。2013年渤海租赁收购了集装箱租赁公司 Seaco SRL,2015年收购了集装箱租赁公司 Cronos 80%的股权,2016年收购了飞机租赁公司 Avolon 100%的股权。	金融服务
海航基础 (600515.SH)	核心业务为地产、机场、持有型商业和免税。2016年海航基础通过重大资产重组注入了大量资产。在海航集团的战略布局中,海航基础控股或参股机场以及免税店。	房地产
凯撒旅游 (000796.SZ)	凯撒旅游的三大板块业务包括旅游服务业、航空配餐及服务和铁路配餐及服务。凯撒旅游的生产性关联交易主要产生在航空配食上。	旅游业
海航创新 (600550.SH)	海航创新股份有限公司和凯撒旅游同属海航集团旅游业板块业务下的上市公司。目前主要经营旅游投资及管理;旅游景点综合经营管理,酒店管理,游艇销售,展览。	旅游业
供销大集 (000564.SZ)	供销大集业务包括海航集团商品贸易及物流板块,旗下子公司包括各大百货商场和贸易公司。负责美兰机场的喷气航煤及油料销售业务和物流运输业。	商品贸易及物流
海航投资 (000616.SZ)	海航投资集团股份有限公司经营范围包括项目投资及管理、投资咨询。	金融服务

资料来源:Wind 数据库。

从各大板块收入占比来看,2015年海航集团的主要业务收入是航空运输(22.33%)、金融服务(18.13%)、物流运输(12.5%)、酒店餐饮(12.29%)、房地产业(12.01%)。随着海航集团的多元化战略,航空运输和物流运输收入不断下降(见表3.21)。

表 3.21　海航集团各板块业务收入占比

单位：%

业务板块	2015 年	2016 年	2017 年	2018 年
电子产品分销		19.45	53.68	54.60
商品贸易及物流				17.68
航空运输	22.33	14.42	10.85	10.62
金融服务	18.13	17.46	8.65	7.30
飞机销售		4.34	1.55	2.37
房地产业	12.01	4.32	1.95	2.19
旅游服务	8.59	5.81	2.01	1.67
酒店餐饮	12.29	6.93	2.06	1.52
机场服务	1.16	1.05	0.65	0.57
物流运输	12.50	16.01	12.55	
商业零售	10.59	7.86	5.36	

注：数据来源于海航集团年报，由于 2018 年后海航集团已经深陷债务危机，且年报披露迟缓，因此仅使用 2018 年以前的数据。

三、盲目扩张的危机

（一）跨境并购

海航集团自 2013 年开始大规模进行跨境并购，从航空主业逐步扩展到酒店、旅游、地产、金融、物流、电子分销等多个领域。跨境并购导致海航集团债务规模从 2013 年的 2000 亿元扩张到 2019 年上半年的 7067 亿元，但这些跨境并购的子公司并未被有效整合，忽视投资项目质量的并购不仅未能为海航带来利润，反而加大了集团的经营风险（见表 3.22）。

表 3.22　海航集团跨境并购事件

时间	并购事件	所属板块	并购价格
2013 年	收购欧洲第三大酒店连锁集团西班牙诺翰（NH）酒店集团 20% 股份，成为 NH 酒店集团最大股东	酒店	4000 万美元
	收购澳大利亚阿瑞娜（Arena）航校 80% 股权		
	收购欧洲第一大拖车租赁公司提普（TIP）	租赁	
2014 年	旗下公司渤海租赁收购克洛诺斯（Cronos）公司，成为最大集装箱租赁业务提供商	物流	7 亿美元

续表

时间	并购事件	所属板块	并购价格
2015 年	收购北美红狮酒店 15％股份	酒店	2150 万美元
	收购瑞士航空地面及货运服务商瑞士国际空港服务有限公司（Swissport International Ltd.）100％股份	航空运输	175 亿元
	旗下公司渤海金控收购爱尔兰飞机租赁公司阿沃伦（Avolon）100％股权	租赁	25.55 亿美元
	收购巴西第三大航空公司蓝色巴西航空 23.7％的股权，并委任新成员进入董事会	航空运输	4.5 亿美元
2016 年	旗下公司海航物流持有 20.76％股权的天津天海投资收购全球最大的电子产品代理商英迈国际	电子分销	60 亿美元
	收购瑞士航空配餐公司佳美集团	航空运输	15 亿美元
	收购英国外币兑换运营商国际货币兑换（International Currency Exchange, ICE）。ICE 是全球最大的零售货币兑换运营商之一，其网络遍布 19 个国家，在 70 座机场和其他许多地点设有超过 350 家分支和办事处		
	海航集团附属海航金融（HNA Finance）收购泰升集团约 66％股份	物业	26.15 亿港元
	旗下公司渤海租赁收购通用电气商业航空服务公司（GECAS）的 45 架飞机租赁资产	租赁	19.75 亿美元
	收购文思海辉	软件	6.75 亿美元
	旗下公司渤海租赁收购美国金融信贷及租赁服务公司（CIT Group）的飞机租赁业务，合并后将拥有 910 架飞机	租赁	100 亿美元
	收购希尔顿酒店 25％股份	酒店	65 亿美元
	收购海福德集团（KTL International Holding Group Limited)61.44％股权	零售	6 亿港元
2017 年	收购澳新银行的新西兰资产融资业务（UDC Finance）	金融	4.6 亿美元
	旗下公司海航资本收购对冲基金（SkyBridge）控股权	金融	2 亿美元
	增持德意志银行（Deutsche Bank）共计 9.92％股份，成为最大股东	金融	37 亿美元
	收购嘉能可（Glencore）石油产品存储及物流业务 51％股权	物流	7.75 亿欧元
	收购法兰克福哈恩机场 82.5％股权	航空运输	1510 万欧元
	旗下公司海航实业收购新加坡上市物流公司迅通集团（CWT）股份	物流	76.929 亿港元
	旗下公司香港汇海晟公司收购全球最大免税品零售商杜福睿（Dufry AG）16.79％的股份	零售	14.4 亿瑞郎

资料来源：根据网络公开资料整理。

(二)过度扩张导致高杠杆

1. 盲目扩张的融资压力

盲目多元化扩张导致海航面临较大的融资压力,海航集团的海外并购几乎都是现金收购。除了少量的自有资金,海航集团并购大量依赖外部融资,为实施扩展战略需要大量资金支持。2015 年至 2017 年初,海航集团并购交易金额超过 400 亿美元,而从净利润水平看,海航集团 2015 年实现净利润 30.8 亿元,2016 年实现净利润 46.6 亿元,2017 年实现净利润 81.27 亿元,远远低于海航集团并购扩张需要的融资需求(见图 3.18),且由于海航集团不属于国有性质的企业,难以获得政府较大的资金支持,这就给海航集团带来了巨大的融资压力。

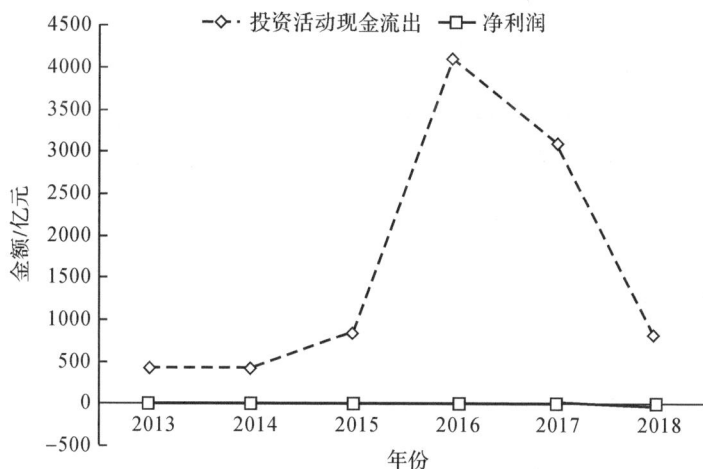

图 3.18　海航集团投资活动现金流出和净利润

数据来源:海航集团财务报告。

2. 资本运作撬动杠杆

海航集团在无节制扩张资产的同时也背负了巨额的债务。2013 年至 2017 年,海航集团的负债结构逐步恶化。2017 年航空业平均资产负债率为 43.21%,海航集团达到 59.78%,远高于行业平均水平,流动负债逐年攀升,占比约为 40%,面临较大债务压力。海航集团对上市公司的运作一方面扩大了集团融资,为多元化并购战略的实施提供资金保障;另一方面也放大了财务流动性风险,并且这种流动性风险在集团内部向上市公司传染,进一步扩大了流动性风险的波及范围。

3. 银行授信过度膨胀

为缓解融资压力,海航集团大量依靠银行授信和发行债券进行债务融资,2019 年上半年,海航集团总资产 9806 亿元,总负债 7067 亿元,资产负债率高达 72%,有息负债 5548 亿元,占总负债的 78.5%。其中,银行授信占比最大,2017 年综合授信额度达到 7452 亿元,已用额度达到 4545 亿元。海航集团虽然是民营企业,但是因其在海南省经济发展中占据重要地位,银行对海航集团存在一种"担保"预期,这也加速了海航集团的扩张野心。

4. 债券融资频繁发生

除银行借款之外,海航集团还发行过规模超过 10 亿元的 10 年期公司债等长期债券。海航集团内部资本市场通过上市公司例如渤海租赁和海航控股作为融资平台获取外部资金满足集团的资金需求。从债券融资角度来看,由于债券融资利率低、期限长,海航集团利用上市公司在债券市场的优势地位发行大量长期低息的债券,在集团财务危机爆发之前,海航集团债券有着较低的融资利率和较长的期限。同时集团内部的关联担保更是放大了海航集团的外部融资能力和虚假繁荣,当海航集团在流动性危机中面临债券到期付息时,不得不吞下这一恶果。

5. 股权质押加大融资

海航集团通过大量的股权质押提升融资额度,截至 2018 年 1 月,海航集团旗下的 8 家 A 股上市公司股权质押总数达到 834 笔,通过直接或间接的方式质押公司股权超过 1000 亿元。除了较高的股权质押比例,海航集团还通过滚动式股权质押的方式进行质押融资,不间断地抵押旗下公司股权,例如海航资本通过所持有的渤海租赁股权向银行或信托公司等金融机构套取资金。

(三)多元化业务绩效不佳

1. 业务盈利能力不足

从海航集团的经营水平来看,多元化扩张带来的盈利贡献十分有限,大量劣质资产并不能优化集团的经营生产,净利润始终保持较低水平。以英迈国际为例,2018 年海航集团有 54.6% 的收入来自电子分销板块,英迈国际则是电子分销板块的主要来源,对英迈国际的收购花费海航集团超过 60 亿美元,但是该业务的毛利率并不高,相比投入的大量资金,投资回报并没有达到预期目标,并购资产的盈利能力无法偿还并购债务,引起较大的财务流动性风险。

2. 业务协同效应低下

尽管海航集团有丰富的业务板块结构,并且花费大量资金进行拓展,但是未能发挥板块业务的协同效应。例如对英迈国际的并购,虽然使电子分销板块成为海航集团营业收入规模最大的板块业务,但和其核心业务的航空运输业关联程度相对较低,无法形成有效的协同效应。海航集团内部公司组织架构较为分散,各自的业务板块下成立集团子公司,导致板块业务之间缺乏沟通合作,难以发挥多板块协同并进的优势和整合不同板块的资源。

3. 海外并购效益较差

海航集团 2017 年的海外资产超过 500 亿美元,占据总资产的 34%,营业收入占比超过 50%。但是海航集团的海外并购整合和业务重组存在较大困难,很难实现预期收益,同时海航集团缺乏海外国际化技术人才和管理团队,导致对海外资产缺乏有效管理。以海航酒店业务为例,尽管海航试图扩张作为航空运输下游产业的酒店服务业,但其在酒店经营决策的董事会中难以主导战略问题。由于同业竞争,NH 酒店反对海航收购卡尔森酒店,并罢免其最大股东——海航集团任命的董事。[①] 海航在收购希尔顿后,并未参与其经营管理,海航集团更多的并购仅仅是财务投资,收购的是对方的股权,只是投资多元化。这就难以实现产业协同效应,有效整合并购资源。

四、债券连续违约

(一)初露端倪

盲目多元化扩张造成了海航集团的财务紧张和流动性危机。2017 年 6 月,各家银行展开对海航集团等多家公司的授信调查,海航旗下多家子公司股权冻结。为缓解债务危机,海航集团采取简化业务、回归主业的方式进行自救,大量剥离旗下地产、金融等业务,聚焦航空运输业的发展。

海航集团早期发行大量长期公司债,导致公司债集中到期,仅渤海金控2013 年、2017 年、2018 年发行的债券总额就高达 59 亿元,海航集团 2018 年至2019 年的到期债务高达 443 亿元。为应对债券到期的兑付风险,海航选择"饮鸩止渴",更频繁地发行短期融资券,发行市场也从公司债转向私募债市场。自

---

① 郑萃颖. 海航全球收购野心遇挫 NH Hotel 罢免其四位董事[EB/OL]. (2016-06-24)[2020-09-21]. https://m.jiemian.com/article/712632_yidian.html.

2016 年开始,海航发债周期从间隔两三年缩短到几个月就发行一期债券,并且承担着高额的短期私募债市场融资成本,募集资金也多用于补充公司流动性。

自 2018 年开始,海航陷入流动性危机,尽管此后海航多次试图变卖资产自救,仍难补足流动性缺口,2020 年的疫情冲击更加速了海航"帝国"的崩溃。2020 年 2 月 29 日,联合工作组正式进驻海航,海南发展控股董事长顾刚出任海航集团执行董事长。工作组进驻海航后,海南省政府协调债委会给海航集团新增流动性,但是多家债权行已经退避,不愿跟进。因此,海航集团的流动性危机未有很快缓解迹象。

(二)连续违约

2019—2021 年,海航集团大量债券集中到期,由于无法兑付债券,海航集团及其上市公司海航控股存在多个债券违约或者展期的现象。公开资料显示,海航集团 3 只债券违约,总金额高达 48.9 亿元,海航控股 10 只债券违约,总金额高达 166 亿元(见表 3.23)。繁重的债务压力使得海航集团不得不通过缩减组织规模、出售债务等方式来应对债务危机,此举引发了海航集团的流动性风险在集团内部的蔓延。

表 3.23 海航集团违约债券列示

发行主体	违约债券名称	当前违约金额/亿元	首次违约日期	违约类型
海航集团	16 海航 02	15	2019-07-29	本息违约
	13 海航债	3.9	2020-04-15	展期
	15 海航债	30	2020-11-27	展期
渤海租赁	19 渤海租赁 SCP002	5	2020-09-08	展期
海航控股	19 海南航空 SCP002	22.53	2020-04-17	展期
	19 海南航空 SCP003	20.19	2020-08-25	展期
	15 海南航空 MTN001	27.93	2021-02-10	本息违约
	16 海南航空 MTN001	29.24	2021-02-10	本息违约
	11 海航 02	15.04	2021-02-10	本息违约
	18 海航 Y5	14.21	2021-02-10	本息违约
	18 海航 Y4	8.16	2021-02-10	本息违约
	18 海航 Y3	15.35	2021-02-10	本息违约
	18 海航 Y2	8.22	2021-02-10	本息违约
	18 海航 Y1	5.16	2021-02-10	本息违约

以 13 海航债为例,该债券于 2013 年 4 月 15 日发行,募集资金为 11.5 亿元,期限为 7 年,基准票面利率为 6.60%,第 5 年末附发行人上调票面利率选

择权及投资者回售选择权。第5年末如发行人行使上调票面利率选择权,未被回售部分债券票面年利率为债券存续期限前5年票面年利率加上上调基点,在债券存续期限后2年固定不变。发行时上海新世纪对主体评级为AA＋。

2020年4月15日,13海航债应到期兑付,兑付前夜,海航集团临时决定当晚8点紧急召开持有人大会,傍晚六点半发邮件,要求持有人晚7点之前进行参会登记。"参会登记要提供多份盖章材料,7点前完成不了登记,就无参会资格,自然也就没有表决权。"投资人认为海航集团这一举措无疑是想趁乱在会议通过展期议案,无视现有的《持有人议事规则》,会前未公开披露展期议案、未通过监管指定渠道披露、未对所有投资者征求意见、未提前通知债券持有人、会议程序涉嫌违规,债券主承销商安信证券也受到严厉质询。事实上大多数投资者都对海航集团的危机心知肚明,但海航集团将投资人逼到最后一刻,引起投资者的巨大反感。

2021年1月29日,海航集团收到海南省高级人民法院发出的通知书,相关债权人因海航集团不能清偿到期债务,申请法院对海航集团破产重整。1月30日海航旗下多家上市公司发布提示性公告,63家上市公司被申请破产重组,标志着海航集团自救彻底失败。2021年2月10日,海南省高级人民法院裁定受理债权人对公司司法重整的申请,"16海航集团可续期债01"和"16海航集团可续期债02"全部本金及相应利息均提前到期,但均未获得兑付,构成实质违约。随后新世纪评级将海航集团两只债券评级调至C。2021年3月13日,海南省高级人民法院裁定对海航集团进行重整,并指定海航集团有限公司管理人担任海航集团有限公司等321家公司重整案管理人具体开展各项重整工作。2021年9月23日,新世纪评级终止对海航集团的信用评级。

(三)原因分析

海航集团债券连续违约的根本原因在于内部控制失败,关联企业间资金占用,未披露担保情况严重。海航集团实际运营子公司近200家,首批申请破产的公司有60余家,第二批计划破产的公司有400余家,两批公司债务数量占海航整体债务的85％。《关于上市公司治理专项自查报告的公告》表明,海航集团体系内上市公司资金被股东及关联方大量占用、违规担保等情况,股权结构混乱,公司治理存在严重问题。

第二个原因是高杠杆收购是海航债券违约的加速器,政策收紧下出现流动性危机。2015年开始,海航集团采取多元化扩张的战略,采用高杠杆的手段举债并购超过400亿美元的海外资产,2016年底债务规模达到6035亿元。为缓解流动性问题,2017 年海航开始被迫去杠杆,通过变卖金融、地产等非主营业务偿还债务。截至 2019 年,海航应付账款在流动负债中的比例不断增加,资产负债率上升至 72%,速动比率降至 0.84,说明企业面临较大的偿债压力。

第三个原因在于疫情导致集团子公司业务受限,收入显著下滑,净利润为负。2020 年暴发的新冠肺炎疫情加剧海航的流动性危机,航空业整体发展相对低迷,受封控影响客流量显著下滑,航空业收入与利润下降,服务需求一直难以恢复到疫情发生前水平。海航集团在疫情前就已深陷流动性困境,主营业务收入下滑趋势明显,2019 年中报显示,主营业务收入仅为 2669.44 亿元。

五、破产重整

(一)重整过程

2018 年开始海航陷入流动性危机,2018 年 7 月海航集团无法支付 A330 客机费用。因海航流动性风险和疫情共同影响,2020 年 2 月 29 日,海南省政府牵头会同相关部门共同成立"海南省海航集团联合工作组",全面协助、全力推进集团风险处置工作。2020 年 4 月 15 日,13 海航债违约。2021 年 1 月 29 日,海航集团收到海南省高级人民法院的通知书,相关债权人因海航集团不能清偿到期债务,申请法院对海航集团破产重整。2021 年 10 月,海南省高级人民法院对《海南航空控股股份有限公司及其十家子公司重整计划(草案)》《海航基础设施投资集团股份有限公司及其二十家子公司重整计划(草案)》《供销大集集团股份有限公司及其二十四家子公司重整计划(草案)》及《海航集团有限公司等三百二十一家公司实质合并重整案重整计划(草案)》等海航集团及相关企业破产重整案的各重整计划草案表决情况进行核查,10 月 31 日裁定批准重整计划。

2022 年 4 月 24 日,海航集团公告成立破产重整专项服务信托,经依规公开遴选,确定由中信信托有限责任公司和光大兴陇信托有限责任公司组成的联合体为信托受托人。至此,海航集团等 321 家实质合并重整计划获得法院裁定确认并执行完毕,这标志着海航集团相关破产重整案的上述四个重整计划全部执行完毕并获得法院裁定。自 2020 年 2 月 29 日成立联合工作组至公告日,历经两年多,海航集团风险处置工作基本结束,海航集团的破产重整为今后处置企业风险和进行破产重整提供了借鉴。

（二）股权清零

2021 年 9 月 18 日，海南省海航集团联合工作组组长、海航集团党委书记顾刚表示，破产重整后慈航基金会和海航原有的股东团队在海航集团及相关的成员企业的所有权益清零，不再持有相关股权，即便是海航集团原有的国有股股权部分也会清零。这是法治化与市场化的必然要求，也是股东必须承担的基本责任，股东作为利益相关方需要对民营企业的野蛮生长承担必要的后果。

海航集团破产时的股权清零可能是在未来一段时间内高债务风险企业面临的一大重要处置后果，特别是触及"三大红线"的房地产企业，包括实际控制人在内的原有股东需要承担相应的风险责任，在危机爆发时需要付出对等的代价。股权清零的处理能够对高债务型企业形成警示，不能让整个金融体系为这些高债务企业的激进扩张买单。

（三）板块分拆

海航集团资产超过万亿元，作为新中国成立以来规模最大的破产重整，采取的模式是重整拆分为四个完全独立运营的板块，将不同板块分别寻找投资人完成重整。根据海航破产重整计划，海航将被拆分为四个独立运营板块：航空板块、机场板块、金融板块、商业及其他板块。四个板块相互独立运营，各自引入战略投资者并回归主业。

四大板块中的航空板块是海航集团的核心板块，是海航破产重整方案的关键。2021 年 9 月 12 日，辽宁方大成为海航集团航空主业战略投资者。辽宁方大集团实业有限公司（简称辽宁方大、方大集团）是一家总部位于辽宁省沈阳市的大型民营企业，以碳素、钢铁为主业。辽宁方大通过低价接盘经营不善的国有资产，然后通过改善公司治理、精简成本、整合重组等方式，盘活公司业绩后再高价推向资本市场，以此发展壮大。目前控股拥有四家上市公司、两家大型钢铁联合企业、一家大型机械制造跨国企业和一家大型商贸流通企业等超过300 家法人单位。2021 年 12 月 8 日，辽宁方大获得航空板块的实际经营控制权，方大集团将投入 380 亿元和 30 亿元风险救助金用于航空板块的重建工作，确保航空安全，实现航空主业的健康发展。

机场板块将由海南省发展控股有限公司作为战略投资者，掌握实际控制权。海南发展控股有限公司（简称海南控股）是海南省国资委控股 90%、海南省财政厅持股 10% 的国有控股公司，曾先后两次共出资 30 亿元入资海南航空。海南控股经营投资领域包括基础设施、能源化工、矿业、土地运营、房地产物业和金融等六大产业板块，重点投向具有资源性、基础性、关系到国计民生的工业支柱产业及基础设施领域项目。2021 年 12 月 24 日，机场板块实际控制权正式移交海南控股。

最后，金融板块、商业及其他板块的重整则由中信信托有限责任公司和光大兴陇信托有限责任公司组成的联合体作为海航集团破产重整专项服务信托完成。

（四）债权清偿方案

根据海航集团联合工作组组长顾刚，海航集团进入破产以来，截至 2021 年 9 月 30 日，共接收 2 万亿元债权申报，最终确认债权 1.1 万亿元。经管理人审查，已经提交法院裁定确认和预计后续法院可以以裁定确认的债权共计约 7467.02 亿元，暂缓确定的债权共计约 895.66 亿元。债权清偿方案如表 3.24 所示。

表 3.24　债权清偿方案

债权属性	清偿方案
职工债权	不做调整，由 321 家公司在重整计划执行期限内以现金方式全额清偿
税款债权	不做调整，由 321 家公司统筹偿债资源，根据税收征管法律法规的相关规定以现金方式全额清偿
有财产担保债权	在担保财产的市场评估价值范围内优先清偿
普通债权	每家现金清偿 3 万元，超过 3 万元部分留债清偿或以普通类信托份额受偿
劣后债权	在有财产担保债权、普通债权未获得全额清偿前，劣后债权不安排清偿。在有财产担保债权人、普通债权人通过信托计划获得的收益全额覆盖其全部债权后，剩余信托收益及财产将向劣后债权人按比例分配，但若剩余信托财产不足以覆盖所有劣后债权的，则按各劣后债权金额的比例分配剩余收益
个人投资产品债权	航空主业板块和机场板块战略投资者等救助方，愿意在本破产重整程序外提供额外资源，在满足救助方要求和条件的情况下，为个人投资产品债权提供本重整程序外的额外救助选择方案。本重整程序个人投资产品债权人，可按自主决策和意愿，根据救助方提出的明确条件，选择接受本重整程序外的额外救助方案，双方依法达成相关协议并按协议执行。个人投资产品债权人选择额外救助方案的，不影响该债权在本重整计划内按重整计划的规定获得清偿

资料来源：法询金融固收组报告。

表 3.25 是不同债权清偿方案。有财产担保债权部分，按照 10％ 左右折现

率计算,预计回收率在50%~60%,机场板块的建设工程价款清偿率最高。从其他重整案例来看,有财产担保债权基本能实现100%的名义清偿。普通债权部分,每家债权人本金3万元以下(含3万元)部分以现金方式一次性清偿完毕,超过本金3万元的债权部分,以救助贷款或其他普通债权方式(普通类信托份额)清偿。普通债权未来能够清偿多少,还要看海航各板块未来的盈利能力。

表 3.25　不同债权清偿方案

债权属性	债务主体	清偿安排
有财产担保债权	航空板块(ST海航及10家子公司)	以2022年为第一年,自第二年起逐年还本,还本比例分别为2%、4%、4%、10%、10%、15%、15%、20%、20%。每年按照未偿还本金的金额付息
	机场板块(ST基础及20家子公司)	对于债务人以其特定财产提供担保的债权,以2022年为第一年,自第四年起逐年还本,首期还本日为2025年12月21日,还本比例分别为10%、10%、10%、15%、15%、20%、20%,每年按照未偿还本金的金额付息对于建设工程价款优先受偿权,以2022年为第一年,自第一年起开始逐年还本,首期还本日为2022年12月21日,还本比例为30%、30%、40%
	供销大集及24家子公司	以2022年为第一年,自第二年起逐年还本,还本比例分别为5%、5%、5%、5%、10%、15%、15%、20%、20%,每年按照未偿还本金的金额付息
普通债权	航空板块企业(ST海航及10家子公司)	每家债权人10万元以下(含)的部分以自有资金一次性清偿完毕。超过10万元的部分以救助贷款或其他普通债权方式(64.38%关联方+35.61%股票抵债)清偿。抵债价格为3.18元/股
	机场板块(ST基础及20家子公司)	每家债权人10万元以下(含)的部分以自有资金一次性清偿完毕。超过10万元的部分以救助贷款债权或其他普通债权方式(100%股票抵债)清偿。抵债价格为15.56元/股
	供销大集及24家子公司	每家债权人1万元以下(含)的部分以自有资金一次性清偿完毕。超过1万元的部分以100%股票抵债清偿。抵债价格为4元/股,较最新收盘价3.86元高3.63%

资料来源:法询金融固收组报告。

参考文献

[1]法询金融固收组.突发!海航破产重整案执行完毕[R].2022.

[2]高庆寅.农业上市公司财务危机成因与对策研究:以獐子岛事件为例[J].现代商业,2014(32):59-60.

[3]国盛证券.债券违约专题研究:违约启示录(2021版)[R].2021.

[4]国信证券.航空行业专题研究:盘点海航航空资产,重组影响深远[R]. 2021.

[5]刘晓琳.獐子岛财务舞弊探析:基于舞弊三角理论的视角[J].中国管理信息 化,2020(23):41-42.

[6]三味财经微信公众号.恒大债务危机:"恒"看成岭侧成峰,融资手段各不同 [Z].2021.

[7]申万宏源.航空起风时系列深度报告:海航机队调整对未来洲际航空市场的 影响展望[R].2022.

[8]世联行.房地产市场2021年回顾与2022年展望[R].2022.

[9]特纳.债务和魔鬼[M].王胜邦,徐惊蛰,朱元倩,译.北京:中信集团出版社, 2021.

[10]信达证券.再遭"黑天鹅",扇贝存货异常或致全年亏损[R].2018.

[11]雪球.中国房地产行业的现状与中长期趋势[Z].2018.

[12]时红秀.恒大债务危机带来的四点启示[J].银行家,2021(11):11-14.

第二篇
公司层面的理论研究

第四章 关联关系、融资约束缓解 与投资动态调整

——来自担保贷款融资与风险权衡的结构性研究①

　　本章研究被担保企业的融资—风险权衡,发现表面"锦上添花"实则关联驱动的担保贷款是一个"紧箍咒"。首先考察什么类型的公司进行担保,发现担保贷款公司在利润率、市场表现、规模上显著好于非担保贷款公司。担保贷款表面上"锦上添花"而非"雪中送炭",实际上关联关系才是担保贷款形成的最重要因素,远远高于贷款额度、企业基本面和产业政策的影响。一方面,担保贷款确实能够缓解民营企业未来融资约束,其他类型贷款无法缓解。另一方面,担保贷款也放大了企业贷款后的风险。担保贷款后投资扩张的企业少于投资收缩的企业,关联关系能够起到监督投资的积极作用,也会导致投资资本化不足。融资和风险权衡显示:扩张和收缩的投资调整均来自融资而非风险,关联关系对两种投资变化都有显著影响,都表现出监督作用。担保贷款在缓解民营企业融资约束的同时,在破产风险、后续投资上都带来了新的问题。

第一节　引　言

　　融资约束如何影响企业微观行为是公司金融的核心问题。Farre-Mensa

　　①　本章感谢首届金融学者论坛(2018)、2018 年中国金融学术年会(最佳论文,清华五道口)、第十七届中国青年经济学者论坛(2017)、第十四届中国金融学年会(2017)、2017 年《金融研究》论坛、林毅夫教授回国任教 30 周年学术研讨会上专家的宝贵意见,以及埃里克·马斯金(Eric Maskin)、刘晓蕾、王浩、孙谦、孔东民、帕特里克·博尔顿(Patrick Bolton)、史蒂文·翁杰纳(Steven Ongena)、姜纬、郑志刚、乔斯·沙因克曼(Jose Sheinkman)、莫里科·拉腊因(Maurico Larrain)、史晋川、姚铮等的帮助。

和 Ljungqvist(2016)发现，被归为融资约束的公司实际行为并未表现出受约束，这是因为这些公司完全不必担心它们能否举债融资。长期以来，民营企业受到本身资金规模和家族式经营的限制，以及缺乏政府和正规金融的帮助与保护，融资约束一直是其面临的重大难题，这也是国内学术界的一致共识。本章试图从担保贷款的角度观察民营企业融资约束问题，担保贷款一定程度上具有解决民营企业金融抑制、弥补直接融资不足、发挥信用增进功能等积极作用，这一视角为 Farre-Mensa 和 Ljungqvist(2016)提供了有力的支持证据。担保贷款的双刃剑性表现在会由于风险传染而产生击垮民营企业、诱发逆向选择、放大系统性风险、冲击区域金融和金融稳定等消极影响。

首先，从融资方面来看，本章将探讨担保贷款这柄双刃剑能否缓解融资约束。担保贷款能够缓解融资约束的本质原因是担保企业对贷款企业进行了信用增进。理论文献指出不完备资本市场信用增进的方式是抵押品(Aghion and Bolton，1992)，张小茜和孙璐佳(2017)从抵押品清单扩大角度提出，这种信用增进导致中国企业过度杠杆化。钱雪松和方胜(2017)的研究显示，担保物权制度改革对民营企业负债融资有显著影响，导致民营企业流动性负债增加、长期负债滞后增长。但是，民营企业缺乏固定资产、信用记录不完整等导致其信贷风险很高，这是制约其发展的瓶颈。

发达国家解决这一问题则更多采取交易信用(trade credit)，美国非金融类公司提供给其客户的交易信用是银行贷款的 3 倍(Barrot，2016)。中国解决这一问题普遍采取担保贷款，实际是银行信贷和交易信用的结合，利用担保方的保证、抵押、质押、留置或定金，增强被担保企业信用，获取银行贷款。Bharath 等(2011)提出了关系在贷款合约中的重要作用，国内研究也关注了政企关系(余明桂和潘红波，2008)、企业间关系(盛丹和王永进，2014)的重要性，这些文献捕捉了缓解民营企业融资约束的中国特有因素，本章则进一步从担保贷款这一特定融资工具角度进行考察，探索担保与被担保企业间关联关系对担保贷款以及企业事后投资行为的影响。

其次，双刃剑的另一方面在于担保贷款的风险。近来，担保贷款的消极影响正逐渐显露。2008 年国际金融危机以来，据国家发改委中小企业司 2009 年初的统计，相当部分中小企业已面临资金链断裂等困难，至 2011 年，温州和鄂尔多斯相继爆发民间借贷危机，中小企业资金链断裂，企业主纷纷"跑路"。2012 年夏天，浙江民营企业的信用危机更扩散到正规金融中的银行贷款，2011—2014 年，上海钢贸企业一直深陷联保危机。面对市场频发的担保链事件以及银行流动性收紧的影响，担保贷款不但未曾下降，反而超速发展，风险不断蔓延。最近,担保贷款引发的债务风险事件频发,例如 2017 年乐视深陷母子公司担保泥潭,2018 年 5 月盾安环境的母子公司、交易伙伴担保导致其债务危机爆发。

国际上,2008 年金融危机导致交易信用下降,经济下行期银行资金收紧增加了金融中介的实际成本,商业银行成为风险传染的重要根源(Paravisini et al. ,2014)。中国担保贷款还存在更直接的风险传染渠道。2013 年十八届三中全会《中共中央关于全面深化改革若干重大问题的决定》提出,积极发展"混合所有制经济"。2016 年国企改革大幕拉开,最新公布的国有企业改革方案强调"双向混合",国企与民营企业间的担保贷款迅猛增加,民营企业信贷风险也会经担保贷款转移至其他经济体。

鉴于以上担保贷款的融资与风险特点,本章试图探讨以下问题:什么类型的公司进行担保? 担保贷款对民营企业的影响究竟怎样? 能否缓解民营企业融资约束? 民营企业通过担保贷款获得的融资是否用于实体经济? 目前担保贷款相关研究尚处于起步阶段,研究的视角主要集中于担保网络对信贷市场的影响(王永钦等,2014)、担保网络的负面效应(曹廷求和刘海明,2016)、货币政策与担保圈的互动作用(刘海明和曹廷求,2016),这些重要文献对担保贷款问题开始了规范的学术思考,给担保贷款的风险传染和监管提供了实证研究证据和政策建议,本章进一步关注担保贷款对借款企业微观层面的融资与风险权衡(financing vs. risk trade-off)[①]。

本章首先考察什么类型的公司会进行担保,发现获得担保贷款的公司在利润率、市场表现、规模上显著好于获得其他类型贷款的公司,担保贷款更多地表现出锦上添花而非雪中送炭。但是当加入关联关系后,Logit 模型的解释力度大大提高,关联关系是更重要的原因,有关联关系的企业更容易获得担保,关联关系的影响远强于贷款额度和产业政策。与以往文献不同的是,本章还考虑了公司在获得两种类型贷款的事后行为改变,采用 Erel 等(2015)的方法识别当前和未来融资约束,发现担保贷款确实能够缓解民营企业未来的融资约束。但硬币的反面是,担保贷款也放大了企业贷款后的风险,表面锦上添花、实则关联驱动的担保贷款放大了企业破产风险。虽然担保贷款可能导致债务堆积(debt piling),成为风险传染和扩散的"导火线",但是比起没有担保的贷款,这种风险

---

①　Rampini 和 Viswanathan(2013)、Rampini 等(2014)的系列文献提出了融资对风险管理的权衡(financing vs. risk-management trade-off)理论。他们的研究显示,存在融资约束的公司较少甚至根本没有进行风险管理的对冲,因此其面临的风险较高。中国公司较少采取积极的对冲策略,风险暴露度更高。因此本书将其称为"融资与风险权衡"。

传染由于关联关系有一定降低和约束作用,本章观察到关联关系起到的制约作用。

本章从关联关系角度考察企业投融资互动性,发现这种关联关系直接约束后续各年度的投资。本章对获得担保贷款的企业考察融资和风险对投资调整的边际效应,发现了更令人担心的现象——担保融资资本化程度不高,担保贷款后投资收缩的公司多于投资扩张的公司。在融资与风险权衡中投资增长型和投资收缩型企业都倾向于融资而非风险角度,具体可以看到:对于投资扩张的公司,担保贷款额度越高,未来扩张投资概率越低;对于收缩投资的公司,担保额度越多,投资收缩可能性越高。可以看到,融资无法通过投资转化成资本,关联关系均起到了显著的抑制投资作用。

本章研究框架如下:第二节是文献回顾;第三节是投融资模型和研究假设;第四节分析民营企业担保贷款特征;第五节为实证结果;最后对本章进行了总结。

第二节　担保贷款文献回顾

一、担保贷款与民营企业融资难

创业板和公司债市场启动之前,由于民营企业进入股票和债券市场进行直接融资非常困难,银行贷款是解决民营企业融资困境的希望所在,但是体制内正规金融对民营经济的信贷配给效应使民营企业从我国现有银行体系中获得的金融支持远远低于国有企业。对此,学者们主要从民营企业贷款难角度剖析民营企业融资约束。已有观点从银行市场结构论(林毅夫和李永军,2001)、所有制歧视论(张杰,2000)和规模歧视论等角度进行分析,近来学者们更进行了中国特有因素的思考。新的市场环境下,虽然债券市场有望给民营企业带来新机遇,但是 2014 年"上海超日债"违约(Amstad and He,2019)打破中国债券刚性兑付神话后,特别是 2016 年出现了民营企业债券违约潮,市场开始追逐具有政府隐性担保的城投债,民营企业融资难进入了一个新的历史阶段(Zhang and Wang,2020)。

新时期,中国信贷市场表现出与国际市场相反的独特性。国际市场新增贷款下降 79%(Ivashina and Scharfstein,2010),长期公司债显著增加(Almeida et al. ,2012),融资约束公司的交易信用增加(Garcia-Appendini and Montoriol-Garriga,2013)。与国际市场不同的是,中国的信贷市场却不断扩张,2009 年新增贷款多投放了 4 万亿元,之后各年度新增贷款均在 7.5 万亿元以上,而 2007年仅有 3.63 万亿元。张小茜和孙璐佳(2017)考察了 2007 年《中华人民共和国物权法》(以下简称《物权法》)和《动产抵押登记办法》带来的影响抵押品清单扩大,从而导致企业信用增进。除了这一制度性因素外,担保贷款成为民营企业获得银行贷款的重要途径,但是这些新增贷款是否有助于解决民营企业融资约束,还是暂时缓解资金紧张的同时更放大了风险,亟待更系统的理论和实证研究。

出现这一现象的一个重要原因在于中国企业特有的融资方式,特别表现在担保贷款上。一方面,Allen 等(2008)总结银行在金融系统中的四个作用,其中最重要的作用是委托监控(delegated monitoring)。作为担保贷款的担保方,担保企业比银行更了解贷款人,担保贷款的委托监控作用强于普通银行贷款,因而有利于大大降低银行监控成本,也就会出现担保贷款的增加。另一方面,如果实际借款人违约,担保方必须承担支付责任,因此 Merton 和 Bodie(1992)认为,担保是一种保险,可以保护债权人,虽然他们的模型针对的是更广意义上的金融担保。大量的文献证实,债权人保护与信贷市场规模呈正比,所以担保贷款作为一种债权人保护的积极处理方式,自然也会导致信贷市场规模扩大。

但是担保贷款又不完全等同于 Merton 和 Bodie(1992)考虑的存款保险、信用风险互换等金融合约,缺乏盯市、保证金等担保管理机制,由于被担保方与担保方往往有直接的关系,更表现出交易信用的功能。国际学术前沿对交易信用一直关注不足,关键原因在于缺乏合适的实证背景,以致近年来国际权威期刊开始偏好特殊数据库或特定法律的研究,如 Klapper 等(2012)基于供应商—客户特殊数据库、Barrot(2016)基于法国卡车运输公司;或者基于特定的法律变革,如 Campello 和 Larrain(2016)考察东欧国家动产作为抵押品的法律改革对信用增进、经济行为的影响。

中国担保贷款实践赋予这一问题更多理论分析的探讨空间,也能够给予这一学术新兴领域更易获得的数据:前者既包括传统意义上的经典理论,也包括交易信用、风险传染等新兴领域;后者因为银行是最终放款人,研究数据库不再是交易信用考察的公司间特有关系,而是可以通过银行贷款表现出来。因此,担保贷款问题能够成为具有中国特点的一个新视角,既可以检验经典理论,又可以实现学术新兴领域的突破。

二、对担保贷款问题的思考

Rajan 和 Zingales（2003）提出发展中国家的"抵押品暴政"（Tyranny of Collateral），认为发展中国家越贫困，得到银行贷款就越困难，由于财产估值成本高，因此借款者也没有抵押物可以提供。中国民营企业由于缺乏抵押物或抵押物不足，金融危机后表现出更强的融资需求，造成抵押物和融资量之间的不匹配，担保贷款是解决这一问题的主要途径。大股东利益输送需求也是担保关系形成的内在动因。郎咸平等（2001）对福建和上海担保圈、万良勇和魏明海（2009）对河北担保链的案例分析都揭示了这一问题。Qian 和 Yeung（2015）发现，银行贷款是中国公司被掏空的重要渠道，Zhang 等（2020）从担保贷款的角度解释了这一掏空渠道已经隐性化，考虑时间上的结构性模型能够发现，关联担保增加了公司的掏空行为。

企业间担保链风险通过资产负债表、信息、投资等形式传染（张乐才，2011），是部分地区不良贷款余额、不良贷款率"双升"的原因之一（俞罡，2013），甚至引发多米诺骨牌效应（杜权和郑炳蔚，2010）。张泽旭等（2012）建立企业间担保链危机传染的理论模型，认为资产负债率和对外担保金额可以作为风险警示指标。张乐才和刘尚希（2013）的银行和企业间风险传染理论模型考察了担保数量、抽贷门槛的影响。

目前国内学者多从担保链的负面作用进行分析，仅有少量文献提及担保链的积极作用：提高货币政策有效性（吕江林等，2010）、降低融资成本（张小茜和江禹亭，2013）。案例分析是研究担保链的文献的主要研究方法，由于担保链状况需要手工整理，至今没有公开的担保链数据库，曹廷求和刘海明（2016）、刘海明和曹廷求（2016）构建了上市公司之间的担保网络数据，并基于此考察了担保网络的负面效应及与货币政策的互动性。

本章与以往文献的区别在于：首先，直接考虑被担保方企业的融资—风险权衡，而不是以往文献中的对外担保企业（即担保方）。王琨等（2014）基于现金—现金流敏感性的实证研究表明，集团向公司提供担保可以缓解公司的融资约束。王永钦等（2014）基于华东地区某地级市商业银行贷款数据的研究显示，企业担保往来并不影响贷款利率，关联企业数量不影响企业获得担保贷款和抵押贷款的额度。本章重点分析担保贷款能否缓解民营企业融资约束以及投融资互动影响，并进一步考察关联关系的效果。

其次，考察结构性变化是本章与这一新兴领域中已有文献的另一区别。

Roberts(2015)的研究提出了贷款路径(loan path)的重要性,Ru(2018)考察了市委书记到任后 6 年对贷款的影响,本章结合 Roberts(2015)、Ru(2018)的方法,进一步考察担保贷款是否改变企业行为及其结构变化。

最后,本章还增加了企业破产风险的观察视角。根据 Stiglitz-Weiss 的信贷配给(credit rationing)理论,对于那些原本无法得到银行贷款的企业,通过担保获得贷款后,银行会要求一个更高的贷款利率或者较短的贷款偿还期,这就迫使企业扩大投资于高风险项目,贷款违约风险必将增加(张小茜,2007)。同时,金融危机的发生导致贷款遭遇估值跳水(haircut),即担保物价格大幅下跌,银行抽贷或者贷款到期后不续贷,这将进一步加剧被担保企业风险(Gorton and Metrick,2010;Yorumazer,2013)。因此,本章还增加考察担保贷款对企业破产风险的影响。

第三节　投融资决策模型和研究假设

一、两期投融资决策时间线

He 等(2014)考虑了一个 2 期投资过程,来研究利润不确定性和经理人道德风险的关系,其中投资决策为:0 期是否投资一个项目,1 期经理人选择是否努力、项目现金流实现、2 期公司了解到利润并调整投资水平。Chava 和 Roberts(2008)基于美国上市公司贷款数据的实证研究揭示了融资是如何影响企业投资的,他们发现银行通过在贷款中增加威胁条款来介入企业管理。本节增加企业在投资前的融资决策,考虑担保融资是否改变企业的投资决策和风险变化。考虑一个 2 期企业投融资决策过程,图 4.1 是决策时间线。

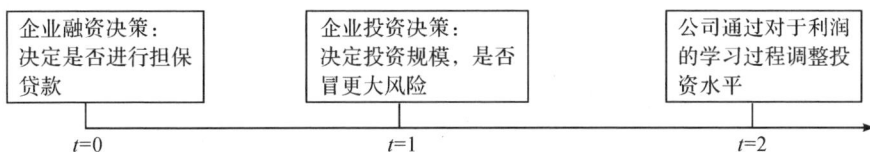

企业融资决策:决定是否进行担保贷款	企业投资决策:决定投资规模,是否冒更大风险	公司通过对于利润的学习过程调整投资水平
$t=0$	$t=1$	$t=2$

图 4.1　企业投融资决策的时间线

(1)$t=0$:公司进行融资决策,选择是否进行贷款,是进行担保贷款还是其他形式的贷款,选择怎样的担保人。显然对公司而言,获得贷款的便利程度逐级递增,而且担保人的信用等级、企业性质也对此有影响,例如民营企业如果有国有企业担保将更易得到贷款[①],一个特殊情况是担保公司与被担保公司是母子公司或交易伙伴关系,贷款融资为 $F \geqslant 0$。

(2)$t=1$:公司进行投资决策,形成担保,转移相应抵押品 c,获得贷款 F 进行投资。由于采用担保方式,抵押品可以是被担保企业自身提供,也可以由担保方提供,假设担保方提供的抵押品所占比例为 δ($0 \leqslant \delta < 1$,取值为 0 表示无抵押品的信用担保),投资为 I。

(3)$t=2$:公司对利润的学习过程,假设贷款利率为 r。为表述方便假设无风险利率为 0(He et al.,2014)。公司利润有两种状态,经理人努力时获得高现金流 C^H,不努力时获得低现金流 C^L,$C^H > C^L$,获得高现金流的概率为 p。企业根据观察到的利润重新调整投资水平。

二、投融资决策模型

情况 1. 没有信用增进的基准模型

期初没有贷款融资,期末不需归还贷款利息。期末现金流有两种状态 C_N^H、C_N^L,$C_N^H > C_N^L$。给定公司现在的状态 ω[②],则公司的最优化问题为

$$V(\omega) = \max_I \{V(\omega_1) - I + pC_N^H + (1-p)C_N^L\} \qquad (4.1)$$

情况 2. 进行担保贷款融资

在 0 时刻进行担保贷款融资,支付担保费用 αF,$0 < \alpha < 1$。$t=1$ 时刻担保贷款放款,获得融资 F,投资 I_1。在 $t=2$ 时刻,观察到企业利润、调整投资水平,为了考察投资扩张还是收缩,相比前一期情形下的投资变化率为 $\lambda = I_2/I_1$,λ 取决于观察到的利润,$\lambda > 1$ 为投资扩大,$\lambda < 1$ 为投资收缩。经理人努力程度有两种可能,C_F^H、C_F^L,对应的概率变为 p'、$1-p'$。因为获得外部融资,实现的现金流高于没有外部融资时的现金流,即 $C_F^H > C_N^H$,$C_F^L > C_N^L$。公司的优化问题为

$$V(\omega) = \max_{I,\lambda} \{V(\omega_1) - \lambda I + p'C_F^H + (1-p')C_F^L - (\alpha+r)F\} \qquad (4.2)$$

记式(4.1)的最优解为 I_U^*,则式(4.2)的最优解为 $I_U^* + \Delta I_G$,其中 ΔI_G 为由于引入担保贷款的投资调整。

[①] Shi 和 Zhang(2018)考察了经济结构发生变化时公司投资行为在产权上的异质性和调整,本书后续实证样本只考察民营企业,因此不考虑产权的影响,这样也使得本书研究重点更突出。

[②] He 等(2014)考虑经理人和股东的代理问题,ω 为经理人合约,为简化模型此处仅假设为基本状态,相当于 Bolton 等(2013)中的 s。

情况 3. 进行其他类型贷款融资

在 0 时刻进行其他类型贷款融资,与第二种情况不同的是,不需要支付担保费用,但是后期需要支付更高的利息,$r' > r$。在 $t = 1$ 时刻获得贷款放款,因此在 $t = 2$ 时刻现金流与第二种情况一致。

公司的优化问题为

$$V(\omega) = \max_{I,\lambda}\{V(\omega_1) - \lambda I + p'C_F^H + (1 - p')C_F^L - r'F\} \tag{4.3}$$

上式最优解为 $I_U^* + \Delta I_{UG}$,其中 ΔI_{UG} 为由于引入非担保贷款的投资调整。比较式(4.2)与式(4.3),如果 $r' \neq \alpha + r$,则 $\Delta I_{UG} \neq \Delta I_G$。

因此,企业的投融资决策可以表示为

$$V(\omega) = \max_{I,\lambda}\{V(\omega_1) - I + pC_N^H + (1 - p)C_N^L, V(\omega_1) - \lambda I + p'C_F^H + (1 - p')C_F^L$$
$$- (\alpha + r)F, V(\omega_1) - \lambda I + p'C_F^H + (1 - p')C_F^L - r'F\} \tag{4.4}$$

无贷款时投资成功概率为 p,有贷款时投资成功概率为 p',记成功概率差为 $\Delta_p \equiv p' - p$。同理,无贷款现金流的差 $\Delta C_N \equiv C_N^H - C_N^L$,有贷款时的差为 $\Delta C_F \equiv C_F^H - C_F^L$。

触发担保贷款条件(trigger)为

$$\begin{cases} C_F^H - C_N^H - (1 - p)(\Delta C_F - \Delta C_N) + \Delta p \Delta C_F > (\alpha + r)F + \Delta I_G \\ \alpha < r' - r \end{cases} \tag{4.5}$$

由式(4.5)可见,当经济下行时,项目失败概率 $1 - p$ 增加,左边的现金流差值减小,如果保持融资 F 不变,触发担保贷款的区间应该收缩。2008 年金融危机后,中国经济刺激政策释放大量贷款、刺激扩大投资,即式(4.5)右边大幅上升,而市场运行结果即式(4.5)左边下降,可能导致(4.5)式不成立,即触发担保贷款的条件不成立下企业却获得担保贷款,必然导致企业和信贷市场风险增加,因此本章还将考察企业流动性和破产风险。

假设 4.1　融资风险权衡假设:担保贷款能够缓解融资约束,但是也会增加破产风险。

三、担保贷款合同中涉及的关系

担保贷款对企业投资和风险的影响会根据担保关系而不同,这是本章研究的一个重点。担保贷款合同中存在三个主体:贷款企业、担保企业、银行。这三者的关系体现了信息不对称对贷款合约的影响,同时,三者的关系不同会导致以上的优化目标函数改变。本章着重考虑三种类型的企业与担保方关系:母子公司、交易伙伴、无关联企业。[①]

(一)母子公司

Merton 和 Bodie(1992)指出,母公司为子公司担保比外部担保方有效,因为母公司更了解被担保企业的实际信息和运作情况,这种信用增进大大降低了担保方和贷款企业之间的不对称信息问题,子公司的重要资讯报告是外部无法得到的,而母公司却可以通过会计系统进行实时监控,这也使得道德风险和代理人问题远低于外部担保方。除此以外,企业实际可以节省担保费用,即式(4.2)中的融资成本实际只是利息 rF。在这种情况下,企业投资决策(4.4)式中第二项一定大于第三项,企业选择担保贷款而不是其他形式的贷款,因为这样大大降低了融资成本。

(二)交易伙伴

Petersen 和 Rajan(1997)总结了利用交易信用融资的优点,也可以用于解释为什么交易伙伴愿意作为担保方。首先,担保贷款是从银行借款,担保方还会收取担保费收入,不需要像交易信贷那样从自己口袋里掏出本金,大大降低了信用风险。其次,帮助交易伙伴担保使借款企业获得贷款资金可以扩大它的需求。最后,借款企业会提供交易便利(trade benefit),为担保方带来价格歧视(price discrimination):如果担保方是供应商,借款企业会承诺赋予更高的商品价格、购买更多的产品、提前付款;如果担保方是客户,价格歧视依然存在,而且客户担保方还将持有担保合约履行的威胁(threat)以防止借款企业违约。硬币的另一面,Jacobson 和 Shedvin(2015)研究了企业破产通过交易信用的风险扩散,指出其渠道既来自信用损失又来自需求收缩。

(三)无关联企业

地方政府通过介入企业间关系,撮合辖区企业间缔结担保合约从而帮助企业获取贷款(万良勇和魏明海,2009),这会导致借款企业投资于更高风险的项目(曹廷求和刘海明,2016)。这样的担保关系不会降低信息不对称问题,而且

---

① 本书试图从公司层面角度考察,而不是传统的银企关系角度,主要有以下几方面的原因:首先,Bharath 等(2011)将银企关系研究做到了极致,他们深刻考察银行和企业间的关系,发现相同贷款人的重复借贷导致贷款价差(loan spread)平均下降10～17 个基点。其次,数据上,大量的贷款观测中没有列清楚具体银行,只是"银行""各种银行""商业银行""金融机构"等模糊表达,其他披露银行支行信息的事件又可能涉及许多当地贷款政策、经济政治环境等问题。最后,要考察银行和企业的关系,两个因素——贷款价格和到期时间——非常重要,但是数据中贷款价格(利率)数据很少披露。

贷款方式往往是信用担保,借款企业不需要提供抵押品,担保方没有任何保证借款企业还款的威胁(threat)条款,因此与前两种情况不同,这种担保关系会刺激借款企业投资扩张,企业风险增加。

因此,本章从担保关系角度考察对企业投资行为的影响,提出以下假设:

假设 4.2　关联便利假设:关联企业更可能通过担保贷款获得融资,关联企业担保降低了贷款企业采取高风险投资的可能性,关联企业的委托监督功能使得借款人更倾向于融资功能,也会使得后期的投资调整更表现为投资收缩。

本章的第一个假设实际上提供了一个新的机制分析,经典理论认为担保是一种风险分担(risk sharing),国际学术前沿开始考虑金融机构间的风险分担和传染的权衡,本章从担保贷款角度提供了企业和金融机构间风险分担的证据。假设 4.1 考虑经济下行时,原本不该获得担保贷款的公司却得到低息的银行贷款,假设 4.2 进一步解释关联企业的担保贷款使得借款企业在后期表现为投资收缩,原本不应该获得的低息贷款又没有通过投资资本化,这种异象(anomaly)是担保贷款带来的新问题。

第四节　担保贷款特征

一、样本选择和剔除说明

本研究选取的样本为中小板上市公司[①],数据来源于国泰安数据库、Wind金融数据库提供的银行贷款数据和企业财务年报。截至 2019 年 10 月 30 日在A 股中小板交易的 941 家企业,剔除金融业、其他企业属性,共取得 703 家民营企业、137 家国有企业样本。这一样本的选取便于更清晰地观察融资约束是否缓解,而且本章的样本在这一板块中的覆盖比为 89.3%,没有做其他严格的样本删选或过滤,一定程度上避免了样本选择偏误(selection bias)的问题。本节共收集样本公司从 1996 年 1 月 1 日到 2019 年 10 月 30 日发布公告的 28549个贷款事件,其中担保贷款事件 14516 个。

---

　① 融资约束更多出现在中小型民营企业,即使中国工业企业数据库也无法全面描述,而且存在无法追踪事件影响的弊端(Norden and Kampen,2013)。本书选取中小板上市公司数据,既可以弥补上市公司融资约束描述不足,又可以规避非上市公司数据不完整的弊端。根据 2018 年 5 月《中小企业板十四年运行情况总结报告》,中小板的研发投入信息披露质量好于主板。

二、样本公司担保贷款发展趋势

图 4.2 总结了样本公司 2007[①]—2018 年两类贷款的发展趋势。经统计，2011 年样本公司担保贷款 225.7 亿元、无担保贷款 25 亿元，担保贷款是这类公司的主要银行贷款方式，之后两类贷款均大幅增加，2013 年无担保贷款首次超过担保贷款。2018 年担保贷款总额为 4473 亿元，无担保贷款为 8179 亿元。

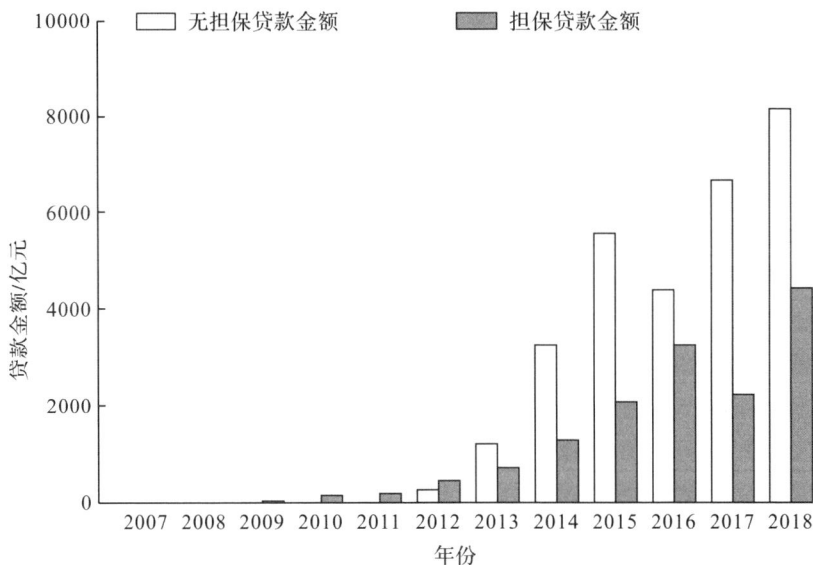

图 4.2　样本公司贷款发展趋势

数据来源:根据样本公司贷款事件分类汇总。

三、担保贷款金额和次数特征

表 4.1 汇总了 2007—2019 年中小板民营企业所有年报中披露的担保贷款情况。Panel A 显示，总体来看，2011 年后获得融资企业数、总次数迅速上升，平均金额和平均次数均在 2014 年后保持在高位。可见，担保贷款从次数和金额上都有明显放大。Panel B 按照公司对担保贷款次数和金额进行了汇总，有大量公司存在着多次担保贷款经历，只有一次担保贷款的公司仅有 83 家。

————————————

① 由于 2004 年中小板开启，数据及相关公告在 3 年新开幕期内不断完善，因此从中小板开启 3 年后统计。

表 4.1　担保贷款汇总

Panel A. 按年度汇总

时间	获得融资企业数/家	总次数/次	次数/次			金额/百万元		
			平均	最小	最大	平均	最小	最大
2007 年	38	79	2.079	1	9	0.0125	0.0005	0.139
2008 年	89	295	3.315	1	13	0.0906	0.001	4.038
2009 年	99	325	3.283	1	11	26.37	0.0003	210
2010 年	102	365	3.578	1	30	264.9	8.800	4450
2011 年	146	637	4.363	1	51	282.1	2.500	2770
2012 年	239	810	3.389	1	26	362.5	1.500	5840
2013 年	215	840	3.907	1	52	464.7	4	8515
2014 年	248	1196	4.823	1	74	716.4	2.500	22278
2015 年	288	1505	5.226	1	150	1006	2	49648
2016 年	314	1939	6.175	1	218	1426	1.500	55600
2017 年	358	2079	5.807	1	189	948.9	1	15771
2018 年	384	2718	7.078	1	331	1707	2	60700
2019 年（前 10 个月）	295	1724	5.844	1	116	1566	6	24398

Panel B. 按公司汇总

担保贷款次数/次	观测个数	总金额/百万元			
		平均	最小	最大	中位数
1	83	360.2	4	5000	100
2～10	271	535.1	0.0010	12100	259
11～20	104	1493	0.0050	27100	899
21～50	119	3953	0.0015	61000	1735
>50	69	15836	65.50	142000	5840

注:根据担保贷款事件公告对企业进行汇总。对担保金额,本节删除了担保金额缺省的观测值进行汇报。

四、行业分布特征

表 4.2 为截至 2019 年 10 月中小板民营企业担保贷款的行业分布,可以部分解释 Mishkin(2016)提出的资金配置问题,其从担保贷款角度剖析资金在行业上的配置。租赁和商务服务业、批发零售、房地产在担保贷款金额和次数上都遥遥领先,传统制造业虽然担保贷款次数较多,但平均金额没有前述行业高。担保贷款对民营企业来说是一种很好的融资增信方式,从平均金额上,排名前

两位的房地产、租赁服务,其担保贷款的确有弥补"抵押品暴政"的可能,经济转型、促进服务业发展的新增长点有可能成为促进实体经济的新突破。

表 4.2　截至 2019 年 10 月中小板上市公司担保贷款统计

行业	观测值个数	观测值占比/%	民营企业		国有企业	
			观测值个数	平均金额/亿元	观测值个数	平均金额/亿元
制造业	9973	68.70	8027	172.1	1735	217.0
租赁和商务服务业	1367	9.42	1272	351.6	93	1000
批发和零售业	708	4.88	652	230.6	32	120.7
房地产业	630	4.34	359	492.3	258	53.32
建筑业	593	4.09	463	133.9	118	362.4
信息传输、软件和信息技术服务业	581	4.00	511	190.3	41	40.57
农、林、牧、渔业	150	1.03	105	114.9	36	70.99
科学研究和技术服务业	116	0.80	92	170.4	22	78.53
交通运输、仓储和邮政业	106	0.73	55	117.6	41	103.3
电力、热力、燃气及水生产和供应业	84	0.58	55	60.82	24	90.27
水利、环境和公共设施管理业	68	0.47	55	148.5	11	78.64
卫生和社会工作	66	0.45	66	96.86		
采矿业	35	0.24	22	73.50	11	36.67
文化、体育和娱乐业	27	0.19	15	253.8	—	—
住宿和餐饮业	9	0.06	9	50.86	—	—
教育	3	0.02	1	—	1	1300
总计	14516	100.00	11759	197.1	2423	197.4

注:平均金额仅对报告金额的观测值计算平均。

五、担保形式及关联占比

表 4.3 汇总了中小板上市公司担保贷款和无担保贷款的次数、关联占比和贷款金额。原始数据中将贷款分为 5 种类型,分别为:1 信用贷款、2 担保贷款(01—保证贷款;02—质押贷款;03—抵押贷款)、3 贷款外其他表内业务(04—

项目融资;05—贸易融资;06—票据贴现;07—其他项)、4 表外业务(08—信用证;09—票据承兑;10—其他项)、5 其他授信项。表 4.3 显示,民营企业担保贷款中关联占比 91.34%,国有企业担保贷款中关联占比 93.48%,非关联担保比例不足 10%,不关联担保可能来自地方政府的"拉郎配"。表 4.3 的数据显示了担保贷款中政府干预并不强。

　　表 4.2、表 4.3 的统计中包含国有企业样本,因为在此期间混改等因素造成企业属性变更,企业属性均根据年初企业属性进行统计,后六列分别对贷款的三个特点——利率、到期时间、金额进行描述及均值检验。Panel A 显示民营企业担保贷款平均利率为 7.28%,到期时间平均为 1.44 年,担保贷款对民营企业有一定的缓解融资约束作用,没有增加融资成本(利率没有显著高于其他贷款),到期时间略有放宽(比其他类型贷款显著长 2.78 个月),但是平均金额显著低于其他类型贷款,表明担保方还是有一定顾忌。Panel B 显示国有企业中担保贷款的利率显著低于其他类型贷款,担保贷款对国有企业的融资增信功能更强,对民营企业只是提供了融资便利,并没有影响贷款价格,对国有企业还进一步降低了融资成本。

表 4.3　中小板民营企业的担保形式和关联占比

Panel A.民营企业

贷款类型	总次数	关联占比	利率/%		到期时间/年		金额/百万元	
			次数	均值	次数	均值	次数	均值
担保贷款	12093	91.34%	127	7.284	4670	1.437	7294	194.12
无担保贷款	11675		58	6.992	4712	1.206	8295	340.93
担保 vs. 无担保	1.036：1		不显著		> (***显著)		< (***显著)	

Panel B.国有企业

贷款类型	总次数	关联占比	利率/%		到期时间/年		金额/百万元	
			次数	均值	次数	均值	次数	均值
担保贷款	2423	93.48%	26	4.804	935	1.624	1819	197.44
无担保贷款	2358		62	5.890	1012	1.418	1850	359.04
担保 vs. 无担保	1.028：1		< (***显著)		> (***显著)		< (***显著)	

注:此处后六列对利率、期限和金额的描述性统计皆剔除缺省的观测值。

第五节　实证结果

一、要不要担保？

为了考察什么样的企业选择了担保贷款，构造一个二元反馈变量：

$$\text{Guaran}_m = \begin{cases} 1, \text{第 } m \text{ 个贷款为担保贷款} \\ 0, \text{第 } m \text{ 个贷款为其他贷款} \end{cases} \tag{4.6}$$

建立 Logit 模型：

$$\text{Logit}(\text{Guaran}_m) = \alpha_i + \alpha_s + \alpha_{lt} + \zeta \text{Loan}_m + f(\text{控制变量}) + \varepsilon_m \tag{4.7}$$

其中，Guaran 是选择担保贷款还是其他贷款的结果，参考 Jiang 等（2016）仅考虑贷款的横截面回归。Loan 是贷款金额/总资产，控制变量为一系列企业层面变量（Qian and Yeung，2015），包括账面负债率（总负债/总资产）、利润率（息税前利润/总资产）、有形资产比例（有形资产/总资产）、账面市值比、规模（总资产对数）、成立年数、是否国有企业，为降低内生性均取期初值。

表 4.4 前两列参考 Jiang 等（2016）进行横截面数据回归，结果显示，Leverage、Profit、MB、Size 系数显著为正，表明利润好、市场表现好、杠杆率高、规模大的企业更容易获得担保，意味着担保贷款是"锦上添花"而非"雪中送炭"。Loan 系数显著为负，说明贷款金额越高，获得担保贷款的可能性越小，这个结果与表 4.3 的统计结果一致。第（3）—（4）列分别增加考虑战略性新兴产业（StrInd）[1] 和是否关联（Relating），第（5）列同时加入，第（4）—（5）列加入 Relating 项后 R^2 从 5% 大幅提高到 71%，表明关联关系可以很大程度上解释能否获得担保贷款。五个回归中第（5）列 R^2 最高，因此后续的回归都建立在第（5）列基础上。

本研究发现，加入关联关系 Relating 后的回归结果显示，Loan 的系数不显著，关联关系比贷款金额、企业基本面和产业政策对能否形成担保贷款更重要，有关联关系的企业更容易获得担保。

---

[1]　指标 StrInd 的划分标准参考韩乾和洪永淼（2014）。

表 4.4　担保贷款发生的 Logit 回归

变量	(1)	(2)	(3)	(4)	(5)
Loan		−8.907***	−8.927***	−0.599	−0.579
		(0.361)	(0.362)	(0.429)	(0.428)
Leverage	0.012***	0.006***	0.006***	0.008 *	0.007
	(0.002)	(0.002)	(0.002)	(0.004)	(0.004)
Profit	0.020***	0.012***	0.013***	−0.020***	−0.021***
	(0.003)	(0.004)	(0.004)	(0.008)	(0.007)
Tangibility	−0.004***	−0.003*	−0.004**	0.003	0.004
	(0.001)	(0.002)	(0.002)	(0.004)	(0.004)
Market/Book	0.0000	0.0004***	0.0003***	0.0003**	0.0004***
	(0.000)	(0.000)	(0.000)	(0.000)	(0.000)
Size	0.133***	0.060***	0.057***	0.099**	0.109**
	(0.016)	(0.021)	(0.021)	(0.047)	(0.047)
Age	−0.030***	−0.026***	−0.025***	0.000	−0.001
	(0.002)	(0.003)	(0.003)	(0.007)	(0.007)
SOE	−0.203***	−0.061	−0.054	−0.271***	−0.283***
	(0.034)	(0.040)	(0.040)	(0.089)	(0.090)
StrInd			0.177***		−0.457***
			(0.042)		(0.097)
Relating				6.128***	6.170***
				(0.080)	(0.081)
Constant	−1.104***	−0.124	−0.120	−3.781***	−3.784***
	(0.185)	(0.235)	(0.235)	(0.532)	(0.535)
Pseudo R^2	0.0278	0.0571	0.0577	0.711	0.712
观测值个数	27908	18859	18859	18859	18859

注:括号内为 t 值。*、**和***分别表示在10％、5％和1％的水平上显著。

二、担保贷款到底怎样?

(一)贷款类型差异的准自然实验

表 4.4 的结果显示,SOE 的系数显著为负,表明民营企业获得担保贷款概

率显著高于国有企业，后续研究仅保留民营企业样本。[①] 为了进一步观察担保贷款对企业的影响，以有其他贷款、无担保贷款的民营企业作为控制组，以有担保贷款的民营企业作为实验组，考察贷款事件对企业融资约束和风险的影响，本节旨在观察担保贷款与其他贷款的差异。问题的难度在于企业贷款时间不同，不能像政策变化相关研究文献那样进行一般自然实验，企业行为不是在某一相同确定时间前后发生变化，而是要根据每一个企业的担保贷款或其他贷款事件进行个别处理。首先将 703 个非金融类民营企业分为 2019 年以前有担保贷款组（526 家公司）、2019 年以前有其他贷款无担保贷款组（124 家公司）、2019 年以前没有贷款公告组（53 家公司）。[②]

考察贷款类型对企业各项指标的影响，估计以下回归：

$$Y_{it} = \alpha + \beta \times \text{Treated}_i + \lambda_1 \text{StrInd}_{it} + \lambda_2 \text{PerGDP}_{it} + f(\text{控制变量}) + \varepsilon_{it} \quad (4.8)$$

其中，Y 分别为投资率、现金、资本结构、风险，均为年末值。控制变量为规模、账面市值比、就业人数的对数、有形资产比例、成立年份，均为期初值。对于风险，本节采取三个维度考察：业绩风险（Risk_ROA）、研发风险（Risk_R&D）和破产风险（Z-score）。前两个指标参考 Kusnadi(2015)：Risk_ROA 取地区行业修正的 ROA 的五年内的标准差，第 i 个公司的地区行业修正的 ROA 为 $\text{ROA}_{it} - \text{ROA}_{lt} - \text{ROA}_{st}$，即 i 公司 t 年 ROA 减去所处省份（l）、行业（s）的当年所有中小板上市公司均值；Risk_R&D 来自地区行业修正的研发支出/总资产的五年内的标准差。[③] 参数 β 表示两类企业在贷款前后的平均差异。哑变量 Treated 表征是实验组还是控制组，实验组表示接受担保贷款，取值为 1，控制组为其他类型贷款组，取值为 0。

表 4.5 结果显示，担保贷款组投资率平均高 0.375%、负债率平均高 1.911%、利润率平均低 1.898%、业绩风险平均低 0.337，有更大的动力进行研发，破产风险也更高（Z 值显著为负表明破产风险更高），担保的影响从经济和统计上都很显著。

---

① 本部分之后均为公司层面的面板数据，为了得到平衡面板，以 2019 年 10 月 30 日企业属性为民营企业的样本进行后续研究。

② 之前的版本按照贷款前一年的行业、地区、企业净值作为配对参数，采用一一对应最近倾向得分匹配方法（one-to-one nearest neighbor PSM）进行配对。由于控制组公司个数少于实验组较多，因此本版本不进行配对，这一方面也源于样本公司均来自深圳中小板，配对意义不大，但是如果样本来自全部 A 股上市公司，则需要进行配对。感谢 2018 年中国金融学术年会评论人庞家任老师的宝贵意见。

③ Kusnadi(2015)计算的 5 年内风险承受力是从当年起的后 5 年内，本书数据使用上市公司当年年末之前的 5 年内数据计算得到。

表 4.5　担保贷款的处理效应

变量	投资率	现金	负债率	利润率	Risk_ROA	Risk_R&D	破产风险
Treated	0.375**	−0.758*	1.911***	−1.898***	−0.337**	0.062**	−1.663***
	(0.180)	(0.415)	(0.431)	(0.371)	(0.155)	(0.024)	(0.447)
StrInd	−0.187	3.616***	−3.068***	0.124	0.090	0.268***	4.702***
	(0.174)	(0.402)	(0.418)	(0.360)	(0.151)	(0.023)	(0.433)
perGDP	−0.034***	−0.033***	−0.031***	−0.025***	0.025***	0.004***	−0.001
	(0.003)	(0.008)	(0.008)	(0.007)	(0.003)	(0.000)	(0.008)
Constant	9.475***	33.388***	60.472***	21.293***	11.641***	1.643***	11.157***
	(0.669)	(1.545)	(1.604)	(1.380)	(0.580)	(0.089)	(1.663)
控制变量	控制	控制	控制	控制	控制	控制	控制
观测值个数	6603	6603	6608	6608	6046	5974	6608
调整 R^2	0.086	0.175	0.542	0.127	0.044	0.056	0.158

注:括号内为 t 值。*、** 和 *** 分别表示在 10%、5% 和 1% 的水平上显著。表中投资率、现金以及负债率都是该数值占总资产的比例(%),其他变量中负债率、利润率、破产风险单位也均为%。

(二)是否缓解融资约束

参考 Erel 等(2015),构建以下模型:

$$Y_{it} = \alpha_i + \alpha_t + \beta_1 \text{After}_{it} + \beta_2 \text{CF}_{it} + \beta_3 \text{CF}_{it} \times \text{After}_{it} + f(\text{控制变量}) + \varepsilon_{it} \quad (4.9)$$

其中,After 是贷款前后哑变量,第一次贷款后为 1,第一次贷款前为 0。被解释变量 Y 分别为投资率、现金/总资产的变化以及 Z 值。CF 为现金流/期初总资产。对于投资和现金两个被解释变量,式(4.9)中 β_1 表示企业在贷款前后的平均差异,β_2 表示企业在贷款前的敏感度,$\beta_2 + \beta_3$ 表示企业在贷款后的敏感度。Erel 等(2015)指出,投资—现金流敏感性(ICF)表征当前融资约束情况,现金—现金流敏感性(CCF)表征未来融资约束情况,β_2 显著为正、β_3 显著为负表示在事件后融资约束缓解。[①]

---

① 首先,融资约束的两种直接测度指数——KZ 指数和 WW 指数——都是来自美国上市公司 Compustat 数据库,选用他们的参数估计值不能直接估算中国中小板公司的融资约束状况。Erel 等 (2015)的样本是比 Compustat 公司规模小的上市或非上市公司,这与本章的样本是同一道理。其次,针对美国上市公司,Hadlock 和 Piece(2010)提出 SA 指数,发现 KZ 指数和 WW 指数都是由公司年龄、规模主导,从并购来看,目标公司并购后企业年龄必将增加,规模必将扩大,融资约束必然缓解,即便如此 Erel 等(2015)还是认为,这三个事前分类指标不足以描述企业的融资约束缓解,因此他们选取了投资—现金流敏感性分析和现金—现金流敏感性分析来刻画。本章研究借鉴了 Erel 等(2015)的方法,以贷款为事件点考察融资约束缓解,在贷款后如果用 SA 指数看融资约束不会和并购一样有显然的规模扩大,以上三个直接指数无法观察融资约束是否缓解,而 Erel 等(2015)的方法可以观察到这一结论。

表 4.6 的回归结果揭示了有担保贷款的实验组、有其他贷款的对照组在企业投资、流动性和破产风险方面对自由现金流的敏感性差异。CF 系数在第(1)、(3)列显著为正,表明担保贷款类企业在现在和未来都有很强的融资约束,在第(2)列中 5% 水平下显著为正,在第(4)列不显著,说明对照组现在有一定的融资约束、未来没有融资约束。

表 4.6 担保贷款 vs 非担保贷款

变量	ICF		CCF		Z	
	(1)实验组	(2)控制组	(3)实验组	(4)控制组	(5)实验组	(6)控制组
After	−0.494*	−0.112	−0.329	0.211	−2.391***	−12.231***
	(0.277)	(0.729)	(0.662)	(1.832)	(0.614)	(2.467)
CF	0.030***	0.029**	0.141***	0.017		
	(0.008)	(0.012)	(0.019)	(0.033)		
CF×After	0.031	−0.055	−0.106**	−0.129		
	(0.019)	(0.063)	(0.045)	(0.158)		
ROA	0.076***	0.067**	0.322***	0.345***		
	(0.013)	(0.033)	(0.032)	(0.086)		
Salegrowth	0.008***	0.022***	−0.021***	−0.027		
	(0.003)	(0.008)	(0.006)	(0.020)		
Leverage	−0.016	−0.026	0.117***	−0.019		
	(0.013)	(0.025)	(0.031)	(0.063)		
Tangibility	0.030***	0.025	−0.195***	−0.253***		
	(0.011)	(0.020)	(0.026)	(0.051)		
Size	0.490***	0.492	−7.064***	−9.018***		
	(0.177)	(0.551)	(0.430)	(1.401)		
Age1	−0.642***	−0.737***	1.947***	2.217***	0.351*	2.234***
	(0.091)	(0.208)	(0.223)	(0.543)	(0.200)	(0.812)
StrInd	−0.837***	−0.006	5.679***	5.343***	5.059***	11.434***
	(0.285)	(0.630)	(0.687)	(1.629)	(0.673)	(2.580)
perGDP	0.013	0.014	−0.031	0.026	−0.013	0.030
	(0.015)	(0.036)	(0.036)	(0.095)	(0.035)	(0.151)
MB					0.002***	0.007***
					(0.001)	(0.003)
Employee					−3.345***	−10.170***
					(0.406)	(2.049)
Firm FE	Yes	Yes	Yes	Yes	Yes	Yes
Year FE	Yes	Yes	Yes	Yes	Yes	Yes
观测值个数	5062	1034	4805	996	4676	923
调整 R^2	0.161	0.166	0.243	0.181	0.043	0.099
公司数量/家	526	124	526	124	526	124

注:括号内为标准误。*、**和***分别表示在 10%、5% 和 1% 的水平上显著。

观察融资约束的结构性变化,CF×After 项表示的是企业融资约束是否缓解,第(1)列中该项不显著,第(3)列中显著为负,表明担保贷款虽然不能缓解现在的融资约束,但能够有效缓解未来的融资约束。对于破产风险 Z,第(5)列、第(6)列 After 指标均显著为负,表明贷款后破产风险显著增加,但实验组的系数高于控制组,表明担保贷款带来的破产风险低于其他类型贷款,担保贷款相比其他贷款有一定风险分担功能。

综上,担保贷款显著降低了企业未来的融资约束,但是破产风险也有一定的担心,员工人数越多的非战略新兴企业破产风险越大。

(三)担保贷款影响机理

1. 投融资互动性检验

考察投资对担保贷款的反向因果效应,建立回归方程:

$$\text{LoanGua}_{it} = \alpha_i + \alpha_t + \alpha_s + \eta_1 I_{i,t+k} + \eta_2 \text{OtherLoan}_{it} +$$
$$\eta_3 \text{Relcount}_{it} + g(控制变量) + e'_{it} \tag{4.10}$$

其中,$I_{i,t+k}$ 分别为前三年投资、前两年投资、前三年投资的事后效应(Ex post effect)和当年投资、后一年投资、后两年投资、后三年投资的事前效应(Ex ante effect),$k = -3, -2, \cdots, 2, 3$。LoanGua 为当年担保贷款融资额/总资产,OtherLoan 为当年其他贷款融资额/总资产,Relcount 为担保贷款中关联关系贷款比例。控制变量为 ROA、Salegrowth、Leverage、Tangibility、Size、Age,均为当年期初值。为了表征关联关系,回归中引入关联占比 Relcount。考虑到贷款金额与其他解释变量的相关性,为了降低内生性,本节均采用关联次数占比测算 Relcount。

表 4.7 的结果显示,各期投资 I 的系数只有 I_{t+1} 显著,其余均不显著,担保贷款融资并不受到前期和 1 年后后续投资的影响。OtherLoan 系数显著为正,表明其他形式的贷款越多,担保贷款金额越多,支持 Bharath 等(2011)的贷款路径依赖结论。Relcount 项系数均显著为正,表明关联性越大的公司担保贷款越多,与前面贷款层面的研究结论一致。

表 4.7　投资对担保贷款的反向因果效应

变量	(1)	(2)	(3)	(4)	(5)	(6)	(7)
I_{t-3}	−0.029 (0.037)						
I_{t-2}		−0.026 (0.037)					

续表

变量	(1)	(2)	(3)	(4)	(5)	(6)	(7)
I_{t-1}			0.005 (0.029)				
I_t				0.053* (0.032)			
I_{t+1}					0.104*** (0.033)		
I_{t+2}						0.045 (0.033)	
I_{t+3}							−0.041 (0.031)
OtherLoan	0.0412*** (0.013)	0.0394*** (0.012)	0.0305*** (0.009)	0.0358*** (0.010)	0.0602*** (0.013)	0.0844*** (0.014)	0.0559*** (0.012)
Relcount	5.7251*** (0.494)	6.3331*** (0.493)	6.3523*** (0.382)	6.1599*** (0.391)	5.4535*** (0.415)	5.0139*** (0.442)	5.2274*** (0.391)
控制变量	控制	控制	控制	控制	控制	控制	控制
Firm FE	控制	控制	控制	控制	控制	控制	控制
Year FE	控制	控制	控制	控制	控制	控制	控制
行业	3-digit	3-digit	3-digit	3-digit	3-digit	3-digit	3-digit
观测值个数	3231	3744	4272	5062	4008	3494	2987
R^2	0.151	0.166	0.197	0.160	0.178	0.269	0.248
公司数量	526	526	526	526	526	526	525

注:括号内为 t 值。*、** 和 *** 分别表示在10%、5%和1%的水平上显著。

　　本节的结果显示,企业投融资只有单向影响,并未检查出前期投资对担保贷款的反向因果关系。本节结果也显示了担保贷款存在非常显著的债务积压隐忧,一旦发生风险事件,有可能通过关联关系传导到担保人,也有可能通过其他形式的贷款传导到银行。

2. 融资与风险权衡

　　为了进一步考察投资变化的动态调整来自担保融资与风险的权衡,做以下回归:

$$\lambda_{ijt} = \alpha_i + \alpha_t + \alpha_s + \beta_2 CF_{it} + \varphi_{1t}LoanGua_{it} + \varphi_{2t}OtherLoan_{it} + \varphi_{3t}Relcount_{it} + \varphi_{4t}Risk_{it} + f(控制变量) + \varepsilon_{it} \tag{4.11}$$

其中,被解释变量 λ_{ijt} 考察后续多期投资调整 $\lambda_{ijt} = I_{t+j}/I_t, j=1,\cdots,3$。为进一步观察企业调整投资的方向,做两个哑变量 Expand(扩大投资)、Shrink(收缩投资),Expand=1,如果 $\lambda > 1$,投资不变的为 0;Shrink=1,如果 $\lambda < 1$,投资不

变的为 0。LoanGua 为担保贷款金额/总资产。Risk 分别取当年末之前 5 个年度 ROA 或研发支出/总资产的标准差[①]。

表 4.8 是考虑贷款后 3 年内的融资—风险权衡,进一步考察投资调整的具体方向,表 4.8 分别考虑投资扩张和投资收缩的 Logit 模型,本节汇报了 Logit 模型中融资和风险在均值的边际效应。Panel A 考察第 j 年后比当年投资的调整幅度,$j=1,\cdots,3$。当调整幅度 >1.1 时,取值为 1;当调整幅度在 0.9~1.1 时,取值为 0。用 Logit 模型考察投资扩大相对投资不变的发生概率。Panel B 考查第 j 年后比当年投资的调整幅度,当调整幅度 <0.9 时,取值为 1;当调整幅度在 0.9~1.1 时,取值为 0,用 Logit 模型考察投资收缩相对投资不变的发生概率。表 4.8 显示,一年后扩张投资的有 1640 个公司—年度观测值,一年后收缩投资的有 1987 个公司—年度观测值,2 年后扩张和收缩的分别有 1158 个和 1600 个观测值,3 年后扩张和收缩的分别有 791 个和 1204 个观测值,后续各年度投资收缩的公司多于投资扩张的公司,而且扩张投资的个数也逐年减少,不免让人担心融资并不能起到提振投资的作用,融资无法资本化可能是有担保贷款的民营中小企业普遍存在的问题。

表 4.8　融资和风险对投资调整的边际效应

Panel A. 扩张投资

变量	(1) 一年	(2) 二年	(3) 三年	(4) 一年	(5) 二年	(6) 三年
LoanGua	−0.002*** (0.001)	−0.000 (0.001)	0.004 (0.004)	−0.002*** (0.001)	−0.000 (0.001)	0.004 (0.004)
OtherLoan	0.000 (0.001)	−0.001 (0.000)	−0.000 (0.001)	0.000 (0.001)	−0.001 (0.000)	−0.000 (0.001)
Relcount	0.006 (0.034)	−0.070*** (0.019)	−0.019 (0.024)	0.008 (0.034)	−0.070*** (0.018)	−0.020 (0.023)
Risk_ROA	−0.007* (0.004)	0.000 (0.006)	0.003 (0.004)			
Risk_R&D				0.003 (0.024)	−0.022 (0.027)	−0.006 (0.020)
控制变量	控制	控制	控制	控制	控制	控制

[①]　之前版本中采用当年年初的 ROA 和研发支出/总资产,本版采用 5 年内的标准差,Kusnadi(2015)的指标只能放在方程左边,作为被解释变量,回归中这个指标作为解释变量,如果直接采用 Kusnadi(2015)的指标、放在方程右边会导致内生性问题,对此本章进行了调整,修正了 Kusnadi(2015)的定义,作为解释变量时采用前 4 年到当年年末的 5 个观测值计算标准差。

续表

Panel A. 扩张投资

变量	(1)	(2)	(3)	(4)	(5)	(6)
	一年	二年	三年	一年	二年	三年
Firm FE	控制	控制	控制	控制	控制	控制
Year FE	控制	控制	控制	控制	控制	控制
行业	一级	一级	一级	一级	一级	一级
观测值个数	1640	1158	791	1640	1158	791

Panel B. 收缩投资

变量	(1)	(2)	(3)	(5)	(6)	(7)
	一年	二年	三年	一年	二年	三年
LoanGua	−0.001	−0.001	0.008***	−0.001	−0.001	0.008***
	(0.001)	(0.001)	(0.002)	(0.001)	(0.001)	(0.002)
OtherLoan	0.001*	−0.000	0.001	0.001*	−0.000	0.001
	(0.000)	(0.000)	(0.000)	(0.000)	(0.000)	(0.000)
Relcount	0.046***	−0.004	0.037**	0.046***	−0.004	0.035**
	(0.017)	(0.018)	(0.016)	(0.017)	(0.018)	(0.016)
Risk_ROA	−0.001	0.006	0.005*			
	(0.004)	(0.007)	(0.003)			
Risk_R&D				−0.000	0.004	0.012
				(0.029)	(0.021)	(0.015)
控制变量	控制	控制	控制	控制	控制	控制
Firm FE	控制	控制	控制	控制	控制	控制
Year FE	控制	控制	控制	控制	控制	控制
行业	一级	一级	一级	一级	一级	一级
观测值个数	1987	1600	1204	1987	1600	1204

注:括号内为 t 值。***、**、* 分别表示在 1%、5% 和 10% 水平上显著。本表格中由于每个回归的观测值比较少,因此对行业按一级行业进行聚类,没有按 3 位数行业进行聚类。

表 4.8 的回归结果显示:首先,关联关系上,Panel A 中第(2)列和第(5)列的 Relcount 显著为负,表明关联关系的影响在担保贷款后 2 年使得扩张投资概率下降,按照关联关系在民营企业担保贷款中的均值 91.34%(见表 4.3)计算,扩张投资的可能性均大约下降 6.4%,表明关联关系能够起到监督过多投资的积极作用。Panel B 中 Relcount 项系数在第(1)、(3)、(4)、(6)列显著为正,表明在贷款后 1 年和 3 年投资显著收缩,按照关联关系在民营企业担保贷款中的均值 91.34%(表 4.3)计算,后 1 年和后 3 年收缩投资的可能性大约分别上升 4.2%、3.4%。

其次,融资上,LoanGua 项在 Panel A 中第(1)列和第(4)列显著为负,表明 1 年后投资扩张可能性随着担保贷款额度增加而降低,担保贷款每增加总资产的 1%,扩张投资概率降低 0.2%。Panel B 中 LoanGua 项在第(3)列和第(6)列显著为正,表明 3 年后收缩投资可能性随着担保贷款额度增加而增加,担保贷款每增加总资产的 1%,投资收缩的概率增加 0.8%。

本节的结果佐证了融资对企业投资异质性在时间上的结构性影响,担保贷款后发生了两个方向的异化,既有投资扩张、又有投资收缩,但投资扩张的企业少于投资收缩的公司,关联关系能够起到监督无效投资的积极作用。投资决策中的融资—风险权衡显示:扩张和收缩的投资调整均来自融资而非风险。关联关系对两种投资变化都有非常显著的影响,都表现出监督作用而非支持作用。

第六节   结   论

对经济转型期的发展中国家而言,金融系统面临诸多困难,Mishkin(2016)认为,帮助发展中国家解决信贷市场逆向选择和道德风险问题的两个重要工具是抵押品(collateral)和限制性契约(restrictive covenants)。担保贷款正是中国信贷市场将这两个工具有机结合的一个重要创新。

本章有以下两个方面的发现:一方面,作为中国特殊的融资方式,担保贷款赋予学术界对交易信用这一新兴领域进行突破的理论空间和更清晰的观察样本,本章从担保贷款根源——被担保企业——出发,考察企业投融资关系、流动性和风险,发现这一交易信用和银行信贷结合的产物与单纯银行信贷差异显著,更能够缓解民营企业未来的融资约束;另一方面,双刃剑的另一面在于,由于担保贷款存在隐性还款人,担保人的委托监控和借款人的追逐风险间互相博弈,因此企业存在融资—风险权衡,后期表现为两种类型的投资调整,而关联关系对这两种类型的投资调整都起到显著的监督效果。

本章为信用增进能够缓解融资约束提供了经验证据和文献补充,为解决信贷配给提供了替代方法,张小茜和孙璐佳(2017)考察抵押品清单扩大法律改革带来的信用增进效果,本章进一步观察资产以外的信用增进,关联或非关联担保也可以提供信用增进。关联关系作为资产以外的隐性契约,本章的结论也为母子公司互相提供融资便利提供了经验证据,Merton 和 Bodie(1992)、何捷等(2017)的研究发现,集中负债会降低集团企业过度投资水平,本章也为此提供了经验支持，这种"紧箍咒"作用不仅出现在母子公司集中负债模式[①]中，也表现在更一般的关联关系企业担保贷款中。

近来，国际学术前沿开始考虑金融机构间的风险分担和传染的权衡。本章提供了一个新视角，担保贷款提供了信贷风险在企业间的风险分担。目前民营企业担保贷款中政府扶持之手并不显著，担保贷款主要来源于关联关系，本章发现，关联关系的作用强于产业政策影响，而且有助于约束后续过多投资。

目前高速增长和系统性风险是中国要直面的两条问题主线[②]，新的监管体制中影子银行、关联交易、隐性担保将受到限制（魏革军，2018），担保贷款这一显性机制还会长期存在并高速增长。本章的结论在于揭示了担保贷款的双刃剑性，优点在于担保贷款有效缓解了企业融资约束，但是担保贷款后破产风险增加，关联关系引起的投资收缩、阻碍资本化的形成将对经济增长、稳定金融风险形成新的发展壁垒。

参考文献

[1] 曹廷求，刘海明.信用担保网络的负面效应：传导机制与制度诱因[J].金融研究，2016(1)：145-159.

[2] 杜权，郑炳蔚.对当前浙江企业担保链问题的思考[J].浙江金融，2010(6)：20-21.

[3] 韩乾，洪永淼.国家产业政策、资产价格与投资者行为[J].经济研究，2014(12)：143-158.

[4] 何捷，张会丽，陆正飞.货币政策与集团企业负债模式研究[J].管理世界，2017(5)：158-169.

[5] 林毅夫，李永军.中小金融机构发展与中小企业融资[J].经济研究，2001(1)：10-18,53-93.

[6] 刘海明，曹廷求.基于微观主体内生互动视角的货币政策效应研究：来自上市公司担保圈的证据[J].经济研究，2016(5)：159-171.

[7] 吕江林，郑丽莎，童婵.后金融危机背景下商业银行担保圈风险管控策略探析[J].武汉金融，2010(8)：6-10.

[8] 钱雪松，方胜.担保物权制度改革影响了民营企业负债融资吗？：来自中国

---

① 集团内部关联担保是一种非常严重的隐性掏空，特别在国有企业和上市公司对子公司担保中（Zhang et al.，2020）。

② 时任中国人民银行研究局局长徐忠在首届金融学者论坛上的主题发言"中国金融改革下一步突破口"。

《物权法》自然实验的经验证据[J].经济研究,2017(5):146-160.

[9]盛丹,王永进."企业间关系"是否会缓解企业的融资约束[J].世界经济,2014(10):104-122.

[10]万良勇,魏明海.金融生态、利益输送与信贷资源配置效率:基于河北担保圈的案例研究[J].管理世界,2009(5):6-16,46,187.

[11]王琨,陈胜蓝,李晓雪.集团关联担保与公司融资约束[J].金融研究,2014(9):192-206.

[12]王永钦,米晋宏,袁志刚,等.担保网络如何影响信贷市场:来自中国证据[J].金融研究,2014(10):116-132.

[13]魏革军.跨越金融转型困境[J].中国金融,2018(8):3.

[14]俞罡.担保链风险的动态控制[J].中国金融,2013(2):84-85.

[15]余明桂,潘红波.政治关系、制度环境与民营企业银行贷款[J].管理世界,2008(8):9-21,39,187.

[16]张杰.民营经济的金融困境与融资次序[J].经济研究,2000(4):3-10,78.

[17]张乐才.企业资金担保链:风险消释、风险传染与风险共享:基于浙江的案例研究[J].经济理论与经济管理,2011(10):57-65.

[18]张乐才,刘尚希.银行与企业资金担保链:抽贷门槛与风险传染[J].当代财经,2013(7):55-66.

[19]张小茜.随机利率下的企业贷款投资决策研究:一个基于 IRR 的实物期权模型[J].世界经济,2007(5):65-73.

[20]张小茜,江禹亭.民营企业互保圈信贷危机分析[J].当代经济,2013(11):65-67.

[21]张小茜,孙璐佳.抵押品清单扩大、过度杠杆化与企业破产风险:动产抵押法律改革的"双刃剑"效应[J].中国工业经济,2017(7):175-192.

[22]张泽旭,李鹏翔,郭菊娥.担保链危机的传染机制[J].系统工程,2012,30(4):25-31.

[23]Aghion P, Bolton P. An incomplete contracts approach to financial contracting[J]. The Review of Economic Studies,1992,59(3):473-494.

[24]Allen F, Carletti E, Gu X. The roles of banks in financial systems[M]// Oxford Handbook of Banking. 2nd ed. New York:Oxford University Press,2014.

[25]Almeida H, Campello M, Laranjeira B, et al. Corporate debt maturity and the real effects of the 2007 credit crisis[J]. Critical Finance Review,

2012,1(1):3-58.

[26]Amstad M，He Z. Chinese Bond Markets and Interbank Market[M]. Princeton：Princeton University Press,2020.

[27]Barrot J N. Trade credit and industry dynamics：Evidence from trucking firms[J]. The Journal of Finance,2016,71(5):1975-2016.

[28]Bharath S T，Dahiya S，Saunders A，et al. Lending relationships and loan contract terms[J]. The Review of Financial Studies,2011,24(4): 1141-1203.

[29]Bolton P，Chen H，Wang N. Market timing，investment，and risk management[J].Journal of Financial Economics,2013,109(1):40-62.

[30]Campello M，Larrain M. Enlarging the contracting space：Collateral menus，access to credit，and economic activity[J]. The Review of Financial Studies,2016,29(2):349-383.

[31]Cerqueiro G，Ongena S，Roszbach K. Collateralization，bank loan rates，and monitoring[J]. The Journal of Finance,2016,71(3):1295-1322.

[32]Chava S，Roberts M R. How does financing impact investment? The role of debt covenants[J]. The Journal of Finance,2008,63(5):2085-2121.

[33]Erel I，Jang Y，Weisbach M S. Do acquisitions relieve target firms' financial constraints? [J]. The Journal of Finance,2015,70(1):289-328.

[34]Farre-Mensa J，Ljungqvist A. Do measures of financial constraints measure financial constraints? [J]. The Review of Financial Studies,2016,29 (2):271-308.

[35]Garcia-Appendini E，Montoriol-Garriga J. Firms as liquidity providers： Evidence from the 2007-2008 financial crisis[J]. Journal of Financial Economics,2013,109(1):272-291.

[36]Gorton G B，Metrick A. Haircuts[R]. National Bureau of Economic Research,2009.

[37]Hadlock C J，Pierce J R. New evidence on measuring financial constraints：Moving beyond the KZ index[J]. The Review of Financial Studies,2010,23(5):1909-1940.

[38]He Z，Li S，Wei B，et al. Uncertainty，risk，and incentives：Theory and evidence[J]. Management Science,2014,60(1):206-226.

[39]Ivashina V，Scharfstein D. Bank lending during the financial crisis of

2008[J]. Journal of Financial Economics,2010,97(3):319-338.

[40]Jacobson T, Von Schedvin E. Trade credit and the propagation of corporate failure: An empirical analysis[J]. Econometrica,2015,83(4):1315-1371.

[41]Jiang W, Wan H, Zhao S. Reputation concerns of independent directors: Evidence from individual director voting[J]. The Review of Financial Studies,2016,29(3):655-696.

[42]Klapper L, Laeven L, Rajan R. Trade credit contracts[J]. The Review of Financial Studies,2012,25(3):838-867.

[43]Kusnadi Y. Insider trading restrictions and corporate risk-taking[J]. Pacific-Basin Finance Journal,2015,35:125-142.

[44]Merton R C, Bodie Z. On the management of financial guarantees[J]. Financial Management,1992:87-109.

[45]Mishkin F S. The Economics of Money, Banking, and Financial Markets [M]. 11th ed. Boston: Person,2015.

[46]Norden L, van Kampen S. Corporate leverage and the collateral channel [J]. Journal of Banking & Finance,2013,37(12):5062-5072.

[47]Paravisini D, Rappoport V, Schnabl P, et al. Dissecting the effect of credit supply on trade: Evidence from matched credit-export data[J]. The Review of Economic Studies,2015,82(1):333-359.

[48]Petersen M A, Rajan R G. Trade credit: Theories and evidence[J]. The Review of Financial Studies,1997,10(3):661-691.

[49]Qian M, Yeung B Y. Bank financing and corporate governance[J]. Journal of Corporate Finance,2015,32:258-270.

[50]Rajan R G, Zingales L. Saving Capitalism from the Capitalists: Unleashing the Power of Financial Markets to Create Wealth and Spread Opportunity[M]. Princeton: Princeton University Press,2004.

[51]Rampini A A, Viswanathan S. Collateral and capital structure[J]. Journal of Financial Economics,2013,109(2):466-492.

[52]Rampini A A, Sufi A, Viswanathan S. Dynamic risk management[J]. Journal of Financial Economics,2014,111(2):271-296.

[53]Roberts M R. The role of dynamic renegotiation and asymmetric information in financial contracting[J]. Journal of Financial Economics,2015,

116(1):61-81.

[54]Ru H. Government credit, a double-edged sword: Evidence from the China Development Bank[J]. The Journal of Finance,2018,73(1):275-316.

[55]Shi J, Zhang X. How to explain corporate investment heterogeneity in China's new normal: Structural models with state-owned property rights [J]. China Economic Review,2018,50:1-16.

[56]Yorumazer T. Uncertainty, Liquidity Hoarding and Financial Crises[R/OL]. (2013-05-06)[2022-07-26]. https://libertystreeteconomics. newyorkfed. org/2013/05/uncertainty-liquidity-hoarding-and-financial-crises/.

[57]Zhang X, Lv S, Lin W. Related guarantee and implicit tunneling[J]. Pacific-Basin Finance Journal,2020,62:101359.

[58]Zhang X, Wang Z. Marketization vs. market chase: Insights from implicit government guarantees[J]. International Review of Economics & Finance,2020,69:435-455.

第五章　产品市场威胁与公司现金持有①

——来自担保物权制度改革的双重冲击

　　本章研究发现 2007 年《中华人民共和国物权法》(以下简称《物权法》)颁布后,抵押品清单扩大,企业可利用可移动固定资产进行抵押,融资渠道拓宽,企业现金持有的预防性动机下降。基于产品市场威胁这一来源于企业年报中的商业描述文本信息构建的指标,本章发现,企业为预防产品市场威胁会增加现金持有。本章以 2007—2018 年 A 股上市公司为样本,研究可移动固定资产和产品市场威胁对企业现金持有的影响,并运用双重差分法研究 2010 年担保物权制度的进一步改革对企业现金持有的冲击。实证结果表明:①可移动固定资产指数越高,企业现金持有量越低;②产品市场威胁程度的提高使企业增加现金持有;③2010 年担保物权制度的进一步改革使企业现金持有量显著下降;④担保物权制度改革与产品市场威胁交互影响,但担保物权制度改革占据主导地位;⑤担保物权制度改革对重点投资、城乡区域发展和体制改革概念股等行业缓解融资约束均有显著促进作用,产品市场威胁导致企业现金持有量增加的不利作用在产业升级概念股中十分显著,担保物权制度改革和产品市场威胁对企业现金持有的影响在服务业创新概念股中均强于传统制造业。

第一节　引　言

　　确保公司有足够的流动性以满足未来有价值项目的融资需要是现代公司

---

　　①　本章初稿入选首届"中国青年管理学者论坛工商管理论坛"、第三届财务与会计学术年会,作者感谢评论人申慧慧、杨国超、曾亚敏、陈名芹以及与会专家学者的点评和宝贵意见。

财务管理的核心,公司的现金持有水平一直是理论和实务界关注的重要问题,也是目前民营企业生存发展的关键。Opler 等(1999)是这个领域的开源性文献,他们基于美国大规模上市公司的研究认为,高成长、高风险的公司持有的现金更多,也更希望通过更好的渠道进入资本市场来降低现金持有量。Almeida 等(2014)对公司流动性研究进行了系统的梳理,发现非金融类 S&P500 公司的现金持有量从 1996 年的 2 亿美金(总资产的 4.2%)跳升到 13.34 亿美金(9.3%),提出了两个很有前瞻性的实际应用:流动性和并购、流动性和产品市场竞争,特别是后者引入了基于产业组织的解释。Hoberg 等(2014)对竞争建立了创新性的测度,发现了竞争与现金持有之间有很强的关系,这个工作会对基于代理问题的已有文献产生巨大冲击。

传统的市场集中度指标,如 HHI 等,基于营业收入和固定的行业分类计算,难以动态衡量产品市场空间变化,也无法体现产品相似性和未来投资机会对产品市场竞争的正向影响,本章借鉴 Hoberg 等(2014)的产品市场威胁(product market threats)指标考察对公司现金持有的影响。产品市场威胁来自企业年报的商业描述部分,能够捕捉公司产品与竞争对手产品变化的相似性,公司产品和竞争对手产品的动态变化越相似,公司就会面对越大的竞争威胁。这一指标能够跨越现有行业分类,并且可以用于不同地理区域、多部门公司,前沿研究已开始使用这一指标,如 Li 和 Zhan(2019)、Grullon 等(2019)对产品市场竞争采取 HHI 和产品市场威胁都进行了刻画。

抵押是企业重要的融资增信手段,也是国际学术前沿开始正在关注的重点问题,Calomiris 等(2017)开始讨论抵押法如何形成公司的借贷和行业行为,关注了公司用可移动资产作为抵押的重要性,考察了 16 个国家的法律环境对此的影响,开启了法律制度改变与抵押增信这一新的学术前沿。银行倾向于向拥有充足抵押品和良好信用的企业放贷(王永钦,2015),缺乏充足抵押品的企业无法快速获得融资,会倾向于增加现金持有。扩大抵押品清单、完善抵押程序能有效拓宽企业融资渠道,降低企业融资约束,进而释放企业流动性。动产是发展中国家和新兴市场国家企业生产过程的核心,在不存在法律缺陷的情况下,是最重要的抵押物。但新兴市场不完善的法律体系,如可抵押动产种类受限、缺乏集中登记监管系统、违约时仅能通过法院强制执行等问题,导致其无法充分利用动产抵押,债权人也普遍抗拒以动产作为抵押物来发放贷款(Charles et al.,2014)。

我国担保物权制度改革正在经历迅速的发展,企业发展面临的诸多桎梏正在不断通过法律的完善而得以解决。1995 年,《中华人民共和国担保法》(以下简称《担保法》）出台，规定部分可移动固定资产可以抵押，但由于相关制度不完善，可移动固定资产抵押并未得到有效发展。2007年《物权法》和《动产抵押登记办法》出台，可移动资产抵押物清单有所扩大，可移动资产抵押登记程序得以设立与简化，带来担保物权制度改革对企业现金持有的第一次冲击。2010年国家工商总局出台多部文件，要求各地工商部门积极推行动产抵押制度完善，并且针对《物权法》担保物权司法解释召开座谈，带来担保物权制度改革的二次冲击。这两次冲击主要针对可移动固定资产，弥补了抵押清单和抵押监管、执行等方面的法律缺陷，以扩大担保财产范围完善担保物权设定实现程序为主要内容，使得可移动固定资产占比较高的企业拥有更多融资渠道，现金持有量降低。

在预防性动机以外，产品市场竞争也正逐渐成为影响公司现金持有的重要因素。近年来随着市场经济体制不断完善，我国产品市场也在蓬勃发展，产品市场个数从2000年的3087个增长到2017年的4617个，成交额从2000年的1.6亿元增长到2017年的11亿元左右[1]，金融市场从无到有并日趋完善，劳动力市场发展快速，房地产市场稳步发展，技术市场、信息市场逐步形成，各个行业进入的企业数量不断增加，行业竞争逐渐加剧。2015年国务院发布《关于深化国有企业改革的指导意见》，混合所有制改革（以下简称混改）进一步深化。混改的深入推进使更多企业加入产品市场的竞争中来。考虑产品市场竞争带来的威胁效应作为企业现金持有变化的另一渠道符合中国国情与新兴转轨经济实践的需要。出于争夺市场份额和追逐利润的目的，企业会采取一系列掠夺性策略。受制于这些策略，受限制的企业可能会遭受现金流减少、完全捕捉投资机会的能力下降等问题。为避免未来投资的融资不足问题，企业会倾向于增加现金持有。

本章可能的创新和贡献主要在三个方面：首先，基于公司年报附注整理的企业可移动固定资产数据研究担保物权制度改革的经济效益与企业流动性的关系。目前大部分对于担保物权制度改革的影响研究基于融资角度，且一般利用固定资产数据，而未深入固定资产明细科目区分可移动固定资产和其他固定资产。本章从可移动固定资产数据来探究对企业现金持有的影响，丰富了"法与金融"及流动性管理的相关文献。其次，利用产品市场威胁指标度量产品市场竞争情况，这一指标来源于企业年报中的商业描述部分，避免了传统市场集中度指标难以动态衡量产品市场空间变化的弊端，且不同公司的产品市场威胁指数均有不同，能更好地捕捉企业层面的效应，为分析产品市场竞争对现金持

---

[1]　数据来自《2018中国商品交易市场统计年鉴》。

有的影响提供了新的角度。本章从持有现金的动机和效应两个角度入手，研究企业现金持有变化的原因，并深入探讨两者的交互作用，厘清了两者影响企业现金持有变化的渠道与作用机理。最后，拓展中国法与金融领域关于法律动态改革的研究。法律的出台并非短暂的瞬时性行为，法治建设是一个不断健全和完善的长期过程，现有文献对担保物权制度改革的研究仅限于 2007 年《物权法》的颁布，并未深入探究后续制度改革和完善对企业现金持有的影响。本章利用"准自然实验"的双重差分法，选取 2007 年《物权法》颁布后，担保物权制度改革过程中又一个代表性时间点，即 2010 年，从可移动固定资产作为抵押物引入以及可移动固定资产抵押登记制度完善入手，研究担保物权制度改革对于微观主体经济行为的冲击，为法律改革冲击微观企业行为的动态效应提供经验证据。

本章剩余部分的结构安排如下：第二部分为文献综述；第三部分为制度背景和研究假设；第四部分为理论模型和研究设计；第五部分为实证结果和分析；第六部分为行业异质性再检验；第七部分为结论。

第二节　相关文献回顾

一、公司流动性

有关公司流动性问题的探讨可以追溯到 Keynes(1936)，在一个理想的无摩擦市场中，不存在流动性溢价和外部融资的成本，所以企业现金持有并不影响企业决策，但现实世界中外部摩擦的存在会使企业存在现金留存的预防性动机。此后，大量关于企业流动性管理的文献在近些年逐步发展起来，主要从"因"和"果"两个方面进行分析。

"因"方面的研究集中于企业持有现金的动机，已有的文献中给出了四种解释：一是应对日常经营和交易需要而持有现金的交易性动机（Baumol，1952；Tobin，1956；Miller and Orr，1966；Alvarez and Lippi，2009）；二是为了应对融资约束和未来不确定的投资机会而持有现金的预防性动机（Opler et al.，1999；Almeida et al.，2004；Acharya et al.，2007；Gao et al.，2013；Duchin et al.，2017）；三是跨国公司为了逃避巨额遣返税而将大量现金滞留在海外公司的税务动机（Foley et al，2007；Pinkowitz et al.，2013）；四是企业管理层出于自利目的持有大量现金的代理动机（Jensen，1986；Harford，1999；Robert and Sufi，

2009；Dittmar et al.，2013）。

"果"方面，关于企业现金持有效应的研究除传统的公司价值与股东财富（Faulkender and Wang，2006；Mansi and Maxwell，2008；Fresard，2010；Liu and Mauer，2011）以外，目前更多的研究关注于企业实际经营与投资中的问题，主要是从产品市场竞争（Haushalter，2007；Fresard，2010；Chi and Su，2016；陈志斌和王诗雨，2015）、集体谈判和劳工工会（Klasa et al.，2009）、研发支出（Brown et al.，2009）和并购（Harford，1999；Almeida，2011；Duchin，2010）角度探讨企业的现金持有水平。

二、担保物权制度改革

目前国外已有文献对于发展中国家动产抵押法律改革效应的研究中，有利用东欧的国家层面数据，发现东欧各国通过抵押法改革扩大法定抵押物范围，使受影响企业融资渠道拓宽，企业效率提升（Hall，2012；Haselmann and Vig，2010；Campello and Larrain，2016）；对印度的抵押法改革研究发现，当债务人违约时，债权人对担保资产的优先受偿会减少企业的借款行为（Lilienfeld et al.，2012；Vig，2013）；Assunção 等（2013）研究了巴西的抵押法改革，发现简化作为汽车贷款抵押品的汽车销售手续会使贷款显著增加，因为它拓宽了风险较高的借款人获得信贷的渠道。Charles 等（2014）利用 16 个国家的中小企业动产和不动产抵押贷款数据，研究不同国家动产抵押法对信贷供给和资源配置的影响。结果表明，不同国家对动产抵押贷款的支持程度会影响借款人获得信贷的能力和各部门的生产情况；动产抵押法越完善，该国的信贷供给越充足，资源配给也会减小向不动产密集部门的倾斜。法国在 2006-346 号法令（Ordonnance 2006-346）颁布后，废除原有财产所有权概念；扩大动产可抵押范围；增强不动产可出质权，使中小企业的融资渠道拓宽；初创企业的初始杠杆率升高，破产率下降；农村地区的信贷不平衡情况缓解（Aretz et al.，2019）。

中国对担保物权制度改革的研究近年才开始。钱雪松和方胜（2017）利用双重差分法研究 2007 年《物权法》的颁布对企业负债融资的影响，发现《物权法》出台后，固定资产占比高的企业流动负债和总负债增长相对于固定资产占比低的企业更慢。进一步，钱雪松等（2019）又发现《物权法》的颁布使固定资产占比高的企业的负债融资成本显著降低。在现金持有方面，钱雪松等（2019）发现，2007 年《物权法》的颁布缓解了企业融资约束，从而降低了企业基于预防性动机的现金持有。张小茜和孙璐佳（2017）利用可移动固定资产数据，发现

2007 年《物权法》颁布带来的抵押品清单扩大使企业的信用增进,融资渠道拓宽,但杠杆率升高也会导致企业破产风险增加。

可以发现,中国现有担保物权制度改革研究选取的事件均为 2007 年《物权法》的颁布,但本章认为,2010 年国家工商总局出台的一系列制度规范和对地方工商部门的命令能够有效推动可移动固定资产抵押的推行效率,对企业现金持有是另一次冲击,因此选取 2010 年作为担保物权制度改革的又一次冲击。

三、产品市场竞争

产品市场竞争是连接宏观经济和微观企业的桥梁,是"世界上促进经济效率的最强力量"(Shleifer and Vishny,1997)。这是因为高竞争行业比低竞争行业面临更多市场约束和激励(Giroud and Mueller,2011),竞争能够有效缓解公司治理中的懈怠和松弛(Giroud and Mueller,2010;Schmidt,1997)。随着产品市场的不断发展,中国产品市场逐渐向竞争中性收敛(黄速建等,2019),国有企业和民营企业面对相同的规则约束(OECD,2009),公平参与市场竞争,因此行业内和行业间的竞争都在不断加剧。Grullon 等(2018)在每个行业年度计算公司销售额与行业总销售额的平方和,以行业销售水平为权重加权平均得到最后的 HHI 指数。以此衡量行业集中度,可以提高整体经济中越来越相关行业的影响,减弱衰退或消失的行业的影响。数据表明,从 20 世纪 90 年代后期以来,美国超过 75% 的行业 HHI 指数上升,平均上升幅度达到 90%,集中度更高的行业,企业的盈利能力也有所提高。这一结论在外国企业、非上市企业中都一致。

2015 年国务院发布《关于深化国有企业改革的指导意见》,国有企业混合所有制改革全面铺开(Zhang et al.,2019),将对各行业的竞争水平产生影响。近年来我国管制放松使市场竞争范围和结构产生变化,竞争约束减少使得企业间竞争加剧(袁靖波等,2019)。经济增长依托生产能力的提升,产品差异则能够体现不同国家经济发展水平的差距和竞争能力(刘守英和杨继东,2019)。随着我国经济发展,产品多样化和复杂程度不断提升,产品市场竞争也随之加剧。刘晓光等(2019)则从供给侧出发,认为优化金融结构能有效促进产业配置向最优配置收敛。我国深化金融改革正如火如荼,促进资源配置不断优化。

本章利用产品市场威胁度量产品市场竞争情况。Hoberg 等(2014)利用企业年报的产品文本描述部分,开发了新的竞争威胁度量方法,使用产品市场流动性反映竞争对手产品相对于公司产品的变化,并发现产品市场威胁会降低企业通过股息或回购进行支付的倾向,增加企业的现金持有量,即企业的财务政策是由产品市场威胁和市场动态塑造的。Chi 等(2016)在 Hoberg 等(2014)的基础上,利用产品流动性指标和行业贝塔创新地定义产品市场威胁程度,并发现它与企业现金持有具有正向关系,且它与传统的以行业分类和营业收入计算的市场集中度指标从不同方面影响现金持有。Hoberg 和 Phillips(2018)以多行业公司为研究对象,发现多行业公司的产品语言重叠程度更高,即产品流动性更高,多行业公司也倾向于避开那些有更明显语言边界和更专业语言的行业。多行业公司规模的扩大和数量的上升会使原有行业竞争程度上升。Li 和 Zhan(2019)利用产品市场流动性度量产品市场威胁,研究产品市场威胁和股价崩盘风险的关系,发现当面临更多的来自竞争对手的产品市场威胁时,管理者更有可能隐藏坏消息,而不利信息的突然发布会导致股价暴跌。

在产品市场流动性的基础上,Hoberg 和 Phillips(2016)计算出了基于文本的产品市场集中度,使得产品市场分类具有时变性,每家公司具有其独特的竞争对手和潜在的竞争对手。研究表明,公司的研发创新和广告投入会降低其产品相似性,减少产品市场威胁。此后,部分学者利用基于文本的行业分类研究行业集中度与企业盈利能力(Grullon et al.,2019)及投资行为(Grieser and Liu,2019)的关系,发现行业集中度与企业盈利呈正相关,且主要是通过更高的营业利润率而不是通过更高的运行效率;当竞争对手带来的融资约束更有力时,企业会增加投资支出和专利活动等。这与 Chi 等(2016)的研究结论相一致,面临融资约束的公司可能受到来自竞争对手的产品市场威胁,为避免市场份额的减少,企业需要增加投资与创新行为,出于这一动机,企业倾向于增加现金持有量。Hoberg 和 Phillips(2019)的研究则表明,通过产品文本网络行业分类识别的同行公司对某公司的冲击(排除与该公司具有相同 SIC 行业分类代码的公司)能够比传统 SIC 行业分类识别的同行公司在经济上产生更大的动量效应。

第三节　制度背景和研究假设

一、制度背景

抵押法与担保物权制度改革在国际上已成为共同选择,对其经济效应的研究也是目前学术研究的前沿。美国在 1912 年颁布的《统一商法典》中对可移动固定资产抵押做了明确规定,突破了不可移动固定资产抵押、可移动固定资产质押的传统局面，进一步满足了融资的需要；东欧部分国家也在 2000 年前后通过《可移动固定资产抵押法》；2007 年，联合国国际贸易法委员会更是通过《担保交易立法指南草案》，确认了各类资产非占有式担保权的有效性，鼓励各国完善担保交易立法。

中国在 1995 年出台的《担保法》中规定区分质押和抵押，其中抵押分为部分可移动固定资产抵押和不可移动固定资产抵押，但并没有颁布相应的可移动固定资产抵押登记制度，导致可移动固定资产抵押在之后相当长的时间并没有得到较快发展。2007 年《物权法》与《动产抵押登记办法》出台，可移动固定资产抵押物清单的扩大及登记程序的设立和简化使企业能够利用可移动固定资产进行融资。2010 年国家工商总局出台多部文件，推行动产抵押当场登记制度，完善动产抵押登记查询方式和途径，并要求各地工商部门积极推行动产抵押制度完善，形成金融危机后对担保物权制度改革的预期效应。2007 年和 2010 年的改革法律效力高、执行制度完善、推行效率高，使可移动固定资产抵押在全国普及实行，这也是本章选择担保物权制度改革的双重冲击作为企业现金持有变化的渠道之一的原因。图 5.1 总结归纳了 1995—2019 年动产抵押相关法律、制度改革的进程，其中时间轴上方部分为动产抵押相关法律及司法解释，下方部分为银监会、国家工商行政管理总局和国家市场监督管理总局等部门发布的规章、通知及文件。

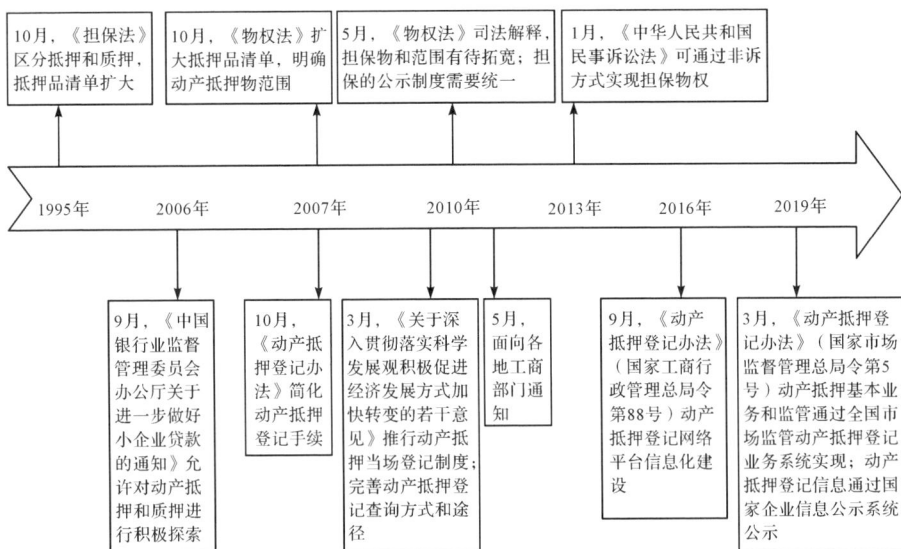

图 5.1　动产抵押法律、制度改革进程时间轴

资料来源：参考张小茜和孙璐佳（2017）及笔者更新整理。

二、研究假设

(一)担保物权制度改革与企业现金持有:预防性动机视角

担保物权制度改革带来融资渠道扩大与信用增进,进而导致企业现金留存下降。企业基于预防性动机保留并累积现金的考虑主要有:一是预测未来有价值的投资机会较少,监管环境恶劣和不确定性过大(Opler et al.,1999;Lins et al.,2010;Pinkowitz,2016)。二是债权人与债务人之间存在信息不对称导致外部融资成本过高,企业必须为进入资本市场筹集资金做好准备,为承担募集资金的成本而持有现金(Myers and Majluf,1984;Almeida et al.,2004;Acharya et al.,2007),担保物权制度改革带来的预防性动机下降主要是基于第二种。

Lins等(2010)发现,现金为企业提供无条件流动性,主要作为对未来现金不足的缓冲,为未来投资机会提供资金,相对于信贷额度这种有条件的流动性,企业总会更愿意持有现金作为未来融资成本的预防。Gamba 和 Triantis(2008)认为,持有现金的流动性为企业提供财务灵活性,如果企业未来融资存在较大的不确定性,这种灵活性的价值会放大。Riddick 和 Whited(2009)认为,外部融资成本较高、收入不确定性较高的公司的现金持有量更高。Acharya等(2007)关于企业债务融资与现金持有提出,企业更愿意选择节约现金而不是减少债务,因为持有现金的直接成本在企业融资约束降低后高于外部融资成本。Campello 和 Larrain(2016)发现,东欧国家的抵押法改革导致公司负债融资上升,资产负债表中现金留存下降。

从以上这些研究可以看出,尽管已有文献已从多个角度研究了现金持有的预防性动机,但系统考察担保物权制度改革如何影响现金持有的研究并不多。王永钦等(2015)认为,各大银行倾向于给拥有充足抵押品和良好信用的大型企业放贷,中小企业因缺乏充足抵押品而融资渠道不足。而担保物权制度改革使得民营企业债务融资增加,债务融资成本降低(钱雪松和方胜,2017;钱雪松等,2019),企业持有现金的预防性动机也会下降。因此,在 2007 年与 2010 年抵押法改革后,企业可以利用可移动固定资产进行融资,外部融资渠道扩大,所以在企业资产负债表里的现金留存也可能会随之下降,对未来融资不确定性的预防性动机可能会降低,由此可以推导出以下假设 1。

假设 5.1　预防性动机降低假设。担保物权制度改革后,保持其他条件不变,可移动固定资产占比高的企业比可移动固定资产较少企业的现金留存低。

(二)产品市场竞争与企业现金持有:威胁效应视角

在产品市场上,面临融资约束的企业可能会受到来自竞争对手的威胁,这些竞争对手一般采用掠夺性策略,如低廉的产品价格与大量的广告投放(Telser,1966;Bolton and Scharfstein,1990)。Haushalter 等(2007)认为,如果企业与其竞争对手分享业务增长机会,那么无法投资于全部的增长机会使其面临其竞争对手的掠夺风险(predation risk)和市场份额的损失,掠夺风险越高,企业越有可能留存现金或对冲风险。所以较高水平的行业竞争通常与企业显著的现金囤积行为密切相关,现金储备可以提升企业的战略的激进性,扩大企业的市场份额与占有率(Fresard,2010;Fresard and Valta,2013)。Boutin(2013)还发现,企业集团的现金持有与其关联公司竞争力存在正相关,其现金状况显著影响行业新进入企业的概率。

Hoberg 等(2014)探究了产品市场竞争的创新举措,发现了产品市场竞争与企业现金持有之间的密切关系。Chi 和 Su(2016)认为,当市场存在不对称竞争时,存在融资约束的企业通过提高现金持有量来保持流动性,为未来的投资机会融资,减少投资不足的问题,此时现金持有的价值更高。当两家公司生产类似产品且分享类似的投资机会时,产品市场威胁程度增加。产品市场威胁与产品市场集中度度量产品市场竞争的不同维度,需分开考虑。袁靖波等(2019)认为,管制放松情境下,规模不同的企业间竞争加剧,企业为实现或保持竞争将采取更多异质性策略,这需要更多的资源支持。因此,当企业面临更高的产品市场威胁时,企业有为防御掠夺性风险而增加现金持有的可能,由此可以推导出以下假设 2。

假设 5.2 威胁效应假设。保持其他条件不变,面临产品市场威胁程度越高,企业持有的现金越多。

面临融资约束和投资机会不确定性的情况下,企业持有的现金扮演着调和现金流与投资机会不一致的角色(Acharya et al.,2007;Duchin,2010)。当投资机会与现金流在时间上不匹配,且面临融资约束时,企业便会丧失一部分投资机会。所以在竞争强度较高行业的企业必须持有更多的现金才能生存下去,尤其在企业面临融资约束的情况下这一影响更为显著(Morellec et al.,2014;陆正飞和韩非池,2013;Chi and Su,2016)。所以,当担保物权制度改革促使企业降低现金持有量时,不同竞争程度行业的企业面临的掠夺风险带来的现金持有变化可能会存在抵消与促进效应,由此可以推导出以下假设 3。

假设 5.3 产品市场威胁与担保物权制度改革带来的现金持有变化存在交互作用。

第四节 理论模型和研究设计

一、理论模型

Chi 和 Su(2016)指出,财务强大的竞争对手的掠夺性策略可能导致财务薄弱的公司投资不足,当两家公司生产类似产品并分享类似的未来投资机会时,这种威胁就会加剧,现金持有通过提供流动性来为投资机会提供资金,可以减轻投资不足的问题,因此产品市场威胁使财务薄弱的公司现金持有价值上升。传统的竞争经济理论,通常考虑产品市场中对称竞争者之间的竞争,可能忽视处于不对称竞争地位的企业间的竞争,处于财务弱势的企业可能面临来自财务强势的竞争对手的产品市场威胁,且这种威胁所代表的维度不同于传统的以营业收入计算的市场集中度 HHI。《物权法》的颁布使可移动固定资产可以抵押,拓宽了企业的融资渠道,缓解预防性留存流动性的担心,使企业的现金持有下降,具体的推导过程如下:

假设公司 i 为财务薄弱公司,公司 j 为财务强势公司,两家公司均为风险中性。在 0 时刻,公司 i 的资产分为第一期的非现金生产性资产、第二期的投资项目和前期产生的自由现金流。首先,非现金生产性资产仅在第一期生产与公司 j 竞争的产品,并将在时刻 1 产生随机现金流;其次,投资项目需要在时刻 1 进行初始投资 I,项目将在第二期生产与公司 j 竞争的产品,并在时刻 2 产生利润 R;最后,自由现金流 C 在第一期不用于生产,因此可以作为股息支付或作为现金持有保留。

将现金持有表示为 ω,这会产生持有成本 $h(\omega)$,且 $h(0)=0$,$h'(0)=0$,当 $\omega>0$ 时,$h'(\omega)>0$,$h''(\omega)>0$。在第一阶段,j 公司可以采取掠夺性策略,以减少公司 i 在时刻 1 的现金流。如果较低的现金流使公司 i 无法承担其投资机会,公司 j 将在第二期的产品市场占主导地位,从而从增强的市场力量中获得额外的利润。

假设公司 i 对公司 j 的威胁程度为 $\alpha(\alpha \geqslant 0)$,公司 i 生产性资产的回报为 x,生产性资产规模为常数 A,其中可移动固定资产为 A_1,其他生产性资产为 A_2,可移动固定资产占生产性资产的比例为 β,则

$$A = A_1 + A_2 \tag{5.1}$$

公司 i 生产性资产的回报 x 服从 $\left[0,\dfrac{A}{1+\alpha}\right]$ 间的均匀分布，则以 α 为条件的 x 的密度函数为：

$$f(x;\alpha)=1+\alpha,x\in\left[0,\frac{1}{1+\alpha}\right] \tag{5.2}$$

假设两家公司现有产品相似度为 θ_1，则公司 j 的掠夺成本为 $A\alpha^2/\theta_1$，即相似程度越高，掠夺成本越低；假设两家公司未来投资机会重合程度为 θ_2，则公司 i 的掠夺收益为 $\theta_2 R$，即重合程度越高，掠夺收益越高。在 0 时刻，公司 i 选择最佳现金持有 ω^*，公司 j 选择最佳掠夺程度 α^*，组合为 (ω^*,α^*)。

假设公司 i 利用资产抵押获得外部融资 F，A_1 的贷款价值比为 m_1，A_2 的贷款价值比为 m_2，Shock 为一个状态变量，改革前，可移动固定资产不可抵押，Shock $=0$；改革后，可移动固定资产可抵押，Shock $=1$，则

$$F=m_1\beta A\times\text{Shock}+m_2(1-\beta)A \tag{5.3}$$

当且仅当以下式子成立，公司 i 才会投资项目：

$$\omega+xA+F-h(\omega)\geqslant I \tag{5.4}$$

可改写为：

$$x\geqslant\hat{x}\equiv\frac{1}{A}[I-\omega-F+h(\omega)] \tag{5.5}$$

其中 $\hat{x}$ 为 x 的阈值，当 $x<\hat{x}$ 时，公司不会投资项目。对于一个掠夺水平 α，公司 i 无法承担项目的概率增加：

$$\int_0^{\hat{x}}f(x;\alpha)\mathrm{d}x-\int_0^{\hat{x}}f(x;0)\mathrm{d}x=\hat{x}\alpha \tag{5.6}$$

对于给定的 ω，公司 j 的最优收益为：

$$\max_\alpha\theta_2 R\,\hat{x}\alpha-\frac{A\alpha^2}{\theta_1} \tag{5.7}$$

当 $\theta_1\theta_2\,\hat{x}<\dfrac{2A}{R}$ 时，式（5.7）的内解为：

$$\alpha(\omega)=\frac{R}{2A}\cdot\theta_1\theta_2\,\hat{x} \tag{5.8}$$

对于公司 i 的现金持有 ω，这是公司 j 的最佳掠夺水平。而 $\mathrm{d}\alpha/\mathrm{d}\omega<0$ 说明当公司 i 持有更多现金时，公司 j 不太可能捕食。直观地说，掠夺是为了减少 i 公司可用的资金来为其投资机会提供资金，而作为先发制人的现金持有可以阻止并减轻掠夺风险。当 $\theta_1\theta_2\,\hat{x}\geqslant\dfrac{2A}{R}$ 时，公司 j 的威胁程度达到最大，公司 i 完

全失去投资机会。因此,面临产品市场威胁的公司倾向于持有更多现金以减轻掠夺风险。

对于给定的 α,公司 i 的最优现金持有量 ω 为:

$$\max_{\omega} C - h(\omega) + \frac{A}{2(1+\alpha)} + (R-I) \cdot \int_{\hat{x}}^{\frac{1}{1+\alpha}} f(x;\alpha) \mathrm{d}x \tag{5.9}$$

式(5.9)的内解为

$$h'(\omega) = \frac{q(1+\alpha)}{1+q(1+\alpha)} \tag{5.10}$$

其中,$q = \dfrac{R-I}{A}$,可视为衡量公司 i 未来投资机会规模的托宾 Q。

在均衡时,企业 i 选择最优现金持有量 ω^*,企业 j 选择最优掠夺水平 α。均衡状态下 (ω^*, α^*) 满足以下方程:

$$h'(\omega^*) = \frac{q(1+\alpha^*)}{1+q(1+\alpha^*)} \tag{5.11}$$

$$\alpha(\omega^*) = \frac{R}{2A^2} \cdot \theta_1 \theta_2 [1 - \omega^* - m_1\beta A \cdot \text{Shock} - m_2(1-\beta)A + h(\omega^*)] \tag{5.12}$$

假设 Shock$=0$ 的最优解为 (ω_1^*, α_1^*),Shock$=1$ 的最优解为 (ω_2^*, α_2^*),当 Shock 由 0 变为 1 时,$\alpha(\omega^*)$ 也随之减小,此时,$h'(\omega^*)$ 也会减小,即

$$h'(\omega_1^*) > h'(\omega_2^*) \tag{5.13}$$

将式(5.11)和式(5.12)代入式(5.13),可得

$$m_1\beta A > \omega_1^* - \omega_2^* - [h(\omega_1^*) - h(\omega_2^*)] \tag{5.14}$$

等式左边为使用可移动固定资产抵押所获得的外部融资数额,等式右边为 Shock 前后现金净持有(现金持有减去现金持有成本)的差。因此,当企业使用可移动固定资产抵押能获得较多外部融资时,企业会减少现金持有。

利用 Matlab 对以上结果做数值模拟,画出现金持有随产品市场威胁和可移动固定资产指数变化的曲线图。假设:

$$h(\omega) = \frac{\omega^2}{2} + e^{-\omega} + 1 \tag{5.15}$$

则 $h(\omega)$ 满足 $h(0)=0$,$h'(0)=0$,当 $\omega > 0$,$h'(\omega) > 0$,$h''(\omega) > 0$ 一系列条件。以式(5.11)做现金持有和产品市场威胁的数值模拟,分别用全部 A 股上市公司 2008—2018 年的平均总资产、平均净利润、平均购建固定资产、无形资产与其他长期资产所支付的现金估计 A、R 和 I,以此估计 q 为 0.00588,产品市场威胁程度 α 取值为 $(0,1)$。图 5.2(a)为现金持有和产品市场威胁的数值

模拟结果,结果显示企业现金持有与产品市场威胁指数呈正相关。

以式(5.11)和式(5.12)做现金持有和可移动固定资产指数的数值模拟。担保物权制度改革以后可移动固定资产可以用于抵押,因此 Shock＝1。对全部 A 股上市公司 2008—2018 年的产品市场流动性(Fluidity)和未来投资机会相似度(IndBeta)做标准化处理再取均值,得到产品相似度为 θ_1 的估计值为 0.4077,未来投资机会重合程度为 θ_2 的估计值为 0.2278。假设可移动固定资产的贷款价值比 m_1 为 0.6,其他生产性资产的贷款价值比 m_2 为 0.7。对全部 A 股上市公司 2008—2018 年的可移动固定资产指数做标准化处理后的变动范围(0,1)为 β 的变动范围。图 5.2(b)为现金持有和可移动固定资产指数的数值模拟结果。结果显示,现金持有与可移动固定资产指数呈负相关。

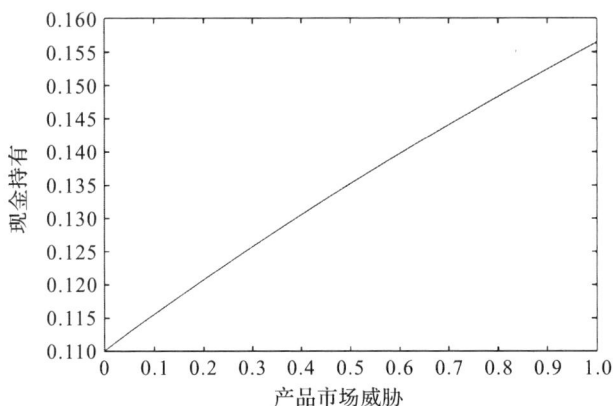

(a)随产品市场威胁的变化

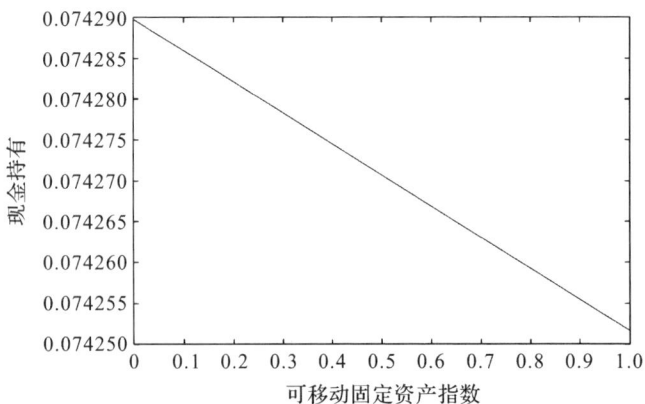

(b)随可移动固定资产的变化

图 5.2　现金持有的数值模拟

二、研究样本和数据来源

(一)数据来源

本章的数据来源主要有 4 个,其中上市公司现金持有数据来源于国泰安(CSMAR)数据库,上市公司其他财务数据来源于万得(Wind)金融数据库,上市公司可移动固定资产数据来源于锐思(RESSET)数据库。可移动固定资产明细一般在企业财务报表附注中披露,具体包括电子设备、机器机械设备、运输设备、通用设备、办公设备等。美国上市公司代码和行业分类来源于 Compustat 数据库。

(二)样本选择

本章选用 2007—2018 年 A 股上市公司为样本,选取 2007 年为样本初始年份,是因为 2007 年《物权法》颁布后,以可移动固定资产作为抵押品正式可行,可移动固定资产对企业现金持有可能在 2007 年后产生影响。在所选择的样本中做以下删选:①剔除金融、保险类公司,是因为金融、保险类公司的可移动固定资产、现金等资产分布与其他行业有所不同;②剔除营业收入小于 0 的企业;③剔除 ST、*ST 的公司,因为经营连续亏损、面临退市风险的公司,其现金持有也会有别于正常经营的公司。最终得到 3582 家上市公司,55438 个公司年度观测值数据。本章依据中国证监会公布的《上市公司行业分类指引(2012 年修订)》中的行业分类标准,按照以下原则进行行业分类:制造业的公司采用门类加大类进行分类,其他行业按门类分类。① 此外,为了控制极端值的影响,对宏观变量以外的连续型解释变量在 1% 和 99% 分位数上按年份进行缩尾(Winsorize)处理。

三、模型设计和变量定义

为了度量可移动固定资产指数和产品市场威胁对企业现金持有的不同影响,本章参照 Chi 和 Su(2016)、Li 和 Zhan(2019)构建以下模型:

---

① 根据《上市公司行业分类指引(2012 年修订)》,门类代码用一位拉丁字母表示,即用字母 A、B、C…依次代表不同门类;大类代码用两位阿拉伯数字表示,从 01 开始按顺序依次编码。所以门类加大类即采用一位字母加两位数字分类,门类采用一位字母分类。

$$\text{Cashholding}_{it} = \alpha_t + \alpha_s + \beta_1 \text{MovableIndex}_{it} + \gamma_1 X_{it} + \varepsilon_{ist} \quad (5.16)$$

$$\text{Cashholding}_{it} = \alpha_t + \alpha_s + \eta_1 \text{Predation}_{it} + \gamma_2 X_{it} + \varepsilon_{ist} \quad (5.17)$$

模型中 α_t 和 α_s 控制年度层面和行业层面的固定效应，X_{it} 代表所有控制变量。若假设一成立，则 β_1 小于 0，即可移动固定资产指数越高，企业现金持有越低。若假设二成立，则 η_1 大于 0，即产品市场威胁指数越高，企业现金持有越高。

为了度量 2010 年担保物权制度改革的影响，本章参考 Rodano 等（2016）、Campello 和 Larrain（2016）、钱雪松和方胜（2017），运用"准自然实验"（Quasi-natural experiment）的方法，通过实验组和控制组的比对来识别法律的效果，建立双重差分（Difference in Difference，DID）模型，并利用倾向得分匹配法（Propensity Score Matching，PSM）设置实验组和对照组，模型如下：

$$\text{Cashholding}_{it} = \alpha_t + \alpha_s + \lambda_1 \text{HighMovableAssets}_{st} + \lambda_2 \text{Shock}_t +$$

$$\lambda_3 \text{Shock}_t \times \text{HighMovableAssets}_{st} + \gamma_3 X_{it} + \varepsilon_{ist} \quad (5.18)$$

其中，利用 $\lambda_3 \text{Shock}_t \times \text{HighMovableAssets}_{st}$ 研究 2010 年第二次改革冲击。PSM 可以有效消除样本选择偏差问题，DID 则能通过双重差分很好地解决内生性问题并得出政策处理效果，两者结合，能更准确地评估出担保物权制度改革降低企业现金持有的效应。

被解释变量和解释变量的定义分别为：

（1）Cashholding_{it}：企业 i 在 t 时间的现金持有。该指标的构造参考杨兴全和尹兴强（2018）、杨兴全等（2016），采用企业财务报表中货币资金加交易性金融资产（2007 年以前为短期投资）除以总资产构造。

（2）MovableIndex_{it}：企业 i 在 t 时间的可移动固定资产指数。根据 Campello 和 Larrain（2016）的划分，总资产分解为固定资产和其他资产的和，为

$$\text{总资产} = \text{固定资产} + \text{其他资产} \quad (5.19)$$

其中，固定资产主要包括机械、设备、土地和建筑物等，其他资产主要包括货币资金和应收款等资产。参照张小茜和孙璐佳（2017），2007 年动产抵押法律改革后，可移动固定资产和不可移动固定资产都具有抵押性，因此，为探究可移动固定资产进入抵押品清单的影响，本章将式（5.19）中的第一项进一步分解为可移动固定资产和不可移动固定资产，将 Campello 和 Larrain（2016）的划分标准修正为：

$$\text{总资产} = \text{可移动固定资产} + \text{不可移动固定资产} + \text{其他资产} \quad (5.20)$$

构造每个公司的可移动固定资产指数 MovableIndex 为可移动固定资产与

总资产的比值。

（3）HighMovableAssets$_{st}$：根据实验组和对照组划分的可移动固定资产指数的虚拟变量。以可移动固定资产指数为基础，根据《上市公司行业分类指引（2012年修订）》，制造业按照三位数行业分类，非制造业按照门类分类的方式划分，在每个行业内将每个企业在 2007—2018 年的数据求平均值，并根据每个行业内企业的数值求出行业内的可移动固定资产指数的中位数，依照所有行业的中位数进行由大到小排序，得到上四分位数和下四分位数。排名前 25% 的公司为控制组，其 HighMovableAssets$_{st}$=0，排名后 25% 的公司为实验组，其 HighMovableAssets$_{st}$=1。对 HighMovableAssets$_{st}$ 按规模（Size）和年度进行匹配，匹配后的最终结果为回归中的实验组和对照组。

（4）Predation$_{it}$：产品市场威胁的代理变量为产品流动性和行业贝塔。其中各变量定义为：

产品流动性 Fluidity$_{st}$：行业 s 中每家企业在 t 时间的产品流动性。公司年报文件中商业描述部分使用的名词与其竞争对手使用的名词的变化之间的点积。该指标的构建参考 Hoberg 等（2014）利用美国全部上市公司 1996—2017 年的年报中对商业情况描述的文本部分，提取出文本中的名词，剔除常用词和表示地点的名词，构建一个名词库，使用 J_t 表示第 t 年所有公司使用的名词向量，设 W_{it} 为一个长度为 J_t 的矩阵，该矩阵标识公司 i 在 t 年使用的出现在 J_t 中的名词。如果公司 i 在产品描述中使用单词 j，则 W_{it} 的元素 j 等于 1，否则为 0，并将 W_{it} 标准化为单位长度 $N_{i,t}$。为计算给定单词 j 在第 t 年总体使用的变化，定义集合向量 $D_{t-1,t}$：

$$D_{t-1,t} \equiv \left| \sum_j (W_{j,t} - W_{j,t-1}) \right| \tag{5.21}$$

一家公司的产品市场流动性就是它自己的向量 $N_{i,t}$ 和标准化的向量 $D_{t-1,t}$ 之间的点积：

$$\mathrm{ProductMarketFluidity}_i \equiv \left\langle N_{i,t} \cdot \frac{D_{t-1,t}}{\|D_{t-1,t}\|} \right\rangle \tag{5.22}$$

产品流动性由公司提供的现有产品计算而来，这些产品根据消费者需求和偏好生产，在不同国家和市场中具有类比性。本章在 Compustat 数据库中获取美国上市公司代码（Gvkey）、上市公司按标准行业分类方法（Standard Industrial Classification）的四位数 SIC 代码以及上市公司按北美产业分类体系（North American Industry Classification System）的六位数 NAICS 代码。将四位数 SIC 代码与六位数 NAICS 代码与中国证监会对上市公司的行业分类匹配到门类,其中制造业匹配到大类,将 Fluidity[①] 的行业年度均值作为中国该行业这一年度的 Fluidity。

行业股票贝塔 $IndBeta_i$:参考 Chi 和 Su(2016),使用行业贝塔来衡量公司与其竞争对手之间投资机会的相互依赖性。公司的股票价格反映了其未来现金流的现值。如果一家公司与其竞争对手分享其增长机会的更大部分,那么该公司的股票价格应该与行业竞争对手的股价更相关。本章将上市公司月度市场收益率对等权重综合市场回报率和等权重行业回报率进行回归(收益率单位均为%),行业回报系数定义为公司的行业贝塔。

产品市场威胁 $Predation_{it}$:本章基于中国股票市场对 Hoberg 等(2014)的产品市场威胁指标进行了修正,该指数越大表明公司面临的产品市场威胁越大。产品市场威胁的值为

$$Predation_{it} = Fluidity_{st} \times IndBeta_i \qquad (5.23)$$

(4)结构性变化指标 $Shock_t$:2007 年之前的 $Shock_{1t} = 0$,从 2007 年开始 $Shock_{1t} = 1$;2010 年之前的 $Shock_{2t} = 0$,从 2010 年开始 $Shock_{2t} = 1$。

(5)X_{it}:参考 Opler 等(1999)、Bates 等(2009)、Pinkowitz 等(2016)、杨兴全等(2016)、杨兴全和尹兴强(2018)、Grullon 等(2019),本章选取的控制变量具体包括:

(a)资本支出(Capex,购建固定资产、无形资产与其他长期资产所支付的现金减去处置固定资产、无形资产和其他长期资产收回的现金净额与总资产的比值),企业可能在某一年度提取现金储备来支付投资支出。

(b)公司成长性(Firm_Q,市值与重置成本的比值),成长性越高的企业会有更多的投资行为,使现金持有水平降低。

(c)规模(Size,总资产的对数),现金管理中存在规模效应。

(d)现金流(CF,经营活动产生现金流量净额与总资产的比值),经营活动现金流量净额会直接影响企业的现金持有规模。

(e)负债比率(Leverage,总负债与总资产的比值),负债比率和现金比率都会影响企业的偿债能力,企业为提高偿债能力可能增加其现金持有。

(f)营运资本(NWC,营运资本与总资产的比值),营运资本可以代替现金用于竞争可用资源。

(g)赫芬达尔—赫希曼指数(HHI,一个行业中各市场竞争主体所占行业总收入百分比的平方和),本章为验证传统的市场集中度与产品市场威胁衡量

---

① 数据来源于霍伯格(Hoberg)和菲利普斯(Phillips)的数据图书馆,已更新至 2017 年。

产品市场竞争的不同方面,加入赫芬达尔—赫希曼指数作为控制变量。表 5.1 为各变量的定义。

表 5.1 变量定义

变量名称	变量符号	变量定义
现金持有	Cashholding	(货币资金＋交易性金融资产)/总资产(%)
产品流动性	Fluidity	公司年报中商业描述部分使用的名词向量与其竞争对手的名词向量之间的点积
行业贝塔	IndBeta	公司与其竞争对手之间投资机会的相互依赖性
产品市场威胁	Predation	公司面临的产品市场威胁程度
可移动固定资产指数	MovableIndex	可移动固定资产/期初总资产(%)
可移动固定资产虚拟变量	HighMovableAssets	根据实验组和对照组划分的可移动固定资产指数的虚拟变量
结构性变化指标	Shock	事件发生前年度取 0,发生后年度取 1
资本支出	Capex	(购建固定资产、无形资产与其他长期资产所支付的现金—处置固定资产、无形资产和其他长期资产收回的现金净额)/期初总资产的比值(%)
公司成长性	Firm_Q	市值与重置成本的比值(%)
公司规模	Size	总资产的自然对数
现金流	CF	经营活动产生现金流量净额/总资产(%)
负债比率	Leverage	总负债/总资产(%)
营运资本	NWC	营运资本与总资产的比值(%)
赫芬达尔—赫希曼指数	HHI	各公司营业收入占所属行业营业总收入百分比的平方和[1]

四、描述性统计分析

表 5.2 为可移动固定资产指数每年度十分位数的描述性统计。可以看出,不同企业间可移动固定资产占总资产的比重差别很大。而担保物权制度改革主要针对可移动固定资产,因此可移动固定资产指数较高的企业受此冲击较

---

[1] Grullon 等(2019)使用的是基于营业收入的 HHI。

大。通过纵向对比可以发现,可移动固定资产指数随年度变化不大,因此对每个企业的可移动固定资产指数在 2007—2018 年求平均值再排序分组是可行的。

表 5.2   可移动固定资产指数描述性统计

年份	p1	p2	p3	p4	p5	p6	p7	p8	p9	p10
2007	0.272	1.114	2.434	4.578	6.845	10.353	14.876	19.926	31.256	55.127
2008	0.277	1.074	2.366	4.385	7.047	10.539	14.946	22.078	34.592	55.060
2009	0.291	1.149	2.381	4.404	6.897	10.343	14.784	21.220	30.935	58.205
2010	0.300	1.105	2.380	4.435	7.274	10.246	14.721	22.083	35.371	57.875
2011	0.314	1.125	2.357	4.480	7.311	9.705	14.781	21.827	31.464	55.676
2012	0.307	1.135	2.457	4.069	7.952	10.257	14.063	21.763	31.648	54.071
2013	0.296	0.893	2.724	4.458	6.882	10.306	14.800	21.903	30.990	55.425
2014	0.280	0.977	2.139	4.418	6.935	10.469	14.767	21.985	30.748	55.712
2015	0.281	1.086	2.416	4.216	7.004	10.364	13.887	24.124	31.210	62.035
2016	0.213	1.061	2.557	4.394	7.116	10.069	14.684	20.004	31.216	47.924
2017	0.193	1.064	2.397	3.945	6.865	9.923	14.539	21.709	31.662	48.838
2018	0.197	1.057	2.387	4.343	6.992	10.123	14.799	21.366	30.978	50.277

表 5.3 是产品市场威胁按年度计算的十分位数,可以看出产品市场威胁指数近年来有一定程度的上升。

表 5.3   产品市场威胁指标描述性统计

年份	p1	p2	p3	p4	p5	p6	p7	p8	p9	p10
2007	−1.464	0.916	2.314	3.470	4.282	5.375	6.894	8.966	12.78	31.23
2008	−2.695	1.192	2.481	3.454	4.593	5.292	6.754	8.742	11.72	31.09
2009	−2.805	0.904	2.540	3.432	4.200	5.357	6.803	9.020	11.86	25.94
2010	−2.000	1.209	2.663	3.379	4.302	5.396	7.183	8.751	11.82	29.83
2011	−2.832	1.022	2.375	3.695	4.064	5.305	6.735	8.802	11.80	25.72
2012	−1.390	1.100	2.436	3.488	4.294	5.574	6.825	8.769	11.80	22.49
2013	−0.920	1.251	2.385	3.346	4.268	5.323	6.813	8.291	11.67	36.36
2014	−0.796	1.194	2.304	3.461	4.212	5.353	6.716	8.682	11.62	32.38
2015	−2.948	1.460	2.369	3.484	4.223	5.504	6.836	8.695	11.82	26.46
2016	−1.827	1.219	2.381	3.461	4.285	5.321	6.796	8.452	11.86	27.65
2017	−2.263	1.175	2.434	3.440	4.241	5.251	6.987	8.729	11.90	26.81

表 5.4 是被解释变量随关键解释变量变化的描述性统计,其中 Panel A 是按可移动固定资产指数十分位数排序的企业现金持有年度值,Panel B 是按产

品市场威胁指标十分位数排序的企业现金持有年度值。Panel A 的结果显示，在同一年度中，可移动固定资产指数高的企业现金持有水平较低，且 2010 年前后，企业现金持有有所下降，这一表现在可移动固定资产指数高的企业中更为明显。Panel B 的结果显示，在同一年度中，产品市场威胁指标较高的企业现金持有水平没有明显规律。总的来看，在同一产品市场威胁水平下，企业现金持有水平随年度有所下降，这可能是因为担保物权制度改革冲击对企业现金持有的抑制作用更为显著。

表 5.4 现金持有描述性统计值

Panel A. 按可移动固定资产指数十分位数排序的企业现金持有年度值

年份	p1	p2	p3	p4	p5	p6	p7	p8	p9	p10
2007	13.688	20.201	21.326	20.716	23.393	19.522	17.481	12.572	13.513	11.992
2008	13.835	20.958	18.338	18.636	20.001	19.524	18.004	15.458	27.659	11.878
2009	23.744	28.305	28.054	26.332	21.266	22.485	18.453	18.008	10.275	10.363
2010	30.572	36.689	32.164	34.811	21.377	27.866	22.809	16.823	13.194	11.499
2011	27.317	33.191	31.802	30.864	28.948	33.648	21.239	19.606	17.067	11.831
2012	13.767	18.269	25.607	18.024	28.673	18.52	12.229	14.065	12.104	9.578
2013	13.245	18.459	34.282	16.951	17.051	17.843	12.249	10.398	7.084	10.358
2014	10.546	14.195	11.692	15.571	16.145	10.853	10.949	10.586	6.267	9.307
2015	10.977	5.400	13.700	14.534	12.524	11.322	16.065	6.621	9.798	8.328
2016	12.758	14.237	10.661	11.331	10.632	9.923	9.586	4.278	6.780	4.250
2017	12.818	14.047	14.291	6.217	9.604	7.214	10.093	8.359	5.724	4.549
2018	10.547	11.878	10.869	10.112	9.575	10.198	9.021	8.065	6.745	4.479

Panel B. 按产品市场威胁十分位数排序的企业现金持有年度值

年份	p1	p2	p3	p4	p5	p6	p7	p8	p9	p10
2007	23.290	16.960	20.630	16.33	19.720	17.840	17.360	12.600	12.590	18.250
2008	14.500	15.060	15.120	16.09	17.420	17.180	19.290	18.400	31.710	16.750
2009	14.010	18.220	20.770	16.89	22.100	18.260	23.670	13.100	26.820	19.200
2010	22.030	19.910	14.990	26.74	23.300	22.140	18.070	32.190	29.720	23.500
2011	19.970	20.360	23.860	34.64	25.430	21.140	25.620	32.630	31.100	23.740
2012	13.320	13.290	12.130	16.89	16.510	28.080	16.390	17.630	20.560	13.040
2013	10.520	14.490	12.810	28.51	13.070	14.030	18.490	10.370	15.340	7.644
2014	10.140	11.950	9.194	12.56	10.440	13.040	9.173	14.680	12.400	9.206
2015	6.174	3.414	10.630	11.72	8.840	17.690	12.020	12.240	11.820	10.630
2016	11.150	9.092	9.154	10.28	18.260	9.716	11.710	5.798	12.050	11.360
2017	12.120	9.752	8.779	11.13	11.200	10.050	9.515	11.110	5.043	17.440

表 5.5 为文中其他变量描述性统计,样本中现金持有(Cashholding)平均为 14.881,中位数为 9.891,标准差为 14.703,说明公司现金持有占总资产的 14.881%,不同企业的现金持有相差较大,这与上市公司面临的融资约束和自身的风险偏好有关。可移动固定资产指数(MovableIndex)平均值为 10.603,中位数为 4.462,标准差为 14.751,说明公司可移动固定资产占总资产的 10.603%,且不同上市公司的可移动固定资产占总资产比值相差很大,这可能是行业性质导致的,而担保物权制度改革对可移动固定资产占比高的企业冲击更大。

表 5.5 其他变量描述性统计

变量名称	变量符号	平均值	标准差	中位数	25%分位数	75%分位数
现金持有	Cashholding	14.881	14.703	9.891	4.522	21.677
产品流动性	Fluidity	6.243	2.366	5.773	4.632	7.068
行业贝塔	IndBeta	1.186	1.650	0.893	0.457	1.433
产品市场威胁	Predation	6.510	8.168	4.809	2.655	8.407
可移动固定资产指数	MovableIndex	10.603	14.751	4.462	0.216	15.347
资本支出	Capex	6.284	7.841	4.056	1.58	8.52
盈利能力	Firm_q	211.408	158.902	159.016	115.213	238.846
规模	Size	7.785	1.541	7.760	6.714	8.682
现金流	CF	6.455	9.046	5.563	0.899	11.245
负债比率	Leverage	48.430	44.950	44.458	27.552	61.226
净经营资产比率	NWC	17.107	44.853	20.460	1.773	39.444
市场集中度	HHI	0.074	0.075	0.053	0.021	0.097

第五节　实证结果与分析

一、可移动固定资产指数和产品市场威胁对企业现金持有的影响

表 5.6 是式(5.16)和式(5.17)的回归结果。第(1)列是对产品市场集中度 HHI 做回归的结果,第(2)列是对可移动固定资产指数 $MovableIndex_{it}$ 和产品市场集中度 HHI 做回归的结果,第(3)列是对产品市场威胁指数 $Predation_{it}$ 做

回归的结果,第(4)列是对可移动固定资产指数 MovableIndex$_{it}$ 和产品市场威胁指数 Predation$_{it}$ 做回归的结果。

第(2)列中 MovableIndex$_{it}$ 前系数为 −0.0749,且在 1% 的水平上显著,说明可移动固定资产指数每增加 1%,企业现金持有会显著减少 0.0749%,现金持有与可移动固定资产指数负相关,与假设一相一致。第(3)列中 Predation$_{it}$ 前系数为 0.0896,且在 1% 的水平上显著,说明产品市场威胁指数每上升 1%,企业现金持有会显著上升 0.0896%,现金持有与产品市场威胁指数正相关,这与假设二相一致。第(4)列中,将 MovableIndex$_{it}$ 和 Predation$_{it}$ 同时回归,结果依然稳健。在控制产品市场威胁指数后,可移动固定资产指数前的系数为 −0.0694,绝对值有所降低,说明日益上升的产品市场威胁使可移动固定资产抵押对企业现金持有的降低作用有所减弱,可移动固定资产指数和产品市场威胁指数存在交互作用,与假设三相一致。第(1)和第(2)列中,产品市场集中度 HHI 前系数不显著,但第(3)和第(4)列中产品市场威胁指数 Predation$_{it}$ 显著为正,说明产品市场威胁和产品市场集中度度量产品市场竞争的不同方面,需要分开考虑。

表 5.6　可移动固定资产指数和产品市场威胁对企业现金持有的影响

变量	(1)	(2)	(3)	(4)
MovableIndex$_{it}$		−0.0749***		−0.0694***
		(0.005)		(0.005)
Predation$_{it}$			0.0896***	0.0946***
			(0.009)	(0.009)
Capex	0.1220***	0.1251***	0.1281***	0.1319***
	(0.013)	(0.013)	(0.015)	(0.015)
Firm_q	−0.0041***	−0.0046***	−0.0026***	−0.0030***
	(0.000)	(0.000)	(0.001)	(0.001)
Size	−1.2001***	−1.2386***	−1.2394***	−1.2904***
	(0.059)	(0.059)	(0.069)	(0.069)
CF	0.1849***	0.1922***	0.1712***	0.1778***
	(0.008)	(0.008)	(0.010)	(0.010)
Leverage	0.0873***	0.0823***	0.0858***	0.0829***
	(0.004)	(0.004)	(0.005)	(0.005)
NWC	0.3268***	0.3121***	0.3186***	0.3064***
	(0.003)	(0.004)	(0.004)	(0.004)
HHI	1.8011	2.2894*		
	(1.375)	(1.370)		

续表

变量	(1)	(2)	(3)	(4)
Constant	15.1811*** (0.823)	17.1308*** (0.829)	14.5642*** (0.926)	16.4752*** (0.935)
Year FE	Yes	Yes	Yes	Yes
Industry FE	Yes	Yes	Yes	Yes
观测值个数	32630	32630	25186	25186
调整 R^2	0.450	0.454	0.437	0.441

注:括号内为标准误。*、** 和 *** 分别表示在 10%、5% 和 1% 的水平上显著。

二、2010 年担保物权制度改革对企业现金持有的影响

双重差分法需要满足平行趋势(parallel trends)假设的前提,也就是实验组与对照组在事件发生前有相同的趋势,在事件发生后,实验组因受到冲击与对照组的趋势不再相同。由于 2007 年《物权法》和《动产抵押登记办法》的颁布,企业现金持有已发生较大变动(钱雪松等,2019),因此,本章对实验组和对照组以规模(Size)和年度为协变量先进行 PSM,使 2010 年以前的对照组和实验组满足平行趋势后,再进行 DID。

图 5.3 中虚线代表控制组,实线代表实验组。2010 年前实验组与对照组的现金持有存在类似的变化趋势,且实验组和控制组的现金持有差别不大,而在 2010 年存在明显的冲击,对照组和控制组的现金持有差距突然增大,其后两者的趋势有较大的不同,说明满足平行趋势假设的前提。

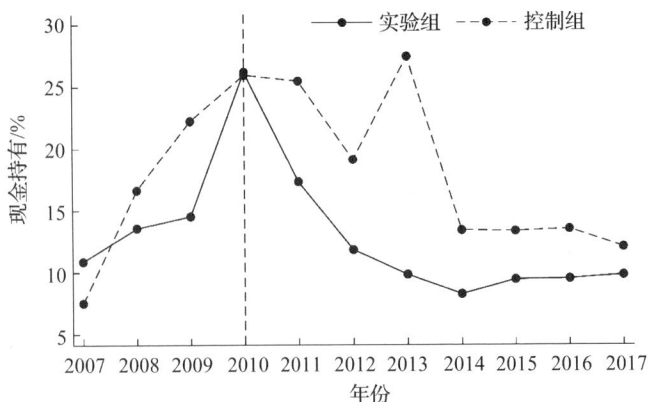

图 5.3　平行趋势检验

表 5.7 进一步报告了公司现金持有在 2010 年前后实验组与控制组的结构性差异。在 PSM 后,冲击前实验组和对照组的差距很小,其差异也不显著,说明经过 PSM 后,2010 年对照组和实验组的差距已经不显著。2010 年冲击后,实验组和控制组的差距拉大,实验组的现金持有比控制组下降 4.935%,这一结果在经济上和统计上都是十分显著的。DID 的结果为 -4.831%,在 1% 的水平上显著,说明 2010 年担保物权制度改革使企业现金持有下降。DID 检验的结果进一步佐证了满足平行趋势假定的前提。

表 5.7　担保物权制度改革前后公司现金持有的差异

项目	2010 年		
	实验组	控制组	差异
冲击前	13.852	13.956	-0.104
冲击后	11.510	16.445	-4.935^{***}
DID 结果	-4.831^{***}		

注:*、**和***分别表示在 10%、5%和 1%的水平上显著。

表 5.8 报告的是担保物权制度改革对企业现金持有影响的检验,即式(5.18)的回归结果。第(1)和第(2)列是对 Shock×HighMovableAssets$_{it}$ 做回归的结果,第(3)和第(4)列是控制产品市场威胁指数 Predation$_{it}$ 后 Shock×HighMovableAssets$_{it}$ 的回归结果。其中第(1)和第(3)列是直接 DID 的结果,第(2)和第(4)列是 PSM-DID 的结果。第(1)至(4)列中 Shock 前系数在 1% 的水平上显著为负,说明 2010 年后,企业现金持有显著下降。Shock×HighMovableAssets$_{it}$ 前系数也在 1% 的水平上显著为负,说明可移动固定资产指数越高的企业,担保物权制度改革对企业现金持有的降低作用越明显,这与假设一相一致。说明 2010 年的担保物权制度改革对企业现金持有有显著的降低作用,2010 年中国对担保物权制度的进一步改革,是对 2007 年《物权法》和《动产抵押登记办法》的完善和扩展,有助于企业拓宽融资渠道,降低现金持有。第(3)和(4)列加入产品市场威胁指数 Predation$_{it}$ 后,Predation$_{it}$ 前系数显著为正,但交互项依然显著,说明担保物权制度改革能抵消日益增长的产品市场威胁对企业现金产生的正向影响,并使现金持有降低,体现了政策的有效性。

表 5.8　担保物权制度改革对公司现金持有的影响

变量	(1)	(2)	(3)	(4)
	DID	PSM-DID	DID	PSM-DID
$HighMovableAssets_i$	−7.0151	0.7726	−6.6857	−1.3517
	(4.385)	(1.066)	(4.683)	(1.157)
Shock	−3.9439***	−3.0750***	−7.7169***	−6.4521***
	(0.820)	(0.739)	(0.887)	(1.044)
Shock× $HighMovableAssets_i$	−2.4124***	−2.6183***	−2.2952***	−2.0450**
	(0.759)	(0.808)	(0.817)	(0.951)
$Predation_{it}$			0.0652***	0.1194***
			(0.013)	(0.020)
Constant	41.7865***	9.4350***	37.4195***	34.0181***
	(4.399)	(1.118)	(4.697)	(1.615)
Controls	Yes	Yes	Yes	Yes
Year FE	Yes	Yes	Yes	Yes
Industry FE	Yes	Yes	Yes	Yes
Match	No	Yes	No	Yes
观测值个数	15636	11749	12389	6692
调整 R^2	0.255	0.203	0.290	0.315

注:括号内为标准误,*、**和***分别表示在10%、5%和1%的水平上显著。

三、产品市场威胁在不同时间段对企业现金持有的影响

从上文可以得知,在全样本期间,即 2007—2018 年,产品市场威胁对企业现金持有有显著的促进作用。但 2010 年担保物权制度的进一步改革给企业现金持有带来很大冲击。2015 年《关于深化国有企业改革的指导意见》发布后,混改进一步深化,产品市场竞争也发生较大变化。为研究产品市场威胁在不同时间段的作用,表 5.9 将全样本期间划分为 2007—2009 年、2010—2014 年、2015—2018 年 3 个期间,对 3 个子样本的 $Predation_{it}$ 和 $MovableIndex_{it}$ 做回归。

表 5.9　产品市场威胁程度在不同时间段对企业现金持有的影响

变量	(1)	(2)	(3)
	2007—2009 年	2010—2014 年	2015—2018 年
$Predation_{it}$	0.1027**	−0.0228	0.1138***
	(0.045)	(0.022)	(0.009)
$MovableIndex_{it}$	−0.0590***	−0.0603***	−0.0482***
	(0.014)	(0.008)	(0.009)

续表

变量	(1)	(2)	(3)
	2007—2009 年	2010—2014 年	2015—2018 年
Constant	16.1372***	21.4367***	9.8928***
	(2.001)	(1.258)	(1.279)
Year FE	Yes	Yes	Yes
Industry FE	Yes	Yes	Yes
Controls	Yes	Yes	Yes
观测值个数	2616	11868	10731
调整 R^2	0.549	0.485	0.400

注:括号内为标准误,*、** 和*** 分别表示在 10%、5% 和 1% 的水平上显著。

第(1)至第(3)列中,$MovableIndex_{it}$ 前系数均在 1% 水平上显著为负,说明企业可移动固定资产指数越高,企业现金持有水平越低,与上文一致。2007—2009 年,$Predation_{it}$ 前系数在 5% 的水平上显著为正,但在 2010—2014 年,$Predation_{it}$ 前系数不再显著,这说明 2015 年担保物权制度的进一步改革很好地抵消了产品市场威胁对企业现金持有的增加作用,说明政策十分有效。但在 2015—2018 年,$Predation_{it}$ 前系数在 1% 的水平上显著为正,说明 2015 年后,随着产品市场竞争更加激烈,产品市场威胁对企业现金持有的作用又开始显著。$MovableIndex_{it}$ 前系数的绝对值先由 0.0590 增大到 0.0603,后又减小到 0.0482,也体现了产品市场威胁和担保物权制度改革的交互作用。

四、产品市场威胁与可移动固定资产指数的相对重要性分析

上文中的线性回归只能说明担保物权制度改革和产品市场威胁都会对企业的现金持有产生一定影响,且该影响存在结构性变化,但无法直观地说明这两个因素中,哪个因素对企业现金持有更具相对重要性。因此,下文将全样本分为三个阶段,对可移动固定资产指数和产品市场威胁两个因素做相对重要性分析。

表 5.10 是对可移动固定资产指数和产品市场威胁做相对重要性分析的结果,其中 Panel A 的样本期间是 2007—2009 年,Panel B 的样本期间是 2010—2014 年,Panel C 的样本期间是 2015—2018 年。图 5.4 描述了不同时期可移动固定资产指数和产品市场威胁相对重要性的变化情况。

表 5.10 重要性排序

Panel A. 2007—2009 年

$Cashholding_{ist}$	贡献度	标准贡献度	排序
$MovableIndex_{it}$	0.0073	0.0134	4
$Predation_{it}$	0.0033	0.0050	5
Controls	0.3525	0.6457	1
Year FE	0.1669	0.3056	2
Industry FE	0.0159	0.0292	3

Panel B. 2010—2014 年

$Cashholding_{ist}$	贡献度	标准贡献度	排序
$MovableIndex_{it}$	0.0274	0.0565	4
$Predation_{it}$	0.0011	0.0022	5
Controls	0.2606	0.5373	1
Year FE	0.1313	0.2708	2
Industry FE	0.0646	0.1332	3

Panel C. 2015—2018 年

$Cashholding_{ist}$	贡献度	标准贡献度	排序
$MovableIndex_{it}$	0.0111	0.0275	4
$Predation_{it}$	0.0053	0.0133	5
Controls	0.3035	0.7545	1
Year FE	0.0693	0.1722	2
Industry FE	0.0131	0.0325	3

Panel A 中变量 $MovableIndex_{it}$ 的标准贡献度为 0.0134,即该变量对拟合优度 R^2 的边际贡献为 0.0134;变量 $Predation_{it}$ 的标准贡献度为 0.0050,$MovableIndex_{it}$ 的贡献百分比为 72.83%,$Predation_{it}$ 的贡献百分比为 27.17%。因此,相对于 $Predation_{it}$,$MovableIndex_{it}$ 更加重要,对被解释变量 $Cashholding_{ist}$ 的方差变化的解释力度更强。Panel B 的结果显示,2010—2014 年,$MovableIndex_{it}$ 的标准贡献度为 0.0565,$Predation_{it}$ 的标准贡献度为 0.0022,$MovableIndex_{it}$ 的贡献百分比为 96.25%,$Predation_{it}$ 的贡献百分比为 3.75%。Panel C 的结果显示,2015—2018 年,$MovableIndex_{it}$ 的标准贡献度为 0.0275,$Predation_{it}$ 的标准贡献度为 0.0133,$MovableIndex_{it}$ 的贡献百分比为 67.40%,$Predation_{it}$ 的贡献百分比为 32.60%。

由图 5.4 可以直观地发现,三个时期可移动固定资产指数的贡献度均大于产品市场威胁指数,说明虽然可移动固定资产指数和产品市场威胁程度增加对企业现金持有的影响是相反的,但可移动固定资产指数相对于产品市场威胁来说更重要,它在企业现金持有的变化中起主导作用,说明这一改革有效缓解了企业的融资约束,并缓解了产品市场竞争加强对企业融资带来的负面影响,这一改革行之有效。

　　同时,分时期研究两个因素贡献度的变化,可以发现2010年担保物权制度改革进一步加强后,可移动固定资产指数对现金持有变化的贡献度相较于2007—2009年有大幅度的提升,2015年国务院颁布《关于深化国有企业改革的指导意见》后,产品市场威胁对现金持有变化的贡献度开始提升,并且超过了2007—2009年的贡献度,这与表5.9的结果相一致。

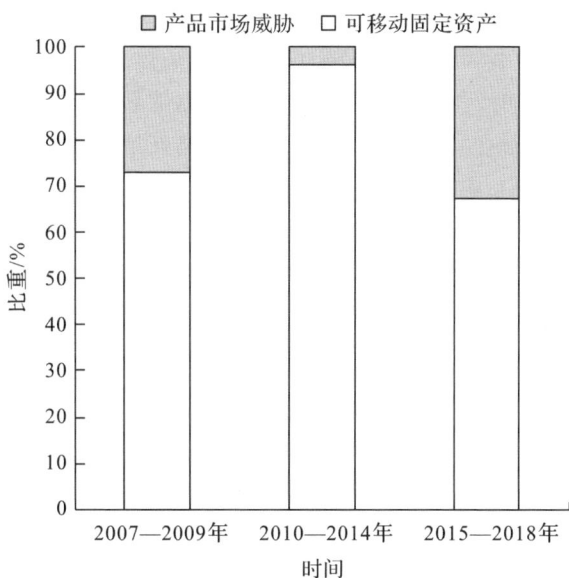

图5.4　不同时期产品市场威胁与担保物权制度改革的相对重要性

第六节　行业异质性再检查

一、四个"着力"行业

　　当前,我国经济进入新常态,必须采取积极有效的措施,加大"六稳"工作力度,稳金融、稳就业、稳外贸、稳外资、稳预期、稳投资,促销费、扩就业、增收入。为实现国民经济良性循环,需要做到四个"着力",即着力扩大有效投资、着力促进消费提质扩容、着力补齐城乡区域发展短板以及着力推进产业升级。这四个"着力"是促进形成强大国内市场的重要内容。本章这一部分探讨可移动固定资产指数和产品市场威胁对四类不同概念股[①]的现金持有的影响。这四类概念股的选取来源于"四个着力",是我国未来经济的关键领域。本章从以下四类不同概念股考察"四个着力"行业。

(1)重点投资行业:我国鼓励政府投资、企业和民间投资、地方专项债券加快用于补短板、调结构、扩内需,重点投资领域为交通、能源、生态环保等包括243家上市公司,其中交通领域有108家,包括轨道交通、高铁和通用航空等;新能源领域有76家,包括核电、风力发电等;生态环保有59家。

(2)城乡区域发展:"一带一路"建设、京津冀一体化、长三角一体化、乡村振兴、东北振兴、粤港澳大湾区等属于我国重大战略部署,要促进城乡区域发展协调联动,挖掘四大板块的发展潜力,发挥五大战略新增长点的效应,包括341家上市公司,其中珠三角有140家,京津冀一体化有26家,乡村振兴有13家,东北振兴有72家,粤港澳大湾区有22家,"一带一路"建设有68家。

(3)产业升级:着力推进产业升级,即要完善5G、人工智能等新兴基础建设,深入推进战略性新兴产业集群发展工程,包括248家上市公司,其中5G有86家、工业4.0有69家、科技园区有21家、区块链有49家、人工智能有23家。

(4)体制改革:加强经济体制改革,深化混合所有制改革,有利于激发市场活力,促进经济发展方式转变,包括190家上市公司,其中国资入股有91家、国企混改有59家、国资改革有40家(Zhang et al.,2019)。

图5.5(a)为全样本期间四个"着力"行业可移动固定资产与现金持有分布情况图。对行业内所有企业的可移动固定资产指数和现金持有求均值,画出四类行业的散点图,并画出拟合曲线。可以发现,四个行业的可移动固定资产指数有很大差异,其中产业升级概念股的可移动固定资产指数最低,这可能是因为产业升级概念股大多为高科技企业,其无形资产占比较高;重点投资、城乡区域发展和体制改革概念股的可移动固定资产指数较高,它们大多为制造业、交通业等重资产行业。拟合曲线向下倾斜,说明可移动固定资产指数越高,行业现金持有越低,与假设一相一致。图5.5(c)为最近一期四个"着力"行业可移动固定资产与现金持有分布情况图,四个"着力"行业的现金持有水平有明显的下降。

图5.5(b)为全样本期间四个"着力"行业产品市场威胁指数与现金持有分

---

① 概念股取自Wind数据库2019年6月28日概念股模块。

布图。对行业内所有企业的产品市场威胁指数和现金持有求均值,并画出散点图和拟合曲线。与图 5.5(a)和图 5.5(c)不同的是,产业升级的产品市场威胁指数在四个行业中是最高的,这可能是因为产业升级概念股企业面临较高的产品相似性和未来投资机会重叠度。城乡区域发展概念股面临的产品市场威胁最弱,这可能是因为城乡区域发展有较高的地区差异,产品市场不集中。拟合曲线向上倾斜,说明产品市场威胁指数越高,行业现金持有越高,与假设 2 相一致。图 5.5(d)为最新一期四个"着力"行业产品市场威胁指数与现金持有分布图,可以发现行业产品市场威胁程度较全样本期间有所上升。

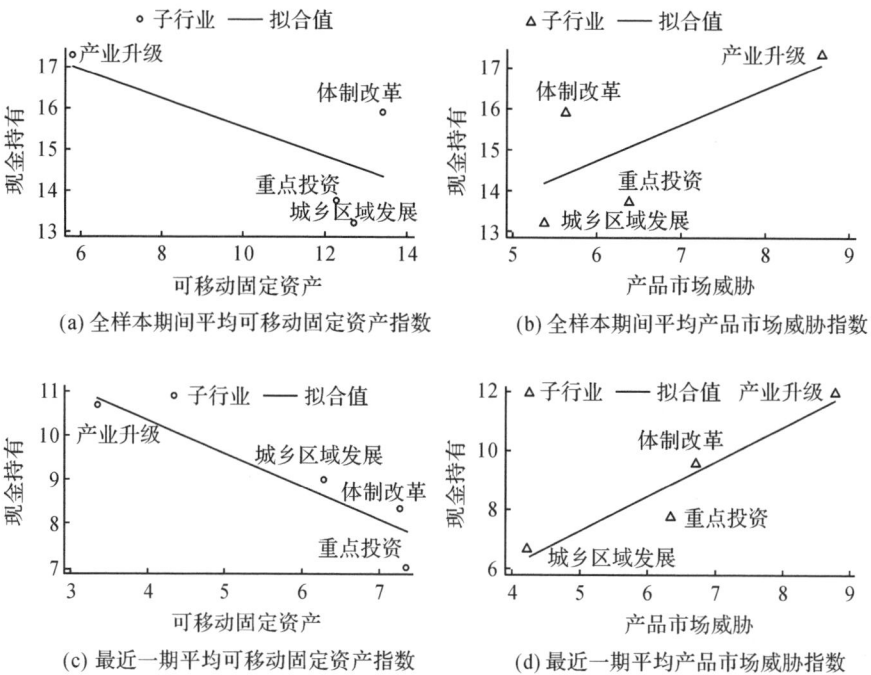

图 5.5　四个"着力"行业现金持有分布情况

表 5.11 研究可移动固定资产指数对不同行业现金持有的影响。第(1)列至第(4)列分别是对 MovableIndex$_{it}$ × KeyInvestment、MovableIndex$_{it}$ × RegionalDevelopment、MovableIndex$_{it}$ × IndustryUpgrading、MovableIndex$_{it}$ × StructureReform 做回归的结果,其中 KeyInvestment、RegionalDevelopment、IndustryUpgrading、StructureReform 分别是重点投资、城乡区域发展、产业升级和体制改革的虚拟变量,若一家企业属于某一行业,则虚拟变量等于 1,否则为 0。

表 5.11　可移动固定资产指数对不同行业现金持有的影响

变量	(1) 重点投资	(2) 城乡区域发展	(3) 产业升级	(4) 体制改革
MovableIndex$_{it}$	−0.0743*** (0.005)	−0.0637*** (0.005)	−0.0787*** (0.005)	−0.0670*** (0.005)
KeyInvestment	−1.8360*** (0.308)			
MovableIndex$_{it}$ × KeyInvestment	0.0366*** (0.014)			
RegionalDevelopment		5.0048*** (0.246)		
MovableIndex$_{it}$ × RegionalDevelopment		−0.1258*** (0.012)		
IndustryUpgrading			−0.6162* (0.323)	
MovableIndex$_{it}$ × IndustryUpgrading			−0.0281 (0.021)	
StructureReform			3.3012*** (0.269)	
MovableIndex$_{it}$ × StructureReform			−0.1289*** (0.014)	
Constant	17.5043*** (0.801)	19.1726*** (0.802)	17.5330*** (0.802)	17.8455*** (0.800)
Year FE	Yes	Yes	Yes	Yes
Industry FE	Yes	Yes	Yes	Yes
Controls	Yes	Yes	Yes	Yes
观测值个数	32630	32630	32630	32630
调整 R^2	0.454	0.461	0.454	0.456

注:括号内为标准误,*、**和***分别表示在 10%、5% 和 1% 的水平上显著。

第(1)列至第(4)列中,MovableIndex$_{it}$ 前系数在 1% 的水平上显著为负,说明对这四大行业以外的行业来说,可移动固定资产指数对企业现金持有有显著降低作用,与上文结论相一致。

第(1)列为重点投资概念股的回归结果。KeyInvestment 前系数在 1% 的水平上显著为负,说明重点投资概念股的现金持有显著低于其他行业。重点投资企业大多为大型制造业、交通业或能源企业,拥有较多的可抵押资产,有较广泛的融资渠道,因此现金持有会低于其他行业。对重点投资概念股来说,可移动固定资产指数每上升 1%,企业现金持有会降低 0.0377%,在 1% 的水平上显著。

第(2)列为城乡区域发展概念股的回归结果。RegionalDevelopment 前系数在 1% 的水平上显著为正,说明城乡区域发展概念股的现金持有显著高于其他行业。对城乡区域发展概念股来说,可移动固定资产指数每上升 1%,企业现金持有会降低 0.1895%,在 1% 的水平上显著,这说明担保物权制度改革使可移动固定资产加入抵押清单后,城乡区域发展概念股的现金持有会显著降低,融资约束有所下降。

第(3)列为产业升级概念股的回归结果。IndustryUpgrading 前系数在 10% 的水平上显著为负,说明产业升级概念股的现金持有略低于其他行业。这可能是因为大部分产业升级企业处于高速成长期,投资支出较高,企业会选择持有较少的现金。$MovableIndex_{it} \times IndustryUpgrading$ 前系数不显著,说明可移动固定资产指数对产业升级概念股的现金持有没有显著影响。图 5.5 显示,产业升级概念股的可移动固定资产指数处于较低水平,因此担保物权制度改革对这一类企业的影响较小。

第(4)列为体制改革概念股的回归结果。StructureReform 前系数在 1% 的水平上显著为正,说明体制改革概念股的现金持有显著高于其他行业。$MovableIndex_{it} \times StructureRefor$ 前系数显著为负,对体制改革概念股来说,可移动固定资产指数每上升 1%,企业现金持有会降低 0.1959%,在 1% 的水平上显著,说明担保物权制度改革对体制改革概念股的现金持有有显著降低作用。

表 5.12 研究产品市场威胁指数对不同行业现金持有的影响。第(1)列至第(4)列分别是对 $Predation_{it} \times KeyInvestment$、$Predation_{it} \times RegionalDevelopment$、$Predation_{it} \times IndustryUpgrading$、$Predation_{it} \times StructureReform$ 做回归的结果。

表 5.12 产品市场威胁指数对不同行业现金持有的影响

变量	(1) 重点投资	(2) 城乡区域发展	(3) 产业升级	(4) 体制改革
$Predation_{it}$	0.0905*** (0.009)	0.1117*** (0.010)	0.0955*** (0.010)	0.1002*** (0.010)
KeyInvestment	−0.9594** (0.398)			
$Predation_{it} \times$ KeyInvestment	−0.0635 (0.052)			

续表

变量	(1) 重点投资	(2) 城乡区域发展	(3) 产业升级	(4) 体制改革
RegionalDevelopment		5.7708*** (0.283)		
Predation$_{it}$ × RegionalDevelopment		−0.3088*** (0.037)		
IndustryUpgrading			−0.4262 (0.394)	
Predation$_{it}$ × IndustryUpgrading			−0.0839** (0.038)	
StructureReform				2.8718*** (0.335)
Predation$_{it}$ × StructureReform				−0.2115*** (0.042)
Constant	14.5677*** (0.926)	16.3883*** (0.924)	14.5740*** (0.926)	14.7409*** (0.925)
Year FE	Yes	Yes	Yes	Yes
Industry FE	Yes	Yes	Yes	Yes
Controls	Yes	Yes	Yes	Yes
观测值个数	25186	25186	25186	25186
调整 R^2	0.437	0.447	0.437	0.439

注:括号内为标准误,*、**和***分别表示在10%、5%和1%的水平上显著。

第(1)列至第(4)列中 Predation$_{it}$ 前系数在1%的水平上显著为正,说明对这四大行业以外的行业来说,产品市场威胁指数对企业现金持有有显著促进作用,与上文结论相一致。

第(1)列为重点投资概念股的回归结果。Predation$_{it}$ × KeyInvestment 前系数不显著,说明产品市场威胁对重点投资概念股无显著作用。第(2)列和第(4)列分别为城乡区域发展和体制改革概念股的回归结果,这两类概念股的交互项前系数均在1%的水平上显著为负,且系数绝对值大于 Predation$_{it}$ 前系数绝对值,说明产品市场威胁对城乡区域发展和体制改革概念股的现金持有有显著降低作用,这与上文结论不一致。由图5.5可以发现,这三类概念股的产品市场威胁水平较低,因此产品市场威胁对企业现金持有的不利影响尚未体现。

第(3)列为产业升级概念股的回归结果。Predation$_{it}$ × IndustryUpgrading 前系数在5%的水平上显著为负,但对产业升级概念股来说,产品市场威胁指数每上升1%,企业现金持有会显著增加0.0116%。产业升级概念股的产品市场威胁水平较高,日益增加的产品市场威胁程度已经对该行业的现金持有产生不利影响。

二、从传统制造业到服务业创新

由于企业性质和盈利模式的不同,服务业和制造业在可移动固定资产和现金持有方面都具有很大的不同,随着科学技术提高应运而生的新型服务业和制造业则存在更大的差异。在这一部分,本章探讨传统制造业、传统服务业与服务业创新概念股在可移动固定资产指数和产品市场威胁指数对企业现金持有的影响的异质性。

本章根据《上市公司行业分类指引(2012 年修订)》,将行业大类代码为 C(制造业)的上市公司划分为传统制造业,将行业大类代码为 F、G、H、J、K、L、M、N、O、F、Q、R、S、T 的上市公司划分为传统服务业[①],选取 Wind 数据库内属于金融科技概念股和新零售概念股的上市公司作为服务业创新行业,其中金融科技包括 50 家上市公司,新零售包括 24 家上市公司。

图 5.6(a)为全样本期间制造业、服务业、金融科技和新零售概念股中可移动固定资产与现金持有分布情况图。与制造业相比,服务业企业的平均可移动固定资产指数较小,服务业创新概念股的平均可移动固定资产指数又小于传统服务业,其中金融科技概念股的可移动固定资产指数最小。拟合曲线向下倾斜,与上文结果一致。图 5.6(c)为最近一期制造业、服务业、金融科技和新零售概念股中可移动固定资产与现金持有分布情况图,行业的现金持有水平较全样本期间有所下降。

图 5.6(b)为全样本期间制造业、服务业、金融科技和新零售概念股中产品市场威胁指数与现金持有分布情况图。传统制造业的平均产品市场威胁程度最小,服务业创新概念的产品市场威胁高于传统服务业,其中金融科技概念股的产品市场威胁指数最高。拟合曲线倾斜向上,与上文一致。图 5.6(d)为最近一期制造业、服务业、金融科技和新零售概念股中产品市场威胁指数与现金持有分布情况图,不同行业的产品市场威胁均有所上升。

---

① 传统服务业包含交通运输、仓储和邮政业,信息传输、计算机服务和软件业,住宿和餐饮业,金融业,房地产业,租赁和商务服务业,科学研究、技术服务和地质勘查业,水利、环境和公共设施管理业,居民服务和其他服务业,教育,卫生、社会保障和社会福利业,文化、体育和娱乐业,公共管理和社会组织,国际组织等行业。

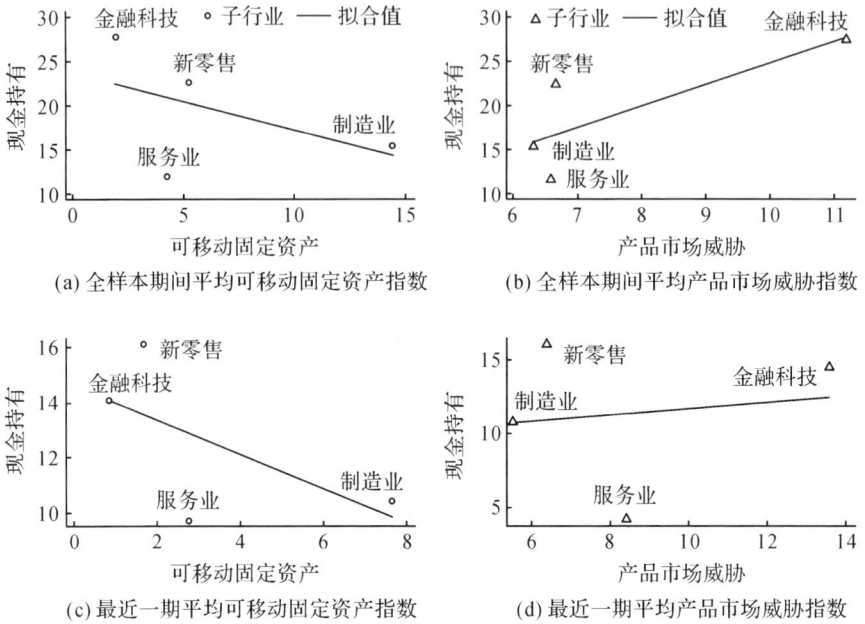

(a) 全样本期间平均可移动固定资产指数

(b) 全样本期间平均产品市场威胁指数

(c) 最近一期平均可移动固定资产指数

(d) 最近一期平均产品市场威胁指数

图 5.6　制造业与服务业现金持有分布情况

　　表 5.13 研究可移动固定资产指数对制造业、服务业和服务业创新概念股现金持有的影响。其中 Sevices、FinTech、NewRetail 分别为服务业、金融科技和新零售的虚拟变量,若企业属于这一行业,则虚拟变量为 1,若企业为制造业企业,则虚拟变量为 0。第(1)列是在制造业子样本中对 $MovableIndex_{it}$ 做回归的结果。$MovableIndex_{it}$ 前系数在 1‰ 水平上显著为负,说明对于制造业上市公司,可移动固定资产指数越高,企业现金持有越低。第(2)列是对 $MovableIndex_{it} \times Sevices$ 做回归的结果。$MovableIndex_{it} \times Sevices$ 前系数在 5‰ 的水平上显著为负,对传统服务业来说,可移动固定资产指数每上升 1‰,企业现金持有降低 0.0615‰,这一值小于 0.0954‰,说明可移动固定资产指数对企业现金持有的降低作用在传统服务业中弱于传统制造业。由图 5.6 可知,这可能是因为传统服务业的可移动固定资产较少,因此受到担保物权制度改革的冲击也较弱。第(3)列和第(4)列分别是对 $MovableIndex_{it} \times FinTech$ 和 $MovableIndex_{it} \times NewRetail$ 做回归的结果。$MovableIndex_{it}$ 和 $MovableIndex_{it} \times FinTech$、$MovableIndex_{it} \times NewRetail$ 前系数均在 1‰ 水平上显著为负,说明相对于传统制造业上市公司,在金融科技和新零售概念股中,可移动固定资产指数对现金持有的降低作用更强。

表 5.13　可移动固定资产指数对服务业创新和制造业现金持有的影响

变量	(1)	(2)	(3)	(4)
	制造业	服务业	金融科技	新零售
MovableIndex$_{it}$	−0.0628***	−0.0954***	−0.0625***	−0.0622***
	(0.006)	(0.006)	(0.006)	(0.006)
Services		0.7710		
		(1.332)		
MovableIndex$_{it}$ × Sevices		0.0339**		
		(0.013)		
FinTech			−0.8066	
			(4.513)	
MovableIndex$_{it}$ × FinTech			−1.9943***	
			(0.529)	
NewRetail				−5.0092
				(9.716)
MovableIndex$_{it}$ × NewRetail				−0.4680***
				(0.151)
Constant	13.6509***	16.0373***	13.7665***	13.6044***
	(1.212)	(1.192)	(1.213)	(1.212)
Year FE	Yes	Yes	Yes	Yes
Industry FE	Yes	Yes	Yes	Yes
Controls	Yes	Yes	Yes	Yes
观测值个数	17513	27129	17560	17678
调整 R^2	0.480	0.445	0.485	0.481

注:括号内为标准误,*、**和***分别表示在10%、5%和1%的水平上显著。

表 5.14 研究产品市场威胁指数对制造业、服务业和服务业创新概念股现金持有的影响。第(1)列是在制造业子样本中对 Predation$_{it}$ 做回归的结果。Predation$_{it}$ 前系数在 1% 水平上显著为正,说明对于制造业上市公司,产品市场威胁指数越高,企业现金持有越高。第(2)列是对 Predation$_{it}$ × Sevices 做回归的结果。Predation$_{it}$ × Sevices 前系数在 1% 的水平上显著为负,对传统服务业来说,产品市场威胁指数每上升 1%,企业现金持有仅上升 0.0039%,这一值小于 0.1862%,说明产品市场威胁指数对企业现金持有的不利作用在传统服务业中弱于传统制造业。第(3)列和第(4)列分别是对 Predation$_{it}$ × FinTech 和 Predation$_{it}$ × NewRetail 做回归的结果。Predation$_{it}$ 和 Predation$_{it}$ × FinTech、Predation$_{it}$ × NewRetail 前系数均在 1% 水平上显著为正,说明相对于传统制造业上市公司,在金融科技和新零售概念股中,产品市场威胁指数对现金持有的

不利作用更强。这是因为服务业创新概念股受到更强的产品市场威胁。

表 5.14　可移动固定资产指数对服务业创新和制造业现金持有的影响

变量	(1)	(2)	(3)	(4)
	制造业	服务业	金融科技	新零售
$Predation_{it}$	0.1871***	0.1862***	0.1873***	0.1886***
	(0.011)	(0.012)	(0.011)	(0.011)
Services		1.0995		
		(1.108)		
$Predation_{it} \times Sevices$		−0.1823***		
		(0.026)		
FinTech			−2.4598	
			(4.235)	
$Predation_{it} \times FinTech$			1.2843***	
			(0.371)	
NewRetail				17.6000***
				(5.422)
$Predation_{it} \times NewRetail$				0.6615***
				(0.247)
Constant	6.7285***	11.2607***	6.9874***	7.0346***
	(1.432)	(1.071)	(1.416)	(1.404)
Year FE	Yes	Yes	Yes	Yes
Industry FE	Yes	Yes	Yes	Yes
Controls	Yes	Yes	Yes	Yes
观测值个数	11439	20226	11486	11588
调整 R^2	0.457	0.426	0.465	0.460

注:括号内为标准误,*、** 和*** 分别表示在 10%、5% 和 1% 的水平上显著。

　　综上,通过对四个"着力"行业进行异质性再检验,可以发现担保物权制度改革带来的可移动固定资产进入抵押品清单,对重点投资、城乡区域发展和体制改革概念股具有正向作用,能有效降低企业融资约束,从而降低企业现金持有。但由于产业升级概念股的可移动固定资产指数较小,担保物权制度改革并不能显著降低产业升级概念股的现金持有。与之相反的是,对产业升级概念股来说,较高的产品市场威胁指数会显著增加企业的现金持有。但产品市场威胁对企业现金持有的不利影响尚未在重点投资、城乡区域发展和体制改革概念股中体现。从传统制造业到服务业创新,发现可移动固定资产指数和产品市场威胁指数对企业现金持有的影响在服务业创新概念股中均强于制造业上市公司。

第七节　结　论

　　本章基于预防性动机与威胁效应的双重视角对 2007—2018 年的上市公司现金持有状况进行研究,考察担保物权制度改革后可移动固定资产指数和产品市场威胁的影响,并运用双重差分法研究 2010 年担保物权制度改革的进一步深化给企业现金持有带来的冲击,主要有以下几点发现:

　　首先,担保物权相关法律的完善对企业发展有显著的正向作用,可移动固定资产可以用作抵押品,大大降低了企业预防性动机。本章主要观察了两次法律冲击:一是 2007 年《物权法》颁布后,可移动固定资产进入抵押品清单,带来企业现金持有的预防性动机下降,可移动固定资产指数越高的企业,企业现金持有越低;二是 2010 年的担保物权制度改革是对 2007 年《物权法》和《动产抵押登记办法》的进一步深化,带来担保物权制度改革的第二次冲击,使企业现金持有显著下降。担保物权制度改革的不断深化使企业的融资渠道拓宽,企业融资约束得到缓解,这一改革是行之有效的。

　　其次,产品市场威胁程度提高带来的反向作用促使企业增加现金持有,这个作用很稳健,并没有在两次冲击前后发生改变。但是,进一步考察担保物权制度改革冲击与产品市场威胁的共同影响,本章发现担保物权制度改革对企业现金持有的影响作用大于产品市场威胁,起主导作用。

　　最后,本章对行业进行异质性再检验,发现在四大"着力"行业中,可移动固定资产指数对重点投资、城乡区域发展和体制改革概念股的现金持有有显著降低作用,产品市场威胁对产业升级概念股的现金持有有显著增加作用。对比服务业创新概念股和传统制造业,发现可移动固定资产指数和产品市场威胁指数对服务业创新概念股现金持有的影响均强于传统制造业。

　　基于以上研究,本章建议企业及时应对宏观金融、法律环境的变化与竞争风险,保持适度的现金持有,做好流动性管理。政府层面应不断推动担保物权改革法律进程,在法律与金融实务中促进可移动固定资产抵押范围的明确以及抵押登记制度的完善,以程序的公开透明预防重复抵押,促进流动性风险降低,总体上兼顾防范金融风险和稳增长。同时,企业应做好准备积极应对产品市场变化,在产品研发创新与推广宣传上同时发力,增加产品多样性,降低产品流动性。政府应兼顾产业政策与竞争政策,规范行业竞争秩序,促进不同行业间合理有序竞争。《中共中央关于坚持和完善中国特色社会主义制度　推进国家治理体系和治理能力现代化若干重大问题的决定》提出了 15 个"坚持和完善",其中第四条是"坚持和完善中国特色社会主义法治体系,提高党依法治国、依法执政能力",完善立法体制机制,加快法律体系建设,以良法保障善治,本章的研究也显示了法制完善、法制改革与市场竞争之间的权衡。

参考文献

[1]陈冬华,李真,新夫.产业政策与公司融资:来自中国的经验证据[C].2010中国会计与财务研究国际研讨会论文集,2010:231-310.

[2]陈志斌,王诗雨.产品市场竞争对企业现金流风险影响研究:基于行业竞争程度和企业竞争地位的双重考量[J].中国工业经济,2015(3):96-108.

[3]何熙琼,尹长萍,毛洪涛.产业政策对企业投资效率的影响及其作用机制研究:基于银行信贷的中介作用与市场竞争的调节作用[J].南开管理评论,2016(5):161-170.

[4]黄速建,肖红军,王欣.竞争中性视域下的国有企业改革[J].中国工业经济,2019(6):22-40.

[5]姜付秀,屈耀辉,陆正飞,等.产品市场竞争与资本结构动态调整[J].经济研究,2008(4):99-110.

[6]刘守英,杨继东.中国产业升级的演进与政策选择:基于产品空间的视角[J].管理世界,2019,35(6):81-94,194-195.

[7]刘晓光,苟琴,姜天予.金融结构、经济波动与经济增长:基于最优产业配置框架的分析[J].管理世界,2019(5):29-43,198.

[8]陆正飞,韩非池.宏观经济政策如何影响公司现金持有的经济效应?:基于产品市场和资本市场两重角度的研究[J].管理世界,2013(6):43-60.

[9]钱雪松,代禹斌,陈琳琳,等.担保物权制度改革、融资约束与企业现金持有:基于中国《物权法》自然实验的经验证据[J].会计研究,2019(1):72-78.

[10]钱雪松,方胜.担保物权制度改革影响了民营企业负债融资吗?:来自中国《物权法》自然实验的经验证据[J].经济研究,2017(5):146-160.

[11]钱雪松,唐英伦,方胜.担保物权制度改革降低了企业债务融资成本吗?:来自中国《物权法》自然实验的经验证据[J].金融研究,2019(7):115-134.

[12]宋凌云,王贤彬.重点产业政策、资源重置与产业生产率[J].管理世界,2013(12):63-77.

[13]谭兴民,宋增基,蒲勇健.公司治理影响信息披露了吗?:对中英资本市场的实证比较研究[J].金融研究,2009(8):171-181.

[14]王永钦,刘紫寒,李嫦,等. 识别中国非金融企业的影子银行活动:来自合并资产负债表的证据[J]. 管理世界,2015(12):24-40.

[15]杨兴全,齐云飞,吴昊旻. 行业成长性影响公司现金持有吗? [J]. 管理世界,2016(1):153-169.

[16]杨兴全,尹兴强. 国企混改如何影响公司现金持有? [J]. 管理世界,2018(11):93-107.

[17]伊志宏,姜付秀,秦义虎. 产品市场竞争、公司治理与信息披露质量[J]. 管理世界,2010(1):133-141,161,188.

[18]袁靖波,周志民,周南,等. 管制放松后的企业竞争行动、竞争对手分类与销售绩效[J]. 管理世界,2019(6):179-192,196.

[19]张小茜,孙璐佳. 抵押品清单扩大、过度杠杆化与企业破产风险:动产抵押法律改革的"双刃剑"效应[J]. 中国工业经济,2017(7):175-192.

[20]Acharya V V, Almeida H, Campello M. Is cash negative debt? A hedging perspective on corporate financial policies[J]. Journal of Financial Intermediation,2007,16(4):515-554.

[21]Almeida H, Campello M, Cunha I. Corporate liquidity management:A conceptual framework and survey[J]. Annual Review of Financial Economic,2014,6(1):135-162.

[22]Almeida H, Campello M, Hackbarth D. Liquidity mergers[J]. Journal of Financial Economics,2011,102(3):526-558.

[23]Almeida H, Campello M, Weisbach M S. The cash flow sensitivity of cash[J]. The Journal of Finance,2004,59(4):1777-1804.

[24]Alvarez F, Lippi F. Financial innovation and the transactions demand for cash[J]. Econometrica,2009,77(2):363-402.

[25]Aretz K, Campello M, Marchica M T. Access to collateral and the democratization of credit:France's reform of the Napoleonic Security Code[J]. The Journal of Finance,2020,75(1):45-90.

[26]Assunção J J, Benmelech E, Silva F S S. Repossession and the democratization of credit[J]. Review of Financial Studies,2014,27(9):2661-2689.

[27]Bates T W, Kahle K M, Stulz R M. Why do US firms hold so much more cash than they used to? [J]. The Journal of Finance,2009,64(5):1985-2021.

[28]Baumol W J. The transactions demand for cash:An inventory theoretic

approach[J]. The Quarterly Journal of Economics,1952,66(4):545-556.

[29]Bolton P, Scharfstein D S. A theory of predation based on agency problems in financial contracting[J]. The American Economic Review,1990, 80(1):93-106.

[30]Boutin X, Cestone G, Fumagalli C. The deep-pocket effect of internal capital markets[J]. Journal of Financial Economics,2013,109(1):122-145.

[31]Brown J R, Fazzari S M, Petersen B C. Financing innovation and growth: Cash flow, external equity,and the 1990s R&D boom[J]. The Journal of Finance,2009,64(1):151-185.

[32]Campello M, Larrain M. Enlarging the contracting space: Collateral menus, access to credit, and economic activity[J]. The Review of Financial Studies,2016,29(2):349-383.

[33]Charles W, Larrain M, Liberti J, et al. How collateral laws shape lending and sectoral activity[J]. Journal of Financial Economics,2017,123: 163-188.

[34]Chi J D, Su X. Product market threats and the value of corporate cash holdings[J]. Financial Management,2016,45(3):705-735.

[35]Dittmar A, Mahrt S. J, Servaes H. International corporate governance and corporate cash holdings[J]. Journal of Financial and Quantitative Analysis,2003,38(1):111-133.

[36]Duchin R. Cash holdings and corporate diversification[J]. The Journal of Finance,2010,65(3):955-992.

[37]Duchin R, Gilbert T, Harford J. Precautionary savings with risky assets: When cash is not cash[J]. The Journal of Finance,2017,72(2):793-852.

[38]Faulkender M, Wang R. Corporate financial policy and the value of cash [J]. The Journal of Finance,2006,61(4):1957-1990.

[39]Foley C F, Hartzell J C, Titman S. Why do firms hold so much cash? A tax-based explanation[J]. Journal of Financial Economics,2007,86(3): 579-607.

[40]Fresard L. Financial strength and product market behavior: The real effects of corporate cash holdings[J]. The Journal of Finance,2010,65

(3):1097-1122.

[41]Fresard L, Valta P. How does corporate investment respond to increased entry threat? [J]. The Review of Corporate Finance Studies,2016,5(1): 1-35.

[42]Gamba A, Triantis A. The value of financial flexibility[J]. The Journal of Finance,2008,63(5):2263-2296.

[43]Gao H, Harford J, Li K. Determinants of corporate cash policy: Insights from private firms[J]. Journal of Financial Economics,2013,109 (3):623-639.

[44]Giroud X, Mueller H M. Corporate governance,product market competition,and equity prices[J]. The Journal of Finance,2011,66(2):563-600.

[45]Giroud X, Mueller H M. Does corporate governance matter incompetitive industries? [J]. Journal of Financial Economics,2010,95(3):312-331.

[46]Grieser W, Liu Z. Corporate investment and innovation in the presence of competitor constraints[J]. The Review of Financial Studies,2019,32 (11):4271-4303.

[47]Grullon G, Larkin Y, Michaely R. Are US industries becoming more concentrated? [J]. Review of Finance,2019,23(4):697-743.

[48]Hall T W. The Collateral channel: Evidence on leverage and asset tangibility[J]. Journal of Corporate Finance,2012,18(3):570-583.

[49]Harford J. Corporate cash reserves and acquisitions[J]. The Journal of Finance,1999,54(6):1969-1997.

[50]Haselmann R, Pistor K, Vig V. How law affects lending[J]. The Review of Financial Studies,2010,23(2):549-580.

[51]Haushalter D, Klasa S, Maxwell W F. The influence of product market dynamics on a firm's cash holdings and hedging behavior[J]. Journal of Financial Economics,2007,84(3):797-825.

[52]Hoberg G, Phillips G. Industry choice and product language[J]. Management Science,2018,64(8):3735-3755.

[53]Hoberg G, Phillips G. Text-based industry momentum[J]. Journal of Financial and Quantitative Analysis,2019,53(6):1-34.

[54]Hoberg G, Phillips G. Text-based network industries and endogenous

product differentiation[J]. Journal of Political Economy,2016,124(5): 1423-1465.

[55]Hoberg G, Phillips G, Prabhala N. Product market threats, payouts, and financial flexibility[J]. The Journal of Finance,2014,69(1):293-324.

[56]Jensen M C. Agency costs of free cash flow,corporate finance, and take-overs[J]. The American Economic Review,1986,76(2):323-329.

[57]Jiang F X, Kim K A, Nofsinger J R, et al. Product market competition and corporate investment: Evidence from China[J]. Journal of Corporate Finance,2015,35:196-210.

[58]Klasa S, Maxwell W F, Ortiz M H. The strategic use of corporate cash holdings in collective bargaining with labor unions[J]. Journal of Financial Economics,2009,92(3):421-442.

[59]Li S, Zhan X. Product market threats and stock crash risk[J]. Management Science,2019,65(9):4011-4031.

[60]Lilienfeld T U, Mookherjee D, Visaria S. The distributive impact of reforms in credit enforcement: Evidence from Indian debt recovery tribunals[J]. Econometrica,2012,80(2):497-558.

[61]Lins K V, Servaes H, Tufano P. What drives corporate liquidity? An international survey of cash holdings and lines of credit[J]. Journal of Financial Economics,2010,98(21):160-176.

[62]Liu Y, Mauer D C. Corporate cash holdings and CEO compensation incentives[J]. Journal of Financial Economics,2011,102(2):183-198.

[63]Mansi S, Maxwell W. Corporate governance and firm cash holdings[J]. Journal of Financial Economics,2008,87(3):535-555.

[64]Miller M H, Orr D. A model of the demand for money by firms[J]. The Quarterly Journal of Economics,1966,80(3):413-435.

[65]Morellec E, Nikolov B, Zucchi F. Competition, cash holdings, and financing decisions[C]. Swiss Finance Institute: Swiss Finance Institute Research Paper Series,2014:13-72.

[66]Myers S C, Majluf N S. Corporate financing and investment decisions when firms have information the investors do not have[J]. Journal of Financial Economics,2001,13(2):187-221.

[67]Nickell S J. Competition and corporate performance[J]. Journal of Politi-

cal Economy,1996,104(4):724-746.

[68]OECD. State Owned Enterprises and the Principle of Competitive Neu-trality[M]. Paris: OECD Publishing,2009.

[69]Opler T, Pinkowitz L, Stulz R. The determinants and implications of corporate cash holdings[J]. Journal of Financial Economics,1999,52(1): 3-46.

[70]Pinkowitz L, Stulz R M, Williamson R. Do US firms hold more cash than foreign firms do[J]. The Review of Financial Studies,2016,29(2): 309-348.

[71]Pinkowitz L, Stulz R M, Williamson R. Is there a US high cash holdings puzzle after the financial crisis? [Z]. Fisher College of Business Working Paper,2013.

[72]Riddick L A, Whited T M. The corporate propensity to save[J]. The Journal of Finance,2009,64(4):1729-1766.

[73]Roberts M R, Sufi A. Control rights and capital structure: An empirical investigation[J]. The Journal of Finance,2009,64(4):1657-1695.

[74]Rodano G, Serran V N, Tarantino E. Bankruptcy law and bank finan-cing[J]. Journal of Financial Economics,2016,120(2):363-382.

[75]Schmidt K M. Managerial incentives and product market competition[J]. The Review of Economic Studies,1997,64(2):191-213.

[76]Shleifer A, Vishny R W. A survey of corporate governance[J]. The Journal of Finance,1997,52(2):737-783.

[77]Telser L G. Cutthroat competition and the long purse[J]. The Journal of Law and Economics,1996,9:259-277.

[78]Tobin J. The interest-elasticity of transactions demand for cash[J]. The Review of Economics and Statistics,1956,38(3):241-247.

[79]Vig V. Access to collateral and corporate debt structure: Evidence from a natural experiment[J]. The Journal of Finance,2013,68(3):881-928.

[80]Zhang X Q, Yu M Q, Chen G Q. Does mixed-ownership reform improve SOEs' innovation? Evidence from China's industrial policy and regional distribution[J]. China Economic Review,2020,61,101450.

第三篇
产业政策和新技术视角的理论研究

第六章 产业政策、政商关系与公司融资脆性[①]

中国的产业政策是国家促进经济发展和调整产业结构的重要手段。本章基于 2006—2019 年非金融类上市公司样本,考察产业政策对公司的影响,发现省级产业政策显著放大了公司的融资脆性,造成了"十二五"期间的融资扭曲,"十三五"时期融资扭曲得到有效缓解。进一步考察产业政策的影响渠道,发现产业政策是通过应收账款和应付账款影响公司融资脆性,而不是政府补助和实际税率的直接政府干预,而且"十二五""十三五"时期产业政策的调整会影响公司退出和进入行业的选择,公司追随"十三五"产业政策调整经营领域,会显著降低自身的融资脆性;若公司仍停留在存在落后产能的行业,则融资脆性会被放大。本章通过引入政商关系指数,考察政治环境的影响,发现在政商关系更为正面的地区,产业政策对公司融资脆性具有更为显著的影响;考察省委书记任期对公司的影响,结果显示官员任期对公司应收账款和政府补助存在周期性的影响。最后,基于 COVID-19 疫情的疫情数据,发现医疗卫生财政支出较高的地区产业政策支持下,叠加公司融资脆性,会造成公司破产风险上升;使用工具变量法发现,若医疗卫生支出较高地区发生了较严重的疫情,会放大公司的融资脆性。

① 本章初稿入选 2021 年香樟金融论坛、第二届中国青年管理学者论坛、2020 年中国工业经济学会年会、2019 年中国青年经济学家联谊会(YES)年会,感谢与会专家学者的讨论,也感谢首届中国发展理论国际年会(人民大学)、中国发展经济学前沿暨中国发展经济学七十年研讨会(复旦大学)、首届青年管理学者论坛、首届中国宏观经济学者论坛(复旦大学)、CCER Summer Institute(北京大学)与会专家学者对系列论文的宝贵意见。

第一节　引　言

高培勇等(2020)分析了高质量发展的动力在于治理结构现代化,并进一步提出治理的两个结构:防御性治理和进取性治理。国际文献主要关注政府干预的负面作用,认为是市场失灵的反应,例如 Hao 和 Lu(2018)发现,政府干预导致公司增加固定资产投资、R&D 投资降低,Ru(2018)用国开行数据进行研究,发现政府干预导致了资源错配,国有企业挤出相同行业里的民营企业①,以及 Cong 等(2019)也基于贷款数据发现 2009—2010 年的经济刺激计划推动了信贷扩张,使得国有企业受益。这些文献基于中国数据对政府作用进行了观察,但是忽略了中国现代治理带来的高质量发展这一强大的正作用。

2020 年全球面临困境,前所未有的公共卫生突发事件导致经济下行,世界银行 6 月的《全球经济展望》估计全球经济将收缩 5.2%,是 1900 年以来第四大衰退、二战以来最严重的衰退。2020 年 8 月 15 日国际著名媒体《经济学人》(*The Economist*)总结了此次大困境下中国经济依然稳定发展的三个有效因素:对经济周期和债务机器的严格控制、高校的国家行政、国企和民企的融合。这三点都是政府有效治理的正作用,特别是面对新冠肺炎疫情立即做出"六稳六保"推动经济高质量发展,稳就业、稳金融、稳外贸、稳外资、稳投资、稳预期,促进中国有效控制疫情、实现经济稳中求进。

产业政策主要通过投资机会和融资能力两种途径对微观企业产生影响。举债和信贷有助于缓解融资约束(Bolton,2016),资金充裕的公司往往有更好的经营状况。政府与公司紧密联系可以促进信息传递(Lall,1996;Andreoni et al,2017),实施有效干预,但只有健康的政商关系才能发挥政策的正面效应(Lemma and te Velde,2017)。从国际经验来看,Kim(2017)分析了二战后韩国政商关系的演变与产业政策的发展,认为其紧密而有序的政商关系对产业政策的成功实施有重要作用。侯方宇和杨瑞龙(2018)通过建立基于公司资产专用性的委托代理模型,来分析不同的政商关系对产业政策治理"潮涌现象"有效性的影响。研究发现,受扭曲的政商关系的影响,地方政府的产业政策是无效的。产业政策是影响公司融资的重要因素(陈冬华等,2010),不属于

---

① Ru(2018)其实也得到了政府干预的一个正作用,国有企业也使得其下游民营企业受益。

产业政策支持行业的企业更有动机去建立银行关联,以获得更多债务融资(祝继高等,2015)。产业政策主要通过债务融资方式影响资本结构调整速度(巫岑等,2019),但较少有文献从贸易信贷的视角分析产业政策与公司融资的关系。

受新冠肺炎疫情影响,不少企业面临货款回笼期限延长的难题,资金周转压力骤增,缓解制造业企业经常性贷款周转问题、稳定企业融资预期、降低企业转贷成本迫在眉睫。2020 年《政府工作报告》提出,要大幅增加制造业中长期贷款。在政策推动下,多家银行的制造业中长期贷款余额、增量均创新高。具体来看,截至 2020 年 6 月末,工行制造业中长期贷款余额超过 5500 亿元,比年初增加 952 亿元,增幅 21%;光大银行制造业中长期贷款余额增长 23.63%,增速远高于上年同期。大企业凭借其在供应链中的市场优势地位,对为其配套的中小企业往往施加不合理的交易条件,并且常在合同履行期结束后拖欠货款,甚至存在无理由拖欠账款的现象。国家统计局数据显示,截至 2020 年 5 月末,规模以上工业企业应收账款 15.13 万亿元,同比增长 13.0%;应收账款平均回收期为 58.8 天,同比增加 10.4 天。盘活应收账款用于融资,对于减轻中小企业贷款对房产抵押的依赖、降低中小企业融资门槛、提高融资可获得性具有重要作用。近来,防止大企业长期拖欠小型微型企业资金的政策措施已开始受到重视,2018 年实施的中小企业促进法增设第八章"权益保护",2020 年 7 月 14 日国务院发布《保障中小企业款项支付条例》,预防和治理违约拖欠中小企业款项问题[①]。

第二节　文献回顾及研究设计

一、产业政策的影响

近年来,我国公司杠杆率高企,债务风险上升。推进供给侧结构性改革、重点做好"三去一降一补"工作,要求建立和完善现代公司制度,增强经济中长期发展韧性、降低公司杠杆率是其中重要一环。Faulkender 和 Petersen

---

① 祝君壁.工信部有关负责人解读《保障中小企业款项支付条例》:切实维护中小企业合法权益[EB/OL].(2020-07-18)[2020-09-21]. http://www.gov.cn/zhengce/2020-07/18/content_5527980.htm.

(2006)指出,公司的杠杆率受到资本需求和供给两方面因素共同作用。而产业政策作为资本供给方的因素,在中国的实施历来积极主动。在"积极"的政策背景下,这种意愿容易转化为地方政府对公司甚至银行经营行为的影响,推动信贷规模上升(谭之博和周黎安,2015),间接提高公司的资产负债率。张小茜和孙璐佳(2017)、钱雪松和方胜(2017)考察了担保物权法导致的企业杠杆率高企。

本章观察企业融资脆性这一微观企业风险如何受到产业政策影响。干春晖等(2011)研究经济增长和结构变化对经济活动的作用。结果显示,产业结构对经济增长具有阶段性影响。总体来说,产业结构的合理化对经济的影响更加稳定,但是高级化的影响并不稳定,并且对我国而言前者的贡献要比后者大。研究认为,在制定政策时,可以在维持现有的合理化的基础上,促进高级化的发展,这样才能更加释放产业政策的功效。陈冬华等(2010)发现,产业政策支持的行业,其IPO融资额和家数增长率显著超过未受支持的行业,其股权再融资(SEO)机会显著高于其他行业。产业政策支持的行业其长期银行借款显著高于其他行业,而短期银行借款则呈现相反趋势。Ru(2018)利用国家发展银行的数据,检验了政府信贷对微观公司的影响。通过对不同层次的供应链对政府信贷的影响进行追踪,作者发现,国家发展银行发放给国有公司的产业贷款有助于其挤出同一行业的私有公司,但是会对上游行业中的私有公司产生有益影响。Cong等(2019)研究了在存在金融摩擦的动态经济下,不同公司的信贷配给情况。金融摩擦会阻碍资源从低效率公司向高效率公司重分配,属于金融摩擦之一的隐形的政府保护伞,使得资源总是向盈利能力差的国企倾斜,信贷扩张更是放大了这种现象。

近来的研究主要是从政府干预的角度观察产业政策。新结构经济学对"有为政府"进行了定义,即在不同的发展阶段,政府能够根据不同的时间、地点和经济结构,有效地对市场进行培育和调节,最终能够增进全社会的长期福利。林毅夫等(2018)的研究发现,大多数情况下,经济开发区的设立对公司全要素生产率起着正向作用。经济开发区内的公司存在"生产率溢价"的情况,这不是因为政府挑选了高生产率公司进入开发区,而是由于经济开发区内的公司有着更优惠的条件,比如更低的税率,从而能将精力更多地投在提高生产率上。王勇(2018)的研究主要是基于建立模型的方法,通过对两个大国的经济结构进行建模,研究了贸易方面的政策是如何影响产业的生命周期以及促进经济增长的。白让让(2016)利用多家公司的数据,对公司产能扩张的动机进行实证研究。实证结果表明,公司的投资行为受到竞争者扩张行为的影响,且两者之间呈现正相关关系。但是新增投资、需求增长率以及产能利用的情况之间并没有清晰的关系。王勇等(2018)则从收入不平等这个角度来研究产业的升级,通过构建模型,研究收入不平等和产业升级两者之间的相关性。研究结果表明,收入越不平等,实现产业升级需要的最低资本劳动比越低,这两者之间是倒U形关系。

前沿文献已经开始关注宏观政策或者经济周期对企业投融资行为的影响。Almeida等(2009)发现,在紧缩信贷时期,那些拥有大量到期贷款的企业更可能面临续借冻结和流动性危机,这会干扰企业的投融资活动。刘海明和李明明(2020)发现,较短的贷款期限会放大货币政策冲击对实体经济投融资的影响,会促进企业的绩效增长。Duval等(2020)发现,在金融危机期间到期的企业短期借款占比越高(融资脆性越大),在恶化的信贷状况的叠加影响下,企业金融危机后的生产率增长会越慢。

本章试图从产业政策与贸易融资这一新视角进行观察,当然产业政策还有其他影响企业融资脆性的途径,比如银行贷款。张小茜和唐梦泽(2019)考察了产业政策对银行贷款结构与系统性金融风险存在显著影响,本章从贸易信贷角度进行补充,这是因为推动贸易信贷发展是解决中小企业融资难、融资贵的一条有效途径(刘志平等,2019)。贸易信贷基本上是将该产业链中各企业的应收应付账款、购销合同等权益类或存量的固定资产作为银行承贷风险的还款"后盾"。当贸易信贷发生在上下游企业之间时,就形成了产业链金融。作为一种非正式融资渠道,贸易信贷有利于修正信贷资源配置的不平衡和实现社会信贷资金的再分配。贸易信贷是美国企业最重要的短期融资来源(Petersen and Rajan,1997;Barrot,2016),非金融公司是最大的贸易信贷提供者,可以成为中小企业的自然资本来源(Cosh et al.,2009)。

二、问题提出

上市公司在行业内往往具有较高地位,具有一定的规模和资源优势。长期以来,大企业能通过保持以较高的应付账款从上游企业获得融资,以较低的应收账款从下游企业获得融资。长久以来,大企业能通过贸易信贷减少融资约束,却极大约束了为数众多的中小企业的正常资金运作,损害了它们的发展。而产业政策是以国家大政方针的出发点制定的,获得产业政策支持的行业内的公司,往往会获得更多的优惠发展条件,这可能会使得公司通过贸易信贷剥削中小企业的倾向下降,表现为公司的应收账款增加和应付账款减少。应收账款和应付账款是公司资金运作的重要一环,缺失贸易信贷的融资作用会导致公司的资产负债表结构更为脆弱,公司不得不更加依赖短期借款维持运作,表现为公司的融资脆性上升。

通过上述对国内外有关产业政策对公司指标影响的文献梳理,可以发现,政府作为有形的手,运用产业政策对国家产业发展进行引导,对传统产业进行转型升级,对战略性新兴产业进行大力扶持。我国目前主要政府补助形式有降低税率、支持银行放贷、政策性补贴等形式,上述文献也多以政府信贷作为重要变量,例如,Ru(2018)利用了政府信贷的相关数据,杨洋等(2015)运用了政府补贴的相关数据,主要目的是来研究产业政策对公司的影响,现有的文献多集中在对公司绩效指标的影响,比如资产、负债以及 ROA 等,也有文献考察公司投资,王克敏等(2017)以公司投资为重要的被解释变量,发现受产业政策支持的公司,政府补助、长期负债较多,这使得公司投资水平提高,但投资效率下降。

已有研究发现,产业政策会使得民营企业投资增加(黎文靖和李耀陶,2014),但投资效率会下降(黎文靖和李耀陶,2014;王克敏 2017),重点产业政策会抑制企业 TFP 的提升(张莉等,2019),且鼓励类产业政策会导致产能过剩(寇宗来等,2017)。但从融资角度看,产业政策支持行业的融资能力较强(陈冬华等,2010);陆正飞和韩非池(2013)指出,产业政策鼓励发展的公司,其现金持有能够发挥产品市场竞争效应。

在现有研究基础上,本章希望回答以下问题:产业政策是否对企业融资脆性产生影响,与以往银行贷款角度的研究不同,本章从应收账款、应付账款角度考察上下游企业间的融资渠道,发现产业政策在"十一五""十二五"期间通过应收账款、应付账款渠道确实存在扭曲作用、对企业融资脆性有显著的拉升作用,"十三五"期间这一扭曲作用消失。同时,本章也考察政府补助、实际税率这些直接的政府干预,发现没有显著的中介作用,说明产业政策才是根本原因。

三、研究难点和研究设计

本章尝试解决以下三个实证中的困难:首先,目前学界缺乏关注产业政策与公司资产负债表状况的研究。已有研究多集中在产业政策对公司投资、融资行为的影响。本章更集中于产业政策对公司融资脆性的关联性,角度更为新颖。其次,本章解决了产业政策传导机制的识别困难。受卞泽阳等(2021)的启发,本章尝试引入贸易信贷这一独特的产业政策传导视角,用应收账款和应付账款解决了上下游企业的识别困难,扩宽了产业政策影响公司融资行为的视角。最后,本章结合政商关系对产业政策的影响进行分析,从政府干预视角进一步完善了产业政策影响的分析。

(一)结构性分析

中华人民共和国国民经济和社会发展五年计划纲要是中国国民经济计划的重要部分,为国民经济发展远景规定目标和方向,按行政层级分为国家级规划、省(区、市)级规划、市县级规划,共三级。本章首先考察"十一五""十二五""十三五"三个时期的省级产业政策是否影响公司融资脆性。参考王克敏等(2017),构建如下方程:

$$Vulnerabilities_{it} = \beta_1 IndPolicy_p + \gamma_1 Control_{i,t-1} + \alpha_p + \alpha_t + \varepsilon_{it} \quad (6.1)$$

其中,IndPolicy 为产业政策虚拟变量,受产业政策支持的行业为 1,否则为 0。本章还进一步分别考察是否受各省"十一五""十二五""十三五"期间产业政策的支持,分别记作 $IndPolicy^{11}$、$IndPolicy^{12}$、$IndPolicy^{13}$。Control 为基于王克敏等(2017)的一系列控制变量,为降低内生性取期初值,按年度做缩尾处理。控制省份固定效应 α_p、年度固定效应 α_t,标准差采取省级聚类。为了观察结果的稳健性,进一步使用军工类企业作为控制组,IndPolicy 为 0,检查模型的结果稳健性。为了降低内生性,进一步做反向因果检验,并且使用多期滞后项进行检查。

(二)机制检验

产业政策对公司融资脆性的影响机制是什么? 卞泽阳等(2019)认为,通过产业链金融,有利于从下游企业获得应收账款融资或者从上游企业获得应付账款融资。在考察政府补助(王克敏等,2017)和税收减免(郭杰,2019)的直接干预之外,本章进一步考察应收账款和应付账款的间接方式。

为了处理关键变量的内生性问题,参考 Carvalho(2015)的做法,构建如下方程:

$$Vulnerabilities_{it} = \beta_2 IndPolicy_p \times HighRTOInd_{jk} + \gamma_2 X_i + \alpha_p + \alpha_t + \alpha_j + \varepsilon_{it}$$

$$(6.2)$$

其中,HighRTOInd 指标为表征公司是否应收账款周转率高的虚拟变量。参照 Carvalho(2015),本章进一步考察了滞后三期的影响。

(三)政商关系的影响

考虑到政商关系对地区的经济发展起着至关重要的作用,本章依据《中国城市政商关系排行榜 2018》对样本进行分组,选取的指标包括政商关系健康指数(health)、亲近指数(close)、清白指数(pure)。亲近指数由政府对公司的关心、服务及公司税收等衡量,清白指数由政府廉洁度、透明度等衡量。本章分别以这三个指标对样本进行了分组,根据指标的大小对所有省份进行排名并取三分位数,属于上三分位数的样本划为"高"的一组,属于下三分位数的样本划为"低"的一组。分组回归,以考察不同政商关系下产业政策对公司融资脆性的影响。

参照 Ru(2018),本章从择城网、各省份政府官网中获得了 2006—2019 年31 个省份省委书记、省长的任职情况,构建 First、Second、Third、Fourth、Fifth、Sixth 六个年度虚拟变量,若该年为该省省委书记任期的第一年,则 First 取 1,反之取 0,其他变量含义类似。为考察省委书记任期对公司的影响,本章构建如下方程:

$$M_i = \alpha + \beta \text{Term}_p + \text{Control}_p + \alpha_p + \theta_j \tag{6.3}$$

其中,M_i 为应收账款、应付账款和融资脆性,θ_j 表示行业固定效应。

第三节　数据来源与变量定义

一、数据来源

以 2006—2019 年 A 股非金融上市公司作为样本,来分析产业政策和公司融资脆性之间的关系。主要财务数据来源于 Wind 数据库,公司实际税率数据来源于 CSMAR 数据库,产业政策数据来自 CNRDS 数据库,省级医疗卫生公共财政支出来自国家统计局官网。

由于本章考察的是"十一五""十二五""十三五"期间产业政策的影响,故研究样本区间为 2006—2019 年,剔除金融类企业及存在变量缺失的观测值。由于要考察产业政策对公司破产风险的影响,本章保留了 ST 及 *ST 公司、所有者权益为负的公司。为控制极端值的影响,对所有公司的层面的解释变量在1% 和 99% 分位数上按年份进行缩尾。

二、变量定义

(一)被解释变量

(1)融资脆性:参考 Duval 等(2020),定义 Vulnerabilities 为公司的短期债务与总负债之比,衡量公司资产负债表结构的脆弱程度。

(2)贸易融资:考察两个方向的贸易信贷,参考 Gyimah 等(2020),取应收账款/总资产、应付账款/总资产。

(3)行业选择:若公司所属行业上一年不受产业政策支持,当年进入受到产业政策支持的行业,则 ToSupport 取 1,否则取 0。若公司所属行业上一年受产业政策支持,当年进入不受到产业政策支持的行业,则 ToUnSupport 取 1,否则取 0。

(4)落后产能行业虚拟变量:根据《工业和信息化部公告 2014 年工业行业淘汰落后产能企业名单》第一批和第二批中列出的 18 个落后产能行业,将 18 个行业与其所属的证监会三位数行业代码匹配。若公司属于这些行业,则公司属于存在落后产能的行业,则 EliminaInd 取 1,否则为 0。若公司当年离开落后产能行业,则 LeaveEliminaInd 取 1,两个时期都是落后产能行业则取 0。若公司当年仍然在落后产能行业,则 StayInEliminaInd 取 1,两个时期都是落后产能行业则取 0。

(5)其他公司绩效指标:

研发支出:为公司研发支出的对数值。

投资:参考张会丽和陆正飞(2012),本章将投资水平定义为(购建固定资产、无形资产和其他长期资产支付的现金＋取得子公司及其他营业单位支付的现金净额－处置固定资产、无形资产和其他长期资产收回的现金净额－处置子公司及其他营业单位收到的现金净额)/上年总资产。

员工人数:取员工人数的对数值表示。

公司破产风险:参考张小茜和孙璐佳(2017)使用 Altman-Z 值测度公司破产风险。

(二)关键解释变量

1. 产业政策变量

中央政府和地方政府以五年规划为指引,确定未来五年经济发展的方向与目标,为各地区下一步的发展指明方向。本章使用的产业政策数据来源于中国研究数据服务平台(CNRDS)。具体来说,每个"五年规划"文件中都有专栏列出要重点扶持的产业,本章对重点产业的划分标准是:前面出现"重点发展产业""重点扶持产业",以及用"做大做强""大力发展""着力培养"等词语修饰的产业,没有这些词作为前缀的产业视为非重点产业。若"十一五"期间,公司所在行业受到省级产业政策支持,则 IndPolicy 取 1,反之取 0。

2. 产业政策调整变量

由于在"十一五"和"十二五"相近年份,公司的行业选择没有改变,因此本章只考虑"十二五"和"十三五"期间产业政策的调整情况。若某行业在"十二五"规划中不受支持,但在"十三五"规划中受支持,则 PolcChange1 取 1,反之取 0。若某行业在"十二五"规划中受支持,但在"十三五"规划中不受支持,则 PolcChange2 取 1,反之取 0。

(三)传导渠道

(1)应收账款水平。参考 Gyimah 等(2020),将公司应收账款定义为应收账款与营业收入之比。

(2)应付账款水平。参考 Gyimah 等(2020),将公司应付账款定义为应收账款与营业收入之比。

(3)政府补助水平。参照王克敏等(2017),将政府补助水平定义为政府补助与营业收入之比。

(4)实际税率。参照范子英和田彬彬(2016)、郭杰(2019),将公司所得税实际有效税率定义为公司应交所得税额与利润总额之比。

(四)公司层面控制变量

(1)公司盈利能力,即净利润/总资产。

(2)账面市值比,公司所有者权益与总资产的比值为 BM。

(3)现金流量,经营性活动现金净流量/总资产

(4)上市年限,用当年年份减去公司上市年份。

(5)公司规模,取公司总资产的对数值。

(6)公司属性,若公司属于国有企业,则 SOE 取 1,反之取 0。

本章使用的变量及其计算方法如表 6.1 所示。

表 6.1 变量说明

变量名	变量定义
被解释变量	
Vulnerabilities	参考 Duval 等（2020）的做法，本章定义 Vulnerabilities 为公司的短期债务与总负债之比，衡量公司资产负债表结构的脆弱程度
FirmIndChange	若公司 2014 年所属行业与 2016—2018 年所属行业不同，则 FirmIndChange1 取 1。反之取 0；若公司 2015 年所属行业与 2016—2018 年所属行业不同，则 FirmIndChange2 取 1，否则取 0
R&D	公司研发支出的对数值/期初总资产
Invest	参考张会丽和陆正飞（2012），定义为（购建固定资产、无形资产和其他长期资产支付的现金＋取得子公司及其他营业单位支付的现金净额－处置固定资产、无形资产和其他长期资产收回的现金净额－处置子公司及其他营业单位收到的现金净额)/期初总资产
lnEmployee	员工人数的对数值
Z	Altman-Z 值，用来衡量公司破产风险，参考张小茜和孙璐佳（2017）、Huang 等（2020）
解释变量	
IndPolicy	若公司所在行业属于省"十一五"至"十三五"规划鼓励的行业，则取值为 1，否则为 0
IndPolicy[11]	若公司所在行业属于省"十一五"规划鼓励的行业，则取值为 1，否则为 0
IndPolicy[12]	若公司所在行业属于省"十二五"规划鼓励的行业，则取值为 1，否则为 0
IndPolicy[13]	若公司所在行业属于省"十三五"规划鼓励的行业，则取值为 1，否则为 0
IndPolicyMilitary	以军工类企业为新的控制组，赋值为 0，受产业政策支持的行业为 1
PolcChange1	若某行业在"十二五"规划中不受支持，但在"十三五"规划中受支持，则 PolcChange1 取 1，否则取 0
PolcChange2	若某行业在"十二五"规划中受支持，但在"十三五"规划中不受支持，则 PolcChange2 取 1，否则取 0
Sub	政府补助/销售收入，参考王克敏等（2017）
Receivables	应收账款/总资产，参考 Gyimah 等（2020）
Payables	应付账款/总资产，参考 Gyimah 等（2020）
Tax	公司应交所得税额/利润总额，参考郭杰等（2019）
HighRTOInd1	若公司所属行业属于应收账款周转率较高的上二分位数，则 HighRTOInd1 取 1，否则取 0
HighRTOInd2	若公司所属行业属于应收账款周转率较高的上三分位数，则 HighRTOInd1 取 1，否则取 0

续表

变量名	变量定义
解释变量	
HighRTOInd3	若公司所属行业属于应收账款周转率较高的上四分位数,则 HighR-TOInd1 取 1,否则取 0
HighRTOInd4	若公司所属行业属于应收账款周转率较高的上五分位数,则 HighR-TOInd1 取 1,否则取 0
HealthExpense	各省人均医疗卫生支出对数值
Pandemic	根据 2020 年 4 月 8 日武汉解封日,如果该省的新冠肺炎疫情死亡人数高于所有省份新冠肺炎疫情死亡人数的中位数取 1,否则为 0
BelowMedianVul	若该公司的融资脆性水平为所属行业的下二分位数,则取 1,否则取 0
HighHealthExpense	若该省医疗卫生水平为当年所有样本的上三分位数,则取 1,否则取 0
First	若该年为该省省委书记任期的第一年,则 First 取 1,否则取 0
控制变量	
ROA	当年税后净利润/总资产
BM	公司所有者权益/市值
CashFlow	经营性活动现金净流量/总资产
Size	公司资产的对数值
Age	当年年份—公司上市年份
SOE	若该公司属于国有企业,则 SOE 取 1,否则取 0
Province	省份虚拟变量
Year	年度虚拟变量
Industry	基于证监会行业分类定义的行业虚拟变量

三、描述性统计

统计区间内,2006—2010 年为"十一五"规划时期,2011—2015 年为"十二五"规划时期,2016—2018 年处于"十三五"规划时期。从行业上来看,近年来,中国经济迈入新常态,传统要素优势减弱,过度依赖原先的发展模式难以为继。过去,产业政策更加偏向于制造业、能源相关产业,"十三五"时期,除继续扶持高端制造业之外,更是加大了在高科技领域的投入,力推产业结构的转型升级。表 6.2 为"十一五""十二五""十三五"期间的描述性统计。

表 6.2　描述性统计

Panel A. "十一五"期间

变量	受产业政策支持				未受产业政策支持				均值差异	中位数差异
	均值	中位数	标准差	观测值	均值	中位数	标准差	观测值		
	(1)	(2)	(3)	(4)	(5)	(6)	(7)	(8)	(9)	(10)
Vulnerabilities	0.316	0.303	0.191	4095	0.308	0.288	0.196	3848	0.007*	0.015***
Invest	0.521	0.073	5.018	4465	0.488	0.050	4.479	4082	0.032	0.041***
Leverage	0.667	0.476	4.008	4985	0.532	0.526	0.353	4406	0.134**	−0.05***
Altman-Z	21.729	3.404	1056.852	4462	5.533	2.997	13.541	4074	16.196	0.407***
SalesGrowth	0.354	0	16.238	8765	0.710	0	44.065	6760	0.356	0***
Cash	0.341	0.177	0.787	4483	0.255	0.148	0.445	4091	0.086***	−0.169***
Receivables	0.134	0.112	0.111	5004	0.104	0.075	0.098	4416	0.030***	0.14***
Payables	0.109	0.089	0.091	5004	0.103	0.079	0.901	4416	0.006**	−0.002***
Sub	0.006	0.001	0.062	5004	0.003	0.001	0.008	4416	0.002**	0***
Tax	0.212	0.145	3.952	3143	0.190	0.161	0.556	3253	0.022	−0.106***
CashFolw	0.076	0.067	0.206	5004	0.072	0.065	0.109	4416	0.005	0.002

Panel B. "十二五"期间

变量	受产业政策支持				未受产业政策支持				均值差异	中位数差异
	均值	中位数	标准差	观测值	均值	中位数	标准差	观测值		
	(1)	(2)	(3)	(4)	(5)	(6)	(7)	(8)	(9)	(10)
Vulnerabilities	0.287	0.303	0.196	6925	0.280	0.288	0.199	3963	0.006*	0.005***
Invest	4.265	0.073	294.183	8261	1.563	0.502	55.643	4628	2.702	−0.429***
Leverage	0.432	0.476	0.588	8932	0.490	0.526	0.274	4893	−0.058***	0.202***
Altman-Z	9.622	3.404	180.461	8276	6.491	2.997	31.941	4635	3.131	0.407***
SalesGrowth	0.188	0	2.062	9910	0.145	0	0.974	5185	0.043	0***

续表

Panel B. "十二五"期间

变量	受产业政策支持				未受产业政策支持				均值差异	中位数差异
	均值	中位数	标准差	观测值	均值	中位数	标准差	观测值		
	(1)	(2)	(3)	(4)	(5)	(6)	(7)	(8)	(9)	(10)
Cash	0.268	0.177	1.066	8300	0.224	0.148	0.728	4649	0.044**	−0.551***
Receivables	0.148	0.111	0.114	8962	0.100	0.075	0.106	4910	0.048***	0.005***
Payables	0.102	0.089	0.080	8962	0.100	0.079	0.083	4910	0.048***	0.01***
Sub	0.006	0.001	0.017	8962	0.005	0.001	0.011	4910	0.001***	0***
Tax	0.135	0.145	1.906	6207	0.171	0.161	0.532	3809	−0.036	−0.016***
CashFolw	0.060	0.067	0.153	8962	0.523	0.652	0.109	4910	0.008***	−0.585***

Panel C. "十三五"期间

变量	受产业政策支持				未受产业政策支持				均值差异	中位数差异
	均值	中位数	标准差	观测值	均值	中位数	标准差	观测值		
	(1)	(2)	(3)	(4)	(5)	(6)	(7)	(8)	(9)	(10)
Vulnerabilities	0.248	0.265	0.173	5108	0.241	0.253	0.175	3236	0.007*	0.012***
Invest	4.289	0.837	286.595	6727	5.028	0.047	214.517	4105	−0.739	0.79***
Leverage	0.394	0.413	0.239	6793	0.458	0.491	0.222	4121	−0.06***	−0.078***
Altman-Z	7.664	3.801	14.666	6740	5.426	3.051	8.011	4113	2.24***	0.75***
SalesGrowth	0.227	0.064	1.448	6795	0.236	0.057	1.967	4122	−0.009	0.007
Cash	0.246	0.165	2.576	6746	0.178	0.132	0.206	4115	0.068*	0.033***
Receivables	0.149	0.127	1.106	6793	0.106	0.064	0.108	4121	0.044***	0.063***
Payables	0.096	0.085	0.071	6793	0.097	0.079	0.084	4121	−0.002	0.006***
Sub	0.006	0.003	0.008	6793	0.004	0.002	0.008	4121	0.002***	0.001***
Tax	0.025	0.151	6.591	5995	0.151	0.183	0.788	3824	−0.127	−0.032
CashFolw	0.054	0.055	0.082	6793	0.052	0.048	0.088	4121	0.002	0.007***

注：*、**和***分别表示在10%、5%和1%的水平上显著。

　　图 6.1 显示了公司融资脆性均值逐年变化的趋势,对比了受产业政策支持的公司的融资脆性均值和未受到产业政策支持的公司的融资脆性均值和中位数。融资脆性均值最高点出现在 2008 年,分别为 0.334 和 0.329,而后逐年下降,到 2019 年降至 0.23 左右。图 2(b)部分比较了两者的中位数,与均值类似,公司融资脆性的中位数逐年递减,且受到产业政策支持的公司,融资脆性中位数都相对较大。虽然上市公司的融资脆性均值和中位数在"十一五"至"十三五"期间呈现逐渐下降的趋势,但并未在五年规划交替的年份出现明显的规律,因此本节会进一步探究政商关系是否会影响这一趋势。

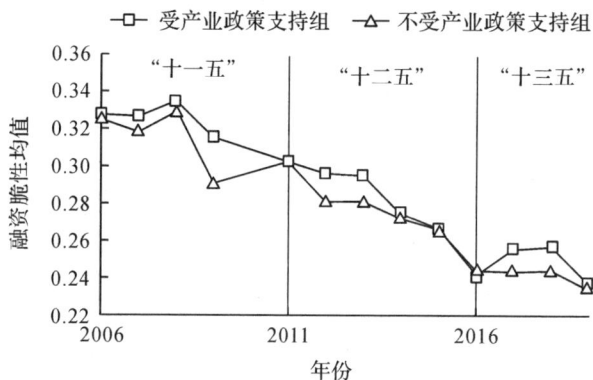

(a) 公司融资脆性均值变化趋势

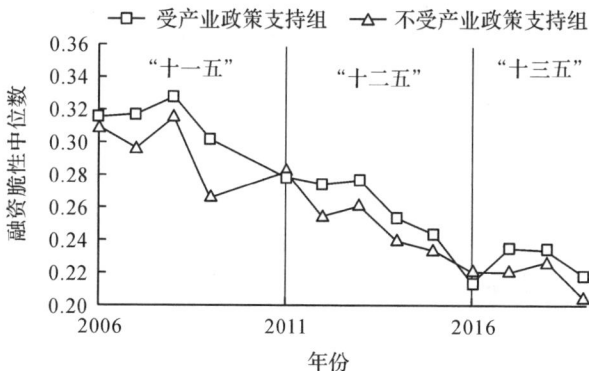

(b) 公司融资脆性中位数变化趋势

图 6.1　公司融资脆性逐年变化趋势

数据来源:笔者根据 Wind 数据库整理。

　　图 6.2 为各省份上市公司融资脆性均值在"十二五"和"十三五"期间的变化趋势。从总体上看,各省份上市公司的融资脆性普遍呈现下降趋势。选取北

京、上海、广东和浙江作为典型样本进行考察。我们发现,北京市上市公司的融资脆性水平最低,上海与广东大致相近,而作为民营经济强省的浙江融资脆性相对较高。

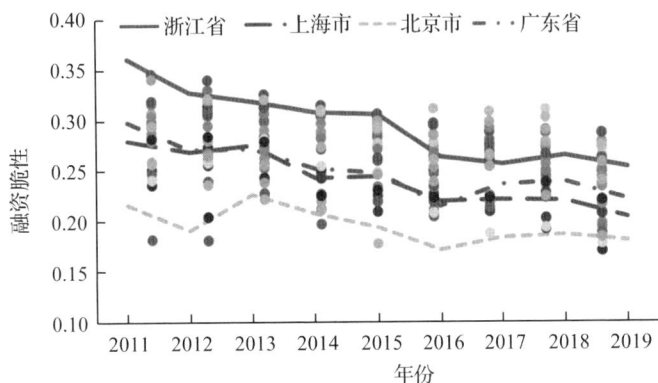

图 6.2 2011—2019 年部分省份上市公司融资脆性

注:圆点表示其他省份。

数据来源:笔者根据 Wind 数据库整理。

第四节 实证结果

一、产业政策与融资脆性

(一)结构性模型

首先要考察各时期的产业政策对公司融资脆性有无显著影响。根据中介效应理论,解释变量对被解释变量的回归系数需在 5% 的统计水平下显著,方可以中介效应理论。由表 6.3 可知,IndPolicy 对 Vulnerabilities 的回归系数在 1% 的统计水平下显著为正,故对产业政策对公司融资脆性的影响以中介效应立论。进一步考察各个时期的不同影响,可以发现,在"十一五"时期,产业政策降低了公司的融资脆性,但仅在 10% 的统计水平下显著;"十二五"时期,产业政策对公司融资脆性的回归系数在 1% 的统计水平下显著为正;而在"十三五"

时期,产业政策对公司融资脆性并没有显著影响。由此可见,不同时期的产业政策对融资脆性的影响是不同的。"十三五"是产业结构调整的重要阶段(郭克莎,2019),本节发现产业政策对公司融资脆性的负面影响在"十三五"阶段消失,可以印证这一观点。

表6.3 省级产业政策对公司融资脆性的影响

变量	全样本	"十一五"时期	"十二五"时期	"十三五"时期
	(1)	(2)	(3)	(4)
	Vulnerabilities	Vulnerabilities	Vulnerabilities	Vulnerabilities
IndPolicy	0.0068**	0.0112*	0.0120**	−0.0005
	(0.003)	(0.006)	(0.005)	(0.005)
BM_{t-1}	−0.0006**	−0.0005	−0.0014*	0.0004
	(0.000)	(0.001)	(0.001)	(0.000)
ROA_{t-1}	−0.1314***	−0.1576***	−0.1159***	−0.1237***
	(0.016)	(0.033)	(0.032)	(0.023)
$CashFlow_{t-1}$	−0.3327***	−0.3103***	−0.3292***	−0.3408***
	(0.016)	(0.032)	(0.027)	(0.025)
$Size_{t-1}$	−0.0141***	−0.0193***	−0.0149***	−0.0103***
	(0.001)	(0.002)	(0.002)	(0.002)
Age_t	−0.0004**	−0.0019***	−0.0005	−0.0006**
	(0.000)	(0.001)	(0.000)	(0.000)
SOE	−0.0325***	−0.0254***	−0.0420***	−0.0196***
	(0.003)	(0.006)	(0.005)	(0.004)
Year FE	Yes	Yes	Yes	Yes
Province FE	Yes	Yes	Yes	Yes
观测值个数	26801	6354	9794	10653
调整 R^2	0.185	0.172	0.185	0.168

注:回归结果控制年度、省份固定效应,标准差按照省级聚类,括号内为标准误。*、**、***分别表示在10%、5%和1%的水平上显著。

(二)替换控制组

军工企业是不受产业政策支持的企业,根据 Wind 数据库的申银万国行业分类,共有73家上市公司属于国防军工行业,在本节样本中有1067条观测值属于此类。为减少样本选择偏误,验证表6.3结果的稳健性,把不受产业政策支持的行业的 IndPolicy 记为空值,令军工类企业的为0(军工类企业都不受到产业政策支持),得到结果如表 6.4 所示。产业政策对公司融资脆性的影响在 1%的统计水平下为正,且该影响主要存在于"十二五"时期。该结果印证了基准回归结果的稳健性。

表 6.4　军工企业作为不受产业政策支持的企业时的影响

变量	全样本	"十一五"时期	"十二五"时期	"十三五"时期
	(1)	(2)	(3)	(4)
	Vulnerabilities	Vulnerabilities	Vulnerabilities	Vulnerabilities
IndPolicy	0.0211***	−0.0060	0.0353***	0.0271*
	(0.008)	(0.015)	(0.013)	(0.014)
BM_{t-1}	−0.0002	0.0015	−0.0002	0.0003
	(0.001)	(0.001)	(0.001)	(0.001)
ROA_{t-1}	−0.1733***	−0.1823***	−0.1555***	−0.1574***
	(0.024)	(0.051)	(0.045)	(0.034)
$CashFlow_{t-1}$	−0.3518***	−0.3482***	−0.3785***	−0.3258***
	(0.024)	(0.047)	(0.040)	(0.039)
$Size_{t-1}$	−0.0130***	−0.0268***	−0.0125***	−0.0069***
	(0.002)	(0.004)	(0.003)	(0.002)
Age_t	−0.0002	−0.0010	−0.00001	−0.0004
	(0.000)	(0.001)	(0.001)	(0.000)
SOE	−0.0366***	−0.0165*	−0.0474***	−0.0282***
	(0.004)	(0.009)	(0.007)	(0.007)
Year FE	Yes	Yes	Yes	Yes
Industry FE	Yes	Yes	Yes	Yes
Province FE	Yes	Yes	Yes	Yes
观测值个数	16422	4191	7005	5195
调整 R^2	0.124	0.121	0.140	0.112

注:括号内为标准误。*、**和***分别表示在10%、5%和1%的水平上显著。

(三)反向因果

考虑到政府在拟订五年规划时,有可能选取公司业绩表现不佳的产业予以扶持,故以上观察到的产业政策的影响,有可能与产业政策的影响无关,而可能是产业本身的特性问题。为了解决这一内生性问题,本节考虑公司绩效对产业政策的反向因果问题,即上一阶段的公司绩效表现,是否会影响到下一阶段的产业政策制定。

表 6.5　产业政策与公司融资脆性之间的反向因果

Panel A. "十二五"产业政策与公司融资脆性之间的反向因果

变量	(1)	(2)	(3)	(4)	(5)
	IndPolicy$_{12}$	IndPolicy$_{12}$	IndPolicy$_{12}$	IndPolicy$_{12}$	IndPolicy$_{12}$
Vulnerabilities$_{t-1}$	−0.107 (0.392)				
Vulnerabilities$_{t-2}$		−0.107 (0.392)			
Vulnerabilities$_{t-3}$			0.275 (0.386)		
Vulnerabilities$_{t-4}$				−0.0867 (0.409)	
Vulnerabilities$_{t-5}$					(0.478)
Controls	Yes	Yes	Yes	Yes	Yes
Year FE	Yes	Yes	Yes	Yes	Yes
Province FE	Yes	Yes	Yes	Yes	Yes
观测值个数	1677	1766	1717	1552	1286

Panel B. "十三五"产业政策与公司融资脆性之间的反向因果

变量	(1)	(2)	(3)	(4)	(5)
	IndPolicy$_{13}$	IndPolicy$_{13}$	IndPolicy$_{13}$	IndPolicy$_{13}$	IndPolicy$_{13}$
Vulnerabilities$_{t-1}$	−0.400 (0.418)				
Vulnerabilities$_{t-2}$		−0.494 (0.404)			
Vulnerabilities$_{t-3}$			−0.541 (0.395)		
Vulnerabilities$_{t-4}$			—	−0.375 (0.398)	
Vulnerabilities$_{t-5}$					−0.503 (0.435)
Controls	Yes	Yes	Yes	Yes	Yes
Year FE	Yes	Yes	Yes	Yes	Yes
Province FE	Yes	Yes	Yes	Yes	Yes
观测值个数	1886	1892	1826	1701	1506

二、机制检验

(一)补助与实际税率的直接渠道

首先考察产业政策通过政府补助(王克敏等,2017)、实际税率(郭杰,2019)

对公司融资脆性的影响。引入这两个变量作为中介渠道进行考察。由表 6.6 Panel A 可知,在各个时期 IndPolicy 对 Subsidy 的系数、Subsidy 分别对 Vulnerabilities 的系数均不显著,且没有通过 Sobel 检验。同样的,Panel B 中,当实际税率作为中介变量时,亦未通过 Sobel 检验。因此,补助和实际税率都不是产业政策影响公司融资脆性的中介渠道。考虑到政府补助和实际税率可能会对公司融资脆性产生滞后的影响,参考 Carvalho(2015),第(3)、(6)列中将政府补助和实际税率分别滞后三期进行考察,发现并没有对公司融资脆性产生显著影响。这进一步证明了补助与实际税率不是产业政策影响公司融资脆性这一结论的稳健性。

表 6.6　补助和实际税率作为产业政策与公司融资脆性的中介渠道

Panel A. 补助作为产业政策与融资脆性的中介变量

变量	全样本			"十二五"时期		
	Subsidy	Vulnerabi-lities	Vulnerabi-lities	Subsidy	Vulnerabi-lities	Vulnerabi-lities
	(1)	(2)	(3)	(4)	(5)	(6)
IndPolicy	0.0011*** (0.000)	0.0098** (0.004)	0.0087** (0.004)	0.0013*** (0.000)	0.0169** (0.006)	0.0119* (0.006)
$Subsidy_t$		0.0684 (0.183)			−0.0195 (0.197)	
$Subsidy_{t-1}$			0.1896 (0.204)			0.2042 (0.257)
$Subsidy_{t-2}$			−0.0961 (0.100)			−0.2593* (0.150)
$Subsidy_{t-3}$			−0.0320 (0.026)			−0.0288 (0.026)
BM_{t-1}	−0.0000 (0.000)	−0.0007 (0.001)	−0.0007 (0.001)	−0.0001 (0.0001)	−0.0014 (0.001)	−0.0018** (0.001)
ROA_{t-1}	−0.008*** (0.002)	−0.1441*** (0.033)	−0.1394*** (0.038)	−0.0142*** (0.004)	−0.1942*** (0.064)	−0.1771** (0.067)
$CashFlow_{t-1}$	0.0027** (0.001)	−0.2609*** (0.026)	−0.2765*** (0.031)	0.0016 (0.002)	−0.2325*** (0.041)	−0.2770*** (0.044)
$Size_{t-1}$	−0.001*** (0.000)	−0.0166*** (0.003)	−0.0151*** (0.003)	−0.0013*** (0.000)	−0.0168*** (0.004)	−0.0138*** (0.004)
Age_t	−0.001*** (0.000)	−0.0004 (0.001)	−0.0003 (0.000)	−0.0000 (0.000)	−0.0009 (0.001)	−0.0004 (0.001)
SOE	0.0005 (0.000)	−0.0372*** (0.009)	−0.0394*** (0.010)	0.0008 (0.000)	−0.0453*** (0.010)	−0.0528*** (0.010)

续表

Panel A. 补助作为产业政策与融资脆性的中介变量

变量	全样本			"十二五"时期		
	Subsidy	Vulnerabi-lities	Vulnerabi-lities	Subsidy	Vulnerabi-lities	Vulnerabi-lities
	(1)	(2)	(3)	(4)	(5)	(6)
Year FE	Yes	Yes	Yes	Yes	Yes	Yes
Province FE	Yes	Yes	Yes	Yes	Yes	Yes
观测值个数	33531	26801	24062	12348	9794	9402
调整 R^2	0.024	0.101	0.093	0.019	0.085	0.086
Sobel	$Z=0.37<0.97$			$Z=0.10<0.97$		

Panel B. 实际税率作为产业政策与融资脆性的中介变量

变量	全样本			"十二五"时期		
	Tax	Vulnerabi-lities	Vulnerabi-lities	Subsidy	Vulnerabi-lities	Vulnerabi-lities
	(1)	(2)	(3)	(4)	(5)	(6)
IndPolicy	−0.0354	0.0105**	0.0086*	−0.0089	0.0193***	0.0110*
	(0.041)	(0.005)	(0.005)	(0.039)	(0.006)	(0.006)
Tax_t		0.00004			0.0005	
		(0.0002)			(0.0004)	
Tax_{t-1}			0.0002			0.0005***
			(0.000)			(0.000)
Tax_{t-2}			0.0003			0.0008***
			(0.000)			(0.000)
Tax_{t-3}			0.0010**			0.0008***
			(0.000)			(0.000)
BM_{t-1}	0.0033	−0.0007	−0.0011	−0.0017	−0.0012	−0.0020*
	(0.003)	(0.001)	(0.001)	(0.003)	(0.001)	(0.001)
ROA_{t-1}	0.4924*	−0.1471***	−0.1140***	0.2555	−0.2047***	−0.1795***
	(0.260)	(0.033)	(0.033)	(0.164)	(0.062)	(0.065)
$CashFlow_{t-1}$	−0.2672	−0.2686***	−0.2249***	−0.0624	−0.2345***	−0.2021***
	(0.160)	(0.027)	(0.033)	(0.127)	(0.039)	(0.045)
$Size_{t-1}$	0.0130*	−0.0162***	−0.0162***	0.0123**	−0.0153***	−0.0146***
	(0.007)	(0.003)	(0.003)	(0.005)	(0.004)	(0.004)
Age_t	0.0024	−0.0005	−0.0012**	0.0024	−0.0010	−0.0012
	(0.002)	(0.001)	(0.001)	(0.002)	(0.001)	(0.001)
SOE	0.0031	−0.0368***	−0.0335***	−0.0036	−0.0451***	−0.0506***
	(0.040)	(0.009)	(0.010)	(0.053)	(0.010)	(0.011)
Year FE	Yes	Yes	Yes	Yes	Yes	Yes
Province FE	Yes	Yes	Yes	Yes	Yes	Yes
观测值个数	32798	26269	19608	12106	9611	7726
调整 R^2	0.000	0.102	0.090	0.001	0.081	0.081
Sobel	$Z=0.19<0.97$			$Z=0.22<0.97$		

注:括号内为标准误。*、**和***分别表示在10%、5%和1%的水平上显著。

（二）贸易信贷的间接渠道

由于总体上"十二五"期间的产业政策对公司融资脆性的总影响显著，因此对这三个时期按中介效应立论。这里引入应收账款和应付账款作为体现贸易信贷的指标。根据卞泽阳等（2019），一个地区主导产业的发展会有利于降低当地上游公司的应收账款比例和提高当地下游企业的应付账款比例，当地的上下游公司得到供应链融资从而实现信贷约束的缓和。同样，产业政策的扶持有利于提高公司的地位，从而发挥贸易信贷的作用，影响公司资产负债表。本节引入应收账款占比和应付账款占比来体现贸易信贷的作用。本节的中介效应回归参照钱雪松（2015）、郭晔（2020）的方法，采用当期的中介变量。表 6.7 的 Panel A 为应收账款作为中介渠道的回归结果。Panel A 的第（1）、（2）列为全样本回归，此时应收账款作为中介变量时，β 和 c' 都有一个不显著，且应收账款通过了 Sobel 检验。表明在总的三个时期，产业政策通过影响公司的应收账款，而使公司的融资脆性上升。

表 6.7 的 Panel B 为应付账款作为中介渠道的回归结果。由 Panel B 第（1）、（2）列可知，β 和 c' 都在 1% 的统计水平下显著，这说明总体上看，应付账款作为中介渠道是显著的。受产业政策支持的行业内的公司，应付账款比例会减少，这加大了公司的资金运转压力，使得公司更依赖于短期借款，融资脆性上升。而只有在"十二五"时期，应付账款的中介渠道是显著的。这表明应付账款的中介作用，主要是在"十二五"时期发挥了作用。

各个行业内的上市公司，大多数是行业内拥有较高地位的大公司。事实上，行业内的中小企业更容易受到大企业产业链上的压榨，大企业拖欠小企业的账款，从而大企业会永远有更高的应付账款和更低的应收账款。若受到产业政策的扶持，则行业内的大公司需要肩负起一定的社会责任。近年来，拖欠中小企业款项问题较为突出，党中央、国务院高度重视，多次做出重要指示批示，要求建立长效机制解决拖欠中小企业款项问题。国务院制定了《中小企业款项支付条例》，自 2020 年 9 月 1 日起施行，旨在建立起市场主体自律、政府依法监管、社会协同监督的预防化解拖欠中小企业款项的法规制度。如表 6.7 所示，受产业政策支持的上市企业拖欠中小企业账款的问题正在不断缓解，但这也会使得上市公司更加依赖短期债务维持运营，公司的融资脆性上升。

表 6.7　产业链作为产业政策与公司融资脆性的中介效应

Panel A. 应收账款作为产业政策与融资脆性的中介变量

变量	全样本		"十二五"时期	
	(1)	(2)	(3)	(4)
	Receivable	Vulnerabilities	Receivable	Vulnerabilities
IndPolicy	−0.0020	0.0070**	−0.0013	0.0124**
	(0.001)	(0.003)	(0.002)	(0.005)
$Receivable_t$		0.0784***		0.1079***
		(0.012)		(0.022)
BM_{t-1}	0.0000	−0.0007**	0.0009***	−0.0015**
	(0.000)	(0.000)	(0.000)	(0.001)
ROA_{t-1}	0.0573***	−0.1379***	0.0978***	−0.1295***
	(0.007)	(0.016)	(0.012)	(0.032)
$CashFlow_{t-1}$	−0.2374***	−0.3161***	−0.2409***	−0.3069***
	(0.007)	(0.016)	(0.011)	(0.027)
$Size_{t-1}$	−0.0049***	−0.0133***	−0.0044***	−0.0141***
	(0.000)	(0.001)	(0.001)	(0.002)
Age_t	−0.0016***	−0.0003	−0.0015***	−0.0003
	(0.000)	(0.000)	(0.000)	(0.000)
Year FE	Yes	Yes	Yes	Yes
Industry FE	Yes	Yes	Yes	Yes
Province FE	Yes	Yes	Yes	Yes
观测值个数	33531	26801	12348	9794
调整 R^2	0.356	0.186	0.363	0.187
Sobel	$Z=1.91>0.97$		$Z=1.02>0.97$	

Panel B. 应付账款作为产业政策与融资脆性的中介变量

变量	全样本		"十二五"时期	
	(1)	(2)	(3)	(4)
	Payable	Vulnerabilities	Payable	Vulnerabilities
IndPolicy	−0.0034***	0.0055**	−0.0026	0.0109**
	(0.001)	(0.003)	(0.002)	(0.005)
$Payable_t$		−0.4355***		−0.5148***
		(0.015)		(0.029)
BM_{t-1}	0.0002**	−0.0005	0.0006***	−0.0008
	(0.000)	(0.000)	(0.000)	(0.001)
ROA_{t-1}	−0.0717***	−0.1648***	−0.0411***	−0.1399***
	(0.006)	(0.016)	(0.009)	(0.031)
$CashFlow_{t-1}$	0.0017	−0.3280***	−0.0030	−0.3274***
	(0.006)	(0.015)	(0.008)	(0.026)
$Size_{t-1}$	0.0046***	−0.0128***	0.0044***	−0.0128***
	(0.000)	(0.001)	(0.001)	(0.002)

续表

Panel B. 应付账款作为产业政策与融资脆性的中介变量

变量	全样本		"十二五"时期	
	（1）	（2）	（3）	（4）
	Payable	Vulnerabilities	Payable	Vulnerabilities
Age_t	−0.0001	−0.0004**	0.0005***	−0.0003
	(0.000)	(0.000)	(0.000)	(0.000)
SOE_t	0.0186***	−0.0246***	0.0231***	−0.0296***
	(0.001)	(0.003)	(0.002)	(0.005)
Year FE	Yes	Yes	Yes	Yes
Industry FE	Yes	Yes	Yes	Yes
Province FE	Yes	Yes	Yes	Yes
观测值个数	24847	20125	10090	8108
调整 R^2	0.213	0.212	0.232	0.215
Sobel	$Z=3.38>0.97$		$Z=1.29>0.97$	

注:括号内为标准误。*、**和***分别表示在10%、5%和1%的水平上显著。

（三）应收账款的行业传染效应

由上文可知,产业政策会影响公司的应收账款,从而提高公司的融资脆性。而应收账款周转率是衡量一个公司财务状况的重要指标,在产业链中处于强势地位的公司应当具有较少的应收账款和较高的应收账款周转率,并且公司所在行业的情况也会影响到公司应收账款水平。参考 Carvalho(2015),本节引入表示行业应收账款周转率水平的指标 HighRTOInd1、HighRTOInd2、HighR-TOInd3 以衡量这一效应。主要观察产业政策与该变量的交乘项的系数。由表 6.8 可知,若行业整体具有较高的应收账款周转率水平,且受到产业政策重点支持,则行业内的公司会拥有较高的融资脆性。即两种因素叠加下,公司偿债能力会增强,会更倾向于运用短期负债进行运营,但短期负债比例加大也会使得公司的资产负债表更为脆弱。

表 6.8 应收账款周转率的行业传染效应

Panel A. 当期效应

变量	全样本		"十二五"时期	
	（1）	（2）	（3）	（4）
	Vulnerabilities	Vulnerabilities	Vulnerabilities	Vulnerabilities
HighRTOInd1×IndPolicy	0.0230***			
	(0.004)			

Panel A. 当期效应

变量	全样本		"十二五"时期	
	(1)	(2)	(3)	(4)
	Vulnerabilities	Vulnerabilities	Vulnerabilities	Vulnerabilities
HighRTOInd2×IndPolicy		0.0222***		
		(0.005)		
HighRTOInd3×IndPolicy			0.0242***	
			(0.006)	
HighRTOInd4×IndPolicy				0.0200***
				(0.006)
Controls$_{t-1}$	Yes	Yes	Yes	Yes
Year FE	Yes	Yes	Yes	Yes
Province FE	Yes	Yes	Yes	Yes
Industry FE	Yes	Yes	Yes	Yes
观测值个数	20125	20125	20125	20125
调整 R^2	0.186	0.186	0.186	0.185

Panel B. 滞后效应

变量	全样本		"十二五"时期	
	(1)	(2)	(3)	(4)
	Vulnerabilities	Vulnerabilities	Vulnerabilities	Vulnerabilities
HighRTOInd1$_{t-3}$×IndPolicy	0.0184***			
	(0.004)			
HighRTOInd2$_{t-3}$×IndPolicy		0.0145***		
		(0.005)		
HighRTOInd3$_{t-3}$×IndPolicy			0.0156***	
			(0.006)	
HighRTOInd4$_{t-3}$×IndPolicy				0.0143**
				(0.006)
Controls$_{t-1}$	Yes	Yes	Yes	Yes
Year FE	Yes	Yes	Yes	Yes
Province FE	Yes	Yes	Yes	Yes
Industry FE	Yes	Yes	Yes	Yes
观测值个数	17890	17890	17890	17890
调整 R^2	0.180	0.180	0.179	0.179

注：括号内为标准误。*、** 和 *** 分别表示在 10%、5% 和 1% 的水平上显著。

表 6.8 Panel A 得出的结论存在一定的缺陷。受到产业政策支持的行业内的公司可能会因为扶持而增加短期借款的比例，这迫使公司加快应收账款周转率，以保证当年的资金正常流动。参照 Carvalho(2015)的做法，本章将表示

行业整体应收账款周转率的四个指标滞后三期进行考察。这样一来,可以证明公司的融资脆性与行业间应收账款周转率的持续差异有关,而不是受到当年应收账款周转压力的影响。由表 6.8 Panel B 可知,四个滞后三期的 HighR-TOInd 指标与产业政策的交乘项系数均在 1% 的统计水平下显著为正,表明是行业的应收账款周转率的传染效应叠加产业政策的影响使得公司融资脆性上升,且该结论是稳健的。

第五节 政商关系的影响

一、"十三五"期间政商关系的异质性

由上文分析可知,产业政策对公司融资脆性产生了显著影响。而作为省级产业政策执行者的各省级政府在将产业政策落实到具体实践的过程中究竟起着怎样的作用? 政商关系又是如何影响公司融资脆性的? 引入聂辉华等构建的政商关系指数[①](2018 年版),将政商关系的评价扩展到健康、亲近、清白三个尺度,有利于把握关键时期产业政策的特点。

本节将政商健康指数、亲近指数和清白指数分别取三分位数,上三分位数的一组划分高得分组,下三分位数为低得分组。由表 6.9 可知,政商关系健康指数和亲近得分较高的一组,产业政策对公司融资脆性的影响均在 1% 的统计水平下显著。而政商关系较为负面的地区影响则不显著。以清白指数分组时,得分较低的一组,产业政策对公司融资脆性的影响在 10% 的统计水平下显著为正。实证结果说明,在政商关系偏正面的地区,产业政策才会显著放大公司的融资脆性,起到有效的引导作用。

表 6.9　不同政商环境下产业政策和公司融资脆性

变量	政商健康指数		政商亲近指数		政商清白指数	
	(1)	(2)	(3)	(4)	(5)	(6)
	高	低	高	低	高	低
	Vulnerabilities	Vulnerabilities	Vulnerabilities	Vulnerabilities	Vulnerabilities	Vulnerabilities
IndPolicy	0.0295***	−0.0071	0.0296***	−0.0028	0.0103*	−0.0051
	(0.007)	(0.005)	(0.007)	(0.004)	(0.006)	(0.005)

续表

变量	政商健康指数		政商亲近指数		政商清白指数	
	(1)	(2)	(3)	(4)	(5)	(6)
	高	低	高	低	高	低
	Vulnerabi-lities	Vulnerabi-lities	Vulnerabi-lities	Vulnerabi-lities	Vulnerabi-lities	Vulnerabi-lities
BM_{t-1}	0.0008	−0.0023***	0.0007	−0.0019***	0.0008	−0.0016***
	(0.001)	(0.001)	(0.001)	(0.001)	(0.001)	(0.001)
ROA_{t-1}	−0.0172	−0.1384***	−0.0211	−0.1242***	−0.0384	−0.1315***
	(0.031)	(0.028)	(0.031)	(0.027)	(0.029)	(0.028)
$CashFlow_{t-1}$	−0.4147***	−0.2373***	−0.4123***	−0.2324***	−0.3464***	−0.2794***
	(0.029)	(0.028)	(0.029)	(0.027)	(0.028)	(0.028)
$Size_{t-1}$	−0.0139***	−0.0134***	−0.0141***	−0.0118***	−0.0068***	−0.0164***
	(0.002)	(0.002)	(0.002)	(0.002)	(0.002)	(0.002)
Age_t	0.0012***	−0.0014***	0.0013***	−0.0015***	−0.0003	−0.0008**
	(0.000)	(0.000)	(0.000)	(0.000)	(0.000)	(0.000)
SOE	−0.0402***	−0.0284***	−0.0403***	−0.0330***	−0.0361***	−0.0297***
	(0.006)	(0.004)	(0.006)	(0.004)	(0.005)	(0.005)
Year FE	Yes	Yes	Yes	Yes	Yes	Yes
Province FE	Yes	Yes	Yes	Yes	Yes	Yes
Industry FE	Yes	Yes	Yes	Yes	Yes	Yes
观测值个数	7197	9076	7203	9286	7219	8832
调整 R^2	0.195	0.178	0.195	0.195	0.205	0.181

注:括号内为标准误。*、**和***分别表示在10%、5%和1%的水平上显著。

二、省级领导在位年份的影响

由上文可知,产业政策对公司融资脆性的影响是通过应收账款和应付账款实现的。参照 Ru(2018),表 6.10 旨在考察省级领导不同在位年份对公司应收账款和应付账款的影响。由表 6.10 可知,省委书记对公司应收账款的影响主要出现在后两年;而在省长任期的前三年,公司的应收账款显著增加。省长更主要地抓本省的经济发展,这种影响在任期之初就有所显现;而作为大政方针制定者的省委书记,在任期的末尾或下一个任期之初才会产生显著影响。这表明省委书记和省长对经济发展的不同影响。

表 6.10　省级领导任期对公司应收账款和应付账款的影响

变量	省委书记任期			省长任期		
	（1）	（2）	（3）	（4）	（5）	（6）
	高	低	高	低	高	低
	Vulnerabilities	Receivables	Payables	Vulnerabilities	Receivables	Payables
First	0.0090**	−0.0025	−0.0008	−0.0206	0.0140*	0.0030
	(0.004)	(0.002)	(0.002)	(0.017)	(0.008)	(0.007)
Second	0.0120***	−0.0027	0.0003	−0.0197	0.0171**	0.0024
	(0.005)	(0.002)	(0.002)	(0.017)	(0.008)	(0.007)
Third	0.0035	0.0000	−0.0003	−0.0251	0.0193**	0.0030
	(0.005)	(0.002)	(0.002)	(0.017)	(0.008)	(0.007)
Fourth	0.0016	−0.0026	−0.0005	−0.0131	0.0132	0.0028
	(0.004)	(0.002)	(0.001)	(0.017)	(0.008)	(0.007)
Fifth	−0.0005	0.0043**	0.0006	−0.0027	0.0084	0.0034
	(0.004)	(0.002)	(0.002)	(0.017)	(0.008)	(0.007)
Sixth	0.0147*	−0.0087**	−0.0032	0.0127	0.0045	0.0039
	(0.008)	(0.004)	(0.003)	(0.017)	(0.008)	(0.007)
Year FE	No	No	No	No	No	No
Province FE	18265	Yes	Yes	Yes	Yes	Yes
Industry FE	0.083	No	No	No	No	No
观测值个数	18265	22786	22786	26028	32640	32640
调整 R^2	0.083	0.172	0.038	0.084	0.177	0.038

注:括号内为标准误。*、**和***分别表示在10%、5%和1%的水平上显著。

三、疫情对公司融资脆性的影响

高培勇等(2020)指出,防御性治理是以经济发展服务于社会发展为导向,国家应将关乎国家命运的战略部门——农业和医疗卫生部门纳入公共安全体系建设,鉴于此,表6.11进一步探究疫情冲击叠加公司融资脆性对公司业绩的影响。实证结果显示,产业政策会使得公司研发投入增加、投资水平上升、雇员人数增加,同时伴随着破产风险下降的效应,加入表示地区高医疗卫生支出和低融资脆性的变量,两者交乘项对 R&D、Employees 的系数显著为负,表明若医疗支出水平较高且融资脆性较低,则会导致公司的研发支出和雇员人数减少。在"十二五"时期,该影响使得创新产出减少,雇员减少,"十三五"时期该负面效应则消失。这表明"十三五"作为产业政策调整的重要阶段,在较好的医疗卫生条件保障下,低融资脆性能产生创新投入上升、破产风险下降的正作用。

表6.11 疫情冲击的影响

变量	(1) R&D	(2) Invest	(3) Employees	(4) Z	(5) R&D	(6) Invest	(7) Employees	(8) Z
HighHealthExpense× BelowVul×Year125	−0.0220 (0.033)	0.0054* (0.030)	0.0283 (0.017)	−0.3207* (0.186)				
HighHealthExpense× BelowVul×Year135					0.0990*** (0.035)	−0.0011 (0.030)	−0.0489*** (0.019)	0.8263*** (0.202)
IndPolicy	0.0362* (0.020)	0.0018 (0.002)	0.0057 (0.010)	0.0164 (0.103)	0.0337* (0.020)	0.0019 (0.002)	0.0071 (0.010)	−0.0043 (0.103)
HighHealthExpense	0.0561*** (0.020)	−0.0030* (0.002)	−0.0298*** (0.010)	−0.0532 (0.110)	0.0221 (0.019)	−0.0011 (0.002)	−0.0095 (0.010)	−0.3465*** (0.106)
Controls	Yes	Yes	Yes	Yes	Yes	Yes	Yes	Yes
Year FE/Province FE	Yes	Yes	Yes	Yes	Yes	Yes	Yes	Yes
Industry FE	Yes	Yes	Yes	Yes	Yes	Yes	Yes	Yes
观测值个数	16646	22450	22563	22579	16646	22450	22563	22579
调整 R^2	0.820	0.103	0.879	0.553	0.820	0.103	0.879	0.554

注:括号内为标准误。*、**和***分别表示在10%、5%和1%的水平上显著。

第六节　结论与政策建议

基于在中国产业转型升级和构造新型政商关系的大背景下,本章以2006—2019年非金融上市公司为样本,在王克敏等(2017)、Ru(2018)、Duval等(2020)的研究上进一步考察产业政策对公司影响的三条途径,并研究在不同的政商环境下,产业政策对公司业绩的影响,最后结合疫情进行进一步分析。本章的研究发现:

首先,产业政策显著提升了公司的融资脆性,造成了"十二五"期间的融资扭曲,"十三五"时期融资扭曲得到有效缓解。融资扭曲表现为公司对短期负债的依赖程度上升,容易引发流动性风险和偿债风险。

其次,若行业整体的应收账款周转率较高,则会放大行业内公司的融资脆性。通过考察产业政策的动态影响,发现产业政策的调整会引发公司调整所属行业,进一步提高了融资脆性。

进一步引入政商关系指数,考察政治环境的影响,发现在政商关系更为正面的地区,产业政策对公司融资脆性具有更为显著的影响;考察省级官员任期对公司的影响,结果显示官员任期对公司应收账款和政府补助存在周期性的影响,省委书记任期末期会影响企业应收账款,而省长的影响在任期之初显著。

最后,结合疫情数据,本章发现"十三五"作为产业政策调整的重要阶段,在较好的医疗卫生条件保障下,低公司融资脆性能带来创新投入增加、破产风险下降的正面效应。

根据上述研究结论,本章提出以下政策建议:

第一,要坚持以供给侧结构性改革为引领,以深化改革促进产业政策的合理设计和有效实施。要使产业结构政策建立在使市场在资源配置中起决定性作用和更好发挥政府作用的体制机制上,产业政策的施行应达到合理配置资源、缓解金融摩擦、引领企业健康稳定发展的目标。

第二,要构建"亲""清"政商关系。要厘清政府和市场的关系,使政府与企业家的相处既"亲密"又"清白"。这样有助于提高地区经济发展的效率,促进整体经济水平的提升,为企业发展提供良好的环境。

第三,要完善保护企业参与市场公平交易的法治建设。我国可通过借鉴国外有益经验进一步完善执法规定。《欧盟关于打击商业交易中延迟支付的法令》《美国及时付款法》等,都对市场主体之间的拖欠行为、付款期限、支付责任及相关处罚措施等做出了明确规定,以确保公平交易,保护广大中小企业的利益。例如均对账款逾期利息做出远高于市场利率的惩罚性规定,以提高违法成本,真正起到惩戒警示作用。

参考文献

[1]白让让.竞争驱动、政策干预与产能扩张[J].经济研究,2016(11):56-69.

[2]卞泽阳,李志远,徐铭遥.开发区政策、供应链参与和企业融资约束[J].经济研究,2021(10):88-104.

[3]陈冬华,梁上坤,蒋德权.不同市场化进程下高管激励契约的成本与选择:货币薪酬与在职消费[J].会计研究,2010(11):56-64,97.

[4]陈冬华,姚振晔.政府行为必然会提高股价同步性吗?:基于我国产业政策的实证研究[J].经济研究,2018(12):112-128.

[5]范子英,田彬彬.政企合谋与企业逃税:来自国税局长异地交流的证据[J].经济学(季刊),2016,15(4):1303-1328.

[6]干春晖,郑若谷,余典范.中国产业结构变迁对经济增长和波动的影响[J].经济研究,2011(5):4-11.

[7]高培勇,袁富华,胡怀国.高质量发展的动力、机制与治理[J].经济研究,2020(4):4-19.

[8]郭克莎.中国产业结构调整升级趋势与"十四五"时期政策思路[J].中国工业经济,2019(7):24-41.

[9]郭杰,王宇澄,曾博涵.国家产业政策、地方政府行为与实际税率:理论分析和经验证据[J].金融研究,2019(4):56-74.

[10]郭晔,黄振,姚若琪.战略投资者选择与银行效率:来自城商行的经验证据[J].经济研究,2020(1):181-197.

[11]韩永辉,黄亮雄,王贤彬.产业政策推动地方产业结构升级了吗?:基于发展地方政府的理论解释与实证检验[J].经济研究,2017(8):33-48.

[12]侯方宇,杨瑞龙.新型政商关系、产业政策与投资"潮涌现象"治理[J].中国工业经济,2018(5):62-79.

[13]黄群慧.国有经济布局优化和结构调整的三个原则[J].经济研究,2020(1):14-16.

[14]黄群慧,贺俊,等.真实的产业政策:发达国家促进工业发展的历史经验与最新实践[M].北京:经济管理出版社,2015.

[15]黄少卿,江飞涛,白雪洁,等.重塑中国的产业政策:理论、比较与实践[M].

北京:格致出版社,2020.

[16]江飞涛,李晓萍.改革开放四十年中国产业政策演进与发展:兼论中国产业政策体系的转型[J].管理世界,2018(10):73-85.

[17]寇宗来,刘学悦,刘瑾.产业政策导致了产能过剩吗?:基于中国工业行业的经验研究[J].复旦学报(社会科学版),2017(5):148-161.

[18]黎凯,叶建芳.财政分权下政府干预对债务融资的影响:基于转轨经济制度背景的实证分析[J].管理世界,2007(8):23-34.

[19]黎文靖,李耀淘.产业政策激励了公司投资吗[J].中国工业经济,2014(5):122-134.

[20]李力行,申广军.经济开发区、地区比较优势与产业结构调整[J].经济学(季刊),2015(3):885-910.

[21]林晨,陈斌开.重工业优先发展战略对经济发展的长期影响:基于历史投入产出表的理论和实证研究[J].经济学(季刊),2018(2):825-846.

[22]林毅夫,巫和懋,邢亦青."潮涌现象"与产能过剩的形成机制[J].中国经济学,2010(10):355-383.

[23]林毅夫,张军,王勇,等.产业政策:总结、反思与展望[M].北京:北京大学出版社,2018.

[24]刘海明,李明明.货币政策对微观企业的经济效应再检验:基于贷款期限结构视角的研究[J].经济研究,2020(2):117-132.

[25]刘行.控股股东会侵占员工利益吗?:来自员工死亡率的证据[C].2018年首届中国金融学者论坛,2018.

[26]刘志平,安玉娟,张昊.推动产业链金融发展[J].中国金融,2019(4):103.

[27]陆正飞,韩非池.宏观经济政策如何影响公司现金持有的经济效应?:基于产品市场和资本市场两重角度的研究[J].管理世界,2013(6):43-60.

[28]吕冰洋,马光荣,毛捷.分税与税率:从政府到企业[J].经济研究,2016(7):13-28.

[29]欧阳志刚,陈普.要素禀赋、地方工业行业发展与行业选择[J].经济研究,2020(1):82-98.

[30]钱雪松,杜立,马文涛.中国货币政策利率传导有效性研究:中介效应和体制内外差异[J].管理世界,2015(1):11-28,187.

[31]宋凌云,王贤彬.重点产业政策、资源重置与产业生产率[J].管理世界,2013(12):63-77.

[32]谭之博,周黎安,赵岳.省管县改革、财政分权与民生:基于"倍差法"的估计

[J].经济学(季刊),2015,14(3):1093-1114.

[33]王克敏,刘静,李晓溪.产业政策、政府支持与公司投资研究[J].管理世界,
2017(3):113-124,145.

[34]王贤斌,张莉,徐现祥.地方政府土地出让、基础设施投资与地方经济增长
[J].中国工业经济,2014(7):31-43.

[35]王永进,刘灿雷.国有公司上游垄断阻碍了中国的经济增长?[J].管理世
界,2016(6):10-21.

[36]王勇."垂直结构"下的国有公司改革[J].国际经济评论,2017(5):9-28.

[37]王勇.产业动态、国际贸易与经济增长[J].经济学(季刊),2018(2):753-
780.

[38]王勇,华秀萍.详论新结构经济学中"有为政府"的内涵[J].经济评论,2017
(3):17-30.

[39]巫岑,黎文飞,唐清泉.产业政策与企业资本结构调整速度[J].金融研究,
2019(4):92-110.

[40]徐现祥,梁剑雄.经济增长目标的策略性调整[J].经济研究,2014(1):27-40.

[41]徐现祥,刘毓芸.经济增长目标管理[J].经济研究,2017(7):18-33.

[42]徐现祥,王贤彬,舒元.地方官员与经济增长:来自中国省长、省委书记交流
的证据[J].经济研究,2007(9):18-31.

[43]杨其静.企业成长:政治关联还是能力建设?[J].经济研究,2011(10):54-
66,94.

[44]杨其静,吴海军.产能过剩、中央管制与地方政府反应[J].世界经济,2016
(11):126-146.

[45]杨瑞龙,侯方宇.产业政策的有效性边界:基于不完全契约的视角[J].管理
世界,2019(10):82-94,219-220.

[46]杨洋,魏江,罗来军.谁在利用政府补贴进行创新?[J].管理世界,2015
(1):75-86,98,188.

[47]杨子晖,陈雨恬,张平淼.重大突发公共事件下的宏观经济冲击、金融风险
传导与治理应对[J].管理世界,2020(5):13-35,7.

[48]余明桂,范蕊,钟慧洁.中国产业政策与公司技术创新[J].中国工业经济,
2016(12):5-22.

[49]张莉,朱光顺,李世刚,等.市场环境、重点产业政策与公司生产率差异[J].
管理世界,2019(3):114-126.

[50]张莉,朱光顺,李夏洋,等.重点产业政策与地方政府的资源配置[J].中国

工业经济,2017(8):63-80.

[51]张小茜,孙璐佳.抵押品清单扩大、过度杠杆化与企业破产风险:动产抵押法律改革的"双刃剑"效应[J].中国工业经济,2017(7):175-192.

[52]张小茜,唐梦泽.产业政策、贷款行业结构与系统性金融风险[C]."机器学习在经济学和管理学中的应用"专题研讨会(中国工业经济、厦门大学),第一届新结构经济学学术研讨会(武汉大学),CCER Summer Institute(北京大学),首届中国宏观经济学者论坛(经济研究、复旦大学),2019.

[53]张晓晶,刘学良,王佳.债务高企、风险集聚与体制变革:对发展型政府的反思与超越[J].经济研究,2019(6):4-21.

[54]赵昌文,许召元,等.新工业革命背景下的中国产业升级[M].北京:北京大学出版社,2020.

[55]周黎安.中国地方官员的晋升锦标赛模式研究[J].经济研究,2017(7):36-50.

[56]周亚虹,蒲余路,陈诗一,等.政府扶持与新型产业发展:以新能源为例[J].经济研究,2015(6):147-161.

[57]祝继高,韩非池,陆正飞.产业政策、银行关联与企业债务融资:基于 A 股上市公司的实证研究[J].金融研究,2015(3):176-191.

[58]Aghion P, Cai J, Dewatripont M, et al. Industrial policy and competition[J]. American Economic Journal: Macroeconomics,2015,7(4):1-32.

[59]Almeida H, Campello M, Laranjeira B, et al. Corporate debt maturity and the real effects of the 2007 credit crisis[J]. Critical Finance Review,2012,1(1):3-58.

[60]Ambroziak A A. A theoretical concept of a modern industrial policy[M]//The New Industrial Policy of the European Union. Switzerland: Springer,2017.

[61]Bai C E, Hsieh C T, Song Z. Special deals with Chinese characteristics[J]. NBER Macroeconomics Annual,2020,34(1):341-379.

[62]Baron M, Xiong W. Credit expansion and neglected crash risk[J]. The Quarterly Journal of Economics,2017,132(2):713-764.

[63]Barrot J N. Trade credit and industry dynamics: Evidence from trucking firms[J]. The Journal of Finance,2016,71(5):1975-2016.

[64]Bolton P. Debt and money: Financial constraints and sovereign finance[J]. Journal of Finance,2016,71(4):1483-1510.

[65]Brown J D, Earle J S. Finance and growth at the firm level: Evidence

from SBA loans[J]. The Journal of Finance,2017,72(3):1039-1080.

[66]Bustamante M, Donangelo A. Product market competition and industry returns[J]. The Review of Financial Studies,2017,30(12):4216-4266.

[67]Campello M, Larrain M. Enlarging the contracting space: Collateral menus, access to credit, and economic activity[J]. The Review of Financial Studies,2016,29(2):349-383.

[68]Carvalho D. Financing constraints and the amplification of aggregate downturns[J]. The Review of Financial Studies,2015,28:2463-2501.

[69]Chen Z. Poncet S, Xiong R. Inter-Industry relatedness and industrial-policy efficiency: Evidence from China's export processing zones[J]. Journal of Comparative Economics,2017,45(4):809-826.

[70]Coles J, Li Z, Wang Y. Industry tournament incentives[J]. The Review of Financial Studies,2018,31:1418-1459.

[71]Cong L, Gao H, Ponticelli J, et al. Credit allocation under economic stimulus evidence from China[J]. Review of Financial Studies,2019,32: 3412-3460.

[72]Cosh A, Cumming D, Hughes A. Outside enterpreneurial capital[J]. The Economic Journal,2009,119(540):1494-1533.

[73]Criscuolo C, Martin R, Overman H G, et al. Some causal effects of an industrial policy[J]. American Economic Review,2019,109(1):48-85.

[74]Duval R, Hong G H, Timmer Y. Financial frictions and the great productivity slowdown[J]. The Review of Financial Studies,2020,33(2): 475-503.

[75]Fang H, Wang L, Yang Y. Human mobility restrictions and the spread of the novel coronavirus (2019-nCoV) in China[J]. Journal of Public Economics,2020,191:1-31.

[76]Faulkender M, Petersen M A. Does the source of capital affect capital structure? [J]. The Review of Financial Studies,2006,19(1):45-79.

[77]Gyimah D, Machokoto M, Sikochi A S. Peer influence on trade credit [J]. Journal of Corporate Finance,2020,64:101685.

[78]Hao Y, Lu J. The impact of government intervention on corporate investment allocations and efficiency: Evidence from China[J]. Financial Management,2018,47(2):383-419.

[79]Jia J S, Lu X, Yuan Y, et al. Population flow drives spatio-temporal distribution of COVID-19 in China[J]. Nature,2020,582(7812):389-394.

[80]Kim E M. Korea's evolving business-government relationship[M]//The Practice of Industrial Policy: Government-Business Coordination in Africa and East Asia. Oxford: Oxford University Press,2017.

[81]Lall S. Learning from the Asian Tigers: Studies in Technology and Industrial Policy[M]. London: Palgrave Macmillan,1996.

[82]Lemma A, te Velde D W. State-business relations as drivers of economic performance[M]//The Practice of Industrial Policy: Government-Business Coordination in Africa and East Asia. Oxford: Oxford University Press,2017.

[83]Love I, Preve L A, Sarria-Allende V. Trade credit and bank credit: Evidence from recent financial crises[J]. Journal of Financial Economics, 2007,83(2):453-469.

[84]Lu Y, Wang J, Zhu L. Place-based policies, creation, and agglomeration economies: Evidence from China's economic zone program[J]. American Economic Journal: Economic Policy,2019,11(3):325-360.

[85]Nordhaus W D. The political business cycle[J]. The Review of Economic Studies,1975,42(2):169-190.

[86]Osadchiy N, Schmidt W, Wu J. The bullwhip effect in supply networks [J]. Management Science,2021,67(10):6153-6173.

[87]Petersen M A, Rajan R G. Trade credit:Theories and evidence[J]. The Review of Financial Studies,1997,10(3):661-691.

[88]Ru H. Government credit, a double-edged sword: Evidence from the China Development Bank[J]. The Journal of Finance,2018,73(1):275-316.

[89]Tang Y, Moro A. Trade credit in China: Exploring the link between short term debt and payables[J]. Pacific-Basin Finance Journal,2020,59: 101240.

[90]Zhang X, Wang Z. Marketization vs. market chase: Insights from implicit government guarantees[J]. International Review of Economics & Finance,2020,69:435-455.

第七章　担保网络与僵尸企业[①]

——风险分担与风险传染的权衡

供给侧结构性改革中,"三去一降一补"的要着是清理僵尸企业。本章利用 FN-CHK 法为参考的僵尸企业识别方法,对 2008—2017 年的僵尸企业进行了识别,并根据上市公司担保网络的结构特点,考察了企业间的担保网络对形成僵尸企业的影响,其作用机理是风险分担效应还是风险传染效应。实证结果支持风险传染效应假设,担保网络越严重的企业越可能成为僵尸企业,这一结论对于民营企业、低杠杆、高外部融资依赖、竞争性行业的企业作用更强。本章的测算和实证结果也能够为清理僵尸企业提供金融网络方面的研究和解决思路。

第一节　引　言

僵尸企业(Zombie Firms)的存在会阻碍行业的可持续发展、制约新兴企业的崛起、加剧产能过剩,从而有可能挤垮优质企业,导致整体经济的低迷,加剧经济体系的系统性风险。僵尸企业对我国的宏观经济波动和要素配置具有显著的负作用,存在扭曲市场竞争,导致产品价格低迷、产业升级困难的风险(张栋等,2016),通过信贷扭曲影响其他企业的创新能力(王永钦等,2018),加快僵尸企业清理是稳增长与稳杠杆的平衡上的重要一步。[②]

---

①　本章入选 2018 年信息经济学年会、第 17 届金融系统工程与风险管理国际年会、首届微观经济理论论坛,感谢方颖、连洪泉等与会专家学者的宝贵意见。
②　张晓晶(2019)指出,"需要中央政府有所作为,特别是适度抬升中央政府的杠杆率;同时,加快僵尸企业清理,推进国有企业去杠杆,以及规范约束地方举债行为,以市场化法治化的方法处置地方隐性债务",对于地方隐性债务,最新的工作中进行了进一步研究(Zhang and Wang,2019)。

近年来我国的宏观调控以供给侧结构性改革为主线,去产能任务是供给侧结构性改革的重中之重,去产能的关键是僵尸企业的处置。自 2013 年开始,我国经济增长速度有所放缓,中国经济进入"新常态"(Shi and Zhang,2018)。在国内外严峻经济形势的影响下,我国开始推行供给侧结构性改革。供给侧改革以"去产能、去库存、去杠杆、降成本、补短板"为基本方略,其中对于僵尸企业的处置,是稳增长的关键。2014 年,国务院印发《关于加强金融监管防范金融风险工作情况的报告》,提出要严格控制产能过剩行业的贷款,对于经营困难同时产品缺乏竞争力的僵尸企业,要求实施兼并重组或破产。2015 年,国务院首次提出僵尸企业的清理标准,去产能成为我国五大结构性改革任务的首位。2016年初,《人民日报》发表观点:为完成供给侧结构性改革,当务之急是斩钉截铁处置僵尸企业,坚定不移减少过剩产能。2018 年 4 月国家发改委与多部门联合印发《关于做好 2018 年重点领域化解过剩产能工作的通知》,强调"2018 年化解过剩产能工作要坚持稳中求进工作总基调","把处置僵尸企业作为重要抓手,把提高供给体系质量作为主攻方向"。

Cabrales 等(2017)的理论模型考察了金融网络的最优设计,指出进入金融网络是一种风险分担(risk sharing)和传染(contagion)的权衡:一方面,金融网络具有风险分担的作用,它为企业提供了流动性管理与风险管理的有效工具;另一方面,金融网络是风险冲击和风险传染的直接途径。这两方面因素在不同应用网络中的权衡是金融网络相关研究的重点(Glasserman and Young,2016)。Cabrales 等(2017)的研究显示了与其他企业间联系的强度或隔离的中心度的重要性。但是目前这一新兴领域对金融网络的研究还仅限于金融机构间的网络,而且由于数据的整理困难,也局限于理论文献的模型和机制设计,本章将网络视角扩大到实体经济的公司间,构造了 2008—2017 年中国上市公司间的担保网络来进行考察,结果提供了支持中国担保网络的风险分担作用的证据。

针对我国僵尸企业存在状况的重要问题,本章利用企业在其担保网络中的关联性程度和中心性地位进行实证分析,研究目的是考察企业的金融网络地位,是否会因为其重要性程度高而受到银行与政府的补贴从而更易成为僵尸企业,抑或是居于网络重要性地位的企业有更多的非常规融资渠道和风险分散渠道而成为僵尸企业的概率相对较低?研究结果发现,担保网络会导致形成僵尸企业,支持了金融网络的风险传染假设。

本章可能的理论贡献和现实意义在于:一是已有文献主要关注金融机构间的金融网络,本章构建了企业间的金融网络——担保网络。二是考察担保网络对僵尸企业形成的影响机制,拓展了对僵尸企业的研究视角。三是本章明晰了金融网络的风险分担与风险传染功能,并且从企业所有制、外部融资依赖、行业集中度三个角度进行了机制分析。

第二节　理论分析与假设

一、僵尸企业

完全市场中,生产率低下的企业会退出市场,资源能够更多地分配到生产率高的成功企业,经济中的资源配置效率较高。而僵尸企业本身并没有好的盈利能力,却往往以低利率成本吸收了大量的信贷资本,阻碍市场机制作用的发挥。僵尸企业的存在是一种资源错配,不利于经济整体效率和企业的创新与扩张。

目前国内外的相关文献对僵尸企业的认定主要有以下几种方法:第一种是国务院 2015 年提出的定义,不符合国家能耗、环保、质量、安全标准,持续亏损三年以上且不符合结构调整方向的企业。第二种由经济学家 Caballero、Hoshi 和 Kashyap(2008)提出,也就是被学术界普遍采用的 CHK 法,认为识别僵尸企业可以通过找出受银行补贴的企业来完成,即对比寻找出那些实际支付利率比最优支付利率更低的企业。第三种是 Fukuda 和 Nakamura(2011)提出的用盈利标准和持续贷款标准识别僵尸企业的复合判断标准,即 FN 识别法。目前针对僵尸企业识别的相关研究文献多将 CHK 法和 FN 法联用并改良作为识别僵尸企业的认定标准。Imai(2016)对 FN 识别法进行调整,整体考察连续的 $T+1$ 年内税前利润与最低应付利息差额的情况。国内最新研究已开始关注这一问题,聂辉华等(2016)将 T 年和 $T-1$ 年均被 FN-CHK 法认定为僵尸企业的公司识别为 T 年的僵尸企业。

僵尸企业能够长期存在的原因主要来自银行和政府。Peek 和 Rosengren(2005)在针对日本僵尸企业的研究中,总结政府和银行救助僵尸企业的双重动机。从银行内部来看,其主要动因在于银行自身面临不良贷款的压力,其通过持续贷款给僵尸企业来满足监管要求。从外部原因来看,政府为防止出现大量失业而可能给银行施加救助危机企业的压力。银行往往是出于担心存在大规模不良贷款的考虑。而地方政府通常是基于税收和就业的考虑,向僵尸企业提供直接资金补助或者干预银行行为,来帮助僵尸企业免于倒闭。政府部门干预银行对僵尸企业进行救助的行为称为政府隐性担保,对于僵尸企业的隐性担保以及对相关银行可能的危机救助构成政府部门的或有负债。此类不当担保可能导致纳税人、企业和金融部门承担风险,从而加大整个社会经济体系的风险敞口。基于中国僵尸企业的研究发现,政企合谋、国有企业资金配置偏向等政府干预是中国僵尸企业存在的主要原因(聂辉华等,2016;钟宁桦等,2016),重化工行业和劳动密集行业、西部地区和能源大省的僵尸企业比例较高(申广军,2016)。王万珺和刘小玄(2018)从长期视角考察中国僵尸企业,发现 38.17%的国有企业属于长期保持不变的僵尸企业,对非僵尸企业产生显著作用的市场因素对僵尸企业没有影响,证实了中国僵尸企业长期存在的"非市场化"制度性根源。这些文献揭示了中国僵尸企业长期存在的根源是政府和银行,它们通过政府补贴、税收优惠和银行贷款维持生存。

僵尸企业导致的结果方面,Ricardo 等(2008)针对日本存在的僵尸企业问题和财务困境重组进行研究,发现僵尸企业减少了健康企业的利润,使得后者不愿进入或者减少投资。同时,僵尸企业的存在扭曲了信贷配置,对行业的公平竞争造成损害,通过各类渠道降低了行业整体的发展水平。目前国内最新的文献已开始关注僵尸企业在投资、税收、创新、去杠杆四个方面的影响。谭语嫣等(2017)发现,僵尸企业对于非僵尸企业的投资存在挤出效应,而且这种挤出效应在国家干预程度更强的地区和外部融资依赖度更高的行业更为明显,减弱了金融对实体经济的支持。李旭超等(2018)发现僵尸企业的存在显著提高了非僵尸企业的实际所得税率,说明僵尸企业具有税收外部性。王永钦等(2018)的研究显示,僵尸企业对企业创新存在着挤出效应,对于融资约束相对较紧、外部融资依赖程度相对更高的非国有企业,这种挤出效应更为明显。刘莉亚等(2019)认为,货币政策对僵尸企业的失灵导致有效率的非僵尸企业面临更严厉的"去杠杆"。

僵尸企业问题的研究难度在于:首先,僵尸企业的认定和识别上,大部分文献均基于中国工业企业数据库,这个数据库的计算非常复杂、体量很大,学者们对此投入了大量的时间和精力,也得到了很多细致的观察和有贡献的研究结论。但是,数据来源均截至 2013 年,因此对新时期存在的问题和影响缺乏更新的追踪。目前仅有张栋等(2016)的研究中随机选取了 38 家钢铁企业中的 17家上市公司,对其 2011—2015 年的数据进行研究。其次,僵尸企业产生原因和影响机制上,目前国内学者主要从政府和银行两个角度进行审视,何帆和朱鹤(2016)指出,企业之间的联保互保也是僵尸企业的研究视角,但是目前尚未有文献从企业之间的关系层面进行系统研究。

二、担保网络

金融网络的新近研究多围绕其节点对系统性风险、系统绩效的影响进行。Eisenberg 和 Noe(2001)提出的框架形象描述了风险在网络节点间的传递效应。Gai 等(2011)提出了一个经典的流动性冲击通过网络的传递模型,描述了网络多样化风险的稳定效应和提供传播途径的危机放大效应。Glassman 和 Young(2016)针对一系列金融网络的数值模拟方法和风险传递机制进行了整理与改良。韩炜等(2017)在针对创业企业的金融网络研究中,构建从网络结构到企业绩效的影响机制,发现构建适宜的联结组合能使创业企业从关系组合带来的资源组合效应中获益并收获成长。王永钦等(2014)在针对企业银行信贷担保网络的研究中使用了居中度的概念,并证实网络中心性类指标可以有效衡量企业的资质水平和整体偿债风险。许晖等(2017)在针对云南白药品牌生态圈的案例研究中发现,品牌生态圈的网络构建可以提高企业间协同合作能力,提高产业竞争力。

金融网络的作用有两个方面:多元化和整合(integration)。一方面,Elliott 等(2014)认为,后者更重要而且导致了风险的传染,他们用欧洲六国(法国、德国、希腊、西班牙、意大利、葡萄牙)的网络模型说明了风险传染过程。另一方面,Cabrales 等(2017)建立了金融网络的理论最优设计来处理风险分担和风险传染的权衡,揭示了金融网络中联系(linkage)的强度或分割的中间度的重要性。金融网络主要通过两种方式传染给其他银行:第一种是银行间债务违约诱发直接的风险传染(Upper,2011;Fiordelisi,2013);第二种是金融资产减价出售(fire sale)引发流动性风险传染(Coval and Stafford,2007;Shin,2008)。

目前国内外前沿文献主要关注的是金融机构层面的金融网络。李政等(2016)通过网络分析法解构了金融网络的总体关联性以及部门内和部门间的关联特征,并采用金融机构微观层面的数据实证分析了网络关联的影响因素。杨子晖和周颖刚(2018)从网络关联视角考察全球系统性金融风险,发现美国在同期波动传递中占主导地位。杨子晖等(2018)采用 VaR、MES、CoVaR 考察我国金融机构和房地产上市公司金融风险的跨部门传染,发现"钱荒事件"中银行是风险传染发源地,"熔断机制"事件中房地产与证券部门是风险中心。这一部分的文献主要从金融机构之间的金融网络角度支持了"联系太紧而不能倒"(Too Interconnected to Fail,简称 TCTF)的观点[①]。

———————————

① Hüser(2015)对银行间网络导致 TCTF 的文献有一个很好的梳理。

金融网络研究的另一个作用是增信(credit enhancement)。Markose 等 (2012)考察了 CDS 和其他增信协议构成的美国银行金融网络中的风险传染和系统性风险。本章针对企业间担保这一中国特有的增信方式,考察企业层面的担保网络对僵尸企业的形成是否具有显著影响。抵押品作为一种在不完备的市场中增进信用的方式(Aghion and Bolton,1992),有可能会造成中国企业杠杆化程度加深,不利于去杠杆改革(张小茜和孙璐佳,2017)。在担保增信方面的文献主要考察了担保网络对信贷市场的影响(王永钦等,2014)、担保网络的负面效应(曹廷求和刘海明,2016)、货币政策与担保圈的互动作用(刘海明和曹廷求,2016)、关联关系对借款企业的融资约束和投资调整的影响(张小茜和刘晓蕾,2018)。本章进一步构建较为完整的担保网络,对僵尸企业的形成,在已有文献考虑的政府支持、银行贷款供给之外,考察企业间层面的担保网络提供的让僵尸企业长期存在的机制。但是,这种公司层面的金融网络的效用传播是一个复杂的过程,担保网络对企业风险的影响也可能受到多方面因素的控制。那些资产规模较大、经营成熟的上市企业,也往往具有更为密集和完善的担保网络结构,这些企业更容易受到风险冲击影响的同时也更可能对外分散与传播风险。

针对我国现存的僵尸企业问题进行其担保网络相关的研究,本章根据担保网络对于风险分担和风险传染的权衡提出以下两个假设:

假设 7.1(风险传染假设) 担保网络导致企业更容易受到关联企业的风险冲击和传染,成为僵尸企业的可能性增加。

假设 7.2(风险分担假设) 担保网络具有分散风险的作用,成为僵尸企业的可能性降低。

第三节　担保网络的测度

一、构建担保网络

本章选取 CSMAR 数据库中所有上市公司 2008 年 1 月 1 日至 2017 年 12 月 31 日对外担保数据。[①] 采取上市公司 i 在 t 年时点的历史担保数据计算上

---

① CSMAR 数据库整理的担保交易数据涵盖 2005 年起至今的担保交易情况,其中 2005 年至 2007 年的担保交易事件均少于 5 起,所以本书中的担保交易网络构建数据从 2008 年开始计算。

市公司位于担保网络的中心性情况,以此衡量公司 i 在其担保网络中的地位。本章以担保事件的公告年份为 t 年,t 年以前发生的所有历史担保交易,基于上市公司的历史担保数据构造担保网络图,上市公司的担保网络以上市公司及其担保公司为节点、以担保关系为边,由担保企业指向被担保企业。利用 Force Atlas 算法,收缩和交叠布局反复运行后优化得到上市公司历史担保网络群组图。

二、担保网络特征

随着时间的推移和经济的不断发展,上市企业间的相互作用与网络联结关系也在不断发生变化,上市公司间的担保网络关系是一个日益复杂化的动态网络。本章基于各年度我国上市公司的历史担保网络,将上市企业作为节点,将担保关系作为边,用节点加权度和特征向量中心度来度量担保网络的结构特征。

(一)传统的特征向量中心度

对于单个企业在整体网络中的风险传染或风险分担效果,不应只考虑与其直接相连节点的直接风险溢出效应,对于风险通过整体担保网络跨多个企业进行传染或分担的情况也应该进行测度,本章以中心性来测度上市公司 i 在整体担保网络中的风险传染与分担。

本章选取特征向量中心度(eigenvector centrality,简写为 EC)来测算。该指标算法的核心思想为:测度一个节点是否在网络中具有重要性,不仅要测度它与多少个节点相连,同时与它相连接的节点也应该是比较重要的节点。它是一种对节点度指标统计的改良方法。具体计算方法如下:首先,每个节点的初始值设定为1,每个节点的度等于该节点邻居节点的度,一轮计算之后对所有节点的值归一化处理,即以1为最大值同比例缩小,然后依次迭代。

本章根据特征向量中心度的计算原理,导入上市公司担保节点与边数据为无向网络图,设定的迭代次数为100。上市公司节点特征向量中心度的取值范围在0到1之间,特征向量中心度指标越大,说明该节点在其担保网络中所居于的地位相对越重要。进一步对担保网络图中节点占比较多的一系列大型担保网络集团进行着色处理,网络图中节点直径与该节点的度呈正比。

(二)修正的担保网络加权度

网络中的度(degree)是以数量的方式构建的担保网络结构的测度,是指与某个节点直接相连的节点数目,该指标捕捉了不同上市公司节点存在直接担保关系的网络关联性程度,即某一节点的度为其出度和入度的总结,即与该节点相互连接的全部边的数量。

为更好地考察某个节点与其相互连接的节点间担保关系的风险程度,本章以对外担保金额占上市企业总资产的比例为权重对上市企业对外担保网络的程度进行调整,考虑某一上市公司对另一公司的历史担保网络权重 $Weight_{i \to j}$ 如下:

$$Weight_{i \to j} = \sum_{t=1}^{n} \frac{Guarantee_{jt}}{TotalAsset_{it}} \tag{7.1}$$

其中,$Guarantee_{jt}$ 表示某一时间点 t 时上市公司 i 对公司 j 的担保金额,$Totalasset_{it}$ 表示上市公司 i 在 t 时点的资产总额,n 表示上市公司 i 对公司 j 的历史担保次数。

调整后的上市公司 i 在 t 时刻的加权度指标(weighted degree)为:

$$WeightedDegree_i = \sum_{j=1}^{m} Weight_{i \to j} \tag{7.2}$$

其中,m 表示与上市公司 i 有担保关系的全部企业节点,对加权度求和构成了上市公司 i 的加权度指标。以担保金额占上市企业总资产的比值作为权重对度指标进行加权所得的加权度,可以非常直观地反映一家上市公司的网络关联性程度。

三、上市公司担保网络构建

本书采用模块化社区探测算法(Modularity Class),为随机地使用边权重的模块化统计。[1] 图 7.1 显示了 2008—2017 年全国上市公司历史担保网络,一共可以划分为 2167 个担保组群,其中包含节点占比最多的担保组群,其担保网络涉及节点数占全国上市公司担保网络总节点数的 1.92%。同时,也存在着大量担保组群节点占比数小于 0.01% 的相对孤立的上市公司担保组群。

---

① 以模块化分组结果的组群编号为横轴,处于该编号的模块组群所包含的节点个数为纵轴,当设置的解析度相对越小时,社区探测算法分类所得的社区相对越多。本节设置解析度为 1.0。

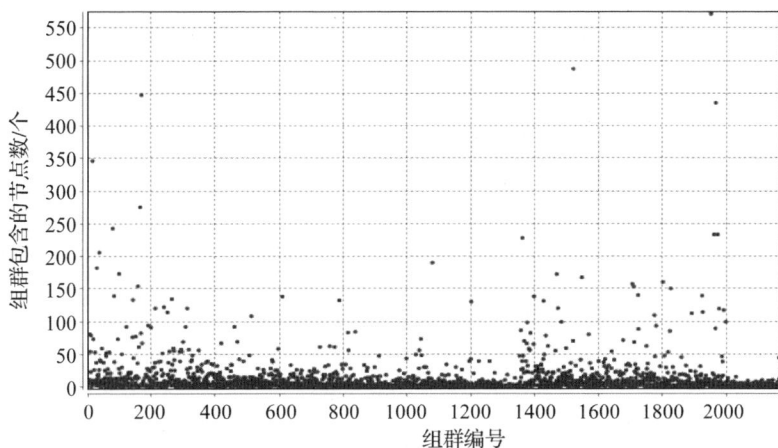

图 7.1　中国上市公司 2008—2017 年担保网络模块化分类结果

表 7.1 汇报了 2008—2017 年全国上市公司的担保网络中的最大规模担保网络集团,按照涉及的企业节点数排名前五的担保集团。

表 7.1　五大主要担保网络集团情况

网络名称	核心企业性质	节点数量/个	上市公司数量/家
中国中铁—中国电力担保集团	国有	3664	122
物产中大—保利房地产集团	国有	2508	57
广汇汽车担保集团	民营	751	4
泰和集团—珠海华发担保集团	民营	536	21
国电电力担保集团	国有	502	30

中国中铁—中国电力担保网络集团一共包含了 3664 家企业,包括上市公司、上市公司的子公司及其关联企业,其中上市公司的数量为 122 家。以度指标排序所得的前 10 家核心企业的情况如表 7.2 所示。

表 7.2　中国中铁—中国电力担保集团核心企业情况

代码	名称	度	EC
601390	中国中铁股份有限公司	552	1.00000
601669	中国电力建设股份有限公司	340	0.40797

续表

代码	名称	度	EC
601618	中国冶金科工股份有限公司	175	0.14054
601766	中国中车股份有限公司	174	0.13881
600466	四川蓝光发展股份有限公司	122	0.08336
002385	北京大北农科技集团股份有限公司	119	0.08069
600100	同方股份有限公司	99	0.06400
000939	凯迪生态环境科技股份有限公司	94	0.05903
601727	上海电气集团股份有限公司	93	0.06128
601989	中国船舶重工股份有限公司	90	0.05635

物产中大—保利房地产网络集团一共包含了 2508 家企业,包括上市公司、上市公司的子公司及其关联企业,其中上市公司的数量为 57 家。以度指标排序所得的前 10 家核心企业的情况如表 7.3 所示。

表 7.3　物产中大—保利房地产担保集团核心企业情况

ID	名称	度	EC
600704	物产中大集团股份有限公司	302	0.33117
600048	保利房地产(集团)股份有限公司	233	0.21651
000671	阳光城集团股份有限公司	132	0.09642
601607	上海医药集团股份有限公司	112	0.07469
000002	万科企业股份有限公司	101	0.06630
600606	绿地控股集团股份有限公司	99	0.06370
601155	新城控股集团股份有限公司	98	0.06250
600208	新湖中宝股份有限公司	84	0.05195
000918	嘉凯城集团股份有限公司	77	0.04629
000069	深圳华侨城股份有限公司	76	0.04573

四、担保网络特征的描述性统计

本章导入企业截至 t 年的历史担保数据(t 的取值范围为 2008 年到 2017

年),并利用其特征向量中心性统计算法迭代 100 次后获取上市公司 i 与其关联企业在 t 年历史担保网络中的特征向量中心度数据。逐年导出全部节点的特征向量中心度数据后,从中筛选获取上市公司节点及其特征向量中心度数据并整理合并,得到 2008—2017 年上市公司各年的历史网络中心性数据,其描述性统计结果如表 7.4 所示。

表 7.4　特征向量中心度 EC 描述性统计结果

年份	样本数	均值	中位数	最大值	最小值
2008	568	0.01410	0.00627	1	0.00282
2009	1083	0.01185	0.00550	1	0.00166
2010	1238	0.01110	0.00409	1	0.00128
2011	1438	0.00979	0.00425	1	0.00105
2012	1656	0.00848	0.00369	1	0.00088
2013	1792	0.00568	0.00240	1	0.00059
2014	1958	0.00542	0.00218	1	0.00052
2015	2166	0.00587	0.00247	1	0.00049
2016	2383	0.00261	0.00206	1	0.00047
2017	2549	0.00681	0.00278	1	0.00045

根据特征向量中心度的描述性统计结果,可以看出上市公司节点中心性指标的取值范围在 0 到 1 之间。其中节点中心性指标统计量的最大值均为 1,说明全国上市公司及其关联企业的担保网络中,历年具有最大重要性地位的节点均为上市公司节点,而非其关联企业节点,这也与预期相符。此外,将上市公司特征向量中心度 EC 的均值和中位数与最大值相比较可以发现,样本中的大多数上市公司节点,其中心度均居于一个较低的水平,而中心度较高的上市公司节点在整个上市公司担保网络中的占比较低。

担保网络图和模块化分组的结果在一定程度上解释了大部分上市公司节点特征向量中心度居于一个较低水平,上市公司间中心性水平差距较大这一事实(所以进行剂量效应检验)。通常来说,相对规模越小的企业,其与周边企业的关联网络联结广度也越低,同时与其直接关联的企业的重要性程度也就相对越低。对于此类企业来说,其网络结构的拓展和延伸也就相对更加困难。而那些网络中心度地位高的企业,其庞大的关联网络体系允许其更快和更便利地拓展业务关系,其跨网络的联结与网络结构的发展也更加容易。这也就一定程度上造成了近年来,随着我国企业间关联网络的复杂化程度的加深,不同上市企业之间的网络中心性程度差异也显著地增大。

第四节　僵尸企业的识别

一、僵尸企业的测度指标

本章使用的中国僵尸企业认定方法，借鉴 Caballer 等（2008）的 CHK 方法以及 Fukuda 和 Nakamura（2011）的 FN 方法，并参考王永钦等（2018）、王万珺和刘小玄（2018）的相关研究。由于本章的样本是上市公司，可以按照最完整的计算公式还要考虑公司债券发行的影响（张栋等，2016）。CHK 标准认为，僵尸企业是在某种程度上得到了银行信贷优惠的企业，信贷优惠以利率优惠等不同形式存在。该方法是从信贷的角度来定义僵尸企业，它认为如果一个企业为债务所支付的利息低于采用市场利率所要支付的利息，该企业与银行之间存在着非正常的借贷关系，那么该企业极有可能是依赖于信贷优惠生存的僵尸企业。

采用 CHK 方法对僵尸企业进行判断存在着一定的不足之处。FN 方法认为，CHK 标准可能在货币政策宽松时期将经营良好的企业误判为僵尸企业，其未考虑到银行给优质客户的信贷优惠问题，FN 方法对 CHK 方法进行了一定程度上的修正。在适用于我国实际国情时，该方法较容易将一些盈利能力良好但是实际利率比较低的正常企业误判为僵尸企业。FN 方法在 CHK 方法的基础上进行了改进，即增加了企业当年盈利无法负担其在正常情况下应该支付的利息额的标准。国内学者关于僵尸企业的识别文献多基于 FN-CHK 方法的思想，并结合具体情况加以改良。方明月和孙鲲鹏（2019）、刘莉亚等（2019）基于FN-CHK 方法计算了 2004—2013 年中国工业企业数据库、上市公司中的制造业企业，本章提出企业间的网对形成僵尸企业的影响。

根据 CHK 方法的基本思想，某企业是否为僵尸企业可以通过观测该企业是否受到银行补贴来确定，即观测某企业是否能够以低于市场利率的利息成本获取银行贷款。本章具体使用如下步骤识别僵尸企业程度。

（一）CHK 方法

首先借鉴 CHK 方法，计算企业获得的银行补贴。

第一步，计算出企业 i 在 t 年正常经营条件下所应该支付的正常利息额 $R_{i,t}^*$。

$$R_{i,t}^{*} = r\mathrm{BS}_{i,t-1} + \left(\frac{1}{5}\sum_{j=1}^{5}rl_{t-j}\right)\mathrm{BL}_{i,t-1} + rcb_{\mathrm{min\ over\ last5years},t} \times \mathrm{Bonds}_{i,t-1}$$

$$(7.3)$$

其中，$\mathrm{BS}_{i,t}$、$\mathrm{BL}_{i,t}$、$\mathrm{Bonds}_{i,t-1}$ 分别为公司 i 在 t 年末短期借款余额、长期借款余额，以及对外发行债券总额（包括可转债和认股权证债券等）。rs_{t-1}、$\frac{1}{5}\sum_{j=1}^{5}rl_{t-j}$、$rcb_{\mathrm{min\ over\ last5years},t}$ 分别为 $t-1$ 年短期借款最低利率、t 年前 5 年内最低长期借款利率平均值、t 年前 5 年内发行在外可转债的最小票面利率。参考张栋等（2016），t 年短期银行贷款基准利率 rs 和长期银行贷款基准利率 rl 均取当年最小值。

第二步，利用数据库获取企业 t 年的实际利息支出 $R_{i,t}^{p}$。

第三步，计算得利息差

$$\Delta R_{i,t}^{gap} = R_{i,t}^{*} - R_{i,t}^{p}$$

$$(7.4)$$

若 $\Delta R_{i,t}^{gap} > 0$，则认为该企业 i 在 t 年获得了银行补贴，该企业识别为僵尸企业。

（二）FN 方法

根据 FN 方法的改良，考虑企业在无银行补贴的情况下是否会出现亏损，来判定该企业是否为僵尸企业。本章以此方法对僵尸企业的认定进行修正。计算企业实际利润等于企业的息税前收入（EBIT）扣除银行补贴后的差额[①]。

$$\mathrm{FN}_{i,t} = \mathrm{EBIT}_{i,t} - \Delta R_{i,t}^{gap}$$

$$(7.5)$$

其中，EBIT_{it} 为企业当年息税前利润。若企业 i 的 $\mathrm{FN}_{it} < 0$，当年负债率大于总资产的 50%，且 t 期负债大于 $t-1$ 期负债，则该企业识别为僵尸企业，僵尸企业指数 z 设为 1，否则就不认定为僵尸企业，僵尸企业指数 z 设为 0。

二、僵尸企业识别结果

本章中进行僵尸企业认定所使用的财务数据来源于 CSMAR 数据库，所选用的企业资产负债表、利润表和财务指标报表的数据期间为 2008 年 1 月 1 日

---

① 根据 CHK 方法中的定义，僵尸贷款的含义为企业以低于市场利率水平从银行取得的贷款，而持有僵尸贷款的企业则被定义为僵尸企业。但实证结果显示，我国上市公司获得贷款补贴的比率较高，在 CHK 方法下可高达 70%～80%（同类统计可参考黄少卿等，2017），故本书以经 FN 方法改良后的 FN-CHK 方法对上市公司进行僵尸企业的识别，而不是仅参考 CHK 方法对僵尸贷款情况展开研究，该方法更加符合我国国情的实际。

至 2017 年 12 月 31 日。本章使用的贷款基准利率数据、2008—2015 年的金融机构人民币贷款基准利率来自 CSMAR 数据库的金融机构人民币存贷款基准利率调整表,2016 年与 2017 年的金融机构人民币贷款基准利率由笔者根据央行公告。各年度适用的基准利率均以该年度 1 月 1 日时点的基准利率为标准。

为减少干扰因素,本章删去了具有向中央银行借款和同业拆借等融资渠道的银行金融机构类的上市公司。同时删去存在相关数据缺失的样本,删去数据期间内不存在对外担保交易或担保交易数据缺失,即其网络结构特征数据不可得的样本。最后得到 25490 个公司年度观测值。

利用前文结合 CHK 方法与 FN 方法的相关模型对上市公司进行僵尸企业认定的结果如表 7.5 所示。计算结果第四列显示,上市公司中僵尸企业占比在 2.63%～5.65%,低于工业企业的僵尸比例,王万珺和刘小玄(2018)计算的 1999—2013 年中国工业企业数据库的该比例为 15%。本章进一步计算了民营企业和国有企业中的僵尸企业情况,民营上市公司中僵尸企业占比 1.93%～6.74%,国有上市公司中僵尸企业占比 3.65%～6.74%。表 7.5 最后一列显示,国有企业占据了僵尸企业的过半数。

表 7.5　僵尸企业年度分布

年度	僵尸企业数/家	非僵尸企业数/家	僵尸企业比例/%	民营企业			国有企业		
				数量/家	民营上市公司中僵尸企业占比/%	僵尸企业中民营企业占比/%	数量/家	国有上市公司中僵尸企业占比/%	僵尸企业中国有企业占比/%
2008	128	2421	5.02	519	6.74	27.34	858	9.79	65.63
2009	144	2405	5.65	637	6.44	28.47	880	10.11	61.81
2010	94	2455	3.69	837	3.94	35.11	902	6.21	59.57
2011	97	2452	3.81	1036	2.61	27.84	895	6.82	62.89
2012	129	2420	5.06	1129	4.16	36.43	901	8.32	58.14
2013	107	2442	4.20	1125	3.11	32.71	895	7.49	62.62
2014	134	2415	5.26	1205	4.07	36.57	898	9.02	60.45
2015	135	2414	5.30	1306	4.06	39.26	894	8.39	55.56
2016	83	2466	3.26	1399	1.93	32.53	902	5.65	61.45
2017	67	2482	2.63	1420	2.11	44.78	904	3.65	49.25

图 7.4 是僵尸企业识别结果的时间趋势。由图 7.4(a)可以看出,2008 年、2009 年、2012 年、2014 年、2015 年我国上市公司僵尸企业占比稍有上升,2009

年为历史高峰,2015 年以后上市公司里的僵尸企业占比有明显下降。图 7.4(b)为国有僵尸企业和民营僵尸企业在僵尸企业占比的累积柱状图,白色部分表示的是国有企业占比,可以看到占据了一半以上,但正在缓慢下降。

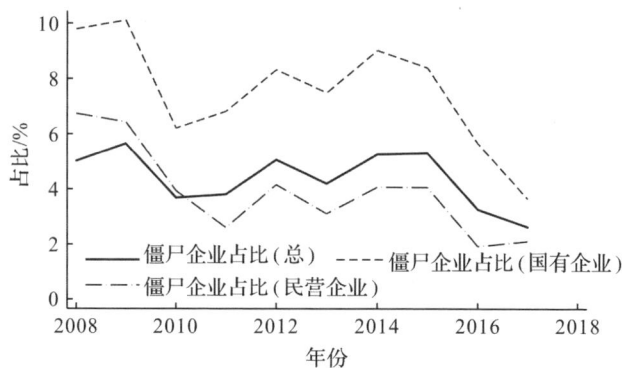

(a) 僵尸企业比例

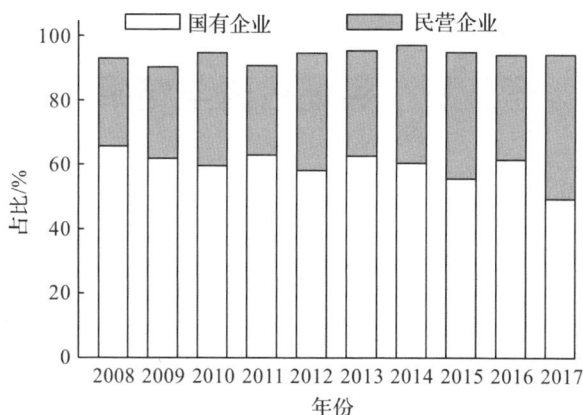

(b) 僵尸企业中国有企业与民营企业的比例

图 7.4　僵尸企业年度分布

参考对比已有僵尸企业相关的研究文献,聂辉华等(2016)关于中国僵尸企业的研究报告中,2005—2013 年我国工业部门僵尸企业比率的均值为 7.51%,其中国有企业中僵尸企业相对比例较高。本章中识别上市企业中的僵尸企业的数量占比与工业企业样本相比略低。

本章利用 FN-CHK 法对我国上市企业进行了僵尸企业与非僵尸企业的识别和分类,为考量两类企业的平均财务状况,本章对僵尸企业和非僵尸企业进行了财务指标对比分析,僵尸企业与非僵尸企业的财务指标描述性统计对比如表 7.6 所示。可以看出,僵尸企业的资产负债率显著高于非僵尸企业,ROA 和有形资产比率两个指标上,非僵尸企业显著好于僵尸企业,而在销售增长率、总资产、雇员人数和成立时间上两类企业没有显著差别。

表 7.6　僵尸企业与非僵尸企业财务指标描述性统计

财务指标	非僵尸企业		僵尸企业		非僵尸 vs. 僵尸
	均值	标准差	均值	标准差	t-test
销售增长率/%	32.72	1022	8.726	147.2	不显著
资产负债率/%	46.97	147.0	115.7	500.8	$<$***
ROA/%	7.730	13.48	−7.365	36.81	$>$***
有形资产比例/%	37.55	146.8	37.55	146.8	$>$***
Ln 雇员数量	7.481	1.395	7.443	1.660	不显著
总资产/亿元	7.981	1.529	8.052	1.717	$<$*
公司成立年限/年	16.77	57.52	17.19	5.236	不显著

第五节　实证检验与结果

一、基准模型

首先,考察企业的担保网络特征是否导致企业更有可能成为僵尸企业。以上市公司是否被识别为僵尸企业的指数 z 作为被解释变量,虚拟变量 z 为 1 表示该上市公司 i 在 t 年为僵尸企业,否则为 0。参考 Glassman 和 Young(2016)对金融网络研究问题中提出的影响网络风险性的相关因素,除网络本身的结构性质之外,节点企业的杠杆水平也对与其连接的相关网络的风险有影响。此外,为充分衡量企业的基本面信息,本章以 ROA 指标衡量企业的盈利能力,以销售增长率指标衡量企业的发展能力,以有形资产比率衡量企业的资产构成情况。以上指标作为控制变量,上述比率指标单位均为%。

建立以下 Logit 模型:
$$\text{Logit}(z_{i,t}) = \beta_0 + \beta_1 \text{Network}_{i,t} + \beta_2 \text{Controls}_{i,t-1} + v_{i,t-1} \qquad (7.6)$$
其中,z 为认定僵尸企业的虚拟变量,僵尸企业为 1,否则为 0。Network 为担保网络特征变量,本章选用两个指标:EC 为网络特征向量中性度,Weighted-Degree 为网络的加权度指标。控制变量 Controls 包括:Leverage 为企业的资产负债率。控制变量包括销售收入增长率 Salesgrowth、ROA、有形资产比例 Tangibility，并且控制省份和行业固定效应。为降低模型的内生性，除 EC 外其他解释变量和控制变量均为期初值。本章中涉及的指标及其含义如表 7.7 所示。

表 7.7　相关指标及其定义说明

变量名称	变量英文名称	变量定义
僵尸企业指数	z	基于 FN-CHK 法计算，僵尸企业为 1，否则为 0
节点加权度	WeightedDegree	包含担保金额加权的度
特征向量中心度	EC	基于网络的节点中心性算法
销售增长率	Salesgrowth	本年销售增长额/上年销售总额
资产负债率	Leverage	总负债/总资产
总资产利润率	ROA	净利润/总资产
有形资产比率	Tangibility	有形资产/总资产
员工人数	LnEmployee	员工人数的自然对数
规模	Size	总资产的自然对数
年龄	Age	成立时间

二、网络中心性

（一）多元回归

表 7.8 的回归结果显示：首先，在金融担保网络中相对地位更为重要的企业，其风险分散能力通常较好，经营水平与能力通常较高，非正规融资能力和偿债能力也相对较强，因而其成为僵尸企业的概率也更低。其次，这也从侧面反映出金融网络具有一定的风险分散能力，在金融网络中具有中心性地位的企业其面临的风险可以被其关联企业更好地分担。可以看出，当企业的中心性程度更高的时候，其对于资本和技术的积累也变得相对更加容易，其可以将自身的关联网络延展到一个更广的领域，受到同类企业的竞争威胁较小，同时占据的市场份额也更高。第（5）至（8）列是仅保留有担保信息的子样本，本章也做了去除所有其他控制变量而仅保留 EC 的单变量回归，结果一致。

表 7.8 僵尸企业与网络中心性关系回归结果

变量	(1)	(2)	(3)	(4)	(5)	(6)	(7)	(8)
EC	-0.0353 (4.218)				-6.8650 (4.750)			
L.EC		1.9082 (5.230)				-1.4544 (6.741)		
L2.EC			1.3322 (5.133)				-3.7275 (5.934)	
L3.EC				-5.1865 (6.230)				-6.8483 (7.824)
lagSalegrowth	-0.0012 (0.001)	-0.0005 (0.001)	-0.0003 (0.001)	-0.0002 (0.001)	-0.0010 (0.001)	-0.0018 (0.001)	-0.0009 (0.001)	0.0012 (0.001)
lagLeverage	0.0263*** (0.005)	0.0268*** (0.005)	0.0296*** (0.005)	0.0341*** (0.006)	0.0261*** (0.005)	0.0304*** (0.005)	0.0356*** (0.006)	0.0378*** (0.006)
lagSize	-0.0731*** (0.006)	-0.0772*** (0.007)	-0.0842*** (0.008)	-0.0897*** (0.011)	-0.0649*** (0.006)	-0.0627*** (0.006)	-0.0706*** (0.010)	-0.0632*** (0.010)
lagROA	0.0030 (0.005)	0.0022 (0.005)	0.0032 (0.005)	0.0051 (0.006)	0.0012 (0.004)	0.0018 (0.005)	0.0064 (0.005)	0.0090 (0.006)
lagTangbility	0.0006 (0.053)	-0.0029 (0.055)	0.0275 (0.058)	0.0225 (0.061)	0.0016 (0.058)	-0.0049 (0.067)	-0.0247 (0.078)	0.0398 (0.053)
lagLnEmployee	0.0159 (0.051)	0.0018 (0.053)	-0.0292 (0.056)	-0.0285 (0.061)	-0.0564 (0.051)	-0.1096* (0.056)	-0.0778 (0.062)	-0.1650*** (0.054)
age	0.0357*** (0.009)	0.0324*** (0.009)	0.0313*** (0.010)	0.0302*** (0.011)	0.0138* (0.008)	0.0028 (0.011)	0.0053 (0.011)	-0.0063 (0.011)
Constant	-4.1993*** (0.555)	-4.2165*** (0.584)	-4.9536*** (0.615)	-4.9864*** (0.678)	-2.9276*** (0.574)	-2.6902*** (0.667)	-3.7777*** (0.748)	-3.2859*** (0.730)
年度	控制	控制	控制	控制	控制	控制	控制	控制
省份	控制	控制	控制	控制	控制	控制	控制	控制
观测值个数	22833	21110	19223	17152	15186	11444	9235	7596

注：括号内为标准误。*、**和***分别表示在 10%、5%和 1%的水平上显著。

(二)剂量效应检验

进一步,利用剂量效应(Dosage Effect)对网络中心性的相关模型进行补充回归。本章以四分位数根据特征向量中心度 EC 值的大小对样本进行分类,并根据分组对样本进行两两分组回归对比,设置虚拟变量进行分组。设置虚拟变量 Dosage1 对 EC 值在 0 到 1/4 分位数与 1/4 分位数到 1/2 分位数的样本进行比较,设置虚拟变量 Dosage2 对 EC 值在 1/4 分位数到 1/2 分位数与 1/2 分位数到 3/4 分位数的样本进行比较,设置虚拟变量 Dosage3 对 EC 值在 1/2 分位数到 3/4 分位数与后 1/4 组的样本进行分组,设置虚拟变量 Dosage4 对 EC 值在后 1/4 组与前 1/4 的样本进行比较。相应的模型设置如下,同时对样本的省份和行业进行控制。

$$\text{Logit}(z_{i,t}) = \beta_0 + \beta_1 \text{EC}_{i,t} + \beta_2 \text{Dosage}_{jk} + \beta_3 \text{EC}_{i,t-1} \times \text{Dosage}_j + \beta_4 \text{Leverage}_{i,t-1} + \beta_5 \text{ROA}_{i,t-1} + \beta_6 \text{Salesgrowth}_{i,t-1} + \beta_7 \text{Tangibility}_{i,t-1} + \varepsilon_{i,t-1} \quad (7.7)$$

其中,Dosage_j 为控制分组的虚拟变量,实验组取 1,对照组取 0。Dosage_{jk} 表示在 j 组为 1,在 k 组为 0。按照前一年的 EC 按年度分为四分位数,剂量效应一共有四组,Dosage_{41}、Dosage_{31}、Dosage_{21}、Dosage_{32}。表 7.9 中 EC 及交叉项均不显著。

表 7.9　僵尸企业与网络中心性剂量效应回归结果

变量	(1)	(2)	(3)	(4)
EC	−2.3903	11.6537	3.1310	−48.5326*
	(2.155)	(13.093)	(3.327)	(29.376)
EC×Dosage₄₁	0.3266			
	(9.216)			
EC×Dosage₃₁		4.3636		
		(24.618)		
EC×Dosage₂₁			−50.2214	
			(33.340)	
EC×Dosage₃₂				34.3972
				(31.990)
lagSalegrowth	−0.0006	−0.0029	0.0031	−0.0014
	(0.002)	(0.003)	(0.003)	(0.003)
lagLeverage	0.0290***	0.0554***	0.0397***	0.0396***
	(0.009)	(0.012)	(0.013)	(0.010)
lagSize	−0.0980***	−0.0601***	−0.0598***	−0.0593***
	(0.011)	(0.017)	(0.021)	(0.014)

续表

变量	(1)	(2)	(3)	(4)
lagROA	0.0065 (0.008)	0.0130 (0.012)	−0.0037 (0.014)	−0.0015 (0.010)
lagTangbility	−0.1105 (0.096)	0.2507*** (0.093)	0.5170*** (0.160)	0.2739*** (0.091)
lagLnEmployee	−0.0317 (0.088)	−0.2518** (0.109)	−0.4609** (0.212)	−0.2578** (0.103)
Age	0.0043 (0.014)	−0.0000 (0.020)	0.0220 (0.027)	−0.0265 (0.017)
Constant	−2.6323*** (0.998)	−5.5350*** (1.517)	−5.0406** (2.048)	−4.1919*** (1.141)
年度	控制	控制	控制	控制
省份	控制	控制	控制	控制
Psedo R^2	0.150	0.1741	0.2189	0.159
观测值个数	5269	2372	1551	2992

注:括号内为标准误。*、**和***分别表示在10%、5%和1%的水平上显著。

三、担保加权度及时间结构模型

利用僵尸企业的认定结果与加权度指标进行面板数据回归,参考前文模型进行回归分析。表 7.10 汇报了僵尸企业与其网络中心性情况的逻辑回归结果。

表 7.10　僵尸企业与网络关联性程度回归结果

变量	(1)	(2)	(3)	(4)
weighteddegree	0.0929*** (0.029)			
L. weighteddegree		0.1285*** (0.044)		
L2. weighteddegree			0.1418*** (0.054)	
L3. weighteddegree				0.1128 (0.079)
lagSalegrowth	−0.0013 (0.001)	−0.0006 (0.001)	−0.0004 (0.001)	−0.0002 (0.001)

续表

变量	(1)	(2)	(3)	(4)
lagLeverage	0.0252***	0.0254***	0.0287***	0.0332***
	(0.005)	(0.005)	(0.005)	(0.006)
lagSize	−0.0724***	−0.0766***	−0.0837***	−0.0894***
	(0.006)	(0.007)	(0.008)	(0.011)
lagROA	0.0024	0.0015	0.0027	0.0048
	(0.004)	(0.005)	(0.005)	(0.006)
lagTangbility	0.0072	0.0051	0.0350	0.0232
	(0.050)	(0.052)	(0.056)	(0.059)
lagLnEmployee	0.0138	0.0013	−0.0291	−0.0330
	(0.050)	(0.052)	(0.056)	(0.060)
age	0.0332***	0.0296***	0.0287***	0.0275***
	(0.009)	(0.009)	(0.010)	(0.011)
Constant	−4.0976***	−4.1110***	−4.8772***	−4.8628***
	(0.567)	(0.592)	(0.629)	(0.682)
年度	控制	控制	控制	控制
省份	控制	控制	控制	控制
观测值个数	22833	21110	19223	17152

注:括号内为标准误。*、**和***分别表示在10%、5%和1%的水平上显著。

可以观察到杠杆水平与僵尸企业指数存在非常显著的正相关关系。该结果可以从僵尸企业的定义得到解释,僵尸企业往往是一部分经营不善、负债水平和经营杠杆较高的企业。而运用财务杠杆较少的企业,其对于经营行情不佳时的风险吸收能力也较强,因此成为僵尸企业的概率相对更低。而依赖对外负债程度更严重的企业,其成为僵尸企业的概率也就相对更大。

同时,可以观察到滞后三期的加权度指标对上市公司成为僵尸企业的概率存在显著的正向影响,一定程度上说明上市公司节点在其历史担保网络中与其周边节点关联性程度越强,该上市公司越可能成为僵尸企业,支持担保关系的风险传染假设。

企业当期的特征向量中心性指标与僵尸企业指数呈现出显著的负相关关系。根据特征中心性指标的算法,该指标可以综合考虑企业 i 在整个担保网络中的重要性程度。中心性较高的企业往往在网络中占据重要地位,该节点的缺失可能大概率导致网络模块间的连接中断,即其居于节点的枢纽地位。企业在网络结构中的中心性越高,其信息掌握量和风险分散能力通常越好(王永钦等,2014)。

第六节 结构性模型的异质性分析

一、企业所有制

我国上市企业中的一种常见现象是,国有企业与政府和银行的联系往往更为密切。在我国现有经济体制下,政府往往更倾向于对国有企业的保护(Cong et al.,2019)。银行的信贷歧视也一定程度上造成了民营企业和国有企业间的僵尸企业差异。一方面,民营企业融资难的问题一直广受关注;另一方面,国有企业通常有中央或地方政府的担保,其获得贷款往往要容易得多,银行也可能在政府的干预下为国有企业提供优惠贷款。一些银行会对经营困难的国有企业持有"大而不倒"的非市场化的处理思路,其选择持续向失去盈利能力的国有企业贷款而催生了许多国有僵尸企业。

本章利用国有和民营两组样本分别进行关联网络结构情况与企业成为僵尸企业的风险回归,其结果如表 7.11 所示。国有与集体企业子样本中,网络的中心性程度对成为僵尸企业概率的影响非常小且不显著。国有企业获取的政府和信贷支持较为显著,其相对较少需要通过担保网络增信来获取信贷支持,同时其所处网络位置与其成为僵尸企业间无明显的关联关系。而与此相对的民营企业,其融资情况需要更多地利用担保网络进行增信。对于民营企业来说,其所处的担保网络地位会对其成为僵尸企业的概率产生显著的正向影响,担保管理关系越大的民营企业,其成为僵尸企业的概率越高;对国有企业的影响不大,担保关系在企业性质上存在着明显的异质性。

表 7.11 不同企业性质子样本网络中心性程度回归结果

变量	国有企业子样本				民营企业子样本			
	(1)	(2)	(3)	(4)	(5)	(6)	(7)	(8)
weighteddegree	0.0080 (0.053)				0.1460*** (0.041)			
L. weighteddegree		0.0161 (0.065)				0.1891*** (0.055)		
L2. weighteddegree			0.0523 (0.088)				0.1669** (0.071)	

变量	国有企业子样本				民营企业子样本			
	(1)	(2)	(3)	(4)	(5)	(6)	(7)	(8)
L3. weighteddegree				−0.0589 (0.119)				0.1722 (0.132)
控制变量	控制	控制	控制	控制	控制	控制	控制	控制
年度	控制	控制	控制	控制	控制	控制	控制	控制
省份	控制	控制	控制	控制	控制	控制	控制	控制
观测值个数	8467	7482	6504	5571	10374	8915	7444	6066

注：括号内为标准误。*、**和***分别表示在 10%、5%和 1%的水平上显著。

二、外部融资依赖

本章利用资产负债率指标对我国上市企业 2008—2017 年的数据样本进行分行业的外部融资依赖度的评估，以此将全样本划分为不同外部融资依赖程度的子样本。构造行业外部融资依赖度 ExternalFinance＝（资本支出－现金流）/资本支出，其中现金流＝经营活动的现金流＋存货的减少＋应收账款的减少＋应付账款的增加（王永钦等，2018；Cong et al.，2019）。可以看出，担保网络程度越高越可能成为僵尸企业，而且对高外部融资依赖的公司影响更大。

三、行业集中度

处置僵尸企业的一项重要政策目的是对落后产能的淘汰，而此类过剩产能往往具有一定的行业集中度特征。企业所有制形式和外部融资依赖度情况大多是对企业的信贷约束产生影响，而企业所处的行业决定了企业本身的市场情况和未来发展。对于不同的行业来说，不同的市场结构决定了其不同的竞争格局，其他市场参与者所提供的外部性影响情况也不尽相同。例如企业在完全竞争市场中受到较少的同行业参与者影响，而高度集中化的行业，企业的决策受其对手方的影响就相对更大。若企业所处的行业具有广为分散的关联网络，那么单一企业对行业内其他企业所施加的外部性就相对有限；而当企业所处行业的关联网络相对集中化时，遭受打击的僵尸企业的存在对健康的同行业企业所产生的负面影响也就更大。

表 7.12 外部融资依赖的影响

变量	低外部融资依赖子样本				高外部融资依赖子样本			
	(1)	(2)	(3)	(4)	(5)	(6)	(7)	(8)
weighteddegree	0.1110** (0.048)				0.1530*** (0.045)			
L.weighteddegree		0.1569*** (0.058)				0.2042*** (0.060)		
L2.weighteddegree			0.2149** (0.084)				0.1466* (0.082)	
L3.weighteddegree				0.1590 (0.119)				0.2785** (0.110)
SOE	0.5242*** (0.143)	0.5139*** (0.167)	0.5146*** (0.194)	0.4500** (0.212)	0.5715*** (0.148)	0.5500*** (0.147)	0.4523*** (0.165)	0.5689*** (0.173)
weighteddegree×SOE	-0.1033 (0.080)				-0.1539** (0.065)			
L.weighteddegree×SOE		-0.1628 (0.107)				-0.1834** (0.077)		
L2.weighteddegree×SOE			-0.1768 (0.150)				-0.1101 (0.104)	
L3.weighteddegree×SOE				-0.2593 (0.213)				-0.3043** (0.127)
控制变量	控制	控制	控制	控制	控制	控制	控制	控制
年度	控制	控制	控制	控制	控制	控制	控制	控制
省份	控制	控制	控制	控制	控制	控制	控制	控制
观测值个数	11384	10050	8888	8240	7441	7441	7196	6211

注:括号内为标准误。*、**和***分别表示在10%、5%和1%的水平上显著。

综上所述,本章基于四位数的行业代码,按照总资产占行业所有企业总资产的份额进行平方和加总来计算单行业的赫芬达尔—赫希曼指数(HHI)。而后按照行业集中度数据对我国上市企业 2008—2017 年的数据样本进行行业集中度分组。

本章利用高行业集中度和低行业集中度的两组样本分别进行关联网络结构情况与企业成为僵尸企业的风险回归,其结果如表 7.13 所示。对比低行业集中度和高行业集中度的样本可见,当行业集中度提高时,同样的关联网络中心性程度的提高,对于企业风险分散的效果愈加明显,企业成为僵尸企业的概率降低程度更大,且更显著。

四、债务结构

根据张小茜和孙璐佳(2017),本章构造以下杠杆率指标进行稳健性检验:①Leverage2 指标表示企业的财务杠杆,利用长期借款加短期借款与总资产的比值构造,用来考察企业生息债务与总资产的比例。②Leverage3 表示长期借款加短期借款与企业净资产的比值。企业的净资产以长短期借款的加总与所有者权益的加和表示,以此在总资产中剔除了与融资无关的因素。③考虑到债务到期结构,参考 Fan 等(2012),本章构造 Leverage4 来表示企业的债务期限结构,即长期借款比长短期借款之和(见表 7.14)。

与张一林和蒲明(2018)不同的是,本章发现一个有趣的结论:低杠杆的企业债务对僵尸企业形成的作用更强,张晓晶等(2018,2019)考察了降杠杆的作用,指出金融降杠杆政策对地方融资形成严峻挑战(张晓晶,2019),能够将新的资源(或杠杆率)更多配置到高效的企业,就有可能使产出更快地增长,即有可能在稳杠杆的同时实现稳增长。本章的研究结果显示:担保可能是"隐性杠杆",越是僵尸企业越表面低杠杆,把杠杆藏在担保里。

表 7.13 行业集中度的影响

变量	低行业集中度子样本				高行业集中度子样本			
	(1)	(2)	(3)	(4)	(5)	(6)	(7)	(8)
weighteddegree	0.1638*** (0.037)				0.1274** (0.050)			
L.weighteddegree		0.2388*** (0.051)				0.1524** (0.064)		
L2.weighteddegree			0.2800*** (0.069)				0.1345* (0.075)	
L3.weighteddegree				0.2821** (0.139)				0.2175* (0.123)
SOE	0.5291*** (0.157)	0.5350*** (0.197)	0.5380*** (0.207)	0.4620** (0.223)	0.6121*** (0.153)	0.5552*** (0.146)	0.4658*** (0.162)	0.5620*** (0.160)
weighteddegree×SOE	−0.0275 (0.069)				−0.2636*** (0.089)			
L.weighteddegree×SOE		−0.1149 (0.101)				−0.2700*** (0.098)		
L2.weighteddegree×SOE			−0.1298 (0.125)				−0.2308* (0.123)	
L3.weighteddegree×SOE				−0.1774 (0.185)				−0.5127*** (0.186)
控制变量	控制	控制	控制	控制	控制	控制	控制	控制
年度	控制	控制	控制	控制	控制	控制	控制	控制
省份	控制	控制	控制	控制	控制	控制	控制	控制
观测值个数	9951	8617	7899	7095	8892	8892	8204	7367

注：括号内为标准误。*、**和***分别表示在10%、5%和1%的水平上显著。

表 7.14　债务结构的影响

变量	Leverage		Leverage2		Leverage3		Leverage4	
	低杠杆	高杠杆	低杠杆	高杠杆	低杠杆	高杠杆	低杠杆	高杠杆
weighteddegree	0.2376***	0.1146***	0.1389***	0.0155	0.1391***	0.0172	0.1350***	0.1164
	(0.051)	(0.040)	(0.038)	(0.095)	(0.038)	(0.092)	(0.040)	(0.094)
SOE	0.3407*	0.5110***	0.5503***	-0.4622	0.5465***	-0.2700	0.5474***	0.2661
	(0.183)	(0.139)	(0.113)	(0.869)	(0.114)	(0.871)	(0.117)	(0.472)
weighteddegree×SOE	-0.1680	-0.1331**	-0.1318**	-0.2445	-0.1291**	-0.3209	-0.1374**	-0.0211
	(0.136)	(0.060)	(0.058)	(0.493)	(0.058)	(0.537)	(0.058)	(0.157)
控制变量	控制	控制	控制	控制	控制	控制	控制	控制
年度	控制	控制	控制	控制	控制	控制	控制	控制
省份	控制	控制	控制	控制	控制	控制	控制	控制
Pseudo R^2	0.1022	0.1122	0.2377	0.1155	0.2731	0.1037	0.2053	0.1056
观测值个数	9590	9163	17073	624	17145	562	15330	3155

注：*、**和***分别表示在 10%、5% 和 1% 的水平上显著。

第七节　结论与政策建议

本章利用上市公司对外担保数据构建担保网络，用特征向量中心度和担保网络加权度刻画担保网络特征，发现传统的特征向量中心度指标存在缺陷，基于担保金额修正的担保网络加权度指标能够更好地刻画担保网络特征。

基于这一指标，本章考察了担保网络对形成僵尸企业的影响机制，发现：基于担保加权度的结构模型显示，担保网络会导致僵尸企业的概率更高，但是 3 年以上的担保关系作用会衰减。研究结果佐证了担保关系的风险传染假设，特别是对于民营企业以及高外部融资依赖、低行业集中度、低杠杆的公司作用更强。

相较于原有文献，本章的贡献主要体现在以下方面：首先，本章提出了僵尸企业与担保网络间关联关系的新考量，拓展了对僵尸企业的研究视角。现有文献对于僵尸企业的考量多集中于政治关联和恶性竞争等角度，考察企业间互联互保关系的相关研究较为缺乏。其次，本章从僵尸企业的问题出发，丰富了网络分担与传染效应在企业间策略行为影响方面的应用。现有金融网络领域的研究文献很少分析一般企业间的分担与传染效应，本章针对我国上市企业的具体情况，丰富了风险在企业网络间传递的相关研究。

金融网络在僵尸企业研究问题上的应用也可以为政府处理僵尸企业困境提供启发。在帮助有恢复活力前景的僵尸企业摆脱困境的过程中，政府可以充分发挥金融网络的作用，拓宽企业融资渠道，分散企业风险。政府可以有所控制地以一种政策导向的方式选择性地构建一些企业中的联结关系，可能起到一定的风险分担效果并促进经济的增长和供应链端的相互合作。在主动利用关联网络处理经济问题的时候，要注意放大网络的风险分担效应，而通过一系列的政策规定尽可能地缩小或阻隔网络的风险传染效应。同时，政府也应该积极防范由金融网络的互联互保产生的风险传递，造成的倒闭影响过大而由银行或政府提供补贴支持产生僵尸企业的情况。最后，政府可以鼓励一些现存联结关系的上市企业积极开展技术与管理方法方面的合作交流，通过关联企业层的渠道帮助一些处于相对过剩产能行业的企业完成转型发展。

参考文献

[1]曹廷求,刘海明.信用担保网络的负面效应:传导机制与制度诱因[J].金融研究,2016(1):145-159.

[2]方明月,孙鲲鹏.国企混合所有制能治疗僵尸企业吗?一个混合所有制类啄序逻辑[J].经济研究,2019(1):91-110.

[3]韩炜,杨俊,陈逢文,等.创业企业如何构建联结组合提升绩效?:基于"结构—资源"互动过程的案例研究[J].管理世界,2017(10):130-149,188.

[4]何帆,朱鹤.僵尸企业的识别与应对[J].中国金融,2016(5):20-22.

[5]黄少卿,陈彦.中国僵尸企业的分布特征与分类处置[J].中国工业经济,2017(3):24-43.

[6]李旭超,鲁建坤,金祥荣.僵尸企业与税负扭曲[J].管理世界,2018(4):127-139.

[7]李政,梁琪,涂晓枫.我国上市金融机构关联性研究:基于网络分析法[J].金融研究,2016(8):95-110.

[8]刘海明,曹廷求.基于微观主体内生互动视角的货币政策效应研究:来自上市公司担保圈的证据[J].经济研究,2016(5):159-171.

[9]刘莉亚,刘冲,陈垠帆,等.僵尸企业与货币政策降杠杆[J].经济研究,2019(9):73-89.

[10]聂辉华,江艇,张雨潇,等.我国僵尸企业的现状、原因与对策[J].宏观经济管理,2016(9):63-68,88.

[11]申广军.比较优势与僵尸企业:基于新结构经济学视角的研究[J].管理世界,2016(12):13-24,187.

[12]谭语嫣,谭之博,黄益,等.僵尸企业的投资挤出效应:基于中国工业企业的证据[J].经济研究,2017(5):175-188.

[13]王万珺,刘小玄.为什么僵尸企业能够长期生存[J].中国工业经济,2018(10):61-79.

[14]王永钦,李蔚,戴芸.僵尸企业如何影响了企业创新:来自中国工业企业的证据[J].经济研究,2018(11):99-114.

[15]王永钦,米晋宏,袁志刚.担保网络如何影响信贷市场[J].金融研究,2014(10):116-132.

[16]许晖,邓伟升,冯永春,等.品牌生态圈成长路径及其机理研究:云南白药1999—2015年纵向案例研究[J].管理世界,2017(6):122-140,188.

[17]杨子晖,陈雨恬,谢锐楷.我国金融机构系统性金融风险度量与跨部门风险溢出效应研究[J].金融研究,2018(10):19-37.

[18]杨子晖,周颖刚.全球系统性金融风险溢出与外部冲击[J].中国社会科学,
    2018(12):69-90,200-201.

[19]张栋,谢志华,王靖雯.中国僵尸企业及其认定:基于钢铁业上市公司的探
    索性研究[J].中国工业经济,2016(11):90-107.

[20]张小茜,刘晓蕾.关联关系、融资约束缓解与投资动态调整:来自担保贷款
    融资与风险权衡的结构性研究[C].2018年中国金融学术年会(清华五道
    口)最佳论文,2018.

[21]张小茜,孙璐佳.抵押品清单扩大、过度杠杆化与企业破产风险:动产抵押
    法律改革的"双刃剑"效应[J].中国工业经济,2017(7):175-192.

[22]张晓晶.稳增长与稳杠杆的平衡[J].中国金融,2019(18):61-63.

[23]张晓晶,李成,李育.扭曲、赶超与可持续增长:对政府与市场关系的重新审
    视[J].经济研究,2018(1):4-20.

[24]张晓晶,刘学良,王佳.债务高企、风险集聚与体制变革:对发展型政府的反
    思与超越[J].经济研究,2019(6):4-21.

[25]张一林,蒲明.债务展期与结构性去杠杆[J].经济研究,2018(7):32-46.

[26]钟宁桦,刘志阔,何嘉鑫,等.我国企业债的结构性问题[J].经济研究,
    2016(7):102-117.

[27]Aghion P, Bolton P. Distribution and growth in models of imperfect cap-
    ital markets[J]. European Economic Review,1992,36(2-3):603-611.

[28]Caballero J, Hoshi T, Kashyap K. Zombie lending and depressed restructu-
    ring in Japan[J]. American Economic Review,2008,98(5):1943-1977.

[29]Cabrales A, Gottardi P, Vega-Redondo F. Risk sharing and contagion in
    networks[J]. Review of Financial Studies,2017,30:3086-3127.

[30]Cong W, Gao H, Ponticelli J, et al. Credit allocation under economic
    stimulus: Evidence from China[J]. The Review of Financial Studies,
    2019,32(9):3412-3460.

[31]Coval J, Stafford E. Asset fire sales (and purchases) in equity markets
    [J]. Journal of Financial Economics,2007,86(2):479-512.

[32]Eisenberg L, Noe T H. Systemic risk in financial systems[J]. Manage-
    ment Science,2001,47(2):236-249.

[33]Elliott M, Golub B, Jackson M. Financial networks and contagion[J].
    American Economic Review,2014,104(19):3115-3153.

[34]Fan J P H, Titman S, Twite G. An international comparison of capital

structure and debt maturity choices[J]. Journal of Financial and Quantitative Analysis,2012,47(1):23-56.

[35]Fiordelisi F, Marques-Ibanez D. Is bank default risk systematic? [J]. Journal of Banking & Finance,2013,37(6):2000-2010.

[36]Fukuda S, Nakamura J. Why did "zombie" firms recover in Japan[J]. The World Economy,2011,34(7):1124-1137.

[37]Gai P, Haldane A, Kapadia S. Complexity, concentration and contagion [J]. Journal of Monetary Economics,2011,58(5):453-470.

[38]Glasserman P, Young H P. Contagion in financial networks[J]. Journal of Economic Literature,2016,54(3):79-831.

[39]Hüser A. Too interconnected to fail: A survey of the interbank networks literature[Z]. SAFE Working Paper No. 91,2015.

[40]Imai K. A panel study of zombiesmes in Japan: Identification, borrowing and investment behavior[J]. Journal of the Japanese and International Economies,2016,39(3):91-107.

[41]Markose S, Giansante, S. Too interconnected to fail' financial network of US CDS market: Topological fragility and systemic risk[J]. Journal of Economic Behavior & Organization,2012,83(3):627-646.

[42]Peek J, Rosengren S. Unnatural selection: Perverse incentives and the misallocation of credit in Japan[J]. American Economic Review,2005,95(4):1144-1166.

[43]Shin H S. Risk and liquidity in a system context[J]. Journal of Financial Intermediation,2008,17(3):315-329.

[44]Shi J, Zhang X. How to explain corporate investment heterogeneity in China's new normal: Structural models with state-owned property rights [J]. China Economic Review,2018,50:1-16.

[45]Upper C. Simulation methods to assess the danger of contagion in interbank markets[J]. Journal of Financial Stability,2011,7(3):111-125.

第四篇
案例分析和浙江实践

第八章 产业链风险案例分析

本章回到比较轻松和积极的一面,债务不完全如特纳勋爵所说都是魔鬼,债的本源还是促进企业融资和发展。消费端存在盈利低、更容易进入财务困境的风险。笔者发现,白色家电的龙头企业美的、海尔和小米的成功有两个共同特征:线上销量赋能、产业链供应链的数字化和智能化。本章还对涉及衣食住的其他居民消费品行业进行了案例分析。居民消费品中的最贵饮料茅台、休闲零食良品铺子、日化老品牌上海家化、家纺龙头罗莱生活、建筑装饰业的金螳螂,品牌虽然涉及的都是人民的衣食住细节,但是也都在进行供应链融资层面的创新和尝试。

最近因为写这本书而阅读了大量兄弟院校、著名研究中心或院系的图书,对本章有借鉴意义的两本书是中央财经大学金融学院院长李建军教授主编的《金融教学案例精选》和清华大学中国现代国有企业研究院贾宁教授主编的《中国国有企业创新与改革》。前者从金融角度对 14 个优秀案例进行了财务分析,案例内容与后续案例讲解非常清晰。后者虽然不是金融视角,但是将 16 个案例进行归类,整理出"开拓'一带一路'走向国际化""企业数字化转型""提升企业素质打造行业标杆""新时代品牌战略和企业文化建设"四大主题,对广西柳工、徐工集团、中国有色、中国建材、中铁四局等进行深度剖析。这些大型国企案例体现了清华大学一贯秉承的大情怀。相比之下,本章从与人民生活息息相关的企业入手,希望能为以上两本书提供补充。

第一节 白色家电行业

2015 年以来大家电类产品中,全行业各公司市场占有率变化趋势如图 8.1 所示。非常明显的是,海尔和美的一直维持行业龙头地位,两者的市场占有率均在 15% 左右,且呈现稳步上升趋势。本节考察白色家电里的三家特色企业,分别是大而美的美的、融资创新的海尔、生态链创新的小米。

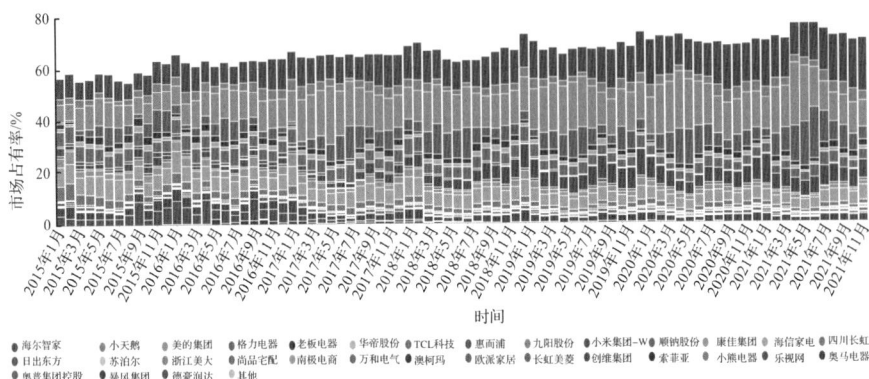

图 8.1　家电行业各公司市场占有率变化趋势

资料来源:Wind 数据库(截至 2022 年 6 月 16 日数据)。

一、美的——"大而美"的全产业链科技集团

(一)产业链与供应链融合

在产业链与供应链分析中,美的产业链具有"横向做多,纵向做强"的特征。横向产业链方面,美的集团构建"全产业链",产品涵盖家电行业几乎所有领域,为用户打造了"一站式"生活服务方案。纵向方面,美的更多地强调提升核心技术水平,完善纵向产业链,实现了所有的核心零部件自主生产,外部依存度低;通过数字化产业链连接上下游,提升运行效率。美的通过"智能供应链"打通下游销售网络,同时推进全球供应协同机制,推进产品全球化区域化。此外,美的通过上游订单融资模式和下游保兑仓模式,打造完整的金融供应链,有效解决了供货不稳定和产品积压问题。

美的集团全资控股核心零部件生产商。对美的集团进行风险扫描,观察其可能的风险传导路径。如图 8.2 所示,美的集团的股东是美的控股和香港中央结算公司,旗下有美的国际控股集团、无锡小天鹅、芜湖厨卫电器等子公司,值得注意的是,美的 100％控股浙江美芝压缩机有限公司。美芝(GMCC)是一家专业化研发、生产、销售空调用旋转式压缩机、往复球承式冰箱压缩机的大型中日合资企业,其主要产品——压缩机即为空调的核心零部件。这样一来,美的集团通过自营空调核心技术,保障其上游供应链的稳定。

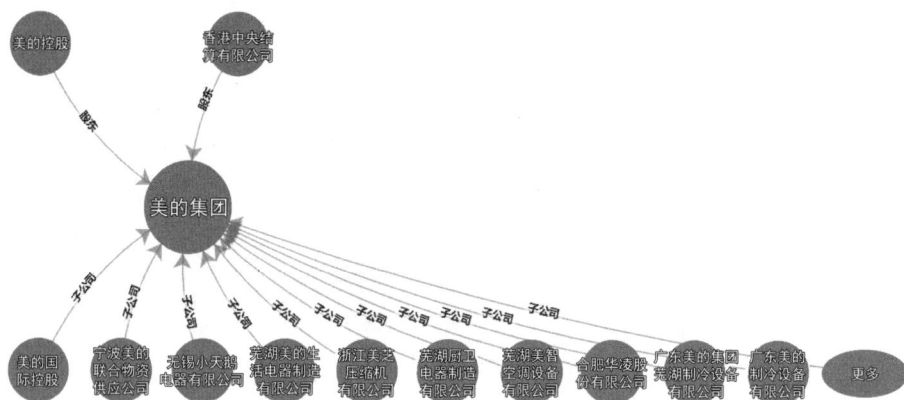

图 8.2 美的集团风险传导路径

资料来源：Wind 数据库（截至 2020 年 12 月 31 日数据）。

(二)线上销量

美的集团线上销售平均增长率大多在 10% 以上,旺季接近 20%。本节从美的集团的线上销售情况出发,分析美的 2017—2019 年的销售额及增长率情况。从图 8.3 可以看出,由于空调和其他消费电器为美的的主要产品,集团整体的销售额呈现明显的季节性:夏季和冬季的销售额明显上升,其中 2019 年四季度接近 20%。这也可能与电商每年开展的"618"和"双 11"促销活动相关。另外,Wind 数据显示,美的集团线上销售额与财报营业收入的相关系数为 0.72,说明线上销售在美的的营收中发挥着重要作用。

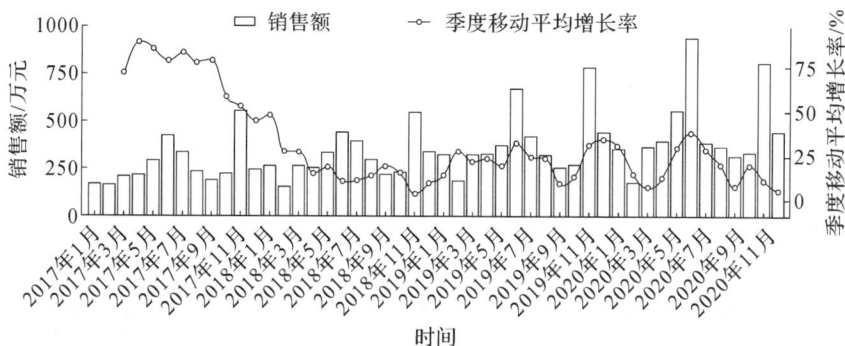

图 8.3 美的集团线上销售额及季度移动平均增长率

资料来源：Wind 数据库（截至 2022 年 6 月 16 日数据）。

(三)美的经验

1. 全产业链打造"一站式"生活服务方案

美的作为主要产品品类皆占据领导地位的全球家电行业龙头,可为用户提供覆盖全产品线、全品类的"一站式"高品质家庭生活服务方案。美的集团的产品在家电产业链的各个环节均有体现。从图 8.4 的家电行业产业链速览中可以看出,家电产业链共分为油烟机、微波炉、电饭煲、电视、洗衣机、冰箱、空调和热水器共八大类产品。其中,除电视机外,美的全部覆盖,且在空调领域具备明显优势。

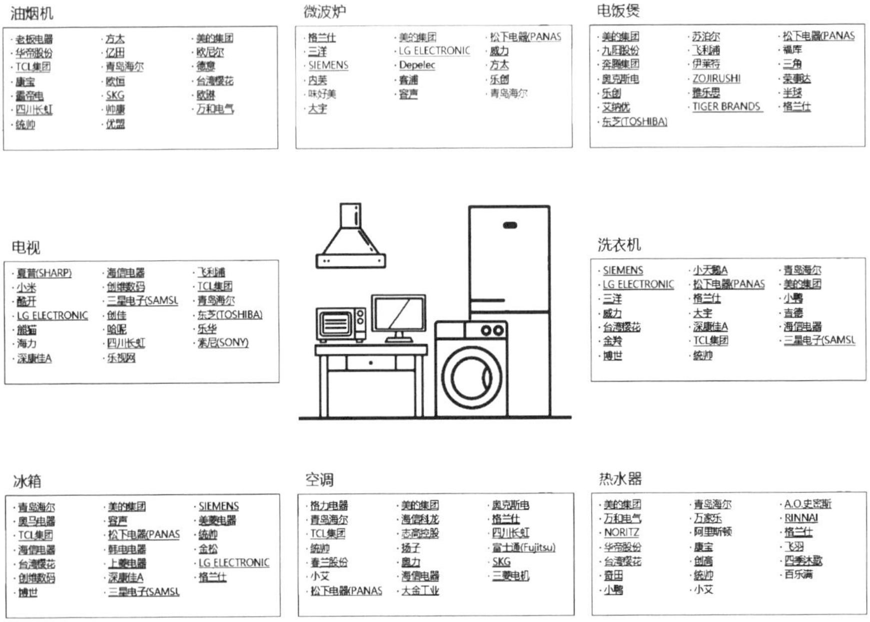

图 8.4　家电产业链速览

资料来源:Wind 数据库(截至 2022 年 6 月 16 日数据)。

2. 拥有核心技术,对外依存度低

"横向做多、纵向做强"是美的的一大战略。"横向做多"是上一节提到的,对横向产业链的进一步完善,具体体现在美的家电产品体系的健全、种类丰富。"纵向做强"则更多地强调提升核心技术水平,完善纵向产业链,降低对外依存度,从而更少地受到外部复杂环境的影响。实际上,早在 2012 年,美的集团副总裁王金亮就已经公开宣称:在整个纵向产业链上,美的所有的核心零部件都

是自己生产。这一言论强势论证了美的做强纵向产业链的决心。公开数据显示,目前市场的空调行业中,仅有美的和格力拥有全部核心零部件。

以空调为例,美的是全产业链、全产品线的家电及暖通空调系统企业,公司以行业领先的压缩机、电机、磁控管、控制器等核心部件研发制造技术为支撑,结合强大的物流及服务能力,形成了包括关键部件与整机研发、制造和销售的完整产业链。

图8.5是家电行业纵向产业链,上游为原材料和零部件,中游是家电制造,下游则为销售。根据美的集团2020年中报数据,美的上游供应商数量众多,主要的供应商包括珠海拾比佰彩图板股份有限公司、三友联众集团股份有限公司和南方电网综合能源有限公司三家。这三家企业均位于广东省,为中国本土企业,其中南方电网综合能源有限公司是中国南方电网公司的控股子公司。在当前复杂的外部环境中,美的集团的纵向产业链受到的冲击较小。

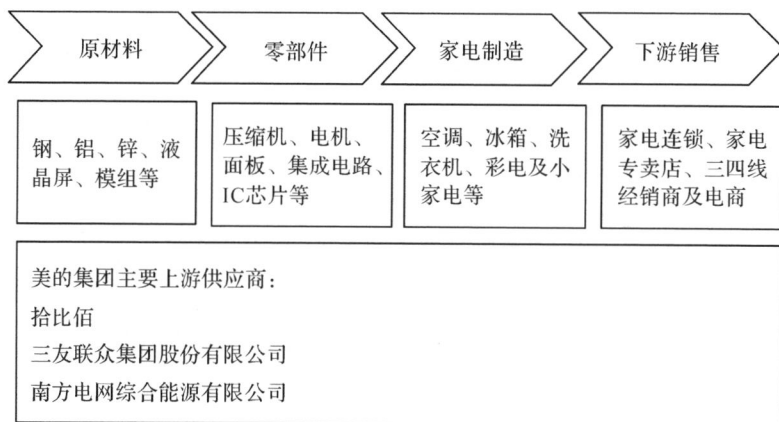

原材料	零部件	家电制造	下游销售
钢、铝、锌、液晶屏、模组等	压缩机、电机、面板、集成电路、IC芯片等	空调、冰箱、洗衣机、彩电及小家电等	家电连锁、家电专卖店、三四线经销商及电商

美的集团主要上游供应商:
拾比佰
三友联众集团股份有限公司
南方电网综合能源有限公司

图 8.5　美的上下游产业链

3. "智能供应链"打通下游销售网络

美的广阔稳固的渠道网络、完善的智能供应链体系为公司线上线下业务的稳步增长提供了坚实保障。经过多年发展与布局,美的已形成了全方位、立体式市场覆盖。在成熟的一、二线市场,公司与大型家电连锁卖场一直保持着良好的合作关系;在广阔的三、四线市场,公司以旗舰店、专卖店、传统渠道和新兴渠道为有效补充,渠道网点覆盖全市场,同时公司品牌优势、产品优势、线下渠道优势及物流布局优势,也为公司快速拓展电商业务与渠道提供了有力保障。2020年上半年,美的全网销售规模超过430亿元,同比增幅达到30%以上,在京东、天猫、苏宁易购等主流电商平台连续8年保持家电全品类第一的行业地位。

在物流环节,美的旗下科技创新型物流公司安得智联,全面应用数字化管理技术,运用大数据技术实现对线下物流网络的优化管理,打造智能化、数字化的全网配送服务平台。聚焦资源投入城乡配送领域,实现全国区、县、乡、镇无盲点全程可视化直配。基于遍布全国的近 140 个城市物流配送中心可覆盖全国 97％以上乡镇,24 小时内可送达 21418 个乡镇,占乡镇总数的 51％,48 小时内可送达 38744 个乡镇,占乡镇总数的 87％。同时,安得智联还与美的售后服务网点深度整合,实现送货安装一体化,有效改善了售后服务环节的客户体验。

推进全球供应协同机制,强化海外本地运营,优化本地化供应链比例,推进产品全球化区域化。海外业务遍布北美洲、南美洲、欧洲、亚洲、非洲、大洋洲的 200 多个国家和地区。2020 年上半年,美的集团持续开拓海外渠道,稳步推动海外渠道建设,累计新增超过 1.1 万家的海外销售网点,增强销售通路,持续改善客户结构,深耕全球核心客户,挖掘存量客户价值,为海外业务持续的增长提供有力保障。

4.“数字化”产业链的标杆——美的洗消数字工厂

数字化成为美的进一步完善上下游产业链的重要方向。在 2020 年 8 月 16 日,位于广东顺德的美的洗消数字工厂获得央视《新闻联播》报道。呈现出了一个制造业企业升级转型的典型范本。

美的洗消数字工厂拥有能够对接上下游 5000 个供应商的生产、库存、物流等数据打造的数字产业链,从物料到生产制造、下单、物流送到用户手中,整个产业链中的每一个节点都可知、可调控,通过智能云调控,大大提升了整个运行效率,并且可进行数据采集上云、上平台,形成了云端数字化产业链,建立数据库,也能为将来的生产与研发提供数字依据。仅仅通过数字化产业链打造,美的相关产品的整体效率提升了 15％,产能扩大了 1 倍。

5. 建立信息共享平台,供应链融资获得出色效果

不同于传统的融资业务,供应链融资基于大型优质的核心企业所在的供应链,资金在优质的上下游企业和核心企业之间形成资金流。这样一来,核心企业就需要充分利用自身的信用资源为上下游企业融资提供便利,核心企业在整个供应链融资中发挥了巨大作用。美的集团将与其存在长期业务往来并且征信度良好的上下游企业推荐给银行,优质的上下游企业需要主营业务突出,履约能力强,经营情况良好,具有较强的市场竞争力,所在行业应满足金融机构相关准入标准。

美的集团建立信息共享平台,提升融资供应链效率。美的将采集、储存和加工等各种供应链融资业务中不可或缺的信息通过信息共享平台传递给各节点企业,使供应链整体能更好地发挥协同效应。与此同时,在供应链融资业务实施的过程中,负责业务监管的管理人员可以借助信息共享平台获得相关信息,从而降低信息不对称性导致的经营风险。例如各个企业的财务信息、信用等级、授信额度、融资申请等信息都可以通过互联网信息共享平台进行传递。同时,信息共享平台还可以与银行进行联通,使资金提供方能够及时掌握最新动态,及时了解到资金的最新变动情况。

具体而言,美的针对上游企业采用订单融资模式。美的集团与上下游企业之间签署贸易合同协议并且产生订单需求,银行则以美的集团的优质信誉为基础与第三方签署订单融资合同。银行审核无误后,确定客户授信额度进行融资。订单融资的优势是上游供应商以核心企业作为依托,在融资时获得更加优惠的条件,融资方式较之前更加简单方便,降低了上游企业的融资成本,保证美的供应链上游企业稳定发展。

美的针对下游企业采用保兑仓模式。经销商与美的集团签订供销合同后向银行申请贷款,三方在明确合作协议后,经销商开办保证金账户。缴纳保证金后银行根据信用额度签发银行承兑汇票用于购销合同项下经销商向美的集团支付货款。这种模式解决了美的集团的产品积压问题;对下游企业而言,也解决了全额购货的资金困难,还可以通过大批量订货获得核心企业给予的优惠价格,降低销售成本。

二、海尔——产业链融资打造新动力

(一)海尔产业链

海尔集团作为全球家电第一品牌,拥有 24 个工业园、五大研发中心、66 个贸易公司、3 万余家经销商、2423 家供应商,涉及有色金属、玻璃、模具、包装、电机、运输等近 20 个行业,形成了完整和清晰的产业链条。在以海尔集团为中心的产业链中有大量的中小企业,而这些企业普遍存在融资难和融资贵的问题,许多经销商想扩大规模或新建店铺也缺乏资金。以建店融资为例,前期投入的资金要 100 万~200 万元,普通创业者很难拿出足够资金,由于缺乏抵押,从银行贷款也比较困难。海尔集团意识到,如今的市场竞争已超出企业与企业的范畴,而是产业链之间的竞争。上下游企业的生存状况直接影响了产业链的健康程度与竞争力,上下游企业的融资难题同样也制约着产业链的发展,对海尔自身的扩张与发展造成较大影响，因此海尔决定利用自身的优势帮助上下游企业解决融资问题。

（二）产业链金融

海尔依托互联网、大数据和自身强大的经济实力，对产业链上的众多中小企业的商业信用进行了深度、综合开发和利用，并且发展出了只有银行信用交易才具备的交易成本和规模经济优势，内生金融配套很好地替代了银行信贷。海尔深度开发中小企业商业信用的成功经验，可以为银行提供有益借鉴。鉴于银行位于产业链条之外，获取产业内部信息的难度较大，可通过与核心企业合作的方式联合推进业务。中信银行已经与海尔集团合作建立了我国首家互联网跨界在线融资平台，海尔日日顺 B2B 平台上的万余家经销商，通过"在线融资"窗口，瞬间即可获得中信银行贷款。银行在可控的风险下批量获取了客户，海尔经销商在较低的成本下获得了融资，海尔集团则支持了销售渠道，实现了三方的共赢。

海尔集团依托互联网、大数据和自身经济实力，与其产业链上的众多中小企业深度开展信贷交易活动。本案例经过分析后认为：第一，海尔产业链融资的实质是，相当于认可并接纳了由中小企业签发的商业承兑汇票，是一种纯正的商业信用交换、开发活动，属于内生性金融配套。第二，海尔产业链融资发展出了只有银行信用交易才具备的交易成本和规模经济优势，互联网、大数据是促成这一新趋势的重要变量。第三，海尔产业链融资有优化成专业银行的可能趋势。

为更好地进行产业配套，海尔集团成立了海尔财务公司、海尔消费金融公司、小额贷款公司、日日顺物流公司和快捷通第三方支付公司等。海尔财务公司在 2002 年成立，作为海尔集团内部的筹资、结算、融资和管理中心，充分发挥集团资金集中管理职能，主要资金来源是集团企业存款和银行间市场拆入资金。2011 年银监会在对财务公司进一步优化分类监管过程中，允许符合监管要求的财务公司向集团业务产业链的上下游适当延伸金融服务，海尔财务公司意识到这是实现产业链融资内部配套的机会，借助其发达的信息网络，服务范围逐渐从集团内拓展到整个产业链。

海尔财务公司在原公司业务部的基础上，成立了供应链金融部，加上已经成立的经销商金融部，共同对海尔集团产业链线条进行梳理，识别产业链融资的特有风险，设计出具有针对性、标准化并兼具个性化的金融服务产品，为产业链上所有企业提供基于互联网的综合金融解决方案。在推进业务的过程中，海尔财务公司充分挖掘其在信息方面的优势，尽力消除信息不对称。海尔集团之前拥有两大系统：一是完善的家电制造与销售产业链 ERP 管理系统，包含客户、订单、物流、物料、发票、账务、对账、预算等八大管理模块。二是财务公司信贷系统。2014 年以来，海尔财务重点开展互联网信息化建设，将集团 ERP 系统与财务公司信贷管理系统无缝对接，打造"海融易"在线平台，向产业链企业全面开放，实现集团成员企业、上下游客户、财务公司三方信息资源互联共享。在此基础上，海尔财务将金融产品与服务嵌入生产销售的各个环节，通过平台实时查询供应商与经销商的认证、考核、绩效、供货比例、合同、订单、应付账款、应收账款等基本信息，以及采购额、销售额、管理评价等关键信息，并与审贷信息有效衔接，实现货物流、信息流、资金流的统筹管理。

（三）海尔经验

在产业链金融内部配套的前景方面，当前市场中产业链众多，许多大型集团都有产业信息管理系统和财务公司，海尔"互联网＋大数据"模式的可操作性和可复制性较强，具有较强的推广价值。当然，这种模式还存在资金来源单一、无法与银行实时结算等问题，虽然一定程度上替代了银行信用，却无法脱离银行体系而存在。长期来看，内生配套需要与外生配套有效对接才能实现长远发展，推动银行对商业信用的承认与应用才能更好地解决中小企业的融资问题。

同时，在民营银行逐渐放开的背景下，积累了大量产业链融资经验的财务公司也可以转制为中小企业专业银行，对其开放吸收产业链内企业存款的权限以及与其他银行实施结算和汇兑等功能，可以更好地为中小企业服务。产业链内部的企业在相互交易间建立了较为复杂的关系，信息不对称程度较轻。借助于这种关系，在银行信用受到配给约束或稀缺时，中小企业普遍借助商业信用从产业链内部的上下游企业获取部分流动性。

三、小米——高效率生态链造就的参天大树

（一）小米集团介绍

小米是一家以手机、智能硬件和 IoT 平台为核心的互联网公司。公司的使命是"始终坚持做感动人心、价格厚道的好产品，让全球每个人都能享受科技带来的美好生活"。在雷军的领导下，小米由一群深具造诣的工程师与设计师于2010 年创立。他们认为高质量且精心设计的科技产品和服务应被全世界轻易享用。为此，小米始终追求创新、质量、设计、用户体验与效率提升，致力于以厚

道的价格持续提供最佳科技产品和服务。

小米的承诺:小米要向所有现有和潜在的用户承诺,从 2018 年开始,每年小米整体硬件业务(包括智能手机、IoT 及生活消费产品)的综合净利率不会超过 5%。如有超出的部分,小米都将回馈给用户。

小米的愿景:和用户交朋友,做用户心中最酷的公司。

小米的核心价值观:"真诚"与"热爱"。

小米的"米粉":小米拥有庞大且高度活跃的全球用户群。根据 Canalys 的数据,2020 年第四季度,小米的全球智能手机出货量稳居第三名,在全球前五大智能手机厂商中同比增速最快,市场占有率为 12.1%。得益于手机出货量的强劲增长,2020 年 12 月,全球 MIUI 月活跃用户数达到 3.96 亿,同比增长 12.1%。

(二)小米生态链

小米生态链主要包括手机配件、智能硬件、生活耗材等领域的高性价比产品。目前,小米生态链中,除手机、笔记本、电视、人工智能音箱和无线路由器以外,其余多数商品都非自主产品,而是生态链中的合作伙伴开发完成小米采购合作伙伴开发的小米定制产品,然后通过自己的渠道进行销售。

(三)小米经验

小米通过提供资金、技术、设计、品牌、渠道、供应链等方面的支持,扶持了一大批的生态链企业,这些生态链企业的加入极大地丰富了小米自身的产品矩阵,拓宽了其业务的范围,让小米在 IOT 市场占到了市场的头部位置。根据 IDC 的预测,到 2022 年全球将有 416 亿台设备连接到互联网,年均增速达到 19.75%,市场空间巨大。相信凭借小米生态链策略、不断丰富的产品矩阵、高效的渠道及全球化扩张策略,小米的 IOT 业务在未来将有巨大的增长前景。

第二节　居民消费品产业

一、茅台——最贵的饮料

(一)公司介绍

贵州茅台(600519.SH)是国内白酒行业的标志性企业,涉足产业包括白酒、保健酒、葡萄酒、金融、文化旅游、教育、酒店、房地产及白酒上下游等。主导产品贵州茅台酒历史悠久、源远流长,具有深厚的文化内涵,1915年荣获巴拿马万国博览会金奖,与法国科涅克白兰地、英国苏格兰威士忌并称"世界三大(蒸馏)名酒",是我国大曲酱香型白酒的鼻祖和典型代表,是绿色食品、有机食品、地理标志产品,其酿制技艺入选国家首批非物质文化遗产代表作名录,是一张香飘世界的"国家名片"。

(二)产业链分析

1.行业产业链

贵州茅台属于白酒行业,而这一行业的特点主要有两点:一是品类单一,核心竞争力是品牌。二是不同的价格段都能实现销量。由于第一个特点,对于白酒行业来说,一般情况下通过跨价格带进行产品线的结构创新,先发展王牌产品,再根据品牌效应进行市场扩张,在这样的情况下,每个价格段都会有不错的销量。通过上游供应、中游生产、下游分销,贵州茅台形成了完整的产业链(见图8.6),提高了整体供应链的运行效率和绿色生产水平,提高了整体的利润,最终打造出贵州茅台这一国际一流的国酒品牌。

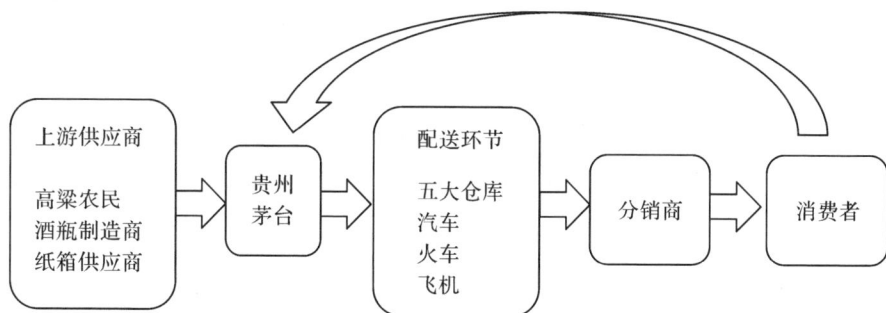

图8.6　贵州茅台供应链

资料来源:根据网络公开资料整理。

2.OPM模式

分析贵州茅台的线上销量和同业比较情况可知,茅台酒作为贵州茅台旗下高端酒,占据最高的市场份额,受线上购物节影响,线上销量在每年的6月和11月会迎来峰值。分析贵州茅台的供应链和商业模式,可以发现,贵州茅台主要依赖OPM战略获取利润,即通过形成完整的产业链,增强与上游供应商和下游销售商的议价能力,将占用在原材料的资金转嫁到上游的供应商,而通过预售账款的方式占用下游销售商的资金。

在面临各方面环境带来的巨大威胁下,公司充分利用自身的长处,采用"经销商+超市+云商"的销售模式,形成了低度、高中低档、极品三大系列,覆盖市场的面积广而全,加上企业拥有的知名度,成功地在白酒行业中脱颖而出,占据市场的绝对优势地位。贵州茅台 OPM 模式有两大特点。

(1)货币资金占比。贵州茅台 2015 年至 2018 年货币资金占流动资产比例较高(见图 8.7),均为 55% 以上。持有较高比例货币资金的益处在于企业有较强的偿债能力,但也可能带来企业收益损失的风险。2019 年货币资金占流动资产比例骤降至 8.33%,2022 年第一季度货币资金占流动资产比例为 26.12%。茅台 2019 年年报中对这一异象的解释是将原计入货币资金的"存放同业款项"调整至拆出资金项目列示,而拆出资金净增加额增加主要是公司控股子公司贵州茅台集团财务有限公司同业拆出资金,至于拆出资金去向暂未披露。

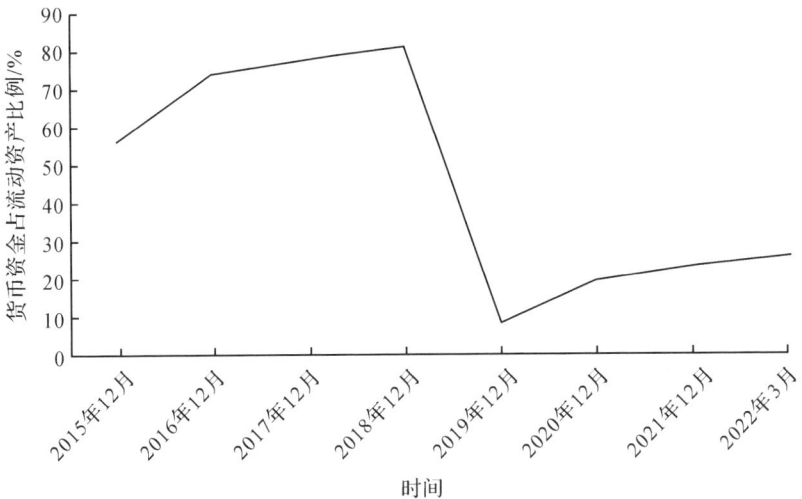

图 8.7　贵州茅台货币资金占流动资产比例

数据来源:Wind 数据库。

(2)预收账款。预收账款占流动负债的比例较大(见图 8.8)。流动负债中预收款的比重较高应该是 OPM 战略实施时最明显的特征。当然,这样的情况也是白酒行业销售区别于其他行业的特征,一般情况下,白酒企业销售时都会提前收款,即预收账款,所以才造成了以上的情况。这样不只大大减少了坏账的可能性,同时也有利于保证公司有足够的现金流进行运作。

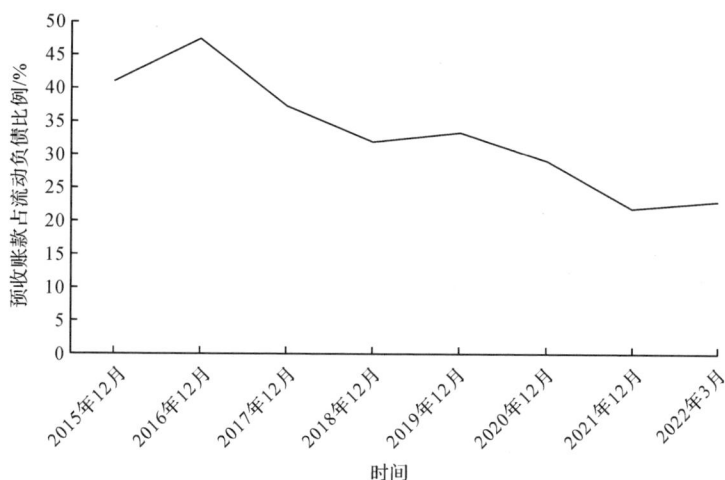

图 8.8 贵州茅台预收账款占流动负债比例

数据来源:Wind 数据库。

茅台预收账款占流动负债的比例较高,2020 年以前均在 30% 以上。这也是白酒行业销售区别于其他行业的特征,特别是对于行业龙头企业贵州茅台而言。自 2016 年开始,预收账款占流动负债比例逐渐下降,2022 年第一季度这一比例为 23.05%。预收账款比例下降意味着贵州茅台对下游经销商的议价能力在下降,背后可能反映了白酒行业终端真实动销其实并不理想,行业存在潜在危机。

(三)启　示

OPM 模式的运用有一定的条件。贵州茅台运用 OPM 模式的优势在于它是白酒行业的标杆企业,在业界拥有良好的声誉,品牌自身拥有良好的信用。适当运用 OPM 战略可以适度降低融资成本,提升企业的利润。

贵州茅台适度利用 OPM 战略,提高产业链整体效率,达到合作共赢的目的。贵州茅台将有息债务与无息债务相结合,更好地利用财务杠杆的作用,用更合理的方式为企业发展带来资金;同时,随着时代的进步,网上交易成为一大经济支柱,除了像以往一样关注线下的产业链完整性,贵州茅台关注线上的销售渠道的网络营销方式也值得酒水饮料行业学习布局。

二、良品铺子——休闲零食产业链

(一)公司介绍

良品铺子股份有限公司(603719.SH)是一家通过数字化技术融合供应链管

理及全渠道销售体系开展高品质休闲食品业务的品牌运营企业。公司以消费者体验为中心，以大数据技术为基石，以全渠道销售服务为引擎，以现代化供应链管理和全链路食品安全控制为保障，把握消费者对休闲食品的需求与趋势，不断提高产品的品质标准和产业链的协同效应，建立了集市场研究、食品研发、采购质检、物流配送及全渠道销售于一体的全产业链品牌运营模式。目前，公司已形成覆盖肉类零食、坚果炒货、糖果糕点、果干果脯、素食山珍等多个品类、1000余种的产品组合，有效满足了不同消费者群体在不同场景下的多元化休闲食品需求。经过多年的努力，公司获得了国家工商总局认定的"中国驰名商标"、商务部评定的"电子商务示范企业"、湖北省工商行政管理局评定的"湖北省著名商标企业"等荣誉称号。

（二）供应链结构与特点

根据产业链上、中、下游介入的深度，亿欧智库曾将休闲零食企业产业链模式分为强品牌型、百宝箱型、强产品型、单品王型四种类型，其中，良品铺子是百宝箱型产业链模式的典型代表。百宝箱型产业链模式下，良品铺子实行多品类策略，采用合作定制生产的方式，重视整体产品与服务的质量，通过更高程度参与全产业链、强质检倒逼上中游的方式，向市场输出价格高、品质高的产品，总而言之，良品铺子产业链上游偏重、中游偏轻、下游较重。图 8.9 是良品铺子的整体供应链结构图。总的来说，良品铺子的供应链管理模式分为四层，由下至上分别为零售层、核心企业层、产品供应层以及原材料供应层。

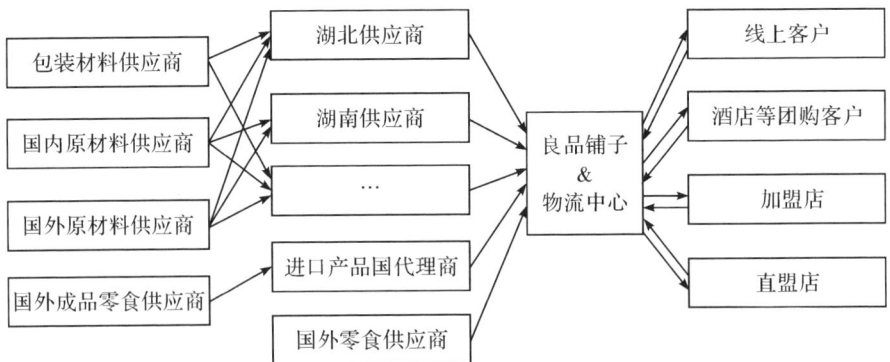

图 8.9　良品铺子供应链结构

资料来源：根据网络公开资料整理。

良品铺子的供应链结构呈现出几大特点：第一，良品铺子供应链涉及广泛，原材料供应层和产品供应层各自的结构复杂，涉及范围大，两层之间呈现了多对多的网状供应关系。这种网状供应关系最为复杂,而且跨省跨境的空间交流以及海运陆运等不同方式的运输更增加了多对多供应方式的难度。第二,供应链上游分散程度高。每一层都涉及多种多样的成员,这会给整个供应链的协同管理带来困难,这也是零食企业均面临的问题,良品铺子应该考虑如何在兼顾产品品类和质量的前提下逐步加大上游供应链的集中度,促进整个供应链协同化。第三,供应链的国际化趋势。近年来,"一带一路"国家级合作平台的搭建、沿线资源的开发和引进,以及"中欧班列"等基础设施的建设,对于良品铺子夯实和进一步扩张国际化供应链有着重要意义。据统计,截至2019年底,在良品铺子1000多款零食中,有接近30种原料或粗加工产品来自"一带一路"沿线10余个国家和地区。良品铺子的业务范围很广,涉及全球采购,对应的供应链按照完全进口、部分进口以及完全国产分为三条子链,不同的供应商管理水平差异较大,这就需要良品铺子作为链上的核心对上游企业生产产品全流程把好质量关与效率关。第四,参与食品生产每一环节。良品铺子颠覆传统的零售模式——由各个食品厂家直接提供产品,然后在各商超等终端销售,生产与销售是两个不相干的环节,将终端卖场深入到生产一线,与厂家共同生产。

针对良品铺子供应链结构本身固有的特点以及可能存在的问题,良品铺子在供应链管理模式上下了大功夫。2020年7月,武汉大学质量发展战略研究院对良品铺子治理模式进行研究,总结为"V+123"平台化高质量发展模式:V指价值观;1指产品;2指面向供应商和零售端的双边管理;3指三类治理机制,包括食品质量安全治理、数字化治理和利益治理。

(三)启　示

良品铺子已经不是一个单纯的零食生产企业或销售企业,而更像一个连接消费端与供给端的中转站,利用互联网等技术优势,良品能够做到既能很好地了解用户需求,亦能对接到供应商研发出匹配用户需求的优质产品,让上下游高效对接运转,形成整个供应链的正向循环。

根据中国食品工业协会的统计数据,2019年中国休闲食品行业年产值近2万亿元,行业内规模以上工业企业数为1.1万户左右,就业人数约200万人。按产值计算,良品铺子对休闲食品行业的产能利用率约为1.5%。按就业人口计算,良品铺子一家企业带动的就业就达到行业的3%以上。可以预见,良品铺子有助于创造"互联网时代的质量体系",注重通过平台治理机制形成供应链战略协同,构建平台生态圈,反哺上游,带动上游企业共同成长,让整个产业链参与者实现共赢。

三、上海家化——日化老品牌与"新国潮"

(一)背景介绍

1. 日化行业发展现状

日化是指日用化妆品,主要包括洗发水、沐浴露、护肤品、护发品、化妆品等。按照用品的使用频率或范围划分为生活必需品(或称日常生活用品)、奢侈品。按照用途划分有洗漱用品、家居用品、厨卫用品、装饰用品、化妆用品、床上用品等。根据前瞻产业研究院报告,日化行业可以分为六类产品:香味剂和除臭剂等、化妆用品、洗涤用品、驱虫灭害产品清洁剂等、口腔用品、其他日化产品(如鞋油、地板蜡等)。

良好的上游原材料供应为我国日化行业发展奠定了坚实的基础。日化行业的上游主要为生产原料及包装材料供应行业。生产原料主要包括水、棕榈油、香精、乳化剂、抗氧化剂、动植物性添加剂等,包装材料主要包括纸包装、塑料包装、软包装膜袋等。目前大部分原材料生产不存在技术壁垒,生产企业众多,竞争程度激烈。日化行业的上下游行业如图 8.10 所示。

日化行业的下游行业为经销商及销售终端市场。除了线下专柜和超市零售渠道,线上营销在推动行业景气回升方面发挥较大作用。2020 年受到疫情的冲击,大部分日化企业都加大了线上的营销力度,线上渠道已经成为日化企业下游发展的重要布局,建设渠道网络也成为日化企业的重中之重,特别是针对目前网络购物发达,线上电商平台优化的大背景下。因此如何平衡好线上和线下渠道、加速市场下沉、创新营销模式成为企业发展必须思考的问题。特别是在新冠肺炎疫情的影响下,下游的线上营销为推动行业景气增长发挥了关键作用。

上游:原材料和包装	中游:日化产品制造	下游:商品流通市场
·水、香精、棕榈油、乳化剂、抗氧化剂、动植物性添加剂等原料 ·纸包装、塑料包装、软包装膜袋等包装材料	·化妆品制造 ·洗涤用品制造 ·口腔用品制造 ·香精、香料制造 ·其他日化产品	·线下自营专柜 ·大型百货、超市 ·线上渠道(品牌官网、电商平台、代购等)

图 8.10 日化行业上下游行业

资料来源:前瞻产业研究院。

下游线上营销推动行业景气回升。在稳定的原材料上游基础作用下,日化行业发展较为稳定,中国轻工业经济运行及预测预警系统数据显示,日化行业景气指数在85点上下浮动。2020年2月,日化行业景气指数大幅下降,之后行业景气逐渐回升。2020年6月日化行业景气指数为89.89,处在"趋冷"区间,较5月上升0.28点。分项景气指数中,出口景气指数上升,为109.76,位于"稳定"区间,环比上升5.71点(见图8.11)。

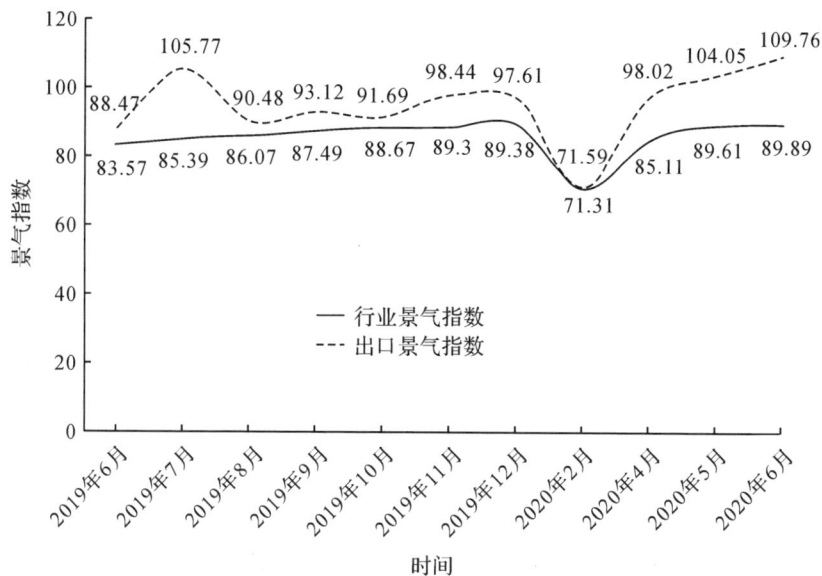

图8.11　2019年6月至2020年6月中国日化行业景气指数变化情况

资料来源:中国轻工业信息中心、前瞻产业研究院整理。

2. 公司介绍

上海家化(600315.SH)是一家涵盖护肤、个护清洁和母婴产品,全渠道全覆盖式发展,集研发、生产、销售于一体的日化企业。上海家化历史悠久,前身可追溯至成立于1898年的香港广生行,曾打造"双妹""友谊""雅霜"等经典产品。目前,公司旗下主要品牌包括佰草集、玉泽、高夫、美加净、典萃、双妹、启初、汤美星、六神、家安等,合作品牌包括片仔癀、艾禾美、芳芯及碧缇丝。品类涵盖护肤、个护清洁以及母婴产品等,主要通过线上、线下渠道进行销售。

在新冠肺炎疫情冲击化妆品行业的背景下,上海家化仍然取得了不俗表现,甚至交出最佳年度业绩。2021年,上海家化实现营业收入76.5亿元,同比增长 8.73%,达历史最高水平;净利润 6.49 亿元,同比增长 50.92%,扣非净利润为 6.76 亿元,同比增长 70.76%,达近 6 年最高水平;经营性现金流也同比大幅上升 54.34%,至 9.93 亿元,达过去多年最高水平。同时,从行业可比数据来看,中国本土化妆品市场最早涌现的一批优质企业之中,上海家化的净利润实现快速增长,已经率先在竞争激烈的环境中破局,且增幅显著领先行业。

(二)新国潮牵手电商直播

疫情对国内企业不仅仅是挑战,也带来机遇,疫情期间,新国潮牵手电商,实现很好的逆袭。随着国内宏观经济放缓、消费环境下行,疫情导致国外品牌信任度下降,国产化妆品迎来新机遇。国外高端化妆品品牌自 2018 年第二季度以来增速放缓较为明显,本土和外资中低端品牌表现较为平稳,但已经开始出现分化,一些高性价比的本土品牌逐渐脱颖而出。2017 年,大众护肤品销售额增速逆转,持续 5 年的下滑态势开始上升。根据《2022 年中国护肤品行业全景图》,在全球护肤品市场规模下滑的背景下,中国护肤品市场规模依旧能够保持 10.28% 的增速增长,2020 年中国护肤品市场规模突破了2700 亿元。

伴随着我国的繁荣复兴,年轻人的民族自豪感和自信心也在不断壮大,这成为"新国潮"涌现的动机。得益于传统文化的复兴,本土品牌融入故宫和敦煌等传统文化元素,带来了蓬勃的朝气。新国潮国货与传统文化的融合,凭借历史底蕴和强烈的文化共鸣迅速获得了消费者的青睐。例如完美日记 2019 年就联合《中国国家地理》,推出"粉黛高原""赤彤丹霞""碧蓝湖泊""焕彩梯田"四大主题眼影盘,在天猫"双 11"的预售阶段销量就超过了 11 万件,随后更助力完美日记摘下"双 11"彩妆榜的桂冠。而传统本土品牌,如上海家化旗下的百雀羚、六神等也在尝试与年轻人互动,无论是传统美妆的新转型还是新国货的崛起都离不开与本土传统文化符号的深入串联,这也是新时代我国消费者的普遍选择。

上海家化实现逆生长的关键在于以自产自销为主,实现全渠道布局,从而在很大程度上避免了产业链风险。上海家化以自产为主要的生产模式。公司生产模式以自有工厂生产为主,以 OEM/ODM 外协工厂代加工为辅。公司拥有五个自有工厂:青浦跨越工厂、海南工厂、东莞工厂及海外的摩洛哥和英国工厂,其中青浦跨越工厂主要生产佰草集、玉泽、高夫、双妹、典萃、美加净、启初、汤美星、六神等品牌,产品类型涵盖护肤类、洗护类产品以及香水类产品;海南工厂生产六神品牌花露水;东莞工厂以及海外的摩洛哥和英国三个工厂生产汤美星产品。

销售渠道上,上海家化以线下渠道为主,线上渠道加速布局。公司采用全渠道、全覆盖,线上与线下相融合,渠道与品牌相匹配的策略:线下销售渠道包括经销商分销、直营 KA、母婴及化妆品专营店、百货渠道;线上销售包括电商渠道与特殊渠道。线下收入占比近几年来一直保持在 50% 以上,线上渠道快速增长,占比从 2017 年的 21.84% 增长至 2021 年的 42.04%。

上海家化在直播领域进行了结构优化和人才团队储备,赋能公司发展。首先,直播结构优化。主动调整电商业务结构,降低对超头部主播的依赖度,加大中腰部 KOL 及店铺自播模式,有效控制费用率及掌握渠道议价权,同时平衡各品牌的直播资源,改善盈利能力。其次,人才团队储备。成立及孵化自有直播团队,打造两支高精专主播团队,覆盖天猫、抖音、京东等主流平台,实现多品牌全面覆盖。截至 2021 年 12 月底,内部主播以及后台运营人员共计 70 余人,"双 11"期间自播同比增 4 倍,店内成交总额(GMV)占比 30%。

(三)启　示

上海家化是本土日化龙头企业,作为头部品牌在细分领域持续占据前列。公司重点持续在护肤赛道,公司在收入开源的同时注重费用率的稳控。此前,在线上流量成本高企的情况下,公司营销费用投入产品比相对较弱,近年来公司通过线上自营圈住私域流量,"自播＋会员"运营打造爆品,精简线下渠道,达到品效合一。全产业链布局助力降低上海家化面临的市场风险,助力其持续发展。因此,传统品牌应通过将历史积淀与新兴形象相结合,借助线上直播,大力布局网上零售,焕发生机与活力。

日化行业的特征使得近年来整体行业更加关注线上渠道网络的建设,另外大数据也对日化行业制定企业战略决策存在重要影响。上海家化成功抓住这两点发展趋势,一方面,深耕线上销售模式,加速下游线上网络渠道的铺设,并着力优化线上营销,企业的营业收入和利润增长也主要来自线上渠道的销售。上海家化充分发挥自身优势,与新国潮紧密结合形成国货品牌,吸引了大批年轻一代的消费者。另一方面,上海家化也十分重视对数据的应用,利用线上渠道提供的数字化用户画像,针对不同类型的用户和已连接全品牌消费者与未连接广域消费者实现数字互通互联,提出针对性的市场下沉方案,激发市场活力,提高用户黏度,从而使得自身能够在日趋激烈的市场竞争中占有一席之地。

国产大众美妆品牌未来在三个方向存在机会:一是从渠道来看,国产化妆品牌主要发力于低线城市中低端市场,渠道下沉较为充分,同时近年来随着新兴电商渠道的崛起,国产品牌有望借力优质流量品牌,打开新的快速发展空间。二是从产品定位来看,国产品牌在加大研发投入的同时保持较低定价,提高性价比,与欧美高端品牌形成一定差异化竞争。三是国产化妆品公司的纷纷上市,借助资本的力量,有望通过外延并购等方式补足产业短板,不断丰富产品品类并推动多品牌发展。

四、罗莱生活——家纺行业

(一)公司简介

罗莱生活(002293.SZ)作为行业头部企业,一直以高品质深入消费者内心。公司成立于1992年,聚焦以床上用品为主的家用纺织品业务,集研发、设计、生产、销售于一体,曾连续十几年蝉联国内床上用品市占率第一品牌。近两年,公司业绩表现较好,2021年各品类、全渠道均实现较好增长。

2021年我国家纺市场规模及增速均有所恢复。据欧睿国际数据,2020年受新冠肺炎疫情影响,国内家纺业规模有所减小,2021年上半年行业增速恢复并超过疫情前水平,全年规模将恢复至2323亿元,预计未来几年内仍以6.7%的复合增速增长,2025年市场规模或将超过3000亿元。国内床上用品市场占家纺销售额的近60%,波动较家纺行业更加明显,但预期恢复增速也更快,预计2025年市场规模或达1737亿元。

罗莱生活采取直营和加盟相结合的经营模式,在巩固扩大一、二线市场渠道优势的同时,积极向三、四线及以下市场渗透和辐射。截至2021年底,公司各品牌在国内市场拥有近2500家终端门店。同时在华东等地区占有绝对领先优势。分渠道看,公司家具产品在美国销售,家纺产品主要以国内加盟渠道销售为主。

2009—2015年,罗莱生活先后创立定位大众市场的家纺品牌乐蜗LOVO、中高端品牌罗莱儿童、高端品牌廊湾。2015—2017年,公司又陆续收购了日本毛巾品牌内野、美国家具品牌莱克星顿、国内老牌家纺企业恐龙生活,构成了聚焦家纺产品的多品牌矩阵。

（二）产业链分析

1. 纺织行业产业链

目前，中国家纺行业已形成上游原材料、中游生产制造以及下游渠道销售的产业链模式。通过对纺织产业链上、中、下游的分析，可以发现越靠下游毛利率越高。2020年上游纺织制造行业受棉花、石油等大宗商品价格影响，与制造业类似，具有一定周期性，以出口外销为主，劳动力、固定资产、生产效率、生产规模、汇率、环保政策等影响较大。上游行业的制造企业主营靠外销，核心竞争力主要表现在技术研发能力、供应链管理能力、产能布局、规模效应等方面。中美贸易摩擦以来，棉花价格震荡，市场整体走势波动明显。从世界范围看，人口增长与经济发展将持续推动家纺行业对上游原材料的需求；从国内看，家纺需求稳定上升也会增加对原材料的需求。棉花、涤纶价格波动明显，将影响家纺行业供给与盈利。

家纺行业中游市场生产制造包括服装设计和生产，主要受生产地人力成本政策等影响。中游生产制造行业，分为品牌签约设计师和独立设计师，设计师需要平衡个人风格与商业规模的矛盾，而且需要具有跟上潮流甚至引领潮流的能力。中游生产制造行业产品销售方向分为外销和内销，外销加工制造约占60％，其余为内销品牌零售，受我国人力成本、原材料成本逐年提升以及东南亚国家政策支持等原因，内销的占比呈上升趋势。

家纺行业下游销售家纺电商迅猛发展。家纺产品标准化程度相对较高，适于线上销售，加之行业线下渠道近年来不断调整，传统的家纺企业从线下模式纷纷转身发展线上。而龙头品牌得益于较高的品牌知名度和电商流量倾斜，电商发展迅猛。线上直播等销售形式使得家纺行业的销售格局重新整合，在节约时间、提高便捷程度的同时，家纺品牌的渠道和布局也伴随直播电商的高速增长出现新的变化。

2. 罗莱生活产业链

作为家纺行业头部企业，罗莱生活在研发上持续保持领先优势。公司成立了行业首家科技研究院，承担具有长期性、战略性、全局性特征的科技研发任务。通过研究院的核心技术研发，开展了基于创新材料、新型结构、产品设计等不同层级的柔软科技研发，先后开发新材料、新技术、新产品近百项，并与中国农业科学院棉花研究所依战略合作协议共同研发棉花种子，从育种开始定制专属于罗莱的"柔软基因"。罗莱生活严格把控原材料，实现产品全产业链可追溯,给消费者提供放心、安全、品质有保障的床上用品。2021 年,公司全年共获得授权专利 31 件,目前公司累计拥有专利 193 件。此外,罗莱生活还拟扩产提升自产比例,以更好地满足产能需求、提升反应速度。2021 年 8 月,公司公告购买南通经济技术开发区土地使用权,用途之一为建设智能工厂,预计建设顺利情况下,2022 年底起的 5 年内有望每年扩产 20%。

生产支持和营销发力之下,罗莱品牌不断发展。在制造端,罗莱生活拥有并熟悉南通产业集群地的优质产能,保证了产品质量与品牌定位的契合;罗莱还开启了优势产业计划,在全球范围内采集最优质的材料和印染工艺,为了达到更加软糯挺阔的全棉手感,罗莱高价位全棉面料将部分在西班牙和意大利进行织造和印染。在销售端,公司对罗莱品牌持续进行品牌建设,形成品牌壁垒,确定性受益于消费升级。在家纺行业,消费习惯决定了高端品牌没有外来品牌的竞争,国内品牌里上市公司四大品牌具备先发优势。

(三)启 示

罗莱生活能在激烈的市场竞争中连续 16 年保持同品类市场占有率领先,离不开其不断进取的经营理念,其产品的生产制造向着生产"智造"之路前进,为品牌带来更多价值。从罗莱生活的案例中可以看到中国制造的缩影,企业应该在产业链各环节都做到严格把控,不断进步,紧跟科技发展的步伐。

五、金螳螂——建筑装饰业

(一)背景介绍

1. 建筑装饰行业发展现状

建筑装饰业是指为各类建筑提供内外装饰装修服务、提高其功能和艺术价值的行业。建筑装饰行业是一个劳动密集型行业、资源消耗型行业。以项目设计施工为主要业务,操作层人员文化水平相对较低。根据建筑用途的不同,建筑装饰业分为公共建筑装饰、住宅装饰和幕墙装饰。

根据中国建筑装饰协会发布的数据,我国建筑装饰行业总产值由 2010 年的 2.1 万亿元增加至 2018 年的 4.22 万亿元,年复合增长率达到 9.12%。2019年,建筑装饰行业的总产值约为 4.6 万亿元(见图 8.12)。

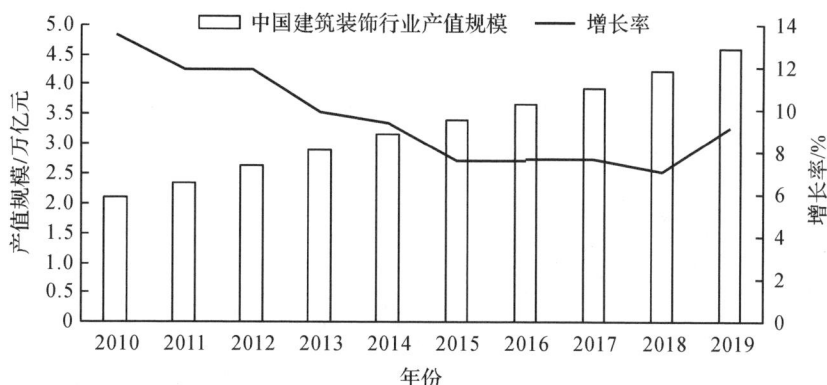

图 8.12　2010—2019 年中国建筑装饰行业产值规模及增长率

数据来源：中国建筑装饰协会。

2. 公司介绍

金螳螂（002081.SZ）是一家以室内装饰为主体，融幕墙、景观、软装、家具、机电设备安装等为一体的综合性专业化装饰集团。公司承接的项目包括公共建筑装饰和住宅装饰等，涵盖酒店装饰、商业建筑装饰、交通运输基础设施装饰、文体会展建筑装饰、住宅装饰等多种业务形态。公司拥有建筑装修装饰工程专业承包一级、建筑装饰工程设计专项甲级、建筑工程施工总承包壹级等资质证书，具备承接各类建筑装饰工程的资格和能力，是建筑装饰企业中资质级别最高、资质种类最多的企业之一。公司被评为"中国上市公司百强""最受投资者尊重上市公司"，曾被美国《福布斯》杂志授予"亚太最佳上市公司 50 强"称号，连续多年被评为"中小板上市公司 50 强""金圆桌优秀董事会奖"，入围"ENR 工程设计企业 60 强"，荣获"全国优秀施工企业""江苏省优秀装饰企业"等众多称号。

（二）产业链分析

1. 疫情冲击

图 8.13 显示了金螳螂 2016 年以来的新签订单金额。从中可以看到，在2019 年以前，金螳螂的新签订单金额呈现稳步上涨的趋势。2020 年由于受到新冠肺炎疫情的冲击，第一季度的订单金额出现了断崖式下跌，但是随着疫情防控形势的好转，公司的业务数量也逐渐恢复了正常。从业务类别来看，公共建筑装饰是金螳螂的主要业务，其新签订单金额的占比相对较高，而装饰设计

的占比相对较低。

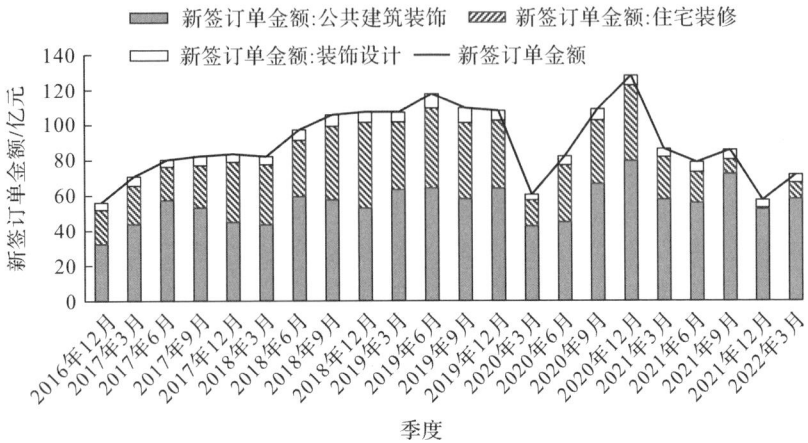

图 8.13 金螳螂新签订单金额

资料来源:Wind 数据库。

2. 金螳螂产业链布局

建筑装饰行业产业链的延伸方式有很多种,主要包括纵向延伸和横向延伸。对于建筑装饰业来说,纵向延伸意味着其业务向上游的供应商及下游的客户两个方向拓展(见图 8.14)。建筑装饰行业的上游是各类建筑材料供应商,包括石材、钢材、油漆、实木等建筑材料。下游主要是政府机构、地产商等,对应的业态包括酒店、文教体卫建筑、办公楼、商业楼宇等。

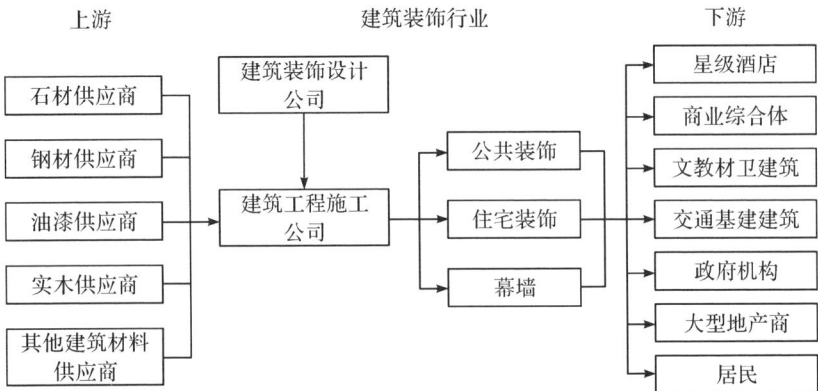

图 8.14 建筑装饰行业上下游关系

资料来源:根据公开资料整理。

　　金螳螂近年来的产业链延伸战略,主要通过纵向一体化战略,分别从其产业链的上游、中游和下游着手,进行产业链的整合及延伸。图8.15反映了金螳螂产业链纵向一体化的布局过程。金螳螂为建筑装饰行业第一家上市公司,2013年公司收购HBA以加强国际竞争力,后者在室内设计领域享有盛誉。公司较早布局装配式建筑领域,2011年首次提出后场加工的理念,成为装配式内装雏形;2017年,公司获得"国家装配式建筑产业基地"认定;2015年,金螳螂成立金螳螂家装电子商务有限公司,开辟第二大业务——家装业务,业务覆盖智能家装、互联网家装、住宅装饰等领域。

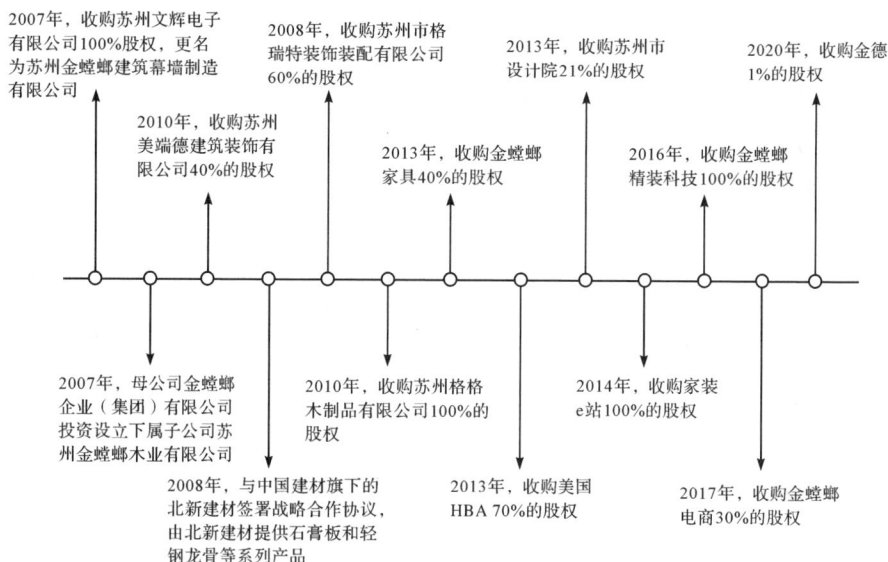

图 8.15　金螳螂产业链的布局过程

资料来源:根据网络公开资料整理。

(三)启　示

　　金螳螂纵向一体化的产业链布局为公司奠定了建筑装饰行业的龙头地位。公司向产业链上、下游延伸,实施产业升级,将优化整合业务链体系,加快公司实现战略意图的步伐。金螳螂作为家装板块中的"互联网＋"代表,借助"大数据"和公装标准导入,提升家装施工、材料、管理的标准化,持续进行业务优化调整,为家装行业如何适应时代、筹谋布局、勇立潮头给出了优秀示范。

参考文献

[1]方正证券.行业苦尽甘来,龙头乘势启航[R].2018.

[2]广发证券.金螳螂深度报告[R].2016.

[3]国信证券.金螳螂2020年三季报点评[R].2020.

[4]贾宁.中国国有企业创新与改革[M].北京:清华大学出版社,2022.

[5]李建军.金融教学案例精选[M].北京:中国财政经济出版社,2021.

[6]李茵.全球纺织服装循环经济产业链的相关探讨[J].中国中小企业,2020(9):201-202.

[7]前瞻经济学人.2020年中国日化行业发展现状与趋势分析,下游线上营销推动行业景气回升[R].2021.

[8]前瞻经济学人.金螳螂:全宅智能与数字化升级落地实现[R].2021.

[9]武汉大学质量发展战略研究院.良品铺子2020年质量报告[R].2021.

[10]兴业证券.金螳螂:行业迎来需求 & 技术拐点,龙头再度扬帆起航[R].2020.

[11]亿欧智库.2017中国休闲零食行业研究报告[R].2017.

[12]中商产业研究院.中国家纺行业前景及投资机会报告[R].2017.

第九章　浙江实践及对策建议

本章汇聚了笔者近两年对浙江经验的一些总结和对策建议。近两年写的文字虽然不多,但基于多年对浙江民营企业债券违约、上市公司股权质押、ETF产品助力长三角一体化、政府隐性债务等重大问题也进行了一些思考,希望能够学以致用。

第一节　浙江民营企业债券违约风险研究①

在 2019 年《政府工作报告》中,李克强总理进一步强调着力缓解民营企业融资难、融资贵问题。2019 年 12 月,中共中央、国务院出台《关于营造更好发展环境支持民营企业改革发展的意见》,提出要优化健全市场环境、法治环境、政策环境,支持民营企业发行债券,鼓励金融机构加大民营企业债券投资力度。对于如何平衡好"稳增长"与"防风险"的关系,如何有效识别民营企业债务违约风险,本节提出必须守住防范金融系统性风险的底线,这也是经济稳增长的新要求。

一、债券发行总体概况

从国际看,世界主要国家和地区采取了不同程度的积极财政政策刺激以应对危机带来的不利影响,导致全球债务水平快速升高。根据国际金融协会

---

① 本节内容原文 2020 年发表在《浙江金融》,在此基础上形成的两篇咨询要报获得时任浙江省省长袁家军以及副省长冯飞、朱从玖、高兴夫批示综合采用。

(IIF)统计,全球债务在 2021 年快速增长超过 10 万亿美元,创下 303 万亿美元的历史高位,人均债务近 3.93 万美元。从国内看,我国债券市场对实体经济的支持力度加大,2021 年企业债券融资达到 3.29 万亿元,约占社会融资总规模的 10.49%。同时,为了支持民营企业发展,自 2018 年起中国人民银行推出民营企业债券融资支持工具,截至 2022 年 3 月 6 日,共发行 416 单信用风险缓释工具。2021 年浙江省全年共发行 1775 只信用债(包括 ABS),发行债券数居全国第五位,占比 6.78%,前四位分别为北京(25.45%)、广东(13.34%)、江苏(10.69%)、上海(10.48%)(见表 9.1)。

表 9.1 2021 年部分省(市)信用债发行状况

地区	发行数量/只	发行数量占比/%	发行金额/亿元	发行金额占比/%
北京	2423	11.67	50947.10	25.45
广东	2812	13.54	26706.38	13.34
江苏	3402	16.38	21393.46	10.69
上海	1830	8.81	20978.17	10.48
浙江	1775	8.55	13562.59	6.78
山东	1039	5.00	9173.19	4.58
福建	710	3.42	6689.88	3.34
四川	685	3.30	5428.83	2.71
天津	775	3.73	5312.25	2.65

数据来源:笔者根据 Wind 数据库整理。

从浙江省内来看,信用债发行主要聚集在杭州、宁波和温州,分别发行 599 只、242 只和 188 只信用债,金额分别为 5601 亿元、1666 亿元和 1669 亿元,嘉兴、湖州地区的债券发行额各约占全省的 9%,台州、舟山、温州、衢州、金华地区占比 1%~6%,丽水地区相对最少,不足 1%。总体来看,债券发行具有明显的集中在大城市的特点,县级地区特别是民营经济不发达的地区发行金额较少。

从发行时的主体评级来看,除 368 只 ABS、ABN、可交换债、定向工具、私募债外,有 2 只 A 级债券、11 只 A+级债券、418 只 AA 级债券、651 只 AA+级债券、13 只 AA-级债券、312 只 AAA 级债券。主体评级相对较高,同一企业国内评级平均比国际评级高出六至七个等级。这表明中国信用评级市场公信力有待提高,应不断完善市场信息的配置效率(寇宗来等,2015)。图 9.1 显示违约债券数量不断攀升,民企债券违约占比始终较高。目前 AA 级债券已沦为垃圾债,债券发行时的信用评级虚高导致债券违约风险增加、风险传染燃点降低,"人造债灾"呼唤打破评级公司道德陷阱。

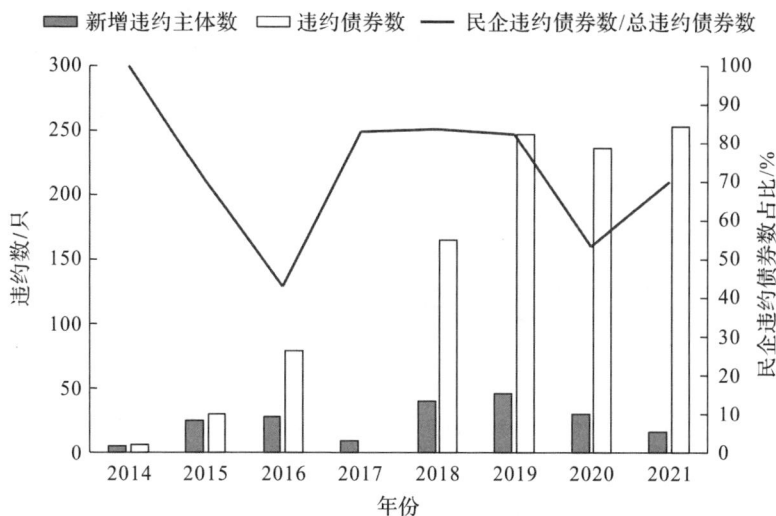

图 9.1　2014—2021 年全国债券违约数量

数据来源:笔者根据 Wind 数据库整理。

二、浙江省民营企业发债及违约情况

2021 年浙江省民营企业共发行债券 182 只,其中超短融 53 只、可转债 23 只、中期票据 19 只、一般公司债 18 只、短期融资券 12 只(见表 9.2)。总发行金额为 1177.82 亿元,其中超短融 269.3 亿元、可转债 212.4 亿元、一般公司债 164.5 亿元、中期票据 117.1 亿元、短期融资券 84.3 亿元。

表 9.2　2021 年民营企业债券发行分布

种类	发行金额/亿元	发行数量/只	发行金额占比/%	发行数量占比/%
超短期融资债券	269.30	53	29.12	22.86
可转债	212.40	23	12.64	18.03
一般公司债	164.50	18	9.89	13.97
一般中期票据	117.10	19	10.44	9.94
一般短期融资	84.30	12	6.59	7.16
商业银行次级债券	77.00	9	4.95	6.54
银保监会主管 ABS	74.41	14	7.69	6.32
证监会主管 ABS	56.71	13	7.14	4.81
可交换债	36.00	4	2.20	3.06
商业银行债	20.00	1	0.55	1.70

续表

种类	发行金额/亿元	发行数量/只	发行金额占比/%	发行数量占比/%
一般企业债	20.00	1	0.55	1.70
交易商协会 ABN	15.60	7	3.85	1.32
定向工具	14.00	5	2.75	1.19
私募债	8.50	2	1.10	0.72
其他金融机构债	8.00	1	0.55	0.68
总计	1177.82	182	100.00	100.00

数据来源:笔者根据 Wind 数据库整理。

从主体评级看,评级为 AA、AA+、AAA 的民营企业债券数量占总发行民营企业债券数量的 13.61%、43.54%、31.97%,与之相对,地方国企主体评级达到 AA、AA+、AAA 级的占比分别为 32.22%、47.36% 和 20.02%。总体而言,民营企业信用评级低于国有企业。

截至 2021 年 12 月 31 日,浙江省债券违约涉及 10 家企业共发生 50 起违约事件,违约主体均为民营企业(见表 9.3)。浙江民营企业是全国民营企业的杰出代表,大部分企业属于制造业企业,有较为丰富的经验积累。从 2017 年开始,民营企业相继违约给整个浙商融资环境带来了巨大动荡,导致投资者对于浙江无担保民营企业债券产生了投资顾虑,使得民营企业融资雪上加霜。在这样的环境下,民营企业发债接连遭遇困境,特别是新光控股,在此前的积极投资扩张下难以借新还旧,最终导致约百亿元违约规模。

表 9.3 浙江省违约债券概况

债券简称	发行人	发行规模/亿元	违约发生日	所属地区(城市)	企业性质
12 金泰 01	湖州金泰科技股份有限公司	0.15	2014-07-23	湖州市	民营企业
12 金泰 02	湖州金泰科技股份有限公司	0.15	2014-07-23	湖州市	民营企业
13 华龙 01	浙江平湖华龙实业股份有限公司	0.1	2015-10-29	平湖市	民营企业
15 春和 CP001	春和集团有限公司	4	2016-05-16	宁波市	民营企业
12 春和债	春和集团有限公司	5.4	2017-04-24	宁波市	民营企业
14 厉华债	湖州厉华妤婕联合纺织有限公司	2.6	2017-08-10	湖州市	民营企业
15 五洋 02	五洋建设集团股份有限公司	5.6	2017-08-14	绍兴市	民营企业
15 五洋债	五洋建设集团股份有限公司	8	2017-08-14	绍兴市	民营企业
12 春和债	春和集团有限公司	5.4	2018-04-24	宁波市	民营企业

续表

债券简称	发行人	发行规模/亿元	违约发生日	所属地区（城市）	企业性质
15 五洋债	五洋建设集团股份有限公司	8	2018-08-16	绍兴市	民营企业
15 新光 01	新光控股集团有限公司	20	2018-09-25	义乌市	民营企业
17 新光控股 CP001	新光控股集团有限公司	10	2018-09-25	义乌市	民营企业
16 新光债	新光控股集团有限公司	20	2018-10-19	义乌市	民营企业
15 新光 02	新光控股集团有限公司	20	2018-10-22	义乌市	民营企业
17 三鼎 03	三鼎控股集团有限公司	7.35	2018-10-24	义乌市	民营企业
17 新光控股 CP002	新光控股集团有限公司	10	2018-10-29	义乌市	民营企业
18 新光控股 CP001	新光控股集团有限公司	7.1	2018-11-20	义乌市	民营企业
18 新光控股 CP001	新光控股集团有限公司	7.1	2018-11-21	义乌市	民营企业
11 新光债	新光控股集团有限公司	16	2018-11-23	义乌市	民营企业
11 新光债	新光控股集团有限公司	16	2018-11-23	义乌市	民营企业
16 新光 01	新光控股集团有限公司	15	2019-01-14	义乌市	民营企业
16 新光 02	新光控股集团有限公司	15	2019-03-18	义乌市	民营企业
16 新控 01	新光控股集团有限公司	4	2019-03-21	义乌市	民营企业
16 新控 02	新光控股集团有限公司	20	2019-04-14	义乌市	民营企业
16 新控 03	新光控股集团有限公司	16	2019-04-29	义乌市	民营企业
18 精功 SCP003	精功集团有限公司	10	2019-07-15	绍兴市	民营企业
18 精功 SCP004	精功集团有限公司	3	2019-08-16	绍兴市	民营企业
18 新光控股 CP001	新光控股集团有限公司	7.1	2019-09-03	义乌市	民营企业
17 精功 02	精功集团有限公司	3	2019-09-05	绍兴市	民营企业
17 三鼎 01	三鼎控股集团有限公司	3.44	2019-09-06	义乌市	民营企业
16 精功 01	精功集团有限公司	6.9	2019-09-17	绍兴市	民营企业
16 精功 PPN002	精功集团有限公司	10	2019-09-17	绍兴市	民营企业
16 精功 PPN003	精功集团有限公司	5	2019-09-17	绍兴市	民营企业
17 精功 03	精功集团有限公司	5	2019-09-17	绍兴市	民营企业
17 精功 04	精功集团有限公司	3	2019-09-17	绍兴市	民营企业
17 精功 05	精功集团有限公司	1.5	2019-09-17	绍兴市	民营企业
17 精功 MTN001	精功集团有限公司	10	2019-09-17	绍兴市	民营企业
17 精功 PPN001	精功集团有限公司	7	2019-09-17	绍兴市	民营企业
17 三鼎 02	三鼎控股集团有限公司	4.27	2019-09-27	义乌市	民营企业
17 三鼎 03	三鼎控股集团有限公司	7.35	2019-10-25	义乌市	民营企业
17 精功 MTN001	精功集团有限公司	10	2019-11-28	绍兴市	民营企业
17 三鼎 04	三鼎控股集团有限公司	4.94	2019-12-06	义乌市	民营企业
16 铁牛 01	铁牛集团有限公司	15	2020-08-24	金华市	民营企业
18 铁牛 01	铁牛集团有限公司	2.8	2020-08-31	金华市	民营企业
18 铁牛 02	铁牛集团有限公司	17.2	2020-08-31	金华市	民营企业

续表

债券简称	发行人	发行规模/亿元	违约发生日	所属地区（城市）	企业性质
17 成龙 03	成龙建设集团有限公司	2	2020-11-13	金华市	民营企业
17 精功 MTN001	精功集团有限公司	10	2020-11-30	绍兴市	民营企业
18 成龙 01	成龙建设集团有限公司	2.2	2021-03-19	义乌市	民营企业
19 成龙 01	成龙建设集团有限公司	2.2	2021-03-29	义乌市	民营企业
17 成龙 01	成龙建设集团有限公司	2	2021-04-10	义乌市	民营企业

数据来源:笔者根据 Wind 数据库整理。

实际上民营企业违约比例并不是很高,2014 年 1 月 1 日至 2021 年 12 月 31 日,浙江省民营企业共发行债券超过 1665 只,发生违约 50 起,违约比例低于 1%。根据标普全球的报告,按照中国境内金额调整计算的违约率在 2018 年下半年达到峰值,也没有超过 0.5%。在经历了 2016 年的融资高峰后,从 2017 年开始,不少民营企业陆续退出债券市场。目前民营企业在债券市场中受到极大歧视,困难不言而喻。

三、铁牛集团破产重整案例分析

2020 年以来,浙江省共有 8 只债券违约,除早已违约的精工集团外,另两家新增违约主体是铁牛集团有限公司与成龙建设集团有限公司。这两家企业均为非上市民营企业,分别属于汽车制造和建筑与工程行业,其合计违约金额约为 21.4 亿元。根据"18 铁牛 01"和"18 铁牛 02"募集说明书的有关约定,公司已构成违约,违约金额合计 20.08 亿元。2020 年 7 月铁牛集团因不能清偿到期债务向浙江省永康市人民法院提出重整申请,8 月 31 日法院发布裁定书,认为铁牛集团具备破产原因且具有重整价值,进入集团破产重整。

(一)经营业绩逐渐恶化,净利润由正转负

铁牛集团以仿制国外品牌车型的中低端产品为主,由于公司研发能力与市场竞争能力较弱,2018 年后,在国内汽车销售市场整体低迷的情况下,外资和合资分食市场,铁牛集团销售业绩大幅下滑。2018 年铁牛集团拥有整车产能 83 万辆/年,但实际销量仅为 15.5 万辆/年,2018 年营业收入同比下降 27.81%,归母净利润同比下降 12.40%,未能完成在收购中签署的业绩承诺。2019 年,铁牛集团整车制造业务的经营业绩下滑程度加深,当年汽车整车销量

仅为 2.12 万辆,同比下降 86.29%,同时公司五金冲压件及模具板块也在 2019 年停止经营。2019 年铁牛集团营业收入继续同比下滑 69.93% 至 66.19 亿元(见表 9.4)。由于未完成业绩目标,2019 年铁牛集团计提大额资产减值损失 86.76 亿元,其中商誉减值损失 61.20 亿元。

表 9.4　铁牛集团盈利情况

单位:亿元

项目	2017 年	2018 年	2019 年
营业收入	304.89	220.09	66.19
营业成本	248.68	182.72	64.46
毛利润	56.21	37.37	1.70
期间费用	32.68	30.91	46.98
资产减值损失	0.23	4.47	86.76
净利润	13.24	11.60	−124.76

数据来源:笔者根据 Wind 数据库整理。

(二)债务期限结构不合理

债务期限结构方面,铁牛集团债务一直以短期债务为主,且短期债务占比呈增长趋势。截至 2019 年末,短期债务共 183.72 亿元,短期债务中规模最大的是短期借款,为 113.31 亿元,应付票据和 1 年内到期的非流动负债规模也均在 30 亿元以上;短期债务在有息债务中所占比重进一步抬升至 87.53%,公司债务期限结构不合理(见表 9.5)。

表 9.5　铁牛集团负债情况

项目	2017 年	2018 年	2019 年
资产/亿元	503.16	522.76	367.47
资产负债率/%	69.05	67.77	87.84
短期借款/亿元	95.61	107.73	113.31
应付票据/亿元	35.26	56.81	37.79
1 年内到期非流动负债/亿元	6.76	29.51	32.62
长期借款/亿元	28.92	21.79	6.18
应付债券/亿元	35.00	20.00	20.00
有息债务合计/亿元	201.55	235.84	209.9
其中:短期债务/亿元	137.63	194.05	183.72
短期债务占比/%	68.29	82.28	87.53

数据来源:笔者根据 Wind 数据库整理。

(三)被列入失信被执行人名单,再融资空间有限

近年来公司受限资产所占比重逐渐升高,影响资产流动性。2019 年末,公司货币资金为 36 亿元,其中有 20.92 亿元的货币资金作为票据保证金受限,受限的货币资金占比较上年增加 10%至 58.90%,应收账款和存货中也有部分资产因抵质押贷款而受限,同时因抵押融资,公司非流动资产的受限占比也逐年增加。2019 年末,公司受限资产共 95.25 亿元,占总资产的比重为 25.92%,约为净资产的 2 倍,受限比例较高,给其再融资带来较大不利影响。同时铁牛集团质押旗下 2 家上市公司股份的比例较高。2019 年公司直接和间接共持有众泰汽车 43.99%的股份,其中质押的股份占其所持有股份的 84.48%,被冻结股份占 99.99%;公司持有铜峰电子 16.76%的股份,全部处于冻结状态,反映出公司通过质押股权融资的空间有限。另外,2019 年底公司及合并范围内子公司存在多笔逾期债务,已逾期未偿还的债务合计 10.05 亿元。因未履行已生效判决,公司和子公司众泰汽车、铜峰电子已被列入失信被执行人名单,对其进一步获得银行授信额度带来一定负面影响。整体来看,公司外部融资受到了较大的限制。

(四)多次被监管处罚

多次被处罚给外部融资带来较大负面影响。截至 2019 年末,公司对外担保总额合计 22.69 亿元,占净资产的 50.78%,对外担保规模较大。此外,子公司众泰汽车在《2019 年度内部控制自我评价报告》中指出,众泰汽车经营困难、资金缺乏,因未按时发放职工薪酬,员工大量离职或不在岗,内控环境存在重大缺陷。众泰汽车年报显示,2019 年众泰汽车作为被告/申请人发生的诉讼仲裁共 489 起,主要涉及借款合同纠纷、买卖合同纠纷等,累计金额 30.42 亿元。2020 年 7 月,会计师事务所对公司 2019 年财务报表出具了无法表示意见的审计报告,形成无法表示意见的基础主要包括存在对公司持续经营能力存在重大疑虑的重大不确定性、无法获取充分适当的审计证据判断诉讼及抵押担保事项对财务报告的影响、无法确认业绩补偿的可回收性等。同年子公司众泰汽车 2019 年财务报表也被会计师事务所出具了无法表示意见的审计报告,反映公司及子公司经营存在一定问题。

四、政府纾困新工具

(一)纾困专项债券

纾困专项债券是新推出的政府纾困重要工具。截至 2022 年 6 月,全国共

有 73 只纾困专项债券,从发行数量来看,山东省、北京市、四川省和浙江省发行纾困专项债券数量最多,分别为 15 只、9 只、9 只和 6 只;从发行总额来看,山东省、四川省和广东省发行总额最多,分别为 175.6 亿元、130 亿元和 130 亿元(见表9.6)。

表 9.6　全国纾困专项债券情况

省份	发行数量/只	发行总额/亿元	平均票面利率/%
山东省	15	175.6	4.74
北京市	9	105	3.74
四川省	9	130	4.96
广东省	6	130	3.80
江苏省	6	56.3	3.97
浙江省	6	39	4.46
湖南省	5	60	5.04
河南省	4	30	4.51
安徽省	2	4	4.03
福建省	2	20	4.13
河北省	2	30	4.94
山西省	2	11.4	4.75
广西壮族自治区	1	10	3.89
黑龙江省	1	10	6.09
江西省	1	10	4.45
陕西省	1	20	4.50
重庆市	1	5	5.43
总计	73	846.3	4.47

数据来源:笔者根据 Wind 数据库整理。

浙江省的 6 只纾困专项债券中,18 台纾 01 发行于 2018 年 11 月 15 日,是浙江省最早同时也是全国最早的纾困专项债券之一。随后浙江省在 2019 年 3 月、6 月和 11 月又发行 5 只纾困专项债券(见表 9.7)。从浙江省债券违约情况来看,自 2018 年后,即浙江省开始发行纾困专项债券之后,违约债券数和违约金额均双双下降,说明纾困专项债券一定程度上能够防范化解债券违约风险。

表 9.7　浙江省纾困专项债券情况

证券代码	证券简称	省份	起息日期	到期日期	发行总额/亿元	票面利率/%
163026.SH	19 杭纾 03	浙江省	2019-11-27	2024-11-27	8.0000	3.7700
163003.SH	19 浙纾 02	浙江省	2019-11-19	2024-11-19	7.0000	3.7200
162477.SH	19 虞纾 01	浙江省	2019-11-13	2024-11-13	6.0000	4.5500
155447.SH	19 义纾 01	浙江省	2019-06-05	2024-06-05	5.0000	5.0000
155236.SH	19 杭纾 01	浙江省	2019-03-21	2024-03-21	8.0000	4.0300
155024.SH	18 台纾 01	浙江省	2018-11-15	2023-11-15	5.0000	5.7000

数据来源:笔者根据 Wind 数据库整理。

我国经济发展面临需求收缩、供给冲击、预期转弱三重压力,纾困专项债券的发行有利于帮助企业走出融资困境,应对三重压力带来的挑战。面对需求收缩,纾困专项债券能够增加对民营企业的订单需求,为民营企业生产提供必备条件的基础设施建设,增强居民消费能力、刺激消费需求;面对供给冲击,纾困专项债券为企业提供流动性支持,特别是对处于经营困难的小微企业降低其融资成本,增加民企信贷支持;面对预期转弱,纾困专项债券为市场服下"定心丸",有效提振市场信心,鼓舞投资者更关注民营企业,支持信贷资源再配置,帮助民营企业渡过难关。

(二)疫情防控债

2020 年随着新冠肺炎疫情暴发并迅速蔓延,政府为应对疫情,支持企业复工复产,出台扶持面临经营困难的企业的政策,并且通过自身或者地方政府融资平台发行专门的疫情防控债,鼓励企业发行用于疫情防控相关的债券,缓解流动性问题。对于募集资金用于疫情防控相关且金额占当期发行金额不低于10%的债务融资工具均可添加"疫情防控债"标识。截至 2022 年 6 月,全国共发行 869 只疫情防控债。从发行数量来看,北京、上海和江苏疫情防控债发行数量最多,分别为 123 只、83 只和 77 只。从发行总额来看,北京、广东和上海发行金额最高,分别为 1914.51 亿元、560.06 亿元和 541.74 亿元(见表 9.8)。

表 9.8　部分省份疫情防控债情况

省份	发行数量/只	发行总额/亿元	平均票面利率/%
北京市	123	1914.51	3.12
上海市	83	541.74	3.71
江苏省	77	321.40	4.06

续表

省份	发行数量/只	发行总额/亿元	平均票面利率/%
湖北省	76	488.31	4.13
浙江省	73	251.37	3.35
广东省	70	560.06	3.00
福建省	41	264.66	3.35
四川省	39	216.11	3.42
天津市	33	184.66	4.05
山东省	26	185.01	4.09
湖南省	18	100.05	3.41
云南省	15	102.17	4.70
河南省	14	82.00	3.70
江西省	13	60.60	4.11
重庆市	13	59.20	4.41
广西壮族自治区	11	68.40	4.95
新疆维吾尔自治区	11	51.05	4.44
贵州省	10	61.80	4.74
河北省	9	49.30	2.88
内蒙古自治区	9	51.00	2.43
黑龙江省	8	11.70	6.06
陕西省	6	42.00	3.81
安徽省	5	15.50	3.47
山西省	5	52.00	4.72
甘肃省	4	25.50	4.16
辽宁省	4	22.00	3.01
吉林省	3	7.00	3.42
宁夏回族自治区	2	6.00	3.41
海南省	1	5.00	2.50
香港特别行政区	1	10.00	3.38

从债券类别看,截至 2022 年 6 月,资产支持证券、短期融资券和公司债发行数量最多,分别发行 187 只、179 只和 159 只。国债发行总额最多,达到 70400 亿元,在疫情防控中起到中流砥柱的作用,其次为公司债和短期融资券,分别发行 1283.14 亿元和 1238.10 亿元。尽管金融债发行数量只有 30 只,但是发行金额高(总金额 937.60 亿元),利率低(平均票面利率 3.12%),为疫情期间经营困难的企业提供资金支持(见表 9.9)。

表 9.9　全国疫情防控债情况

类型	发行数量/只	发行总额/亿元	平均票面利率/%
资产支持证券	187	908.22	3.85
短期融资券	179	1238.10	3.19
公司债	159	1283.14	4.78
同业存单	132	598.10	2.56
国债	64	70400.00	2.70
中期票据	59	445.00	4.12
定向工具	44	272.70	4.33
金融债	30	937.60	3.12
地方政府债	12	46.71	3.25
国际机构债	2	80.00	2.42
可交换债	1	8.00	0.10
总计	869	76217.57	3.59

疫情防控债的推出是监管部门与市场形成合力,积极响应抗疫号召、在关键时刻及时作为的具体体现。为应对疫情,相关审批部门、银行间市场、交易所市场均明确为抗疫企业设立绿色通道,降低发债门槛,放宽审核条件。广西建工集团于一个工作日内完成全部发行准备工作,于 2020 年 2 月 7 日发行交易所首只疫情防控债。九州通医药集团 2022 年 2 月连发三期疫情防控主题的超短期融资券,注册流程不超过六天。从长期来看,随着注册制改革的深入和疫情的常态化监管,审批流程简化和审核标准的放宽使得优质企业能够更容易通过债券市场直接融资,减少疫情造成的损失,缓解融资约束问题,实现企业的可持续发展。

(三)其他公司债

地方政府通过城投平台发行公司债为经营困难的企业提供流动性。这类城投平台承担地方政府基础设施投融资建设、土地开发和环境治理等业务,为政府经济建设和社会发展提供资金。因此,为帮助政府实现企业纾困目标,城投平台通过发行公司债募集纾困资金,在承租国有企业经营性房产土地的企业减免租金等方面发挥重要作用。

以"18 海纾困"为例,该债券是由北京市海淀区国有资本运营有限公司于 2018 年 12 月 17 日发行的 5 年期公司债,发行规模为 50 亿元,发行利率仅有 4.14%,主体评级和债项评级均达到 AAA 级。"18 海纾困"债券的募集资金是根据北京市政府促进优质上市公司稳健发展、防范流动性风险,发行人拟将债券募集资金用于设立有利于稳定我国资本市场的专项股权投资基金,帮助北京市立足主营业务,经营状况良好的 A 股上市公司或其控股股东及实际控制人化解其流动性困难的问题和根据发行人财务状况和资金情况,将部分募集资金用于偿还有息负债或补充流动资金。

发行人北京市海淀区国有资本运营有限公司是一个区级城投公司,截至 2022 年 6 月共发行 57 只债券,其中一般公司债 5 只,一般企业债 5 只。"18 海纾困"规模最大、期限最长,在上清所评级中一直位列推荐级别(见表 9.10)。

表 9.10　北京市海淀区国有资本运营有限公司债券发行情况

证券代码	证券简称	证券类别	发行日期	发行规模/亿元	最新债项评级	上市地点
155100.SH	18 海纾困	一般公司债	2018-12-14	50.0000	AAA	上海
163651.SH	20 海国 03	一般公司债	2020-07-29	10.0000	AAA	上海
163260.SH	20 海国 02	一般公司债	2020-03-10	30.0000	AAA	上海
175152.SH	20 海国 04	一般公司债	2020-09-15	30.0000	AAA	上海
163211.SH	20 海国 01	一般公司债	2020-03-02	30.0000	AAA	上海
2080136.IB	20 海国资 01	一般企业债	2020-05-08	20.0000	AAA	银行间
1980311.IB	19 海国 01	一般企业债	2019-10-21	20.0000	AAA	银行间
1380247.IB	13 海淀国资债	一般企业债	2013-08-07	16.0000	AAA	银行间
1080150.IB	10 海淀国资债 02	一般企业债	2010-12-01	30.0000	AAA	银行间
1080149.IB	10 海淀国资债 01	一般企业债	2010-12-01	10.0000	AAA	银行间

五、对策建议

(一)加大对偿债、破产的监管力度

2017 年以来美国率先踏上了"去监管"的道路,《金融选择法案》提出撤销沃尔克法则,废除系统重要性银行的"生前遗嘱"。美国的去监管化金融改革,主要面向小型银行和社区银行,放宽经营限制。这一改革减轻了监管当局的监管负担,也增强了银行信贷的投放动力,美国中小企业在短期内受到的支持力度也有所加大。在我国,40 余年来改革开放成功源于"有为政府"及强监管措施。政策环境的放松不等于无节制地降低民营企业融资门槛,政府支持也不等于为民营企业的经营失败无底线兜底。目前存在部分民营企业假借政策支持和宽松环境为由,通过粉饰报表或者合谋关联发行不合法债务,一味试图通过债转股、展期降息化解债务,不按照募集说明书的偿债措施处置,在盈利的情况下申请破产、通过违约的方式逃废债的现象。针对以上问题,可移动固定资产密集型企业应加强债务存量监管,避免其因为融资渠道扩展而过度加大财务杠杆的非理性行为(张小茜和孙璐佳,2017)。

(二)有效引入国际评级,降低信息不对称和引入外资

可以考虑有效引入标普评级(陈顺殷,2019)、ESG 投资评估体系,充分发挥信用评级在风险揭示和风险定价方面的作用。这些国际评级和评估体系的引入,将有利于外国投资者特别是机构投资者进入我国债券资本市场,逐步改变我国评级市场生态,特别是在围绕改善民营企业和小微企业融资环境、加大金融服务实体经济力度、引导市场预期等方面发挥积极作用。引入外资方面,截至 2019 年 6 月末,共有 1846 家境外机构进入银行间债券市场,通过债券通进入的有 1038 个,7 月 20 日金融委办公室推出 11 条金融业对外开放新举措,为对外开放再次按下"加速键",但是交易所民营企业公司债主要在交易所交易,还享受不到对外开放的新福利,需要积极打开交易所市场开放通道。

(三)提升民营经济保险服务质效,防范化解民企风险

传统的不良贷款处置效率较为低下,难以应对目前不良率上升的局面,因此有必要寻找更有效的不良资产处置方式(张小茜和党春辉,2018)。一是改善保险供给,挖掘保险保障优势,推出科技型企业急需的各类科技保险产品,强化保险增信功能,开展"融保"供应链金融创新,政策性信保机构联合银行等金融机构为民营企业提供风险保障和融资双重支持。二是对出现风险的企业健全风险分担机制,出台民营企业融资保证保险制度,政府、银行、保险公司按照一定比例(5:2:3,或3:2:5)分摊不良债务,有效化解债务违约风险。

有必要进一步深化金融制度改革,在一定程度上减税降费、强化融资担保、财政贴息,积极出台相应的政策措施,加大支持力度,切实降低民营和小微企业融资成本,改善民营企业的金融服务环境(蒋万进,2019)。第一,要支持浙江省民营企业债券发行并有效防范违约风险,避免"一刀切",迫使企业缺乏必要的调整时间适应过渡政策,从而加剧债市波动,影响经济发展。第二,要规划长远的发展机制,统筹货币政策、金融监管政策、宏观审慎政策,既要防止过于收紧的融资约束,也要注意防备过分宽松的监管环境。第三,要坚持推动法治化、市场化进程,对于民营企业中存在的违法经营、不实举债等行为予以严惩,重新树立大众对民营企业债券市场乃至经济发展形势的信心,从而降低融资成本。第四,建议成立相关的监察小组,与市、区、乡、镇机构对接落实政策,解决民营企

业融资问题中的堵点、痛点,打通"最后一公里"。

第二节　上市公司股权质押风险和防控对策建议[①]

一、上市公司股权质押风险现状

(一)股权质押公司范围大、质押比例高

2018 年 3 月 12 日,证监会、上交所和中登公司联合发布《股票质押式回购交易及登记结算业务办法(修订)》,规定单只 A 股股票整体质押比例不得超过 50%,但由于新老划断,新规实施前存续的合约仍按原规定执行,且可以延期购回。目前,质押股份比例超过 50% 的公司有 31 家,其中有 3 家超过 70%。截至 2021 年 12 月 31 日,质押股份比例(质押股数/上市公司总股数)小于 10% 的公司数最多,共有 1198 家,占比 44.27%;超过 30% 的公司数为 243 家,占比 9.65%(见图 9.2)。

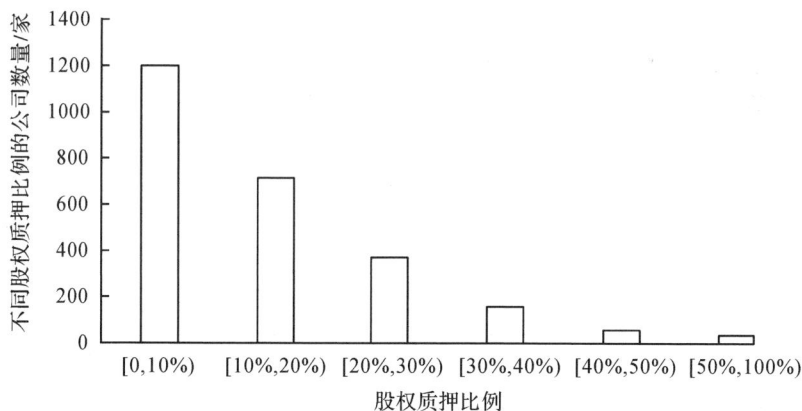

图 9.2　上市公司质押股份比例分布

数据来源:笔者根据 Wind 数据库整理。

---

① 本节内容为国家自然科学基金(71472167)、教育部重点研究基地重大项目(14JJD790010)等阶段性研究成果。相关学术论文《中国式增信的抵押权衡:股权质押 vs. 房产抵押》入选第二届中国金融学者论坛,感谢中国社科院经济所 90 周年国际研讨会"系统性风险的防范与化解"论坛与学者们的圆桌讨论。在此基础上形成的咨询要报获得浙江省重要领导的批示。

(二)股权质押与资本市场风险交叠,容易产生螺旋下跌

整体质押比例较高的公司意味着其主要股东可能将所持股份全部用于股权质押,一旦二级市场股价连续大幅下跌至越过平仓线,主要股东无追加质押的空间和充足的现金储备,可能引发强制平仓,导致股价螺旋式下跌,甚至将风险传染至整个市场。

以股价涨跌幅进行划分,在参与股权质押的 2517 家上市公司中,表现最好的 10 家公司的平均质押股份比例为 16.60%,表现最差的 10 家公司的平均质押股份比例为 19.01%(见表 9.11)。这说明,平均来看,质押股份比例越高,给股价带来的负面影响越大。

表 9.11　跌涨幅前 10 公司排名

跌幅前 10 名			涨幅前 10 名		
股票简称	质押比例/%	近一年涨跌幅/%	股票简称	质押比例/%	近一年涨跌幅/%
中公教育	28.64	−77.63	湖北宜化	7.02	565.94
华夏幸福	13.34	−72.16	联创股份	2.29	488.93
ST 凯乐	7.62	−71.56	森特股份	2.78	470.85
*ST 易见	17.50	−68.66	江特电机	9.96	456.57
*ST 金刚	21.49	−67.70	九安医疗	8.27	440.89
中潜股份	26.34	−65.57	*ST 德新	17.93	439.45
ST 天山	15.02	−64.69	藏格矿业	53.13	411.86
学大教育	10.56	−63.75	*ST 赫美	15.96	387.74
*ST 美尚	34.67	−61.95	精功科技	35.54	386.96
豆神教育	14.88	−57.07	*ST 众泰	13.15	370.37

数据来源:笔者根据 Wind 数据库整理。

根据 CSMAR 数据库,截至 2021 年 12 月 31 日,沪深两市质押股份比例较高的公司有海德股份、*ST 银亿、国城矿业,这些公司的质押股份比例都超过了 70%。其中海德股份的高质押来源于控制人永泰集团的债务违约,*ST 银亿则是战略转型失败导致出现债务违约、股份减持,目前已经申请破产清算,国城矿业由原本的建新矿业破产重整,但业绩持续低迷,股权质押高企,面临爆仓危机(见表 9.12)。

表 9.12 质押股份比例超过 70% 的公司概况

代码	简称	质押比例/%	质押股数/亿股	质押市值/亿元	无限售股质押股数/亿股	限售股质押股数/亿股	近一年涨跌幅/%
000567	海德股份	75.09	4.81	85.93	4.81	0	100.56
000981	*ST 银亿	72.33	29.14	97.89	15.12	14.02	63.90
000688	国城矿业	70.87	8.06	112.68	8.06	0	41.01

数据来源:笔者根据 Wind 数据库整理。

(三)监管放松可能导致风险敞口放大

2019 年 8 月 9 日,证监会指导沪深交易所再次修订出台《融资融券交易实施细则》,扩大融资融券标的股票数,放松最低维持担保比例的限制,这一监管制度调整有利于一定程度解决融资难、融资贵问题,但是也可能导致股权质押爆仓和资本市场的系统性风险急速上升、快速传染。

2019 年 8 月以来,上市公司质押爆仓事件集中显现,平均每天有 1 家上市公司质押爆仓,当代东方、延安必康、凯乐科技、派生科技、胜利精密、天夏智慧、三夫户外、迅游科技、众应互联、凯美特气、拉夏贝尔、宜华健康等发布了公司股东被动减持的相关公告。以藏格控股、三六零、美锦能源和供销大集为代表,质押股份主要为限售股的上市公司可能导致券商无法进行强制平仓,只得计提减值准备。太平洋证券、山西证券、东方证券、东北证券、西部证券等多家券商因质押"踩雷"而计提的资产减值准备合计规模已超 13 亿元。

二、股权质押风险分析

(一)风险成因

在实现促进金融服务实体经济、提高企业直接融资比重的目标中,债券市场本应承担重要角色。但在现实中,由于发债综合成本居高不下、评级机构存在"所有制"歧视、债券产品相对匮乏等外部因素,以及民企本身资源少、竞争力弱、抗风险能力差、财务管理不规范、信息披露不透明、信用记录不佳等内部因素,民企从债券市场获得的融资额非常有限。

在这种背景下,抵押贷款融资成为企业重要的融资渠道。在多种抵押贷款标的物中,股权和房产是最重要的两类。房价的变动会直接影响企业的房产抵押融资额，当企业的融资需求一定时，会导致企业的股权质押融资需求反向变动。

2015—2016 年，中国的房产市场经历了一个快速发展的阶段，2016 年末各线城市的房价达到了阶段性的顶峰。为抑制房价过高危及经济稳定，2016 年底的中央经济工作会议提出"房住不炒"定位，2017 年全国各地出台楼市相关政策近 200 余次，"因城施策""银行房贷利率收紧""租售同权"等相关政策陆续出台，导致 2017 年全国房价增速大幅下跌（见图 9.3）。这为 2018 年大量的股权质押爆仓事件埋下了伏笔。

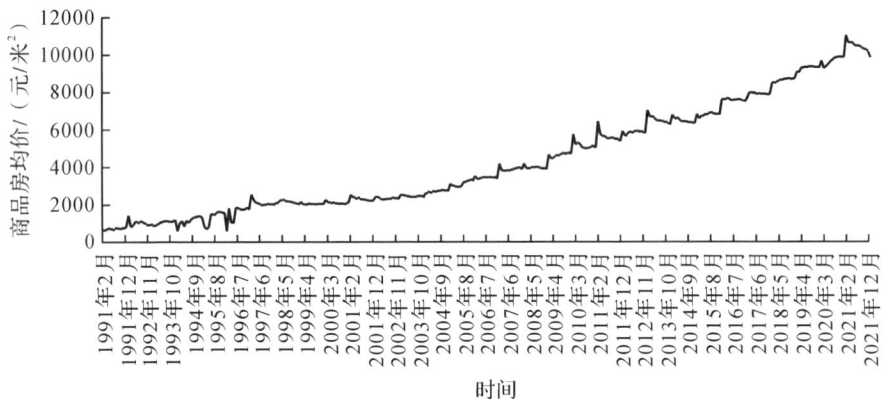

图 9.3　商品房月度均价

数据来源：笔者根据 Wind 数据库整理。

值得注意的是，2019 年 7 月 30 日政治局会议对房地产、上市公司等进行新表述，对于房地产继续坚持房子是用来住的不是用来炒的定位，将之前"落实好一城一策、因城施策、城市政府主体责任的长效调控"修改为"落实房地产长效管理机制，不将房地产作为短期刺激经济的手段"，释放了重磅政策信号。随后，2019 年 8 月的股权质押爆仓频率几乎达到了一天一爆仓。种种迹象均表明，政府对房产市场监管导致的房价变动是造成当前股权质押市场现状的重要因素。

（二）风险传染与扩散

1. 股价下行压力加剧风险

由于股票市场价格具有较大的波动性，一般股权质押合同会设定质押率为 30%～50%，以保护质权人的利益，且会设定警戒线（质押股票市值/质押融资额，一般为 150%～170%）和平仓线（质押股票市值/质押融资额，一般为 130%～

150％），当股价下跌至警戒线时,质权人会要求出质人补充质押物;当股价下跌至平仓线时,若出质人未满足补充质押物要求且无法赎回质押股份,则质权人有权抛售质押股份。质权人的这种强制平仓行为在短期内会进一步对股价形成下行压力,加剧市场波动。

2.控制权转移风险

目前,上市公司大股东股权质押的质权人主要为市场上的金融机构,由于这些机构普遍没有从事长期经济管理的安排,强平会导致上市公司的控制权发生转移。控股股东和实际控制人的频繁变更会导致经营管理不稳定,影响公司正常履行信息披露要求,给公司治理和持续稳定带来负面影响。

3.流动性风险

质权人的强制平仓需要通过起诉、司法拍卖、找第三方场外接盘等方式实现。第一,质押股份中一部分是限售股,流动性本身就较低;第二,下行压力加剧的风险增加了市场对股价进一步下跌的期望,可能导致强平无法实现,进一步降低流动性;第三,在控制权转移风险下,控股股东为了避免发生强平,可能向上市公司施加停牌压力,直至市场企稳,这影响了市场交易的连续性和证券的流动性,给市场交易机制带来了负面影响。

4.道德风险

股权质押的融资额、警戒线、平仓线与上市公司的股价密切相关。当股价大幅下跌时,为了避免发生强平,进行股权质押的大股东会有要求上市公司违法违规发布利好消息的动机。当大股东的股权被冻结时,会更有占用上市公司资金的动机,对公司业绩产生负面影响。

5.市场传染风险

一家上市公司可能会有多个质权人,若该公司的某一起股权质押事件发生平仓,股价下跌的风险会传染至其他质权人。这可能引发诸多质权人的平仓行为,且这次交易的亏损会导致质权人加大对其他触及平仓线股票的平仓力度,将风险传染至整个股票市场。

三、对策建议

(一)事前审慎评估、收缩风险敞口

上市公司高比例的股权质押在很大程度上是由于融资难融资贵问题,疏通融资渠道是缓解股权质押风险的关键。政府应重视房产市场和股权质押市场的相关关系,合理监管权衡股权质押风险和房价稳定;有效落实"三支箭"政策,从信贷、债券、股权等多个方面给予支持,在宏观审慎下鼓励金融机构增加信贷投放;支持并响应央行推出的债券融资支持工具,通过出售信用风险缓释工具、担保增信等多种方式,为经营正常、流动性遇到暂时困难的企业发展提供增信支持;推动企业股权融资支持工具的实施,针对当前股权质押比例高的平仓风险,对非理性行为加以疏导。

作为质权人的银行、信托机构、证券公司等在考虑发放股权质押贷款时应持审慎态度,特别是对非上市公司的股权质押申请。由于股价具有较大的波动性,非上市公司的股权更是缺乏合理高效的定价方法,建议采用流通性、保值性强的标的作为抵押物。

(二)加强事中实时监督

质权人应当关注企业的经营历史、合规情况、发展战略以及市场、行业的发展趋势,选取经营稳健、市场认可度较高、信用等级较好的目标企业股权作为质押标的;应重视被质押股份的市场价值,对缺乏公开交易平台的非上市企业股权,有必要通过专业评估机构进行估值,或根据最新审计情况进行测算;在确定股权价值的基础上,应参考相关法律规定及目标企业自身的经营收入情况确定合理的质押率。

出质人应当按照证监会及交易所的信息披露要求及时登记公示股权质押事项。持有上市公司5%以上股权的股东进行股权质押时应取得公司董事会知悉确认函,上市公司年报和半年报应披露持股5%以上股东的股权质押情况。未经质权人书面同意,出质人不得转让质押股份,若由此导致质权人或第三方损失,出质人应承担赔偿责任。

同时,要进一步加强资本市场监管、防范股价操纵行为,严控一切以"市值管理"名义操纵股价,运用"股权质押"实现套现,特别要加强多家公司控股股东或关联方的信息披露,密切关注股权质押市场操作形成的风险跨市场传染。

(三)事后资产处置

当面临平仓风险时,出质人应及时补充或赎回质押股份。若由于已进行了高比例质押导致无补充质押空间,或缺少充足现金流赎回质押,可以宣布停牌,随后公告筹措资金、追加保证金或追加质押物等措施,待市场企稳后重新回到股票市场。2016年熔断发生后,高股权质押风险公司申请停牌的有冠福股份、齐心集团、海虹控股、锡业股份、大东南、银河生物以及同洲电子。除同洲电子外,其他公司均平稳度过了风险时期。

　　另外,积极引进清算机构,分资产质量进行违约处置。对于运营情况尚好、只是短期流动性紧缺的企业,可以借鉴期货交易清算所模式,通过银行、交易所进行平仓清算。积极引进 AMC、司法拍卖进行不良资产处置,对于影响范围大、容易产生风险传染的 TBTF(大而不能倒)企业要妥善提供政府援助,以避免系统性风险的传染和扩散。

第三节　ETF 产品助力长三角一体化和降低企业债务风险[①]

一、长三角一体化及其风险

　　2018 年 11 月 5 日,习近平总书记在首届中国国际进口博览会上宣布支持长江三角洲区域一体化发展并上升为国家战略,同"一带一路"建设、京津冀协同发展、长江经济带发展、粤港澳大湾区建设相互配合,完善中国改革开放空间布局。[②] 2019 年 12 月,国务院正式印发《长江三角洲区域一体化发展规划纲要》,长三角一体化正式成为我国最新发展热点之一。"长三角一体化协同发展"成为国家战略,除立足上海建设国际金融中心、浙江建设油品贸易中心的定位之外,更应有效利用已有资本市场特别是 ETF 产品对冲风险、助力长三角一体化。

　　2021 年长三角地区生产总值超过 27 万亿元,占全国比重高达 24%,相当于粤港澳大湾区的 2 倍、京津冀的 2.7 倍。长三角地区是我国经济发展最活跃、开放程度最高、创新能力最强的区域之一,在国家现代化建设大局和全方位开放格局中具有举足轻重的战略地位;推动长三角一体化发展,增强长三角地区创新能力和竞争能力,提高经济集聚度、区域连接性和政策协同效率,对引领全国高质量发展、建设现代化经济体系意义重大。

　　短期看,长三角一体化是中国经济从高速增长迈向高质量发展的主要引

---

①　在此基础上形成的咨询要报获得时任浙江省省长郑栅洁批示综合采用。

②　习近平.共建创新包容的开放型世界经济:在首届中国国际进口博览会开幕式上的主旨演讲(2018 年 11 月 5 日)[M].北京:人民出版社,2018.

擎。当从高速度向高质量转变之时,中国经济既面临增长下行压力加大的风险,也面临转型升级步履蹒跚的问题,急需一些转型初步成功、经济增长势头良好的区域中心发挥外溢效应,带动更大范围的周边地区增长和转型。环视中国东部区域,尽管京津冀、粤港澳大湾区也具有带动周边城市群、都市圈增长的潜力,但是受到京津冀内部市场化水平不高、粤港澳外部不确定性因素增加的影响,长三角地区是肩负这一重任的不二主体。

长期看,一体化的长三角是我国参与国际竞争并走向舞台中心的主要平台,也是支撑中华民族伟大复兴的重要动力。长三角一体化是以东中一体应对南北分化的核心和前沿、构筑高质量发展"长江经济防线"的主体工程,有利于资源在长三角地区范围内合理配置,降低交易成本,深化分工与合作以提高效率,更加充分地共享外部性等;有利于提升长三角在世界经济格局中的能级和水平,引领我国参与全球合作和竞争;有利于深入实施区域协调发展战略,探索区域一体化发展的制度体系和路径模式,引领长江经济带发展,为全国区域一体化发展提供示范;有利于充分发挥区域内各地区的比较优势,提升长三角地区整体综合实力,使长三角地区在全面建设社会主义现代化国家新征程中走在全国前列。

当前,杭州的城市能级正在蝶变,经济形态正在迭代,社会治理正在攻坚,迫切需要内生动力与外部赋能的交互作用,这与长三角一体化发展国家战略的实施形成了历史性的交汇。杭州作为长三角南翼中心城市,需要更好地发挥在浙江融入长三角中的"头雁"作用,更好地服务国家战略发展大局。

但纵观国际国内对区域一体化的各种尝试和实践就能发现,一体化既能带来机会与红利,也可能引发风险和挑战。因此,虽然从目前的经济社会发展来看,杭州进一步融入长三角区域一体化的机遇大于挑战、红利大于风险,但是仍有必要全面客观地研判融入长三角一体化过程中可能面临的条件和环境。

长三角一体化可能带来的挑战之一,就是风险互联一体。商品、要素、产业和基础设施、公共服务一体化使得区域内可能共同分享红利的同时,也使风险外溢的程度加重。正如全球化将世界各国各地区更紧密便捷地联系在一起,让大多数参与方都分享到红利,同时也导致风险更直接迅速地在全球范围内传播。由于区域尺度上的分工合作,长三角各省(市)之间的产业及经济社会活动都在"一个链"和"一条船"上。比如,同一个产业融资在上海、研发在江苏苏州、营销在浙江杭州、生产在安徽芜湖,这时候如果有一个环节出了问题,整条产业链上的各座城市都会受到影响。市场一体化使得产品、要素尤其游资在全区域范围内自由、快速流动,使得一座城市、一个行业的风险会迅速传染和蔓延。因此，目前亟待思考和开发的就是一种有效的避险工具，事实上这个工具已经在资本市场诞生，目前所要做的就是如何引导市场更有效地利用这个工具对冲风险。

二、指数 ETF 产品最新趋势

ETF(Exchange Traded Fund)，即交易型开放式指数基金，是一种代表一篮子股票的所有权、追踪和拟合某种指数的基金。由于所追踪指数在标的组合中一般包含较多的股票，购买 ETF 相当于分散化投资于一篮子股票，因此组合波动小、投资风险低。ETF 基金作为金融衍生工具的重大创新之一，使投资者拥有更加多样化的投资渠道和选择，在世界范围内对股票市场产生了巨大而深远的影响。截至 2021 年底，美国 ETF 市场占全球 ETF 市场规模的 70.2%，欧洲占比 15.6%，2021 年美国和欧洲的 ETF 市场规模增幅较大，分别上升 31.9% 和 24.7%，高于过去十年年均复合增长率（21.1% 和 18.2%），我国 ETF 总规模达到 1.4 万亿元，较上一年增长 30.55%。2021 年全球股市受新冠肺炎疫情影响出现大幅波动，但并未改变 ETF 市场资金持续流入的趋势，因此对冲区域、行业风险的主题性 ETF 亟需大力支持。

2016 年初，上海松江发起并率先启动 1.0 版 G60 上海松江科创走廊建设。2017 年 7 月，松江与杭州、嘉兴签订《沪嘉杭 G60 科创走廊建设战略合作协议》，形成沪嘉杭联动科创走廊。G60 科创走廊正在打造"一廊一核多城"总体空间布局，其涵盖了长三角区域的杭州、合肥、苏州、上海、芜湖、宣城、湖州、嘉兴、金华等多个城市，覆盖面积约 7.62 万平方公里，区域常住人口约 4900 万人，地区生产总值总量约 4.86 万亿元，将共建以机器人及智能制造、集成电路、生物医药、高端装备、新能源、新材料、新能源汽车等为主导的产业集群，推动长三角 G60 科创走廊科创企业与上交所深度对接、实体经济与资本市场深度融合、先进制造业产业链创新链价值链深度整合。截至 2019 年，G60 科创走廊九城市内共有 420 家主板上市公司，其中科创型上市公司 131 家。2019 年 11 月 29 日，上海证券交易所、中证指数有限公司联合发布长三角一体化的相关指标——上证 G60 创新综合指数和上证 G60 战略新兴产业成份指数。以往的指数或偏向于区域，或偏向于行业，比较单一，而 G60 指数包含了民营经济、区域经济和产业经济这三大我国新的经济增长点。目前 G60 指数已编制完成并推出，在未来条件成熟时即将推出基于 G60 指数的 ETF 产品。

2019 年 3 月，中证指数有限公司正式发布中证长三角一体化发展主题指数。2019 年 9 月,上交所和中证指数有限公司正式发布上证长三角领先指数和中证交银理财长三角指数。同月,上交所首个长三角 ETF——"添富中证长三角 ETF"(512650)——获批发行,跟踪中证长三角一体化发展主题指数长三角 ETF 涵盖了一市三省 180 家上市公司,行业范围涉及金融、制造、交通运输、公用事业、医疗保健等多个领域,总市值达到 9.3 万亿元,占到一市三省全部上市公司市值的 60%。该产品以金融创新为突破点,实现资本跨区域投资,率先体现了金融一体化的市场特征,将成为反映长三角区域改革发展成果的风向标,并成为市场各方参与长三角区域一体化投资的重要标的。其他区域性 ETF 还包括 2019 年 6 月发布的国内首只粤港澳大湾区主题 ETF——"平安粤港澳大湾区 ETF",以及环渤海、珠三角、中部、西部、东北概念等诸多区域性 ETF。

2017 年 12 月,南华基金和中证指数正式发布中证杭州湾区指数,该指数成分股由 100 家上市公司组成,目前涵盖浙江 80 家上市公司和上海 20 家上市公司,是国内首支湾区概念指数,主要分布于科技、金融、航运、高端装备制造以及新兴消费等行业,体现了浙江科创中心、金融港湾、航运中心和民营经济的特色。2018 年 11 月,南华基金和中证指数推出了首只聚焦于环杭州区域,以中证杭州湾区指数为跟踪指数的 ETF 产品——南华中证杭州湾区 ETF(已于 2019 年实现了由场外到场内交易的转变)。这些区域性 ETF 产品都可以成为对冲区域风险的有力工具。

三、ETF 助力数字经济发展、促进长三角一体化

数字经济是以数字化的知识和信息为关键生产要素,以数字技术创新为核心驱动力,以现代信息网络为重要载体,通过数字技术与实体经济深度融合,不断提高传统产业数字化、智能化水平,加速重构经济发展与政府治理模式的新型经济形态。主要包括信息通信产业,具体包括电子信息制造业、软件和信息技术服务业、互联网行业等,涉及人工智能、大数据、"互联网+"、5G、区块链、人脸识别、物联网、智慧城市等概念。

ETF 作为良好的大类资产配置工具,有利于引导投资者长期资产配置方向,支持重点领域发展,服务国家战略部署。2020 年以来涌现出了大量半导体 ETF、人工智能 ETF、5G ETF、先进制造 ETF、芯片 ETF 等,是 ETF 贯彻落实"加快建设制造强国,加快发展先进制造业,推动互联网、大数据、人工智能和实体经济深度融合"的党的十九大战略部署、支持战略性新兴产业发展和促进当

前实体经济向增长新动能转型升级的具体体现和重要举措;同时也是杭州市利用自身数字经济发展优势,进一步实现与长三角数字经济产业融合的最佳手段之一。

从 2020 年的情况看,长三角地区数字经济总量达到 10.83 万亿元,占到全国数字经济的 28%,而且占当地地区生产总值规模的 44.26%。根据中国信通院预测,2021—2025 年,5G 商业推广应用可以直接拉动 GDP 约 10 万亿元,间接拉动 GDP 约 25 万亿元,同时直接创造 300 万个就业岗位。目前长三角地区各省份发展数字经济各有特色,上海市的国有企业比重比较大,安徽省和江苏省在智能制造和消费数字经济方面都有长足发展,浙江省数字经济以民营企业为主,龙头上市公司发挥了引领作用。

杭州市是长三角范围内数字经济一体化程度最高的城市之一。2017 年 12 月,杭州市发布《杭州市人民政府关于加快推动杭州未来产业发展的指导意见》,开始率先探索布局人工智能、虚拟现实、区块链、量子技术、增材制造、商用航空航天、生物技术和生命科学等重点前沿领域。这七大未来产业与数字经济发展高度相关,目前杭州市内共有 42 家上市公司开始涉足,占杭州市上市公司总数的 25.93%,合计总市值达 13600.17 亿元,占杭州市上市公司总体市值的 47.74%,涉及七大产业上市公司平均净利润远高于杭州市及浙江省平均水平(见表 9.13)。

表 9.13 杭州市七大未来产业上市公司与杭州市及浙江省整体上市公司对比

范围	公司数/家	总市值/亿元	营业收入/亿元	净利润/亿元	平均营收/亿元	平均净利润/亿元
七大产业	42	13600.17	2971.92	324.24	70.76	7.72
杭州市	162	28487.99	14315.04	936.53	88.36	5.78
浙江省	517	66700.00	30944.75	2572.88	57.92	4.37

数据来源:杭州市《2020 年度上市公司白皮书》及笔者整理。

2019 年 8 月,杭州市政府办公厅印发了《杭州市落实长三角区域一体化发展国家战略行动计划》,提出了围绕建设创新活力之城,全力打造中国数字经济第一城。坚持数字产业化、产业数字化、城市数字化"三化融合",巩固扩大电子信息、数字贸易、金融科技等优势,深入推进传统制造业数字化改造,加快构建以数字经济为引领,以集成电路、人工智能、航空航天、生物经济为特色的世界级产业集群,打造综合性国家产业创新中心、国际金融科技中心、新型国际贸易策源地。到 2025 年打造 15 家以上国际知名的金融科技领军企业,金融科技产业增加值达到 1500 亿元以上。

目前,杭州市数字经济龙头上市公司主要包括电子行业的海康威视、云计算行业的杭钢股份、人工智能行业的大华股份和区块链领域的恒生电子等,其中海康威视是唯一一家总市值超过千亿元的上市公司。这 4 家公司均是七大未来产业和金融科技领域融合发展的"领头羊"。此外杭州市还有多家在信息产业、金融、云计算、通信电源等行业内处于领先地位的上市公司被纳入为南华中证杭州湾区 ETF 成分股。它们的溢出效应将通过带动 ETF 增长,为成分股内其他上市公司带来增量投资,促进长三角一体化范围内数字经济产业的融合发展。截至 2021 年 12 月 31 日,南华中证杭州湾区 ETF 实现增长 97.11%(见表 9.14)。

表 9.14　杭州市数字经济领域部分纳入中证杭州湾区指数成分股上市公司明细

证券代码	证券名称	总市值/亿元	营业收入/亿元	营收同比/%	归母净利润/亿元	净利润同比/%
002415.SZ	海康威视	4884.49	814.2	28.21	168	25.51
300347.SZ	泰格医药	1057.28	52.14	63.32	28.74	64.26
600570.SH	恒生电子	908.40	54.97	31.73	14.64	10.73
300033.SZ	同花顺	777.26	35.1	23.43	19.11	10.86
002236.SZ	大华股份	702.76	328.35	24.07	31.03	13.47
300144.SZ	宋城演艺	374.42	11.85	69.36	3.15	117.98
002444.SZ	巨星科技	348.86	109.2	27.8	12.7	−5.93
300558.SZ	贝达药业	331.28	22.46	20.08	3.83	−36.83
002019.SZ	亿帆医药	217.45	44.09	−18.36	2.78	−71.25
300244.SZ	迪安诊断	208.29	130.83	22.85	11.63	44.83
300768.SZ	迪普科技	177.07	10.3	15.59	3.09	11.91
300451.SZ	创业慧康	170.78	18.99	16.3	4.13	24.28

数据来源:Wind 及笔者整理,数据来源于各上市公司 2021 年年报,截至 2022 年 4 月 26 日部分公司尚未披露 2021 年年报,暂不纳入统计。

四、ETF 防范股权质押风险、助力上市公司平稳发展

股权质押是指股东将公司股权作为质押物转交给银行等金融机构从而获得贷款的融资方式。2004 年,中国人民银行、中国银行业监督管理委员会和中国证券监督管理委员会颁布《证券公司股票质押贷款管理办法》,其中第五章第二十七条规定:为控制因股票价格波动带来的风险,特设立警戒线和平仓线。

警戒线比例(质押股票市值/贷款本金×100％)最低为135％,平仓线比例(质押股票市值/贷款本金×100％)最低为120％。在质押股票市值与贷款本金之比降至警戒线时,贷款人应要求借款人即时补足因证券价格下跌造成的质押价值缺口。在质押股票市值与贷款本金之比降至平仓线时,贷款人应及时出售质押股票,所得款项用于还本付息,余款清退给借款人,不足部分由借款人清偿。

从需求方来看,大部分上市公司选择股权质押融资都是为了缓解流动性受困,这一问题在小型、民营和科技类公司中更为普遍,考虑到机构贷款分配的不均,这些公司在面临股权质押风险时会比大型和国有企业遭受更大的损失。此外公司声誉、评级等定性因素可能从侧面影响公司经营及后续融资。

我国股权质押市场从2014年末开始一直保持快速增长趋势,2017年达到顶峰,总市值达6.15万亿元,众多媒体将其称为"疯狂的股权质押"、"无股不压"的股票市场。截至2021年12月31日,杭州市共有104家公司的控股股东进行股权质押,质押公司占比30.86％,低于全省的51.63％;合计质押股数74.09亿股,占总股本比例为11.11％,低于全省的11.26％。与浙江省对比,杭州市高比例质押上市公司占比均低于浙江省,整体质押风险相对较低(见表9.15)。

表9.15 杭州市上市公司控股股东质押情况

指标	浙江省	杭州市
上市公司数量/家	337	162
进行股权质押公司数/家	174	50
质押率超过20％公司数/家	36	8
质押率超过20％公司占比/％	20.69	16.00

数据来源:笔者根据Wind数据库整理。

在防范股权质押风险上,ETF以其特有优势发挥了重要作用。一方面,ETF可以为面临螺旋式下跌风险的股票提供支撑,通过成分股之间的联动效应,当某只成分股因股权质押面临强制平仓时,其他成分股通过维持ETF价格稳定为其股价提供支撑。另一方面,ETF有效降低股权质押融资需求,为标的指数成分股带来的增量资金从需求侧缓解上市公司面临的流动性紧缩问题。2020年初受到新冠肺炎疫情的影响,大量上市公司无法维持正常生产经营,股价受到严重冲击,但在2020年2月24日—3月20日,国内股票ETF资金合计净流入502亿元。在四周的时间内,有三周保持资金净流入,且流入资金均在百亿元以上。这充分显示了国内股票ETF对防范负面冲击、维护资本市场稳定发挥的积极作用。

五、利用指数 ETF 进行风险对冲及浙江应用建议

在市场波动较大时,ETF 还能够有效管理流动性风险。波动较大的市场买卖双方力量并不均衡,当 ETF 份额供给大于需求时,如果 ETF 的交易交割大幅下跌,会出现 ETF 的折价现象(ETF 交易价格低于其净值)。此时,机构投资者就会从二级市场上买入 ETF 份额,然后向基金公司赎回获得一篮子股票,再将股票在二级市场上卖出。通过这种方式,投资者不仅获得交易价差带来的利润,而且消除了市场上过度供给的 ETF 份额,缓解了流动性过剩风险,使市场上供给需求再度达到平衡。

2008 年金融危机期间,为维持日本股票市场稳定,日本央行开始购买日本市场宽基 ETF,如 TOPIX、日经 225 指数 ETF 等。截至 2021 年底,日本国内 ETF 规模约 76 亿美元,央行持有 ETF 占比超过 70%。央行的持续购买行动有效提振了日本股市信心,日本主要股指开始出现稳步上涨,股票市场重新吸引到投资者的关注。2020 年,受新冠肺炎疫情影响,全球股票市场出现大幅波动。为维持股票市场稳定,日本央行将 ETF 年度购买目标从 6 万亿日元增加至 12 万亿日元。3 月 23 日,美联储依据《联邦储备法》第 13 条第 3 款,宣布了 3 项新的宽松政策,其中之一就是二级市场公司信贷工具(SMCCF),设立 SPV 并从二级市场购买剩余期限在 5 年以内的投资级公司债,以及投资于投资级公司债的债券 ETF。可以看出在历次市场大幅波动期间,ETF 都成为各国稳定市场的重要工具之一,发挥着重要的作用。

浙江省作为期货业大省,已经开始了 ETF 产品的新尝试。截至 2021 年 12 月底,浙江共有期货公司 12 家,包括永安期货、南华期货等业界领军公司。南华期货已推出杭州湾 ETF,以上海为龙头、杭州宁波为极核、舟山嘉兴绍兴为协同空间,以及辐射的沿海和腹地空间,成分股包含浙江与上海的 100 家上市公司。南华中证杭州湾区 ETF 自首发至 2021 年 12 月 30 日实现净值增长率 97.11%,成分股内公司股价都有所上涨。

建议借助 ETF 产品从以下五个方面更有效地对冲区域和产业风险、助力杭州融入长三角一体化发展:

第一,利用 ETF 期权的做空机制有效缓解金融泡沫问题。在股市中,由于投资者并非完全理性,当某行业快速发展时可能导致大量资金迅速涌入这些行业的公司,推动其股票市价远远超过其内在价值。如击鼓传花一般,在股市上行时,投资者们都相信还会有比自己更大的傻瓜接盘("博傻理论"),因此明知

股价被高估还会继续买入,产生金融泡沫。ETF 期权的做空机制弥补了目前我国股票市场融券机制尚不发达、只能单边操作的缺陷,当股价被高估时,拥有负面信息的投资者除了等待其回归内在价值,还多了主动做空进行套利的选择。此外,ETF 通常对跟踪误差(tracking error)有一定的要求。为了确定 ETF 的价格是紧密跟踪指数价格的,基金经理会监视 ETF 的价格和 ETF 成分股的价格。当 ETF 的价格低于它所包含的股票的价格时,基金经理会买入 ETF,做空股票,反之亦然。对其成分股发挥价格发现功能。

第二,利用 ETF 成分股的联动效应降低单一股票的波动、增强区域内企业的抗击能力。当 ETF 价格和其成分股市场价格不一致时,套利者可以采用同时在 ETF 市场和股票市场建立相反头寸的无风险套利交易策略,但是在传递信息的同时,对 ETF 需求产生的价格压力也会导致成分股之间产生联动效应。因此 ETF 的出现增加了市场的深度,使某个事件对某只股票的冲击不至于迅速导致股价的大起大落,降低了标的成分股的波动性,对于企业而言是更好的"稳定剂"。

目前,随着中国经济增长的三驾马车陆续减速,需要寻找新增长点,产业、区域、民企是新增长点的重要抓手,像 G60 这样的 ETF 涵盖了这三个方面,能够有效对冲长三角一体化带来的风险,为企业赋能、为市场降风险。同时,在推广中也要注意以下问题:一是类似指数是否重复,比如主题类中的上证新兴、上证沪企、上证高新;二是要真正支持产业和区域发展,禁止"左手拿了放右手"。

第三,鼓励企业积极有效利用 ETF 作为资本市场融资工具。2021 年杭州市共有 78 家上市公司共进行了 173 次并购重组,涉及资产价值 329.37 亿元。其中,使用自有资金进行重组的共计 161 次,并购金额分别占比 48.23%。自有资金占巨大比重,一方面显示出企业自有资金较充裕,另一方面也显示出企业重组资金来源相对单一,没有有效利用资本市场融资工具(见表 9.16)。

表 9.16　2021 年杭州市上市公司重组资金来源

资金来源	并购次数/次	并购金额/亿元	金额占比/%
自有资金	161	257.67	78.23
自有资金和银行贷款	7	43.86	13.32
定向增发	2	17.31	5.26
银行贷款	2	9.33	2.83
自有资金和股权融资	1	1.20	0.36
合计	173	329.37	100.00

数据来源:CSMAR。

第四,积极鼓励利用 ETF 产品缓解外部负面冲击下的抛售压力和流动性风险,维护市场稳定。在发生外部负面冲击的情况下,资金紧张的金融机构将股票篮中的股票抛售,势必会进一步影响散户对市场的预期,引起市场恐慌,加剧市场抛盘,造成股价下挫,从而形成恶性循环。如果机构投资者将股票篮中的股票换成 ETF 份额,再将其在二级市场卖出,这样不但能使投资者达到抛售股票的目的,而且还可以消除或减少对广大散户投资预期的影响,从而大大缓解对市场的压力。

第四节　从城投债着手化解政府隐性债务、释放财政政策有效空间①

一、化解政府隐性债务能够赋予财政政策有效空间

(一)债务成为世界面临的关键问题

国际货币基金组织 2020 年年报强调了新冠肺炎疫情带来的新问题,高负债将影响未来数年。受疫情冲击,各国债务和赤字急速攀升,美国出现了比 2009 年金融危机时经济刺激计划更高的债务和赤字水平,中国债务也在疫情后出现 2007 年以来的最高增幅。世界各国普遍从财政政策和货币政策两个方面进行应对,采取低利率和政府担保两个工具。美国、欧盟和其他发达国家和地区采取前所未有的政策支持,2020 年金融状况显著缓解,企业高估值引领了市场信心重建,欧美国家在货币政策和宏观金融政策上举措较多。

中国在财政政策上可操作性强,国民经济持续增长、政府债务低赋予财政政策更大的实施空间。中国政府债务远低于美国(据 IMF 计算,2020 年中美两国政府债务与 GDP 之比分别为 68.1%、134.2%,见图 9.4)。按照国家统计局核算数据,2021 年我国政府债务余额与 GDP 之比为 29.10%,低于国际通行的 60% 警戒线。

---

① 在此基础上形成的咨询要报获得民盟中央批示采用。

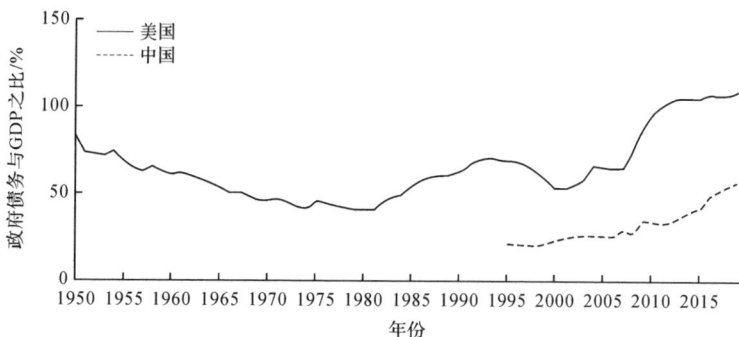

图 9.4　中美政府债务情况比较

资料来源：IMF 全球债务数据库。

（二）不能忽视的政府隐性债务

从表面来看，中国政府债务远低于美国和国际平均水平，但实际上市政债券中没有包含地方政府融资平台发行的城投债，城投债和政府担保的债务构成了政府隐性债务。截至 2021 年 12 月末，全国地方政府债务余额 30.3 万亿元，其中一般债务 13.77 万亿元、专项债务 16.70 万亿元，城投债目前有 12.99 万亿元的规模，与政府一般债务规模相当，2021 年城投债总发行规模 5.79 万亿元，净融资规模 2.37 亿元，较 2020 年分别增长 26%和 10%。

城投债目前面临的严重问题是偿债压力大、区域风险高。亚太地区 2020—2024 年到期债券总额中，中国远高于其他亚太国家，而且今后三年持续处于偿债高峰（见图 9.5）。具体到城投债，2021 年到期或回售的城投债规模约为 3.5 万亿元，比重最高的地区为辽宁省（高达 52%），比重超过 40%的地区从高到低依次为黑龙江、广东、新疆和山西，浙江到期占比较低。

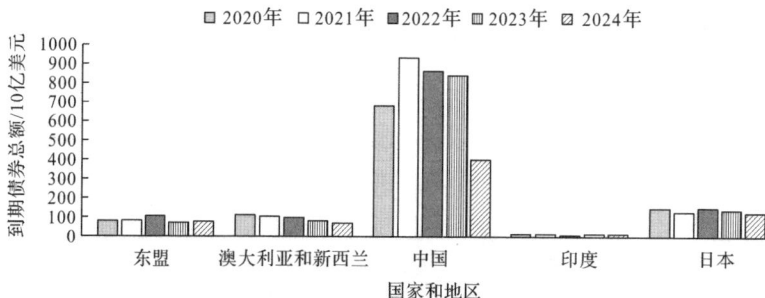

图 9.5　亚太地区到期债券总额比较

资料来源：标普全球《2020 年 4 季度亚太信用市场报告》，数据截至 2020 年 10 月 30 日。

(三)城投债化解政府债务的局限性显现

城投债在 2009 年和 2010 年财政扩张中发挥了巨大的积极作用。2015 年之前,受到财政分权的影响,地方政府无法发行债券筹集资金,通过地方政府融资平台发行城投债筹资成为解决这一难题、促进基建和经济发展的有力工具。

虽然监管层一再强调地方隐性债务问题,实际上城投债仍然是重要的化债手段。2014 年国务院 43 号文将地方政府融资平台与地方政府脱钩、削弱政府隐性担保。2017 年中央政治局会议强调,要积极稳妥化解累积的地方政府债务风险,有效规范地方政府举债融资,坚决遏制隐性债务增量。但是,在这些政策重拳下,还是出现了地方政府利用城投债化解地方债风险。2019 年 2 月,《21 世纪经济报道》等媒体报道"镇江试点化解地方隐性债务方案的设想",由国开行提供化解地方隐性债务专项贷款,利率在基准利率水平附近,由镇江市财政局下属的资产管理公司作为承接主体,再以普通借款方式投放到辖区各平台。

每一次改革都伴随着阵痛,化解政府隐性债务的脚步总会给市场敲响一声声警钟。过去两年中出现的城投企业付息难、国企违约、城投非标逾期、城投债展期、技术性违约等各类事件,最强烈的市场信号就是债券违约。2014 年当年首只债券违约,"上海超日"债券违约打破中国债券市场的刚性兑付,引起债券市场担忧。继而,民营企业的违约风险增加,2016 年第一波债券违约潮爆发,债券违约金额增至 195.57 亿元。2020 年 11 月,永煤 244 亿债券违约,市场对城投债、国企信心骤降,很多投资机构已经禁投地方国企违约省份的一切债券。2020 年 12 月,中央经济工作会议要求 2021 年要抓实化解地方政府隐性债务风险工作。2021 年债券违约 229 只,涉及 62 家发债主体,债券违约金额 2873.38 亿元,违约债券规模持续增长(见图 9.6)。

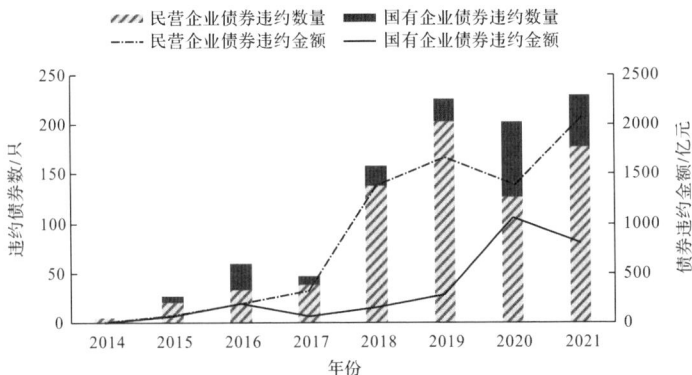

图 9.6　违约债券状况

数据来源:根据 Wind 数据库计算。

二、城投债如何让政府债务隐性

(一)发债主体隐形

大量发债主体隐形导致政府隐性债务更加难以识别和跟踪。2019年12月,16呼和经开PPN未能在付息日足额兑付。该私募债券发行于2016年,债券规模10亿元。发行主体为呼和浩特经济技术开发区投资开发集团有限责任公司,属性为地方国有企业。尽管Wind分类并未将呼和经开作为城投平台,但是其实际控制人为呼和浩特经济技术开发区财政审计局,主营业务为基础设施建设和保障性住房业务。根据其非公开定向发行协议,相关主营业务收入占比超过90%,因此市场大多仍然将其作为城投平台。

(二)私募发行让信息隐形

2021年发行的8038只城投债中,私募公司债和短期融资券仍是城投债主要发行券种,发行规模分别为1.58万亿元、1.47万亿元,占总发行规模的27%和25%。由于私募债的公开资料相对较少,市场可能会对于仅发行私募债的城投平台和公开债与私募债期限不匹配的平台予以更谨慎的态度,在估值上导致二者的信用利差扩大。资质弱和级别低的城投平台,特别是处于财政状况、经济力度或风险管控能力较低的地区的,受到的冲击相对较大,部分低评级城投与券商资管结合,利用结构化发现方式让信息更加隐形。

(三)增信使用率上升导致区县级平台风险隐形

2020年12月,城投债总体增信使用率为13.9%,较11月环比上升1.3个百分点。就不同行政级别的主体来看,12月省级、地市级、区县级平台的增信使用率分别为3.3%、8.9%和26.3%,不同级别之间差距比较明显,区县级平台外部增信使用率较11月增幅较大,受到永煤事件后续冲击较为严重(见图9.7)。中西部省份的发行人对外部增信的依赖性明显高于东部地区,贵州、云南、河南、湖北、安徽和山西的区县级平台发债时,超过50%的债券使用了外部增信。

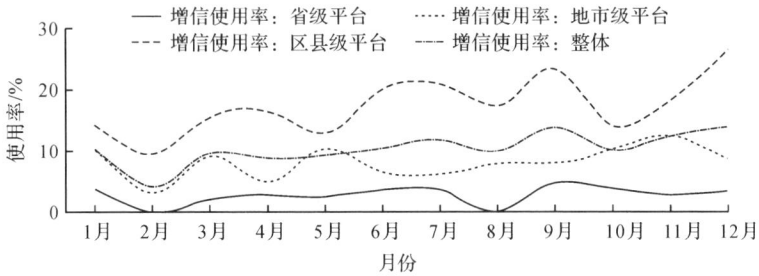

图 9.7　2020 年城投债增信使用率环比

数据来源:Wind、中证鹏元评级。

(四)跟踪指标不合理导致预警信号隐形

传统的杠杆率测度工具实际上只能测度资不抵债的风险。本书对截至 2021 年发行的 28404 只城投债(2910 家城投企业)进行测算,图 9.8 显示了陷入财务困境的城投企业占比。从左到右分别以资产负债率、Altman Z 值和现金流量利息保障倍数为判断指标,对应资不抵债、经营困难和无法用营运资本归还利息这三种财务困境。可以看到杠杆率指标低估了城投平台的财务困境情况,按照这个测度,2019 年和 2020 年没有陷入财务困境的企业,但是实际上用其他两个指标可以看到,城投企业风险在不断上升。

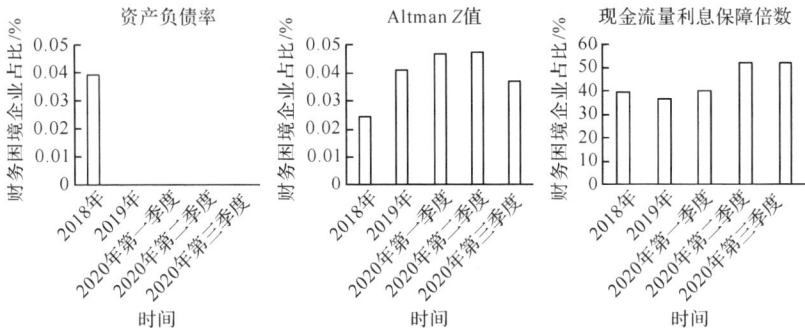

图 9.8　城投企业财务困境状况

数据来源:课题组计算。

综上,金融创新加剧了底层资产穿透识别的难度,使得政府债务被严重低估。根据中国社科院的计算,全口径债务率已有 21 个省份超过了 150% 的警戒线,部分省(市)与区县级平台财政实力较弱,隐性债务对财政的依赖度高,财政的压力过大,这大大影响了财政政策有效性的发挥。

三、政策建议

(一)完善信息披露将隐性债务转为显性债务

城投债风险根本上还是来源于地方政府的财权与事权不匹配,往往投资于长期限、低回报的公共类项目,因此明晰地方政府的事权与支出责任,完善省级以下政府财政体制,普通的三张表公司财务分析是远远不够的,应从经济、财政、债务、流动性和财政管理五个维度评价城投企业,坚守红黄绿三档分区,建议红、黄区能够建立相应机制量化隐性债务并公开披露,积极将隐性债务通过信息披露转变为显性债务,这才是对后续地方债务的有效防范,通过隐性债务置换和积极财政政策找到促发展和防风险的平衡。

(二)要高度关注区县级城投平台

2015 年发改办财金〔2015〕1327 号文突破了原先县级主体必须是百强县才能有 1 家平台发债的限制,为后续区县级平台融资大扩张埋下伏笔。2020 年上半年,区县级平台发行信用债 948 只、融资 6746.5 亿元,净融资规模已超过 2019 年全年,并且融资成本处于三年来低位。一年内偿债压力大的省份中,青海、吉林的比例已在 50％以上,信用级别也相对较低。对区县级城投债不能一刀切。一要重点关注新型城镇化建设,包括发改委批复的 11 个国家城乡融合发展试验区、831 号文四大领域 17 项建设任务的 120 个新型城镇化示范县。二是关注现有政策对区县级平台的带动效应,要尽快从理论指导步入实践阶段,具体安排各地方区县的建设内容,并为区县所在地的城投平台提供适量的基建业务。

(三)寻求低风险工具替代基于政府担保的外部增信

全球应对新冠肺炎疫情冲击时在金融政策上普遍采用了政府担保和低利率两个工具,这无疑会大大加剧政府隐性债务风险。在此之前,许多国家采用资产担保债券降低债务风险,发行和市场以欧洲为主,其中丹麦占 16％,德国占 13％,法国占 12％,瑞典和西班牙各占 9％,89％使用抵押品,10％是公共部门。国际研究显示,资产担保债券在 2008—2020 年市场动荡时利率加码(bond spread)相对稳定,采用这种方式可以有效抗击市场波动、降低风险和融资成本。更重要的一点在于,资产担保可以有效地减少隐性债务,没有资产就不能任意发债。因此,推动资产担保债券在中国市场创设是控制和化解政府隐性债务的有力工具，建议尽快推出和实行。

（四）鼓励中欧班列建设的城投债

2020年全年的城投债发行中，交通运输虽然排在第三位，但是与前两位的建筑装饰、综合业差距相当大，相当于前两者之和的十分之一。"一带一路"倡议将改变亚欧大陆未来数十年的地理版图，并将改变中国与亚欧各国未来数十年的经济与政治关系。到2030年，亚太地区在基建方面的累计资金需求将超过22.6万亿美元，其中一半以上将用于电力生产领域，另有约三分之一将用于交通运输领域。课题组的最新研究发现，用于中欧班列建设的城投债在刺激基建、带动经济发展方面有非常显著的积极作用，中国对欧洲经济疫后恢复正在发挥比美国更大的拉动力。

（五）推广纾困专项债券的浙江经验

2021年1—12月，东部地区城投债规模占城投债市场的六成以上，江苏和浙江在发行规模和数量上最多。与存在城投或类城投平台危机的省份（新疆、内蒙古、辽宁）不同，经济发展水平与财政收支相辅相成使市场对浙江城投信心较高。纾困专项债券是浙江省新推出的政府纾困重要工具。2018年11月，浙江省最早发行纾困专项债券。截至2022年6月，全国共发行73只纾困专项债券，山东、四川和广东发行总额较多，均超过130亿元。从浙江省债券违约情况来看，自2018年后，即浙江省开始发行纾困专项债券之后，违约债券的数量和违约金额均开始呈现下降的趋势，说明纾困专项债券在防范化解债券违约风险上的作用突出。

参考文献

[1]陈顺殷.标普评级进入中国[J].中国金融,2019(4):70-71.

[2]蒋万进.金融改革重在调整优化结构[J].中国金融,2019(4):3.

[3]寇宗来,盘宇章,刘学悦.中国的信用评级真的影响发债成本吗？[J].金融研究,2015(10):81-98.

[4]张小茜,党春辉.基于抵押物处置风险的不良贷款证券化研究:以某国有商业银行的个人住房贷款资产池为例[J].金融研究,2018(8):102-119.

[5]张小茜,孙璐佳.抵押品清单扩大、过度杠杆化与企业破产风险:动产抵押法律改革的"双刃剑"效应[J].中国工业经济,2017(7):175-192.

[6]Han X,Mishra N,Fernandes L,et al. Asia-Pacific Credit Markets Update：4Q 2020[R].S&P Global Rating,2020.